KB115147

슈트 입은 조선인

절반의 근대화와 한국의 도전

슈트입은 조선인

절반의 근대화와 한국의 도전

이제상

타임라인

슈트 입은 조선인

절반의 근대화와 한국의 도전

2022년 12월 29일 초판 1쇄 펴냄

지은이 | 이제상

펴낸이 | 길도형
편집 | 이현수
인쇄 | 신흥인쇄문화
펴낸곳 | 타임라인출판
등록 | 제406-2016-000076호
주소 | 경기도 고양시 일산서구 덕산로 250
전화 | 031-923-8668
팩스 | 031-923-8669
E-mail | jhanulso@hanmail.net

ISBN 979-11-92267-02-9 03300

목차

서장

한국인이 왜 슈트 입은 조선인인가?
그리고 왜 자립·자생·자치인가?

대한민국은 이제 선진국

대한민국이 공식적으로 선진국 반열에 올랐다. 2021년 7월 2일 유엔무역개발회의(UNCTAD)가195개 회원국 만장일치로 한국의 지위를 개발도상국에서 선진국으로 격상했다. UNCTAD가 1964년 설립된 이래 특정국의 지위를 개도국에서 선진국으로 변경한 것은 한국이 처음이다.

대한민국이 그동안 눈부신 발전을 이루어낸 결과이다. 원조를 받는 나라에서 원조를 주는 나라가 됐고, 짧은 기간에 산업화·민주화를 모두 이룬 세계 유일의 나라가 됐다. 반도체와 스마트폰, 자동차 등 산업은 물론 K-팝과 영화 등 문화적으로도 선진국이 됐다. 한국인 모두가 자부심을 가져도 부끄럽지 않는 나라가 됐다.

한국전쟁 직후 1953년 67달러에 불과했던 1인당 국민소득이 1960년대 이후 과감한 수출지향 정책과 중화학공업 정책을 펼친 결과 1977년 1,000달러, 1994년 1만 달러, 2006년 2만 달러, 그리고 2018년 3만 달러를 넘어섰다. 한국처럼 단기간에 개도국에서 선진국으로 도약한 나라를 전 세계에서 찾아볼 수가 없다.

삶의 질은 최하위, 문제는 악화일로

그러나 한국인의 삶은 여유가 없고 팍팍하기 그지없다. 행복하지 않다. 대표적으로 경제개발협력기구(OECD) 회원국 가운데 최고의 자살률과 최저의 출산율이 이를 증명한다. 통계청에 따르면, 인구 10만 명당 자살자 수를 의미하는 자살률은 2020년 25.7명으로 OECD 국가 평균의 두 배가 넘고 2003년 이후 1위를 다투고 있다. 여성 1명이 평생 낳을 것으로 기대되는 출생아 수인 합계 출산율은 2018년 0.977로 1명 밑으로 떨어지더니 2020년 0.837, 2021년 0.808에 그쳤다. OECD 회원국 중 합계 출산율이 1명에 못 미치는 나라는 한국뿐이다.

한국 사회를 속속히 들여다보면 저출산 고령화를 비롯하여 고착화된 저성장과 산업경쟁력 약화, 소득의 양극화, 부동산의 불로소득 과잉, 지방 소멸과 수도권 집중, 노후 빈곤과 노인 자살, 페미니즘을 둘러싼 젠더 갈등, 입시 위주의 교육, 청년실업과 노동시장의 이중구조 등등 문제들이 산적해 있다. 이 문제들은 대부분 장기간 누적되고 쌓여 해결하지 못한 구조적인 것들이다.

게다가 각종 경제 문제, 민생 문제들이 악화되고 있는 상황에서 정치권의 문제해결 능력은 제자리걸음 수준이거나 오히려 뒷걸음질치고 있다. 정치권이 진영논리에 빠진 채 극단적으로 대립하며 일반 국민들에게 이념적, 정파적 갈등으로 내몰고 있다. 2022년 3월 9일 제20대 대통령 선거를 앞두고 펼쳐진 대선 레이스를 보면, 한국 사회의 미래 비전에 대한 담론은 실종되었고 과거 문제에만 매몰되거나 상대 후보에 대한 네거티브로 점철되었을 뿐이다.

필자는 이런 현실에 불만을 품고 이 책을 썼다. 한국 사회의 겉모습이 화려한 선진국일지 몰라도, 내부는 전근대적인 후진국인데 한국 사회를 개혁할 대통령 후보는 보이지 않았다. 대통령 후보와 그 주변 사람들은 자리를 탐하거나 권력과 지위를 누리려고 하는 사람들로 보였다.

성 안과 성 밖, 이원화된 한국 사회

대한민국 사회는 어떤 모습일까? 선진국이 된 한국 사회는 철저히 성 안 사람들과 성 밖 사람들로 나뉘어져 이원화二元化된 사회이다. 인서울 대학 출신과 지방대학 출신, 공공부문과 비공공부문, 대기업 직원과 중소기업 직원, 정규직과 비정규직, 집 있는 사람과 집 없는 사람, 남성과 여성 등 6가지 범주로 분류할 때 전자는 성 안 사람, 후자는 성 밖 사람으로 구분할 수 있다. 개략적으로 전자에 속한 범주가 많을수록 성공한 사람, 후자에 속한 범주가 많을수록 실패한 사람이라 단정해도 무방하다.

한국 사회에서는 성 안 사람들의 비율은 10% 남짓하다고 본다. 아무리 높게 잡아도 20%. 나머지는 성 밖 사람들이다. 성 안 사람들은 중고교 시절 주입식 교육 풍토에서 사교육과 선행학습으로 좋은 대학에 입학하고, 좋은 직장(공무원, 대기업)에 입사하거나 좋은 자격증(의사, 변호사)을 취득하여 안정된 직업과 지위를 차지한 사람들이다. 공공부문에 근무하며 직업적 안정성을 보장받거나 대기업 직원으로 근무하며 능력을 인정받은 사람들이다. 이들은 직업적 이익 외에도 토지와 아파트 등 부동산에 투자하여 자산을 불린다. 또한 지연, 학연 등을 통해 자기들만의 이익을 위한 인맥을 강력하게 형성한다. 간혹 미국이나 유럽 등에 자녀들을 보내 미래를 투자하기도 한다. 스스로 부족함을 느낄지라도 이들은 성 밖 사람들에 비해 월등한 직업적 안정성과 재정적 부유함을 누리고 있는 사람들이다. 동시에 한국 사회를 이끌어가는 주역이면서 한국 사회를 떠받치고 있는 주인공이다. 한국이 선진국으로 진입하는 데에 상대적으로 공이 많은 사람들이고 그 몫으로 부와 권력 그리고 명예까지 누리고 있다.

그러나 성 밖 사람들은 중심에서 몇 발자국이나 밀려나 있고, 인생의 여러 고비에서 여러 번 탈락의 고배를 마신 사람들이다. 상대적으로 직업적 안정성이 떨어지고 재산적 이익을 누리지 못한 사람들이다. 성으로부터 멀리 뒤떨어져 소외된 사람들일수록 한계상황에 노출된다. 성 밖 사람들도 성 안에 진입하기 위해 치열하게 경쟁하는 사회가 한국 사회다. 이것이 선진국이 된 대한민국의 모습이고 1960년대부터 시작된 박정희식 발전모델의 결과물이다. 전 세계 개발도상국들이 모범으로 삼고 있는 한국식 모델의 현주소이다.

한국 사회는 지속 가능한가?

한국전쟁 이후 한국이 걸어온 길은 성공을 거두었지만 한국 사회를 이원화시키는 이 체제가 앞으로 지속가능할까? 지속가능하지 않을 것이다. 4차 산업혁명과 기후 변화 그리고 거대한 인플레이션 등 외부의 거센 파도 속에서 중세와 근대라는 내부 모순을 가진 각종 구조적인 문제들이 갈수록 심화되고 확대될 것이기 때문이다. 수도권 집중과 지방 소멸, 인구 구조의 변화, 산업경쟁력의 약화 등만 하더라도 문제점들이 해소되지 않은 채 악화되고 있을 뿐이다. 게다가 40대 50대 60대 기성세대들은 불확실한 미래 도전보다 과거의 성공에 안주하고, 내일의 개혁보다 오늘의 안정을 고수할 가능성이 커졌다. 앞으로 변화의 필요성을 느끼지 못하고, 현재 이대로만 있어 주기를 희망하는 '이대로마니즘'이 팽배할 것이다.

한국의 미래는 '수평사회'

필자는 이 책에서 한국 사회가 나아가야 할 미래비전과 그 길을 제시하고 싶었다. 결론부터 말하자면, 대한민국은 근대 이전의 조선과 같은 '수직사회'에서 근대화를 완성한 '수평사회'로 진화해야 한다. 수평사회로 가는 길은 '자립自立, 자생自生, 자치自治' 란 가치가 한국인의 내면의식에 자리 잡고, 일상생활에 뿌리내리며, 헌법과 법률에 제도화되는 길이다. 수직사회와 수평사회란 개념은 인류 사회가 진화해오면서 경험한 가족, 국가 등 다양한 사회 조직의 구조를 단순화시킨 것에 불과하다. 단순화가 으레 그렇듯이 실제 유형을 제대로 반영하지 못할 위험성이 존재하지만, 시각적으로 이해하기 쉽게 구분할 수 있고 대립되기 때문에 이들 개념을 사용했다.

수직사회

수직사회는 근대 이전의 국가, 즉 고대 국가나 중세 국가에서 볼 수 있다. 인의仁義를 내세운 폭력집단 또는 군벌이 특정 지역을 점령하고 그 지역에 거주하는 백성들을 다스렸으며, 스스로 주인임을 자처하면서 국가라 명명하였다. 그 집단의 우두머리는 왕王이 되었고 그 집단의 간부들은 귀족이 되어 지배계층을 형성했다. 이들의 지배에 대항하는 자를 노비로 삼았고, 평민 가운데 특정 전문직 종사자들에게 중인中人 계급을 주었다. 보통 귀족-중인-평민-노비 계급의 카스트제도를 만들고 신분에 따라 하는 일을 나누었다. 또 왕은 혈족이나 신임하는 부하들에게 왕국의 일부를 봉지로 하사하고, 봉지의 우두머리는 부족 또는 씨족의 우두머리에게 가부장적인 권한을 주었다.

동양에서는 왕이 천명天命에 따라 통치하고 왕의 행위는 하늘이 하고자 하는 바에 따라 다스리는 것이라고 간주했고, 서양에서는 왕권신수설에 따라 왕의 권력은 신神으로부터 받은 것이라고 주장했다. 왕은 군사력을 바탕으로 백성들에게 세금과 부역을 할당하고, 이를 효과적으로 관리하기 위해 관료계층을 두었다. 관료들은 지배계층의 추천에 의하거나 별도의 과거제도를 통해 선발되었다.

수직사회에서 국가는 부富를 늘리기 위해 소속 구성원들로부터 세금을 더 거두거나 전쟁을 통해 외부로부터 땅과 부를 빼앗아오는 방법을 사용했다. 백성이 지배층이 되는 길은 왕에게 충성하여 땅을 하사받아 지주가 되거나 왕의 명을 받는 관료가 되는 것이다. 주요 산업기반은 농업이었고 혁신은 주로 전쟁에서 일어났다. 상공업은 국가의 관리하에서만 장려되었다.

수직사회는 왕의 지배 질서가 유지되는 것이 1차적인 목적이며, 백성들의 실질적인 삶의 개선은 2차적인 목적이었다. 그래서 지배체제 유지가 최우선 과제였고, 내부적으로 백성들의 요구를 수용하면서도 불만을 억제했으며, 외부적으로는 변화를 야기하는 무역이나 대외관계를 최대한 통제했다. 안정적인 농업 중심 사회를 지향했으며, 변화의 폭이 컸던 상공업을 장려하지 않았다. 우리가 알고 있던 초한지의 유방과 항우, 삼국지의 조조, 유비, 손권, 그리고 고려의 왕건이나 조선의 이성계가 지향했던 국가는 수직사회였다.

수평사회

수평사회는 자유롭고 독립된 개인들이 특정 지역에 모여 살면서 인위적 산물인 공동체를 형성하고, 그 공동체가 개인의 생명과 자유 그리고 재산을 보호하는 등 개인으로부터 위임받은 공동의 문제를 해결하는 사회를 말한다. 또한 그 공동체가 해결하기 어려운 일들은 상위공동체, 궁극적으론 국가를 만들어 해결했다. 공동체의 모든 권력은 개인들의 자유로운 계약에 의해 위임된 것이고, 공동체는 개인에 앞서 존재하는 것이 아니라 개인의 권리와 이익을 보장하기 위해 존재한다. 이런 사상은 서양의 토마스 홉스, 몽테스키외, 존 로크 등 근대 사상가에서 비롯되었고 프랑스혁명, 미국의 독립을 거쳐 현재는 자유민주주의 국가에서 그 나라 실정에 맞게 구현되고 있다.

통치자는 개인들의 투표로 의해 선출되고, 정부는 개인들로부터 위임받은 권한 범위 내에서 권한을 행사해야 하며, 주권자인 개인들은 통치자에게 정치와 행정 전반에 걸쳐 책임을 물을 수 있다. 헌법은 통치자의 통치를 위한 것이 아니라 개인의 자유와 권리를 보장하기 위한 것이며, 통치자의 권력 부패와 남용을 막기 위해 삼권분립을 기본 원리로 삼고 있다.

수평사회에서 국가가 부를 증가시키기 위해 전통적인 2가지 방법 외에 상공업을 기반으로 이윤을 추구하는 기업을 장려했다. 이윤은 경제학적으로 매출에서 비용을 뺀 금액이다. 식민지를 개척해 매출을 늘리기도 했고, 노동력을 착취해 비용을 줄이기도 했지만, 기업은 불확실성과 위험에 도전하며 새로운 기술, 제품, 생산방법, 고객을 창조하는 방법으로 이윤을 추구했다. 기업이 국가의 부를 창출한다.

수직사회에서 수평사회로의 전환

역사적으로 대부분 사회는 수직사회에서 수평사회로 진화해 왔고 진화해 가고 있다. 근원적인 동력은 생산력의 비약적인 발전을 기반으로 한 사회경제적 발전이며, 그 결과 각종 법률들과 제도들이 그에 합당하게 형성되었고, 가치관도 개인의 자유와 선택을 중시하는 방향으로 바뀌었다. 생산력의 발전을 실현한 주인공은 자유로운 개인들의 집합인 기업이었다. 특히 주식회사는 자원을 한 곳으로 모으고 리스크를 분산시키는 방식으로 개개인들의 힘을 응집시켜 혁신을 이끌었다. 대부분의 선진국들은 농업 중심의 전기산업사회에서 제조업 중심의 산업사회로 이행했다가, 서비스업 중심의 후기산업사회로 이행해 왔다. 서구 유럽이 300~400년에 걸쳐 장기간 그 경로를 밟아왔다면, 한국은 1960년대 경제 개발이 시작된 이후 반세기만에 그 경로를 밟았다.

오늘날 선진국들은 노동력과 산업구조가 농업에서 제조업으로, 다시 서비스업으로 이동해온 공통된 경험을 가지고 있다. 하지만 그 경로를 이끌어온 힘에는 선발 선진국과 후발 선진국 사이에 중요한 차이가 있다. 영국의 명예혁명,

프랑스의 시민혁명, 미국의 독립 등이 일어났던 선발 선진국들은 수직사회에서 벗어나 빠르게 수평사회로 진입하는 동시에, 가장 먼저 산업화를 이룩하였다. 자유롭고 독립된 개인들이 주축이 된 민民의 힘이 변화를 추동하였다. 반면에 독일 일본 등 후발 선진국들의 경우, 선발 선진국을 따라잡기 위해 국가 주도로 산업화를 달성했고, 이는 국가 권력이 주도하는 수직사회의 양식을 구비한 채 수평사회로 진입했음을 의미한다.

외양은 현대, 제도는 근대, 의식은 중세

수직사회와 수평사회라는 관점에서 보면, 한국 사회는 수직사회였던 조선사회의 체제와 방식 위에 일제 강점기의 일본 체제가 덧씌워지고, 다시 수평사회인 미국의 자유민주주의 체제를 입힌 사회이다. 그래서 한국 사회의 외양은 현대식 최첨단이고, 제도는 근대인 반면에 의식은 중세에 가깝다. 어찌 보면 역사서에 후백제, 후고구려란 용어가 사용되듯 현재의 대한민국을 '후조선後朝鮮'이라고 불러도 이상하지 않다. 물질적으로 외양적으로 근대화를 했다고 하지만, 한국 사회의 내부와 한국인의 내면을 들여다볼수록 전체주의적이고 민족주의적이며 집단주의적이다. 더욱이 의식과 태도는 조선사회를 빼닮았다. 조선-대한제국-대한민국으로 계승되는 동안, 한국 사회는 스스로 의식혁명을 포함한 근대혁명을 제대로 이룬 적이 없다. 일제에 의해 강제로 주입당했고, 미국에 의해 인위적으로 이식되었을 뿐이다.

해방 전후 한국은 농업사회였고 제도와 의식, 문화는 전형적인 수직사회의 행태를 지니고 있었다. 일제강점기 근대 민법이 시행되는 등 근대적 요소가 도입되기도 했지만, 일제의 지배체제는 조선인의 저항을 누르고 수직적인 식민지 지배를 구축해 효율적으로 식민지를 경영하기 위한 것이었다. 1948년 제헌헌법에 주권재민主權在民의 원리가 명시되는 등 정부 수립 때 선진국의 법률과 제도들이 그대로 이식되고 도입되었다. 수직사회였던 한국 사회가 수평사회의 옷을 입었지만, 행동과 태도가 자연스러워지기까지 오랜 기간이 소요되었고 의식은 아직도 수평사회로 진입했다고 보기 어렵다.

1961년 5월16일 군부 세력이 쿠데타를 일으켜 민주헌정을 중단시키고 18년간 정권을 유지하며 민주주의와 인권을 유린했다. 동시에 이들 세력이 국가주도로 눈부신 경제 성장을 이끌어냈다. 한국은 그때 형성된 한국식 발전모델을 통해 산업화에 성공했고, 이후 군부세력을 축출하고 민주화를 이룩했다. 한국은 이제 양적으로 질적으로 선진국 반열에 올랐지만, 대통령 중심의 국가주의 시스템이 강하게 작동하고 있고 슈퍼 재벌을 중심으로 민간의 경제 활동이 활성화되어 왔다.

구조적 문제들은 수직사회의 습속 때문

산업화와 민주화의 과정을 거치면서 한국 사회에는 성 안과 성 밖을 나누는 성城이 만들어졌고, 그 성은 분명하고 확고하게 우리 모두의 삶을 지배하는 체제가 되었다. 그 성은 조선에서 내려온 틀을 바탕으로, 그 위에 일본과 미국에서 가져온 것들을 덕지덕지 쌓아올린 것이다. 그러다 보니 한국 사회는 수직사회의 유산들과 수평사회의 문물들이 뒤섞여 있다. 정부 체제는 근대 형식을 갖추고 있지만 수직사회의 전통이 강하게 남아 있고, 국민 개개인의 내면에는 개인의 자유와 권리를 강조하지만 집단주의적 민족주의적 정서에 쉽게 휩쓸린다. 사회제도와 법률은 물론 개개인의 의식과 문화에 수직사회의 전통과 수평사회의 문화가 혼재되어 있고, 다층적으로 복합적으로 쌓여 있다.

앞서 언급했던 한국 사회의 구조적인 문제 대부분이 수직사회와 수평사회의 모순으로 말미암아 발생한 것들이다. 인류의 역사가 수직사회에서 수평사회로 나아가고 있다고 전제할 때, 수직사회의 습속習俗들이 수평사회로의 발전을 가로막고 있다. 전통과 현대가 공존하는 사회를 마냥 긍정할 것이 아니라, 수직사회의 제도와 의식, 문화가 사회발전의 걸림돌이라는 것을 인식하고 그 걸림돌을 제거 내지 해소하는데 역량을 집중해야 한다. 그래야 한국 사회가 새로운 사회로 진화할 수 있다. 현재 한국 사회가 봉착하고 있고 해결하기 힘든 문제들은 대부분 수직사회의 제도 의식 문화들이 야기한 것들이고, 네 가지 영역의 모순 덩어리들이 대한민국 체제를 떠받치고 있다.

일각에서는 지금까지 한국 사회의 고질적인 불평등과 양극화는 신자유주의의 범람과 대기업의 탐욕에서 비롯되었다는 주장이 20년 이상 울려퍼졌다. 부분적으로 맞는 이야기이지만, 현상을 왜곡하고 은폐하는 틀린 이야기이다. 21세기 세계화 정보화의 흐름처럼 신자유주의는 일개 국가나 일개 대기업이 극복할 수 있는 대상이 아니다. 그에 맞게 변신하고 적응하는 수밖에 없는 대세였다.

그런데 신자유주의를 악마화하고 대기업의 변신을 탐욕이라고 비난하는 세력들이 국가에 더 많은 책임과 보호를 요구하면서 자신들은 안정된 고급 일자리가 있는 성 안으로 도피했다. 이들은 시대 변화에 적극 대응하는 이들을 양극화의 주범이라고 오도하고, 시대 변화에 저항하며 자신들의 기득권을 고수해 왔다. 신자유주의에 대해 적극 대응하면서 그 혜택과 위험을 사회전체가 나누는 방향으로 동시에 분산되어야 하지만, 혜택은 성 안 사람들이 향유하고, 불이익은 성 밖 사람들에게 떠넘기는 방식으로 진행되었다. 그에 따라 한국 사회의 불평등과 양극화는 더욱 심화되었다.

한국이란 성을 떠받치는 4개 기둥

대한민국이란 성은 네 가지 영역에 걸쳐 거대한 기둥들이 떠받치고 있다. 첫째 한국의 지배운영구조, 둘째 한국인들의 세계관과 지식습득방식, 셋째 한국 사회의 유인보상체계 그리고 넷째 한국의 인력양성체제로 분류할 수 있다. 네 가지 영역에 걸쳐 한국 사회는 중세적 속성을 가지고 있고 조선 사회의 특징을 그대로 이어받으며 한국인들은 머릿속, 뼛속까지 전근대적인 조선인의 유습을 체화하고 있음도 확인할 수 있다.

관官이 지배하는 한국의 지배구조

첫째, 한국의 지배운영구조를 살펴보자. 한국 사회는 왕 중심으로 사대부 관료들이 지배하는 중앙집권적인 조선사회를 닮았다. 5년마다 선거를 통해 제왕적 대통령을 뽑고, 시험을 통해 선발된 입법·행정·사법 관료들이 한국 사회를 지배한다. 이들 관료들이 관장하는 중앙정부는 조선 8도 체계를 계승한 지방자치단체들을 좌지우지하고 읍·면·동에 이르기까지 영향력을 미친다. 또한 공기업, 공사, 공단, 기타 공공기관 등 공공부문을 비롯, 정부 지원을 받는 비영리조직까지 감안하면 그 규모와 영향력은 조선사회를 넘어선다. 고위관료들과 공무원, 그리고 공공부문에 근무하는 직원까지 한정할 수 있지만, 건강보험제도 하에서 병원의 의사도, 현 교육제도 하에서 대학교수, 초·중·고 교사들도 포함된다.

조선사회와 다른 점은 자유민주주의 국가인 대한민국에 선거제도가 생기고 정당이 운영된다는 점과, 급속한 경제발전을 이룩하면서 대기업 집단들이 생기고 그들을 중심으로 경제활동이 이루어지고 있다는 점이다. 근대의 산물인 정당과 기업이 통상 보텀업(Bottom-up) 형태를 띠는데 반해, 한국의 정당들과 대기업은 국가의 강력한 지원을 받아 톱다운(Top-down) 형태를 띠고 있다. '강한 국가주의-약한 개인'의 전통을 가진 한국 사회에서 거대 양당체제는 태생부터 국가 파생 정당과 그 반대당으로 구성되어 있다. 한국의 재벌은 국가 주도의 경제발전정책에 힘입어 성장, 한국 사회를 구성하는 주요한 한 축이 되었다.

대신 지방은 스스로 발전을 기획할 수 있는 능력을 잃어버리고 정치적으로 행정적으로 서울의 식민지가 되었다. 지방 정치는 서울 정치에 종속되어 있고 지방자치단체는 중앙정부의 말단 행정기관이라고 해도 지나치지 않다.

이들 지배기관에 속한 사람들이 한국 사회라는 거대한 성 안에 있는 사람들이고 성공한 사람들이고 현대의 '양반계급'이다. 나머지는 피지배계급이고 성 밖의 사람들이다. 한국 사회에서 경쟁이란 성 안으로 진입하기 위한 경쟁을 의미한다.

성리학적 세계관에 갇히고 연역적 학습 머물러

둘째, 한국인의 세계관과 지식 습득 방식은 조선시대 사대부와 닮았다. 한국인들은 성리학적 세계관에 따라 '세상이 나를 중심으로 돈다'는 자기중심주의에 빠져 있고, 조선시대 과거를 치르듯 기존 지식을 암기하고 시험을 치르는 학습법을 유일한 지식 습득 방법으로 알고 있다.

조선 사회에 내면화된 문화와 의식들이 여전히 한국 사회에서 위력을 발휘하며 한국인의 정신세계를 지배하고 있다. 수신제가치국평천하修身齊家治國平天下에 기원을 둔 자기중심적 세계관은 객관적인 상황 인식보다 자신의 의리와 의지를 강조하고 도덕을 앞세우며 자신의 희망사항을 남발한다. 인간관계의 친소가 판단의 기준이고, 자기 패밀리의 이익이 공동체의 이익에 우선한다. 객관적인 상황인식보다 자신의 희망사항으로 실체를 분석하고, 진영 논리에 갇혀 세상을 바라본다. 동시에 '민족'이란 집단에 쉽게 휩쓸리며 자신의 감정을 투사할 대상을 찾아 떠돈다.

조선시대 양반이 과거 급제를 성공으로 보듯이 우리는 대학 입시나 고등고시의 시험 합격을 성공으로 본다. 한국에서 교육은 입신양명立身揚名의 수단, 즉 좋은 대학과 좋은 직업을 갖기 위한 수단이다. 그래서 지식을 습득하는 방식이 조선시대 과거를 공부하던 암기와 연역적 학습에 머물러 있다. 근대 문물이 들어온 지 100년이 훨씬 지났지만 근대를 일으킨 과학방법론은 우리 배움의 세계에서 겉돌고 있고, 과학은 특정 직업을 가진 과학자들의 학문으로 전락했다. 과학기술이 경제발전의 수단으로만 보는 한계를 벗어나지 못하고 있고, 새로운 지식을 우리 스스로 생산해 내기보다는 미국 독일 일본 등 선진국에서 빨리 도입하기에 급급하다.

새로운 지식을 생산해본 경험이 일천한 대한민국에는 지식을 생산하는 자에 대한 사회적 대우가 박하고, 지식을 생산하지 않는 자들은 매년 노벨상 타령을 쏟아낸다. 대학의 교수 집단은 지식생산과 인재양성에 큰 역할을 하지 못한 채 기득권을 누리는 집단이 되었다.

양반 지대와 부동산 지대를 추구

셋째, 한국 사회에서 사람들의 노력을 이끌어내는 보상체계 또한 조선사회와 다를 바가 없다. 새로운 가치를 창출해 만들어내는 이윤보다, 만들어놓은 부를 이전시키는 지대를 용인하고 우대하기 때문이다. 조선의 사대부들이 과거를 통해 관리가 되거나 고향에서 지주를 꿈꾸었듯이 한국 사람들은 여전히 '양반 지대'와 부동산 지대를 추구하게 되었다.

한국 사회는 성 안에 있는 사람들, 현대판 양반계급에 대해 과도한 보상을 하고 있다. 대기업을 제외하면 대부분 공공부문에 속한다. 세금으로 임금을 주는 구조인데, 지배계급이 자신들 몫을 스스로 책정하여 경제적 이득을 챙기고, 피지배계급에 대해서는 할 것과 하지 말 것을 정한다. 또한 법률이 보장한 직업적 안정성 외에도 연금의 혜택까지 누리며 노후까지 보상받는다. 그래서 청년들은 공무원이나 공공기관에 취업해 지배계급이 되기를 희망한다.

또 한국 사회는 모든 국민이 부동산 투기에 앞장서는 사회이다. 한 번도 부동산 가격이 떨어져 본 적이 없다. 그래서 돈이 부동산에 몰리고, 국민들은 아파트를 사기 위해 줄을 선다. 하지만 비싼 부동산 가격으로 인한 해악은 엄청나게 많고 지대하다. 장기간 노동을 통한 저축이 일시적 아파트 투기에 의해 부정당하고, 자산 양극화와 빈곤의 대물림을 부채질하며, 가계부채를 증가시키는 한편, 청년들의 결혼 기피와 출산율 저하를 부추긴다.

한편 한국 사회는 아직도 선비정신을 내면화하는 대신, 근대를 만든 기업가 정신을 나몰라라 한다. 조선시대 상공업을 천시했듯이, 한국인 대부분이 자본주의가 어떻게 작동하는지, 근대사회가 어떻게 형성되었는지에 대해서는 무지하다. 어떤 새로운 가치를 창출하는 제품이나 서비스를 만들어 냈을 때 나름 보상을 하고 평가를 하지만, 미국 독일 등 선진국에 비해서는 턱없이 미미하다.

성별분업 장유유서가 발전의 장애물

넷째, 한국의 인력양성체제도 조선시대의 방식이 그대로 남아 있어, 개인의 생존과 사회의 발전에 치명적 위해 요인으로 작용한다. 사람은 어린 시절 부모의 품에서 자라다 정규교육을 받고 성인이 되는 데 자유롭고 독립된 개인은 자신의 역량을 키워 전문직업인으로서 사회생활을 한다. 그러나 성별분업, 입신양명, 장유유서라는 조선시대 덕목들이 사회 곳곳에 뿌리 내려 개인의 성장과 독립을 방해하고 있다.

요즈음은 밥벌이도, 결혼하기도, 자식 키우기도 쉽지 않다. 세상은 수평사회로 바뀌었는데, 가정과 일터에서 수직사회에서 적합했던 제도와 행위를 고집하고 있다. 사회적으로 '엄마가 아이를 키워야 한다'는 의식이 강하게 작용하고 있기 때문에 워킹맘은 아이를 제대로 키우기도 일하기도 어렵다. 그래서 여성이 아이를 적게 낳을 뿐만 아니라 낳은 아이도 심리적으로 건강하게 양육하기 어렵다. '독박육아'를 뒤집어쓴 엄마는 자녀를 사랑이란 명목으로 과보호와 간섭을 일삼으며, 심리적으로 독립시키지 못한 채 내면의 상처를 가진 아이로 키운다.

또 한국의 교육은 개인의 역량을 배양하려는 목적이 아니라 특정 지위를 획득하기 위한 수단으로서 존재한다. 교육은 인간의 지덕체를 기르거나 미래의 문제해결력을 배양하는 것이 아니다. 오로지 특정 지위, 성 안으로 진입하려고 하는 것이다. 학생은 20세 전후로 그 지위를 선점하기 위해 치열히 노력하고, 부모도 사회도 그것을 응원하고 지원한다. 국가는 공정하게 선발하는 데 만전을 기할 뿐이다.

그렇기 때문에 한국의 교육현장과 산업현장의 괴리가 심하다. 고교와 대학에는 성안에 있는 좋은 직군에 들어가기 위해 국어 영어 수학 등 일반적 능력만을 배양하고, 산업 현장에 필요한 전문적이고 구체적인 역량을 갖추지 못하게 된다. 게다가 직업교육 자체마저 제 기능을 하지 못하고 기업 내에서도 숙련skill 형성이 자리 잡지 못해 개인생산성이 사회생산성으로 이어지지 못하고 있다.

대외적으로 노동환경이 급변하고 있지만, 공공부문과 대기업의 노동현장은 산업사회에 적합했던 노동법 체계와 연공급 임금체계가 강고하게 버티고 있고, 노동계는 대기업 정규직 중심의 노동운동으로 자신들의 기득권을 강화하고 있다. 그 결과 노동시장의 이중구조는 고착화되고 있다.

네 가지 기둥들이 서로 결합된 덩어리

한국 사회 체제는 네 개의 꼭지점으로 구성된 사면체와 같다. 사면체는 하나의 덩어리로 네 개의 꼭지점들이 상호 연결되어 있고 또 연관되어 있다. 하나의 영역에서 문제점이 드러나도 기존 제도와 관행 그리고 기득권 세력들이 고착화되어 있고 상호 보완해주는 구조이기 때문에 해결하기 어렵다. 예를 들어 교육문제만 하더라도 수십 년 전부터 사교육의 과잉, 선행학습, 주입식 교육 등이 문제로 지적되었고, 창의력을 앞세운 교육이 필요하다고 외쳤지만 개선되지 않았다. 이유는 한국의 지배운영구조나 유인보상체계, 그리고 지식습득방식과 연계되어 있기 때문에 아무리 새로운 개선안을 내놓아도 문제는 해결되지 않은 채 늘 제자리걸음을 하고 있다. 최근 들어 한국 사회가 새로운 제품이나 기술을 빠르게 따라가는 추종자, 패스트 팔로어(fast follower)에서 벗어나 새로운 분야를 개척하는 선도자 퍼스트 무버(first mover)가 되자고 목청을 높인다. 하지만 패스트 팔로어에서 벗어나지 못하는 이유는 한국 사회 체제가 모두 추종자 전략에 맞게끔 구축되어 있기 때문이다.

한국 사회의 네 가지 영역에 걸쳐 수직사회의 습속들이 수평사회로의 진화를 가로막고 있음을 살펴보았다. 우리 사회가 봉착하고 있는 난제들은 대부분 조선사회의 제도 의식 문화들이 우리 삶과 생활 그리고 내면에 깊숙이 작동되고 있기 때문에 해결되지 않는다. 네 가지 기둥들은 중세 조선의 낡은 제도, 의식, 문화들을 응축해 놓았기 때문에 이 구시대적 틀을 부수고 새로 만들지 않는 한, 우리는 근대국가라고 할 수 없다. 이 시대의 과제는 구시대적인 유습을 제거하고, 개인들이 행복을 추구할 수 있는 새로운 제도와 문화를 마련하는 것이다. 이건 진보도 아니고 보수도 아니다. 과거와 결별하고 미래를 만들어가는 것이다. 새로움을 만들어야한다. 새로운 내일은 오늘의 연장이지만, 오늘과 차별화되고 진일보한 내일이어야 한다.

자립 자생 자치의 길로 가자

한국 사회가 나아가야 할 방향은 수직사회를 벗어나 수평사회로 진입하는 것이다. 대한민국은 조선사회가 지녔던 전근대적인 속성들을 버리고, 자유롭고 독립적인 개인을 바탕으로 한 공동체가 되어야한다. 그 길은 '자립自立 자생自生 자치自治' 란 가치가 한국인의 내면과 일상생활에 뿌리내리고, 헌법과 법률에 제도화되는 길이다. 그 길은 네 가지 영역에 걸쳐 똘똘 뭉쳐진 한국 사회의 지배 체제를 해체하고 기존 방식을 새로운 방식으로 전환하며, 나아가 새롭게 재구성하는 길이다.

한국의 지배운영구조는 지금까지 위에서 아래로 내려오는 중앙집권적 형태를 띠고 있다. 정당도, 행정체계도, 산업정책도 서울 중심이고 중앙 관료들이 한국 사회를 지배하고 있다. 중앙집권적 지배구조를 수평적 연방제로 바꾸고, 민民 중심으로 재편하는 것이다. 주민들이 스스로 자신의 삶을 결정하고, 자신의 의사를 반영할 수 있도록 제도를 고치고 자치 역량을 높여야 한다. 현 지방자치의 개념으로는 지배구조를 깰 수 없다. 성숙한 개인의 독립성과 자율성을 기반으로 한 자립, 자생, 자치만이 민주주의를 완성할 수 있다.

한국인의 세계관은 성리학적 자기중심주의에 빠져 있고, 과거를 준비하던 암기식 학습법이 현대에도 유효하다. 이 상황에서 빠져나오기 위해서는 감정에 치우친 주관적인 인식보다 이성에 기반한 객관적 인식이 필요하고, 거기에는 과학적 방법론이 사용되어야 한다. 새로운 지식을 도입하고 새로운 기술을 수입하는 데 급급하지 않고, 우리 스스로 새로운 지식을 생산해내고 새로운 기술을 만들어내는 방향으로 힘을 모으고 기관과 제도를 재편성해야 한다. 또한 지식생산자에게 높은 평가와 보상이 뒤따라야 한다.

한국 사회의 유인보상체계는 양반 지대와 부동산 지대를 둘러싸고 경쟁하는 체계이다. 성 안에 있는 사람들에 대해 임금과 연금 등의 혜택을 통해 과도한 보상을 하고 있고, 부동산 투기를 조장하고 있다. 한국 사회를 바꾸려면 지대로 얻어지는 혜택을 줄여 지대 경쟁을 최소화하고, 개인이 스스로 자생력을 높이는 한편, 개개인의 노력에 대한 보상이 제대로 이뤄지도록 해야 한다. 특히 불확실한 미래에 도전하는 일을 높이 평가하고, 어떤 제품이나 서비스를 만들어냈을 때 사회적 보상을 해주어야 한다. 자본주의 사회에서는 선비정신이 아니라 스스로 이윤을 만들어낼 수 있는 기업가 정신이 필요하다. 조직에 의존하지 않고, 스스로 자립, 자생하는 힘을 높일 때 경쟁력 있는 인간이 될 수 있다.

한국의 인력 양성은 개인의 역량을 높이는 방식이 아니라 특정 지위를 얻거나 특정 집단에 소속되는 방식으로 진행된다. 양육하기 어려운 사회 환경은 자녀를 낳기도 어렵고, 자녀의 심리적 독립도 어렵게 한다. 중고교생들은 스스로 생각하고 스스로 문제를 해결하는 능력을 키울 기회를 갖지 못하고 있다. 성 안에 진입하지 못한 성인은 사회에서 필요한 직업교육과 경제교육을 받지 못한 채, 헛된 교육만 받은 셈이 되어 버린다. 한 인간이 자립할 수 있도록 자신의 문제를 스스로 생각하고 해결해갈 수 있도록 양성되어야 한다. 노동 환경 또한 집단적인 노동 풍토에서 개별적인 노동 풍토로 전환되어야 한다. 집단적이고 획일적인 근로조건을 결정하는 현행 노동법 체계에서 벗어나기 위해 근로기준법을 근로계약법으로 대체하고, 집단의 성과에 기초한 연공급 임금체계를 근로자 개인의 성과에 기반한 직무형 임금체계로 바꾸어야 한다.

요즘 시대정신으로 '공정'이나 '기본소득'이 회자되고 있는데, 공정은 성 안으로 들어가는 경쟁을 공정하게 하겠다는 표시로 현 체제를 유지하기 위한 전략이다. 기본소득은 한국 사회의 구조적인 문제를 은폐하기 위한 전술에 지나지 않는다.

이 책에서 말하는 자립·자생·자치의 길을, 〈표〉와 같이 발전을 가로막고 있는 걸림돌과 미래 방향으로 간단히 정리할 수 있다. 이 시대의 정신은 강고한 수직사회의 틀을 부수고 근대정신으로 무장한 수평사회를 만드는 것이다.

개인이, 기업이, 지역이 자립 자생 자치할 수 있도록 재구성하는 것이다. 사랑이라는 명목으로 간섭하는 부모를 벗어나 개인이 자립할 수 있고, 보호와 진흥이라는 명목으로 규제하는 정부를 벗어나 기업이 자생할 수 있으며, 발전과 균형이라는 명목으로 예속시키는 중앙을 벗어나 지방이 자치할 수 있는 길이 우리가 나아가야 할 길이다.

〈표〉 한국 사회의 네 가지 기둥 가운데 걸림돌과 미래방향

구분		수직사회의 걸림돌	수평사회의 미래방향
1부 한국의 지배운영구조	정치행정	수도권 일극체제	강소국 연방제
	경제	대기업중심 경제	대기업중심경제 + 강소기업 육성
2부 한국인의 세계관과 지식생산방식	세계관	주관주의 성리학적 세계관	주관주의 + 객관주의
	지식습득방식	연역적 학습법	가설연역법
3부 한국 사회의 유인보상체계	부의 추구	지대 추구	이윤 추구
	정신	선비정신	기업가 정신
4부 한국의 인력양성체제	출산과 양육	성별분업	양성평등
	교육	지위재 추구	개인 능력 배양
	임금체계	연공급 체계	직무급 체계

제1부 한국의 지배운영구조

조선의 중앙집중식 정치, 행정, 경제가 그대로 온존한 채 대한민국에 이어져오고 있다. 양당이 좌우하는 한국 정치는 조선의 사색당쟁과 유사하다. 자립된 개인이 중심이 된 상향식이 아니라 중앙에서 지역으로 내리꽂는 하향식이다. 정당 체제는 기득권층 인물이 정치인으로 변신하도록 하는 데 보통사람들로 하여금 거수기 역할을 하도록 내몰고 있다.

5년마다 선출되는 '왕'인 대통령은 제왕적 권력을 행사하고 삼권분립을 형해화시키고 있다. 중앙정부는 5,800여 개의 법령으로 국민의 모든 행위를 허가하고 금지하며 감독하고 있으며, 지역은 중앙정부와 법령에 의해 예속되어 자립·자생 능력을 상실한 채 중앙의 식민지가 된 지 이미 오래되었다.

한국 경제는 대기업 집단 중심의 경제이다. 국가(중앙정부)의 특혜를 받으며 성장한 대기업 집단은 이제 글로벌 경쟁력을 갖춘, 유일한 성장 동력으로 한국 경제를 이끌고 있다. 반면에 전체 98%에 달하는 50인 미만 중소기업은 임금 수준이 낮고 생산성이 낮아 자영업과 함께 한국 경제가 풀어야 할 제1과제이다.

수도권 집중 현상에 대한 대안은 행정수도 이전 정책을 폐기하고 대한민국을 500만~1,000만 명 규모로 나누어 6~7개의 강소국으로 구성된 연방국가로 만드는 것이다.

제1장

정당

한국 민주주의를 성숙시키는 길은 자립된 개인들이 주도하여 자발적 결사체인 정당을 만들고 그들에 의한 정당 활동을 활성화시키는 것이다. 보수 양당이 강한 진영주의를 발산하면서 도덕적 비난과 개인적 경멸을 쏟아내며 대중의 감정을 촉발시키지만, 정책에서 북한 이슈를 제외하면 대동소이하다. 양당이 좌우하는 한국 정치는 조선의 사색당쟁과 유사하고, 자립된 개인이 중심이 된 상향식이 아니라, 중앙에서 지역으로 내리꽂는 하향식 일변도로 운영되고 있다. 그래서 지방 정치는 서울 중앙 정치의 식민지나 다름없다.

자립된 개인들은 한국 정치를 지켜보는 방관자이자 거수기에 머무르며, 직접 민주주의를 희망하고 메시아를 기다리며 '새로운 정치'를 꿈꾼다. 이제는 자립된 개인들이 주도하는 정당 활동 활성화만이 기득권과 비기득권으로 이원화된 한국의 성을 해체하고, 그동안 누적된 양극화와 불평등, 그리고 불균형을 바로잡을 수 있다.

1. 민주화 이후의 민주화 과제

정당이 현대 민주주의의 보루

한국은 독재체제에서 민주주의 체제로 전환하는 데 성공한 국가이다. 1987년 6월 시민항쟁의 성과로 직선제 개헌을 쟁취하면서 민주화의 길로 들어섰다. 1997년에는 민주주의로의 전환 10년 만에 첫 번째 정권교체를 이룩했고, 2007년에는 두 번째 정권교체를 성공했다. 미국의 정치학자 새뮤얼 헌팅턴이 민주주의가 공고화되었음을 확인하는 방법으로 제시한 두 번의 정권교체라는 기준을 통과한 것이다. 2017년에는 촛불혁명과 대통령 탄핵을 거쳤지만, 세 번째 선거를 통한 평화적 정권교체를 실현했고 2022년에는 네 번째 정권교체를 성공시켰다. 이제는 군부가 쿠데타를 일으키는 등 민주주의 체제를 후퇴시킬 가능성은 사라졌다. 이렇게 빠른 시간 내에 민주주의를 달성한 국가는 전 세계적으로 유례를 찾아보기 어렵다.

그러나 한국의 민주주의가 성숙되었다고 보기에는 아직 이르다. 한국은 국가 권력이 강력해졌으나, 개인은 스스로의 삶을 책임지는 자치 역량이 빈약하기 때문이다. 다만 선출된 '왕'인 대통령이 부패하고 권력을 사유화할 때 국민들은 그 권력을 견제하고 대항해 왔다. 1960년 4·19혁명, 1980년 5·18 광주민주화운동, 1987년 6·10항쟁, 2016년 촛불혁명 등 역사가 증명하고 있다. 혹자는 한국의 민주주의는 광장에 있다고 혹평한다.

한국의 민주주의는 절차적, 형식적 민주주의 측면에서는 성숙 단계에 들어섰다. 하지만 내용적 민주주의 측면에서는 미성숙 단계에 머물러 있다. 민주주의는 광장에만 존재해서는 안 된다. 보통 시민들이 자신의 생활 속에서 자신이 정치의 중심임을 느낄 수 있고, 사회갈등을 공론의 장에서 토론과 협의라는 과정을 통해 해소할 수 있어야 하며, 보통 사람들의 요구와 불만이 집약되어 국정과제로 도출되고 그 과제들이 국가를 이끌어가는 원동력이 되어야 한다. 현대 사회에서 민주주의를 사회 속으로 내면화하는 작업은 자유로운 결사체인 정당의 활동에 달려 있다. 정당이 현대 민주주의를 성숙시키는 데 주도적인 역할을 담당하고 있다.

한국 민주주의 'by the people' 미흡

미국 링컨 대통령이 1863년 게티즈버그 연설에서 제시한 민주주의의 기본 원칙인 '국민의(of the people), 국민에 의한(by the people), 국민을 위한(for the people)'이라는 구절 가운데 한국의 민주주의는 국민의, 국민을 위한 수준에는 도달했지만, 국민에 의한(by the people) 수준에는 도달하지 못했다. 우리가 'Democracy'를 민주주의로 번역하지만 본래 의미를 찾아보자면, '다수(demo-)에 의한 지배(-cracy)' 즉 'ruled by the people'에 가깝다. 1인 지배체제인 군주정이나 소수 엘리트 지배체제인 귀족정과는 반대되는 의미를 지니고 있다. 현대 사회에서 '다수에 의한 지배'를 가능케 하는 중요한 요소가 정당이다.

하지만 한국의 민주주의는 자립된 개인에서 출발하는 보텀업(Bottom up)이 아니고, 국가 권력에서 내려가는 톱다운(Top down)이기 때문에, 미성숙한 단계에 머무르고 있다. 먼저 국가-재벌 주도의 발전 모델인 박정희 모델에서 벗어나지 못하고 있다. 1987년 6·29선언을 한국 민주주의로 이행하는 역사적 출발점으로 평가하지만, 이후 들어선 민주정부가 추구해온 모델은 IMF 외환위기 이후 신자유주의적 정책을 수용한 것 외에는 산업화와 고도성장을 가져온 박정희 모델을 그대로 계승 발전시켜 왔을 뿐이다.

둘째, 한국의 정당들은 사회 균열을 기반으로 한 정당들이 아니다. 국가 권력을 장악한 세력이 만든 정당에는 자유당 공화당 민정당이 있다. 이들 정당이 국가 권력으로부터 파생된 정당이라면, 반대편에 국가 파생 정당에 대한 반대를 명분으로 만들어진 정당이 있다. 영남과 호남을 지역기반으로 양당체제를 이루고 있다. 현재 국민의힘과 더불어민주당 양당은 사회갈등을 대변하지 못하고, 성 안의 기득권을 대변하는 엘리트들의 정당들이다. 양당은 정책 쟁점 없이 도덕주의적 문제와 사생활에서의 인간적 잘못에 분노의 감정을 발산하며, 조선시대 사색당쟁에 가까운 소모전을 벌이고 있다.

셋째, 양당 중심의 정치 체제에서 자립된 개인들은 활동 공간이 없고, 오로지 기득권층이 정치 집단으로 변신하는 데 거수기 역할만 할 정도로 그 역할이 추락했다. 민주주의가 제도로써 10%에 달하는 성 안의 기득권을 견제하기는커녕 불평등과 불균형을 심화시키고, 90% 다수의 일반 시민들이 정치에 참여하는 것을 막고 도리어 밀어내는 역할을 하고 있다.

정당 활성화가 성城 해체 가능해

현대 민주주의에서 대규모의 자립된 개인들을 정치에 참여시키는 것이 정당이고, 그들에 대한 교육자 역할을 해야 하는 것도 정당이며, 다양한 사회정책과 공공정책을 통해 복지와 재분배를 이끌어내는 것도 정당이다.[1] 정당이 약해지면 반드시 사회경제적 강자 집단의 발언권이 강해진다. 행정 관료와 사법 관료가 중심이 된 국가 권력과 시장을 이끌어온 대기업 권력이 성을 공고히 쌓아, 일반 시민들을 피지배 상태로 내몰고 양극화와 불평등을 악화시키며 다양한 사회문제들을 야기하고 있다. 한국의 강고한 성을 해체하고 재구성하는 길은 자립된 개인들이 중심이 된 정당 활동을 활성화시키는 것이며 이것이 한국 민주주의를 성숙시키는 길이다.

2. 한국 정당의 기원과 현주소

1) 국가파생정당과 그 반대당

'강한 국가 의존성, 약한 사회적 기반'

한국의 정당은 크게 국민의힘 계열과 더불어민주당 계열로 양분된다. 국민의힘 계열의 기원인 이승만 정부의 자유당, 박정희 정부의 공화당, 전두환 정부의 민정당은 모두 국가 권력으로부터 파생된 정당의 성격을 갖고 있다.[2] 이들 정당은 모두 '반정당주의'를 내건 세력이 국가 권력을 먼저 장악한 다음 창당되었고, 정당으로서 독자적인 사회적 기반이 약한 대신에 국가의 지원에 크게 의존했다. 반면에 더불어민주당 계열은 1950년대 자유당에 대한 반대당 성격을 지닌 민주당에서 비롯되어 공화당과 민정당에 대항하며 성장하고 존속해 왔다.

두 정당 계열은 모두 '강한 국가적 의존성과 약한 사회적 기반'이라는 특성을 지니고 있다.[3] 정치학자 박상훈은 『정당의 발견』에서 정당들이 왜 이념, 가치의 차원에서 차이가 적고 서로를 따라 모방할 수 있는지, 당내 훈련 과정과 당원 교육기능은 왜 체계화되지 않는지, 이런저런 세력 간 차이나 갈등이 왜 '친DJ-반DJ' '친노-반노' '친이-친박' '친문-반문' 등 사인화된 형태로 정의되는 것인지, 계층과 같은 사회적 내용상의 차이가 왜 빈약한지 등을 충분히 설명할 수 있다고 말한다.

국가 파생 정당이었던 국민의힘 계열 외에 반대편에 섰던 민주당 계열도 이런 특성의 수혜자였다. 대통령 중심제, 소선거구제가 가져다주는 양당제의 혜택을 톡톡히 받았다. 사회적 기반도, 조직적 응집력도, 안정된 대중 기반이 없으면서 강한 집권세력에 대항한다는 명분으로, 집권세력에 대한 '두려움'을 내세워, 사회 속의 모든 반대와 항의를 민주당 계열로 결집시킬 수 있었기 때문이다. 1997년과 2007년, 2017년 그리고 2022년 권력교체가 뚜렷한 정치 이념과 정책을 내세워 성공한 것이 아니라, 반대당의 정책 실패에 기인한 바가 크다는 점이 이를 잘 설명해 주고 있다.

대중정당 아닌 명망가 정당들

한국의 두 정당 계열은 둘 다 대중정당이라기보다는 명망가 정당(cadre party) 성격을 지니고 있다. 명망가 정당이란 극소수의 실력자 또는 보스 정치가가 당내 자원의 배분 과정, 후보자 선정 과정, 정책 형성 과정, 반대당과의 협상 과정, 당대표 선출 등을 실질적으로 장악하고 있는 정당을 말한다. 집권당은 현직 대통령을 따르는 간부들을 중심으로 뭉쳐 있고, 반대당은 차기 대통령 후보 반열의 실력자가 당을 지배하고 있다. 한국 정당을 대중정당이라고 말하기 어려운 이유는 대중 기반이 약하고 특정 인물을 중심으로 움직이는 점 외에도 국가 예산의 지원을 받아 당을 운영하고, 국회의원 개인들은 각자 재정 동원 능력에 의존해 선거를 치르며, 여론을 매개로 국민 모두에게 포괄적으로 호소하기 때문이다.[4]

대중정당이라고 하면, 영국의 노동당이나 독일의 사민당처럼 '원외정당'에서 출발한다. 노동조합과 같은 대중조직으로부터 지지와 정치자금을 조달했고, 빈민 지역의 유권자를 동원하고 다양한 공제조합을 조직해 그들의 보호자 역할을 자처했다. 이념적으로 분명한 정체성을 가졌고, 일반 당원들이 납부하는 당비를 중심으로 당을 운영해 왔다. 역사적으로 보면 귀족에서 신흥자본가로 그리고 노동자 계급으로 선거권이 확대되었고 그에 따라 명망가 정당이 대중정당으로 변모했다. 노동자 계급이 정치에 참여하면서 노동자 계급 정당이 대중정당으로 성장했고, 명망가 정당이었던 보수정당이 선거에 약한 약점을 만회하기 위해 자기 나름의 대중정당을 구축하였다.

국회, 관료·변호사 비율 가장 높아

한국의 두 정당 계열을 명망가 정당으로 퇴락했다고 보는 이유는 국회의원 구성 측면에서 명망가 위주로 구성되어 있기 때문이다. 20대 국회를 분석해 보면, 고위 관료나 공공기관장 출신이 61명으로 전체 20.3%를 차지하고, 판사 검사 변호사 등 법조인이 46명으로 15.3%를 차지했다.[5] 더불어민주당이 압승한 21대 국회도 행정고시 출신이 27명, 법조인이 43명이었고 언론인 출신20명과 노동조합 출신13명이 뒤를 이었다.[6] 전체 국회의원 가운데 행정고시, 사법고시 출신자들이 높은 비중을 차지하고 있다. 좋은 직업군으로 채워진 국회가 과연 민의를 대변하는 국회라고 할 수 있을까. 명망가들은 사회갈등을 대변하는 이들도 아니고, 새로운 가치를 생산하는 이들도 아니다. 더욱이 사회발전에 헌신하려는 사람이 아니다. 한국의 강고한 성 안에서 기득권을 누렸던 이들이 더 좋은 권력과 명예를 누리기 위해 존재하는 사람들이다.

두 정당, 말만 다르고 정책은 비슷

정치학자 박상훈은 『정당의 발견』에서 한국의 정치를 '양극화된 정치'라고 평가한다. 합리적인 정책 논쟁보다 말과 태도를 문제 삼아 서로 비난하고, 증오와 분노를 확대재생산한다. 서로 진영을 나눠 도덕적 시비를 번갈아 반복하는 것이 정치의 모습이다. 공적 논쟁이 사라지고, 과도한 파당적 경쟁만이 지배하는 정치이다.

문제는 양당이 말이나 명분은 서로 다르게 보이지만, 실제 정책에서는 크게 차이가 드러나지 않는다는 점이다. 더불어민주당이 진보적이고 국민의힘이 보수적이라 생각되지만, 북한 이슈를 제외하면 공약이나 정책들은 대동소이하다. 두 정당이 겉보기에 엄청난 변화를 위해 싸우는 것 같지만, 실제로는 시끄러운 소란이 가라앉고 나면 두 당에는 달라진 것이 별로 없다. 대통령에 대한 개인적인 경멸과 야유, 적대적 상호 증오가 한국 정치의 민낯이다.

미래 비전 상실, 대권 향한 수단

민주주의는 정치적 평등의 원리에 기초하여, 사회의 생산적 자원을 할당하고 분배하는 공적 결정을 내릴, 다수(majority)를 형성하는 과정이다. 정치적으로 형성된 다수는 정부가 될 수도 있고, 정책이나 제도가 될 수도 있다. 현실에서 정치가 해야 할 일은 사회가 나아가야 할 비전을 설정하고 이를 실현할 권력을 창출하며 구체적인 정책과 프로그램들을 수립한 뒤, 이를 둘러싼 갈등과 차이를 조정해 가며 비전을 구현해 내는 것이다.[7)]

하지만 한국 정당들은 보수와 진보의 이념 대결을 넘어 정책이나 비전의 뚜렷한 차이가 보이지 않는다. 사회적 균열에 따른 사회계층을 대변하는 정책을 수립하지 않고, 정당 차원에서 소속 국회의원이나 가까운 전문가들이 모여 단기·집중식 정책개발방식으로 총선 또는 대선 대비용 공약을 만들어낸다. 정책을 둘러싼 환경의 변화나 현재 한국 상황에 대한 충분한 분석, 기존의 정책들에 대한 평가 등은 이 과정에서 생략된다. 단지 선거에 이기기 위한 공약 개발이 목적이다. 인기가 있다면 다른 당의 정책을 그대로 베끼는 것도 불사한다.

비전과 정책으로 차별하지 못하는 한국 정당, 특히 제1야당은 집권 세력에 대항해야 한다는 논리를 앞세워 사회 속의 모든 반대와 항의의 요소를 모아 선거를 치른다. 이명박 정부와 박근혜 정부 때는 더불어민주당 계열이, 문재인 정부 때는 국민의힘 계열이 그렇게 시도했다.

정당이 비전과 정책으로 승부하지 않기 때문에, 대권 후보가 있느냐 없느냐에 따라 새로 탄생하고 통합되고 사라진다. 특정 정당이 대통령을 배출하면, 그 정부는 정당 정부가 아니라 대통령 개인 정부가 되어버린다. 박근혜 새누리당 정부, 문재인 더불어민주당 정부가 아니라 박근혜 정부, 문재인 정부가 되었다. 한국 정당이란 극소수 권력자와 그를 따르는 계파들이 대통령 권력을 획득하기 위한 수단이자, 대중과 거리가 먼 명망가들이 국회의원이란 지위를 획득하기 위한 수단에 지나지 않는다.

2) 한국 정당 정치의 병폐

정당 공천 여전히 중앙집권적

한국 정치에서 톱다운식 정당 공천은 정당의 발전을 가로막고 있는 고질적인 병폐이다. 매번 선거 때마다 중앙에서 활동하는 인물을 지역에 내리꽂고 공천을 둘러싼 계파 갈등이 난무하니, 정당 내 새로운 인물이 자랄 수 있는 토양은 황폐해지고 중앙정치에 예속된 지방정치는 길을 잃고 말았다.

2000년 이전에는 정당 지도자나 소수 계파 지도자가 하향식으로 후보를 선정해 왔다면, 2002년 대통령 선거와 지방 선거를 거치면서 국회의원 후보 선정에 상향식 경선제를 도입하는 등 후보 선정 절차를 민주화했다.[8] 더불어민주당은 당헌 제89조에 따라 중앙당 공천관리위원회가 심사하여 특정 지역구 후보를 단수 또는 2명 이상으로 선정하도록 하고 있다. 후보자가 2명 이상으로 선정된 때에는 후보자 및 경선 방법에 대한 최고위원회의 의결과 경선 등을 거쳐 추천이 확정된다. 국민의힘도 당헌 제81조에 지역구 국회의원 후보자 추천 방식을 규정하고 있는데, 공천관리위원회가 당내 경선, 단수 후보자 추천, 우선추천제도를 통한 후보자 추천 등 세 가지 방식으로 후보자를 추천하도록 하고 있다.

양당 모두 중앙당 지도부에 의해 지명된 당 기구가 후보를 심사하고 선정할 수 있는 권한을 갖고 있는 등 유사한 방식을 제도화하여 운용하고 있다. 지방 선거에서 지방자치단체장과 지방의회 의원의 후보 선정 방식도 이와 같다.

그러나 현행 공천 시스템은 다음 두 가지 문제점을 안고 있는데, 이는 중앙집권적이고 배타적이어서 정당정치의 발전에 부정적인 영향을 끼치고 있다.

첫째, 여전히 중앙집권적이다. 여론조사 경선과 국민경선의 문제점은 논외로 하더라도, 상향식 공천이 최초로 도입된 2002년 이후 실제 운영에 있어 2016년 20대 국회의원 공천을 결정한 새누리당의 경우를 제외하고는 상향식 공천이 전체 30% 이하로 저조하고 중앙당 중심의 하향식 공천이 70% 이상으로 압도적이라는 점이다.

〈표 1-1〉에서 보듯이 박상운(2019)의 박사학위논문 「유권자의 재화 요구와 정당 지도부의 선택」에 따르면, 2008년 제18대 국회의원 선거에서는 두 정당 모두 상향식 공천을 실시하지 않았고, 국민의힘 계열은 상향식 공천을 2004년 7.4%, 2012년 19.1%만 실시했으며, 2016년에는 예외적으로 55.7%를 실시했다. 더불어민주당 계열은 상향식 공천을 2004년 38.3%, 2012년 37.0% 실시했지만, 2016년에는 22.2%로 줄였다. 국회의원 후보자 선정의 권한은 중앙당에서 정당 지도부가 결정하고 있고, 당원들은 방관자적 위치에만 머물러 있다.

〈표 1-1〉 17대, 19대, 20대 총선 지역구 공천방식 분류

단위 : 선거구 수 (%)

구분	국민의힘 계열			더불어민주당 계열		
	17대 2004년	19대 2012년	20대 2016년	17대 2004년	19대 2012년	20대 2016년
하향식 공천 단수후보 추천/우수추천/전략공천	200 82.3	184 74.8	110 43.5	150 61.7	139 56.5	181 71.5
상향식 공천 국민 경선 + 여론조사경선/경선 단독후보/국민경선/여론조사 경선	18 7.4	47 19.1	141 55.7	93 38.3	101 37.0	56 22.2
무공천	25 10.3	15 6.1	2 0.8	0 0.0	16 6.5	16 6.3
지역구 합계	243	246	253	243	246	253

출처 : 박상운. 2019. 「유권자의 재화 요구와 정당지도부의 선택」 고려대학교 대학원 박사학위논문 p.35

2020년 21대 국회의원 선거에서도 중앙당 이너서클(inner circle)의 결정으로 공천기구가 설립되고 정당 지도부 중심으로 공천이 이루어졌다. 그 결과 더불어민주당은 253개 지역구 가운데 107개 지역구(42.3%)에서 상향식 공천(경선)을 했고, 국민의힘 계열은 93개 지역구(37%)에서 경선을 실시했다.

정당의 후보 선정 과정이 지구당 또는 시·도당에서 이루어지는 것이 아니

라 중앙당 차원에서 이루어지기 때문에 중앙에서 활동하던 인물들을 위주로 지역구에 내리꽂는 하향식 공천이 자행된다. 중앙에서 활동하던 인물이란 행정 관료나 법조인, 그리고 시민운동가 등 이미 알려진 명망가들을 말하며, 이들 직업군은 과대 대표된다. 그러면 지역에서 활동하는 인물들은 자연스럽게 과소 대표될 수밖에 없다.

후보공천 파벌 중심 배타적

둘째, 굉장히 배타적(exclusive)이다. 두 정당의 공천관리위원회는 선출에 의해 구성되는 것이 아니라 중앙당 지도부에 의해 구성되므로 중앙당 지도부의 입김이 강하게 작용한다. 정당 내 파벌들이 지도부를 장악하면 공천권을 통해 경쟁 파벌을 배제하고 자신의 파벌을 확장하려고 한다. 그렇게 함으로써 파벌 수장은 당권은 물론, 대통령 후보를 차지하는 데 유리한 고지를 선점하게 된다. 정당마다 공천 과정에서 계파 갈등이 불거지는 것은 당권을 잡은 파벌이 자기편에 편향된 공천을 한 결과이다. 국민의힘 계열의 경우, 이명박 정부가 출범한 직후 치른 2008년 18대 총선에서 친박계 인사 상당수가 친이계에 밀려 공천에서 탈락했고, 2012년 19대 총선을 앞두고 친박계가 당권을 잡자 친이계 핵심들이 공천에서 떨어졌다. 2016년 20대 총선에는 '비박계 살생부'라는 말이 회자되고 실제 그렇게 되었다. 이러한 공천 제도에서는 보스를 중심으로 한 줄서기와 당내 파벌 간 공천 싸움에서 벗어날 수 없고, 파벌들이 정책과 가치를 놓고 노선 투쟁을 벌이는 일은 일어나지 않는다.

지방정치는 중앙정치의 식민지

마지막으로 중앙에서 톱다운식 공천이 주로 이루어지니, 정당 내에서 새로운 인물이 자랄 수 있는 풍토가 생기지 않고, 지방으로 갈수록 중앙 정치에 의해 좌우된다. 갑자기 지역구에 공천을 받은 국회의원들은 자신들의 지위를 공고히 하기 위해 진입 장벽을 쌓고 잠재적 경쟁자들인 정당 내부의 중간급 엘리트를 견제하는 등 기득권을 지키기 위한 카르텔을 형성한다. 그 결과 일반 당원이나 유권자들의 참여는 약화되고, 중간 엘리트들의 활동도 위축된다. 대신 지방선거에 뜻을 둔 이들은 지역 국회의원에게 줄을 서는 행태가 이어진다.

그래서 지방의회는 중앙당의, 중앙당에 의한, 중앙당을 위한 인물들로 채워진다. 정도의 차이는 있지만, 지방 정치는 중앙 정치에 예속돼 있다. 중앙 정치가 기초의회까지 지배한다. 중앙 정치의 지방 정치 계열화의 핵심 고리는 정당 공천제이다. 말이 정당 공천이지 지역 국회의원의 입김이 절대적이다. 지방의원은 국회의원 보좌관과 한가지다. 행사 의전을 맡고, 당원을 동원하고, 선거운동을 도맡는다. 지방정치는 중앙정치의 식민지라고 해도 과언이 아니다.

대안은 장기적으로 중앙집권식이 아니라 시·도당 또는 지구당 중심으로 후보자를 선정하는 상향식 공천이 바람직하다. 그러나 단기적으로는 ① 시·도당의 추천 → ② 중앙당 심사 → ③ 경선이 적절하다고 생각된다. 시·도당의 추천은 시·도당 집행부에서 선거구에 후보 추천을 희망하는 신청자를 대상으로 1차 심사를 한 뒤, 예비후보자 3인을 중앙당에 추천하는 것을 말하고, 중앙당 심사는 현재 중앙당 집행부 또는 공천관리위원회가 시·도당의 추천인을 2차 심사하여 단수로 인준하거나 선거구당 2명 이상을 경선하게 하는 것을 말한다.

3. 民에 기반한 대중정당 활성화

1) '강한 국가 - 약한 개인' 프레임

자유 결사체 만드는 전통 약해

한국 사회는 '강한 국가 - 약한 개인'이라는 프레임이 구축되어 있다. 비록 국가가 위기에 처할 때마다 백성들이 나서 위기를 극복하는 저력을 보여주었지만, 제도와 생활문화에서 '강한 국가 - 약한 개인'이란 프레임을 벗어나지 못했다.

강력한 군벌과 성리학의 지배체제를 갖춘 조선사회는 서울 중심의 중앙집권 사회였고, 사대부들이 관료제 하에서 왕명을 위에서 아래로 전달하는 수직사회였다. 민간에 향약, 두레, 품앗이, 계 등의 결사체들이 존재했지만 관료제에 기반을 둔 성리학적 질서에서 그들의 힘은 미약했다. 일제 강점기에는 일제가 침략을 목적으로 민간에 있던 두레, 품앗이, 계 등을 파괴함에 따라 전통적인 결사체들은 점차 사라졌다.

해방 후 한국은 미군정 체제에서 민주주의라는 새로운 문화의 세례를 받았다. 투표를 할 수 있는 권리, 정당을 만들 권리를 자연스럽게 부여받았다. 서구에서는 노동운동과 여성운동을 전개하고 '피의 희생'을 통해 획득했던 권리를, 우리는 그냥 내 것인 양 제도적으로 받아들였다. 6·25를 경험하고 군사정부가 들어서면서 국가의 우위성은 더욱 두드러졌다. 박정희 정부가 추진한 근대화 프로젝트는 위로부터 아래로의 개혁이었고, 그 방식은 지금도 강력한 힘을 발휘하고 있다. 개인들이 모여 자유로운 결사체를 만든 전통이 있으나, 제도로서 생활문화로서 뿌리내리지 못했다.

한국은 연고, 미국은 비연고 중심

한국에 '강한 국가-약한 개인'이라는 프레임이 고착화된 또다른 배경에는 수직사회의 세계관이 반영되어 있다. 수직사회에서는 국가 권력으로부터 부귀와 명예, 그리고 사회적 지위가 파생하기 때문에 권력자와의 관계가 중시되었고 권력자 주변에 인적 모임들이 결성되었다. 혈연 지연 학연을 중심으로 모임이 만들어지고, 사람들은 연고 집단에 자발적으로 가입한다. 이런 집단에 가입한 회원들은 패밀리 또는 패거리 의식을 갖고 서로 관계를 맺는다. 대신 특정 취미를 공유하거나 특정 목적을 위한 비연고 집단은 비교적 근래에 생성되었다.

자발적인 결사체는 연고 집단과 비연고 집단으로 나뉘는데, 연고 집단은 동창회, 향우회, 화수회 등을 말하고, 비연고 집단은 각종 동호회나 취미 모임, 시민단체, 문화단체, 종교단체 등을 말한다. 2002년 서울시민의 단체 활동을 조사한 결과에 따르면, 서울시민의 과반수는 연고 집단에만 참여하고 비연고 집단에는 참여하지 않는 것으로 나타났다.[9] 반면에 비연고 집단에만 참여하고 연고 집단에 참여하지 않는 사람들의 비중은 10%에 불과했다. 서울시민들이 연고 집단을 중심으로 활동하고 있는데 반해, 유럽이나 미국의 시민 활동과는 큰 대비를 이루고 있었다. 예를 들면 1인당 가입한 비연고 집단의 평균치는 미국이 1.74개, 스웨덴 1.59개, 독일 1.13개인 반면, 한국은 0.30개에 불과했다. 20년 전의 수치이지만 현재도 크게 다르지 않다고 본다.

자발적 결사체가 민주주의 기반

2020년말 현재 한국인 91%가 도시에 살고, 대부분 아파트에 거주하며 5-7년에 한 번 이사를 한다. 도시는 공동체라고 보기 어려운 익명의 공간이다. 그러나 한국인들의 일상은 각종 경조사로 바쁘다. 가끔 주말에 두세 개의 결혼식에 참석하고, 심심치 않게 날아오는 부고장을 들고 장례식을 찾다보면 한 주가 금방 지나간다. 도시에 살고 있지만, 이런 연고의 끈들은 촌락의 옛 속성을 그대로 지니고 있다. 아직 우리의 자유로운 결사체들은 구성원들의 동질성, 패밀리 의식에 기반을 둔 전근대적 연고 집단이 다수를 점하고 있다.

그러나 민주주의가 성숙하려면 이제 상호 이질적인 구성요소를 담고 있는 비연고 집단이 활성화되어야 한다. 각종 동호회나 취미 모임, 시민단체, 문화단체, 종교단체, 정당 등이 대표적이다. 이들은 특정한 취미를 공유하거나 공동의 목표를 달성하기 위해 조직된 것이다.

독일의 사회학자 퇴니스의 'Gemeinschaft'와 'Gesellschaft'를 '공동사회'와 '이익사회'로 번역하여 사용하는데 잘못된 번역이라고 생각한다. 왜냐하면 공동사회는 비계산적이므로 좋은 사회이고, 이익사회는 이해타산적이므로 나쁜 사회라는 의미를 내포하기 때문이다. 공동체(community)와 결사체

(associations)가 적절하다. 공동체는 가족과 친족, 마을처럼 자연적이고 타율적이며 상속적인 성격을 가지는 데 비해 결사체는 회사와 조합, 정당, 도시 등 계약이나 조약, 협정에 의해 즉 개인의 자발적이고 인위적인 선택에 의해 만들어진다. 전통사회일수록 공동체들이 다수를 점하지만, 사회가 다원화될수록 개개인의 선택의 의한 결사체들이 다수를 이룬다.

한국에 연고 집단이 강하고 비연고 집단이 약한 원인에는 잘못된 번역도 한몫을 하고 있다고 본다. 이익사회가 아니라 결사체로 번역함으로써 개인들의 자유로운 선택에 의해 결성된 모임에 부정적인 이미지를 거두어내야 한다. 오히려 민주주의 사회일수록 자유로운 결사체들이, 다양한 중간집단들이 많이 생기고 활성화되어야 한다.

일찍이 프랑스의 토크빌은 『미국의 민주주의』에서 “자발적 결사체에 대한 참여가 풀뿌리 민주주의를 가능케 하는 실험장이 된다”면서 “전제적인 행정 권력을 막고 개인주의의 폐해를 막기 위해서는 국가의 통제를 받지 않는 시민들의 자발적인 결사체가 발달해야 한다”고 주장했다. ‘사회적 자본(social capital)’ 개념을 확립한 로버트 퍼트남은 『사회적 자본과 민주주의』에서 “결사체 참여 경험이 사회적 자본을 축적하는 토대가 된다”고 주장했다. 그는 “사회적 자본이란 참여자들이 협력하도록 함으로써 공유한 목적을 보다 효과적으로 성취하도록 만드는 신뢰, 규범, 연결망과 같은 사회조직의 속성”이라고 정의한다. 또한 “다양한 결사체의 활동을 통해 지속적으로 상호작용하는 과정에서, 개인은 단기적이고 이기적인 관심을 넘어 장기적이고 공동체적인 문제에 관심을 갖고 서로 이익을 조율해 나가는 경험을 함으로써 사회적 자본은 축적된다”고 강조했다.

그래서 민주주의를 밑바닥에서부터 활성화시키기 위해서는 공통의 목적을 달성하기 위해 자발적 결사체를 만들고 자원을 동원하는 것이 매우 중요하다.[10] 관변 단체를 지원하기보다는 취미와 운동, 봉사 등을 통해 다양한 배경을 가진 지역 주민들이 어울릴 수 있는 프로그램을 활성화하고, 주민들에게 민감한 공적 이슈를 발굴하여 주민들이 적극 참여할 수 있는 공론의 장을 마련한다면, 주민들이 정당에 대한 적극적 참여와 활동도 높아질 것이다.

2) 한국의 공공선, 서구의 공동선

시민사회 東西 개념차 뚜렷

보통 시민사회는 자발적인 결사체들의 활동영역을 말하는데, 서구에서는 16~18세기 영국이나 프랑스에서 부르주아지의 등장과 더불어 등장했다. 이는 공적 권위를 대변하는 국가에 대항하여 사적 영역을 옹호하기 위한 개념이다.[11] 자유주의와 관련된 이 개념은 국가와 시민사회, 공적 영역과 사적 영역의 경계를 분명하게 구분하였고, 국가 권력이 사적 영역을 침해하는 것에 대한 저항을 정당화했다. 그래서 서구의 시민사회는 공적 이슈에 대한 관심과 더불어 공적 영역에 대한 참여는 물론, 개개인의 사적 이익을 증진하는 것을 도모했고 개인이 부를 추구하는 것을 당연시했다.

그러나 한국에서 시민사회는 군사정부의 독재에 반대하는 일반 시민의 보편적이고 공적인 공간이란 의미를 갖게 되고 그 속에 개인은 공익을 위해 참여하는 적극적 시민으로 이해되었다. 사적 이익을 표출하거나 사적 이익에 기반한 조직 활동을 부정적으로 바라보는 인식이 형성되었다. 그래서 한국의 시민사회는 사유화하는 국가 권력에 대항하는 의미에서 공공선公共善을 추구했다면, 서구의 시민사회는 개인의 자유와 재산을 침해하는 국가 권력에 대항했다는 의미에서 공동선共同善을 추구했다.

公 아닌 共의 마인드 부족

서구 시민사회와 한국 시민사회를 이해하는데, 먼저 공公과 공共의 차이를 살펴보자. 공공公共을 함께 사용하지만, 공公과 공共은 서로 다르고 긴장관계에 있다. 공公의 쓰임새를 보면, 공개公開 공고公告 공리公利 공익公益 공론公論 등 일반대중을 의미하기도 하고, 공기업公企業 공무公務 공인公認 등 국가 또는 공공난제를 의미하기도 하며, 공정公正 공평公平 등 치우침이 없고 널리 보편적이란 뜻을 의미하기도 한다. 영어로는 public을 사용한다. 반면에 공共의 쓰임새를 보면, 공감共感 공동共同 공명共鳴 공모共謀 공생共生 공저共著 공존共存 공통共通 등 둘 이상의 사람이 함께 한다는 의미를 지니고 있다. 영어로는 common, together에 가깝다.

공共의 개념을, 집합을 이용하면 한결 이해하기 쉽다. 다수의 원소로 구성된 집합이 있다고 했을 때, 각각의 원소를 사私로, 전체 집합을 공公이라 볼 수 있고, 이때 두 개의 원소 이상으로 구성된 부분집합은 공共이다. 이러면 공共의 개념이 더없이 확장된다.

특히 성리학적 세계관에 익숙한 한국인들은 현대 자본주의 사회에서 공公과 사私 개념 때문에 혼란스러운 경험을 갖고 있다. 선공후사先公後私(공적인 일을 먼저 하고 사사로운 일은 나중에 함)처럼 공公과 사私를 대립되는 개념으로 보고, 공公과 공익公益을 높이 평가하는 대신 사私와 사익私益을 폄하하고 심지어 죄악시하는 경향이 강하다. 또 미국의 'private-public partnership'을 '민관협력民官協力'으로 번역한다. 한국의 언어 속에 개인을 의미하는 부정적인 사私보다는 긍정적인 민民을 사용하고, 공公의 대변자로 관官을 대체해서 사용한다. 수직사회에서 왕의 대리인이었던 관官이 현대사회에서 민의의 총합인 공公을 대변하는 것도 아이러니하다.

견리사의見利思義(눈앞의 이익을 보면 먼저 의리를 생각함)는 본래 이익보다 명분을 중시하는 뜻이다. 하지만 개인의 정당한 이익 추구마저 부정적으로 바라보기도 하고 거창한 명분 뒤에는 반드시 숨겨진 사익이 있기 때문에, 현대 사회에는 견의사리見義思利가 더 적절하다는 생각이 들 정도이다.

국가주의 公共善 개념이 압도

여기서 공공선公共善과 공동선共同善의 관계를 살펴보자. 공公과 공共의 의미 차이와 유사하다. 공공선公共善과 공동선共同善을 같은 뜻으로 오용되기도 하지만, 두 단어는 의미가 상이해 충돌하기 십상이다. 동서양을 막론하고 사적인 것을 배제하고 전체를 의미하는 공공선을 추구하는 것을 선善이라고 생각했다. 국가의 생존이나 위기 앞에서는 하나의 목표를 향한 모든 행위는 공공선이었고 정당성이 부여됐다. 공공선을 대변하는 사람이 국가 권력자이고, 수직사회에서는 왕이었다. 공공선은 국가 권력으로 귀결되고, 사익보다 공익이 우선한다는 명분으로 소수자들을 악으로 몰았다. 그 결과 인간의 존엄성을 침해한 사례들이 역사적으로 헤아릴 수 없이 많다.

헌법 제37조 2항에 '국민의 모든 자유와 권리는 국가안전보장·질서유지 또는 공공복리를 위하여 필요한 경우에 한하여 법률로써 제한할 수 있으며'라고 규정하고 있다. 비록 '제한하는 경우에도 자유와 권리의 본질적인 내용을 침해할 수 없다'고 단서를 달고 있으나, 국가 권력이 공공선을 명분으로 국민들의 자유와 권리를 침해할 수 있음을 밝히고 있다. 공공선은 구성원들 전체의 의견을 모은 사회 전체의 합이자 선善이었다.

반면에 공동선共同善은 국민들이 일상에서 서로 만나 협력하고 자치하며 함께 만들어가는 선善이다. 공동선은 국가 권력이나 자본 권력에 의탁하지 않고 구성원들이 함께 만들어가는 부분 합이자 특정 집단의 선이다. 그 특정 집단의 대표자가 공동선을 대변한다.

수직사회에서는 왕이 국가 전체의 선, 즉 공공선을 대표했고, 공공선에 대항하는 세력들은 모두 반역으로 처단했다. 왕은 이의를 제기하는 정치결사체를 용납하지 않았다. 왕이 존재하지 않는 현대 사회에서는 선출된 권력이 공공선을 대표한다. 특정 정당의 공동선이 선거라는 시스템을 통해 국가 권력의 공공선으로서의 지위를 획득한다. 그래서 현재 공공선의 지위를 획득한 공동선과 공공선의 지위를 획득하지 못한 공동선이 있을 뿐이다.

공공선을 추구하는 국가 권력과 공동선을 추구하는 각 정당, 시민단체, 노동조합 등이 충돌할 때 공공선은 절대선이 되어 공동의 이익을 추구하기보다는 독점으로 인한 사유화의 정치로 흐르기 쉽고, 공동선은 부분 또는 부분합의 입장에 있으므로, 전체의 관점을 간과하여 파당화로 흐르기 쉽다.[12] 사유화와 파당화는 부조화와 불균형 그리고 불만족의 정치를 야기하기 때문에 서로 조화를 이루는 것이 합리적이다.

그렇지만 한국 정치에서 공公과 공공선公共善 그리고 공익을 앞세우는 국가주의 전통이 뿌리 깊다. 사私 또는 민民의 영역이 공익은 아니더라도 개인 스스로 정당한 이익을 추구하는 영역이므로 정당하고 존중받아야 한다. 또한 특정 집단 또는 특정 계층을 위한 공共의 활성화가 필요하고, 그들의 공동선共同善 추구도 한국 사회에서 용인되고 존중받아야 한다. 물론 전체의 관점을 간과한 공동선 추구가 파당화로 흘러 집단이기주의로 변질될 위험도 높아서 이에 대한 감시와 주의도 필요하다.

3) 무당층 시민들 '새정치' 갈증

'새로운 정치' 갈증 늘 충만

국가 의존적이고 대중의 기반이 약한 한국 정당들은 연고성이 강한 한국 풍토에서 강한 인적 네트워크와 강한 동질성으로 결속된 진영주의를 발산하고 있다. 또 지방자치단체의 기초의회 의원까지 정당 공천이 이뤄지면서 중앙당에 대한 지방정치의 예속이 심해지고 있다. 이는 능력 있는 인물보다 당에 충성하는 인물이 공천을 받고 일반 시민들이 특정 정당에 접근하기 어렵다는 것을 의미한다.

그래서 특정 정당을 선호하지 않는 무당층이 광범위하게 존재한다. 기존 양당 체제에 비판적이고 그 체제에서 탈피하기를 희망하는 사람들이다. 이들은 기존 정당에 투표하지만 지지해서라기보다는 차선이라도 전략적 선택을 하는 사람들이다. 이들은 이념적으로 계층적으로 불확정적이고 유동적이다.

10년 전 '안철수 현상'이 이를 잘 보여 주었다. 안철수 현상은 안철수 개인에게 투영시키며, 기성 정치에 대한 시민사회의 거부와 새로운 정치세력의 등장에 대한 열망이 반영된 현상이었다. 동시에 기존 양당체제 사이에 빈 공간이 매우 크다는 것을 알려주었다. 2016년 2월, 총선을 두 달 앞두고 만들어진

국민의당이 호남에서 대승을 거두며 38석을 얻어 '녹색바람'을 일으키기도 했다.

지금도 새로운 정치에 대한 국민들의 갈증은 여전히 충만하다. 양당 정치 체제가 사회 전반에 형성된 갈등구조를 담아내지 못하기 때문에, 기존 정치에 대한 불만은 고조되고 있다.

국민의 왜곡된 희망: 시민정치, 군주정, 귀족정

한국 정당들이 명망가 중심으로 운영되고 국민들은 선거 때만 거수기로서의 역할로만 한정되기 때문에, 국민들은 소외감과 분노를 느끼는 것은 당연하다. 특정 정당을 지지하지 않고 무당층을 형성하며 '확' 바꿀 수 있는 새 정치를 기대하게 된다. 당파적 열정에 휘둘리지 않고 공익에 헌신하며 오로지 국민만을 쳐다보는 정치인을 희구하는 처지가 된다. 정당을 혐오하고, 새로운 메시아를 기대한다. 세 가지 모습으로 나타난다.[13]

첫째, 정당은 사악한(?) 정치꾼들이 주도하고 있기 때문에 순수한 일반 시민들이 참여하는 시민 정치 또는 직접 민주주의를 꿈꾼다. 이런 인식이 틀렸다고는 할 수 없지만 맞다고도 할 수 없다. 좋은 시민들이 모였다고 좋은 정치가 되는 것이 아니기 때문이다. 조선시대 사대부들도 수기치인의 원리에 따라 수기가 되면 치인이 된다고 믿었다. 자신이 수양을 통해 좋은 사람이 되면 백성들에게 유익한 정치가 펼쳐질 것으로 생각했다. 수기치인의 원리를 믿었던 사대부들의 정치는 사색당쟁으로 점철되었다.

현실 정치에서 시민 개개인이 공공 정책을 분석, 평가하고 책임 있는 결정을 하는 데는 한계가 있다. 교육받은 중산층 엘리트들이 이런 시민정치론에 많이 공감하지만, 정책 법안 등을 정당의 매개 없이 시민들이 직접 결정하게 한다면 꼭 좋은 결과를 가져다주는 것은 아니다.

직접민주주의가 대의민주주의를 대체하기는 어렵지만 보완은 충분히 가능하다. 현대사회에서 정당이 복수의 대안을 제시해 시민들이 선택할 수 있는 구조를 만든 다음, 시민들이 좋은 선택을 한다면 시민들도 권력감을 공유할 수 있는 민주주의를 구현할 수 있다.

둘째, 특정 세력에 포획된 정치나 특정 세력 간 흥정으로 전락한 정치를 혐오한 나머지, 일반 시민들이 특별한 능력을 가지고 사회 현안을 해결할 강력한 메시아를 기다린다. 사회 전체의 공공선이 무엇인지를 알고 공공선을 단번에 해결할 지식을 가진 '선하고 능력 있는' 지도자에게 통치를 맡긴다는 발상이다. 이것은 '군주정' 아니 '왕정'이다. 민주주의를 위협하는 강력한 도전이자 엄청난 착각이다. 역사적으로 민주주의는 왕정에서 벗어나면서 시작되었다. 메시아를 기다리는 발상은 민주주의를 부정하는 생각이다. 현대 사회에서 공공선은 특정 누군가가 지정하거나 특정 한 사람만이 알 수 있는 것이 아니다. 다수가 참여하는 논쟁 속에서 공감대를 형성하여 공동선을 결집한 다음, 선거를 통해 공동선共同善을 공공선公共善으로 합의하는 것이다.

군주정은 이견異見을 용납하지 않고 다양성을 억압하는 대신, 동질성을 선호한다. 반면에 민주주의는 오히려 획일성을 기피하고 다원성을 장려한다. 차이와 이견, 토론과 경쟁이 민주주의를 만들어낸다.

셋째, 일반 사람들의 판단을 불신하고 전문가들이 정치를 하는 게 좋겠다고 생각하는 경우이다. 대중 참여의 기반이 축소되고 전문가 여부가 공천을 결정하는 기준이 되었다. 대선 때만 되면 캠프들마다 전문가 영입 경쟁에 나서고, 총선을 앞둔 정당은 새로운 인물을 영입하여 정당 이미지를 쇄신하려고 한다. 그러나 전문가를 통해 정치를 만들어가는 논리는 변형된 귀족정의 논리와 유사하다. 현대 민주주의는 대중과 전문가들이 서로 협력하는 체제이지 전문가들에게만 정치를 맡겨서는 안 된다. 제1차 세계대전 당시 프랑스 육군 장관을 지낸 정치가 클레망소(Georges Clemenceau)는 '전쟁은 너무 중요해서 장군들에게 맡겨 놓을 수 없다'라는 격언을 남겼는데, 정치학자 박상훈은 『정당의 발견』에서 '국가 정책은 너무나 중요해서 전문가들에게만 맡겨둘 수 없다'고 했다.

4) 民에 기반한 대중정당 활성화

견고한 성 깨려면 民의 정당 만들어야

한국의 민주주의가 형식 민주주의를 넘어 내용적 민주주의를 갖추기 위해서는 광장에만 머물러서는 안 된다. 사회 갈등들이 공론의 장에서 국정과제로 집약되고, 국정과제가 국가를 이끌어가는 원동력이 되어야 한다. 현대 사회에서 이런 일을 주 목적으로 설립된 결사체는 정당이다. 민주주의를 사회 속으로 내면화하는 일은 정당의 활동에 달려있다. 그래서 제대로 된 정당을 만드는 일이야말로 현대 사회에서 민주주의를 바로 세우고 성숙시키는 일이다. 민에 기반한 대중정당이 조직되지 않는다면, 산업화와 민주화를 거쳐 형성된 한국의 성城은 더욱 견고해지고, 과도한 국가 권력과 기업 권력이 만들어내는 양극화와 불평등을 통제할 수 없게 된다. 정치가 다수의 성 바깥 사람들을 배제하고, 많이 배우고 돈 많은 성 안 사람들을 중심으로 전개되는 것을 지켜만 볼 수밖에 없게 된다.

정당 정치 활성화가 민주주의의 길

현대 민주주의는 대의제 민주주의이고, 대의제 민주주의는 국민 스스로의 통치라는 민주주의의 이념을 대표와 책임의 원리로 구현하는 정치체제이다.[14] 이는 정부가 선출된 대표를 통하여 통치행위의 결과에 책임을 지는 구조이다. 선출된 대표에게 책임을 지우기 때문에 선출된 대표가 권력과 권한을 자의적으로 행사하지 못하도록 제약하는 대신 지지와 참여를 통해 선출된 대표의 권력과 권한을 강화시켜 준다. 이것을 가능하게 해주는 것이 정당이 중심이 되는 정치체제이다.

정치가 복잡하고 다양화된 사회 갈등을 동원하고 통합하여 관리하는 것이라면, 그 갈등을 일정하게 틀을 짓고 위계화하여 표출하고 대표하는 곳이 정당이다. 정당은 사회 갈등을 표출하고 대표하는 방법으로 다수를 동원하고 선거에서 승리함으로써 권력을 획득하며, 그 과정에서 형성된 정책 대안을 실현하고 그 실현을 위해 필요한 사회적 지지를 동원하는 주체이다. 사회가 진보하고 시민들의 욕구를 실현하려면 더 많은 당이 존재해야 하고, 좋은 당이 창당되어야 한다.

현실에서 대중은 명망가 중심으로 운영되는 정당 정치에 환멸을 느끼고 헌 정치를 '확' 바꿀 수 있는 새 정치를 갈구한다. 현행 공천제도에서 새로운 법조인, 행정관료 출신들을 영입해 전략 공천이란 이름으로 지역구에 내리 꽂는 하향식 공천을 '잘했다'고 응원하고 박수를 친다. 정당 정치는 매번 국회의원 선거를 치르지만, 악순환은 반복되고 정치 수준은 낮은 수준에서 벗어나지 못한다.

정당 정치가 낮은 수준에 머물면, 정당을 통한 국민의 대표 체계가 약화되고 대표 체계가 약화될수록 민주주의는 위험에 처한다. 양당 중심의 정치 체제에서 성 안의 기득권층이 정치 집단의 중심으로 활동하고, 성 밖 사람들이 활동할 정치 공간이 사라지고 선거 때만 투표하는 거수기로 전락한다. 설사 기득권 집단이 성 밖 사람들까지 포괄하는 '착한' 정책을 펼친다고 하더라도 그것은 유능한 엘리트들이 만들어가는 '선한 귀족정'이지, 민주주의가 아니다. 다수의 성 밖 사람들의 정치 참여를 위축시켜 성 안 사람들의 귀족 정치로만 존속할 것이다.

정당 정치가 낮은 수준에서 머무는 기간이 길어질수록 기존 정당들은 도리어 한국 사회 기득권을 강화시켜 주고, 사회 불평등을 방치하는 역할을 하게 될 것이다. 사회 갈등으로 인한 변화의 힘을 결집시키기보다는, 분산시키고 약화시켜서 아예 변화의 싹을 잘라 버리는 역할을 하게 될 것이다.

한국의 민주주의가 나아갈 길은 좋은 정당을 만들고 정당 체계를 바로 세워 정당 활동을 활성화시키는 것이다. 그로 인해 정당의 사회적 기반을 새롭게 만드는 것이다. 시민 권력의 조직체인 정당이 강하게 자리 잡아야, 날로 강해지고 있는 국가 권력과 기업 권력을 통제할 수 있고, 그 속에서 시민-정당-정부로 연계됨으로써 민民의 독립성과 자율성을 높이는 수평사회로 나아갈 수 있다. 현대 민주주의 사회에서 자립된 개인들이 주도하는 정당 활동을 활성화시키는 것이 민주주의를 사회 속으로 내면화시키는 길이자, 민주주의를 한층 성숙시키는 길이다.

제2장

대통령과 행정

조선의 중앙집권형 지배구조를 온전히 계승한 대한민국 정부는 강력한 중앙행정체계를 구축하고 공공부문을 확대하여 민간의 영역을 위축시킬 정도로 영역을 확장하고 있다. 이제는 국가의 과잉을 우려해야할 때이다. 5년마다 선출되는 '왕'인 대통령은 제왕적 권력을 행사하고 삼권분립을 형해화시키며 민주주의를 후퇴시키고 있다. 정치는 대통령 자리를 획득하기 위한 정치에 불과하다. 중앙정부는 5,800여 개의 법령으로 국민의 모든 행위를 허가하고 금지하며 감독하고 있다. 동시에 GDP 45% 이상의 규모로 성장한 공공부문이 생산물 시장은 물론, 생산 요소 시장에 이르기까지 큰 영향을 미치고 있다.

반면에 강력한 중앙집권체제로 말미암아 수도권 집중은 심화되고 지방 소멸은 가속화되고 있다. 지역은 중앙정부에 의해, 법령에 의해 예속되어 자립·자생 능력을 상실한 채 서울의 식민지가 되었다. 그래서 지역에는 혁신 역량을 높여 산업 생태계를 조성하기보다는 정치의 힘을 앞세워 대기업과 공공기관을 유치해 지역을 발전시키려는 지대추구 심리가 만연해 있다.

1. 대통령

1) 한국의 국가주의

국가주의는 수직사회의 현대적 변형

우리의 민주주의는 쟁취된 것이 아니라 건국과 더불어 주어진 것이었고, 자유와 민주도 투쟁의 산물이 아니라 헌법에 의해 주어진 것이었다. 근대에 등장한 천부인권설이나 사회계약론과 같은 개념을 접해 본 사람들은 일부 지식인에 지나지 않았고, 대다수 국민들에게 생경했다. 오히려 조선 왕조의 성리학적 질서와 그에 기초한 가부장적 국가체제에 익숙했고, 일제강점기 동안 일본 제국주의 법과 제도, 교육 등에 길들어 있었다.

이런 상황에서 박정희 대통령이 강한 국가주의를 바탕으로 한국식 근대화와 경제 개발을 추진한 것은 특별한 일이 아니다. 박정희의 국가주의는 민족주의와 강고하게 결합된 국가민족주의로 정의할 수 있다.[15)] 여기서 민족주의는 단군의 혈통을 이어받은 단일민족임을 강조하는 종족적 민족주의의 자부심에다 자주적인 근대화의 실패와 뒤이은 국권강탈, 식민지 경험, 분단과 6·25전쟁의 체험 등이 혼재된 상처받은 민족주의였다. 국가주의는 19세기 말에 수용된 서구의 국가주의, 식민지 시기에 박탈당한 국가에 대한 강렬한 집착, 일제강점기에 내면화된 파시즘적 국가관, 남북한에서 각각의 분단국가가 민족을 온전히 대표한다고 고집하는 분단 국가주의 등이 복합적으로 응축된 것이라 표현할 수 있다.

국가주의는 자유주의와 대립되는 개념이며, 수직사회 모델의 현대적 변형에 지나지 않는다. 국가란 개인의 생명과 자유 그리고 재산을 보호하기 위한 수단이 아니었다. 국가 자체가 자기 목적을 실현하기 위해 개별 구성원에게 희생을 요구할 수 있고 개인은 국가의 부름에 기꺼이 응해야 한다고 한다. 국가 권력이 개인의 자유와 권리보다 우월한 지위에 있다는 사고에 바탕을 두고 있고, 천부인권설과 사회계약설을 부정한다.

후발적으로 산업화를 추진하는 국가일수록 국가의 역할과 개입을 중시하는 이런 국가관을 통해 산업화와 경제발전에 성공했다. 19세기 후반에 독일 이탈리아 일본 등이 국가주의에 바탕을 두고 급속한 산업화를 이루었다. 20세기 후반에 한국 타이완 싱가포르도 그랬고, 근래에는 1980년대 이후 산업화를 추진했던 중국이 이 길을 따랐다.

'국가주의' 박정희 모델 폐기해야

박정희 대통령은 국가의 적극적 개입과 주도로 근대화와 경제 개발을 추진했고 성공을 거두었다. 그래서 박정희 시대는 정치적 국가주의와 경제적 국가주의가 정점에 다다른 시대였다. 정치적 국가주의는 유신헌법을 제정하여 유신체제로 귀결되었지만, 경제적 국가주의는 유례 없는 급속한 경제발전을 달성하였다. 개발 독재와 경제 성장이 국가주의라는 동전의 양면을 구성하고 이를 가능케 한 체제를 박정희 모델이라고 한다. 이 모델은 흔히 개발독재, 발전국가론, 동아시아 경제발전 모델, 신식민지국가독점자본주의 등 다양한 개념으로 불려왔다.

하지만 박정희 모델은 1980년대 민주화 이후 30년 동안 점진적으로 약화되어왔다.[16] 정치적 국가주의는 1980년 5·18 광주민주화운동과 1987년 6·10민주항쟁을 거치면서 약화되었고, 민주화 이후 이러한 추세가 지속되어왔다. 전두환 정부가 시장 중심의 경제정책으로 전환함에 따라 국가 주도에 의한 경제발전, 경제적 국가주의 역시 점진적으로 쇠퇴하기 시작했고, 1997년 외환위기 이후 김대중 정부가 신자유주의적 개혁을 전격적으로 도입함에 따라 더욱 퇴조하게 되었다.

그러나 박정희 모델이 약화되었다고 하지만, 정치 경제 사회 문화 전 영역에 걸쳐 국가주의가 강력하게 남아 있다. 아직 대체할 만한 모델이 보이지 않는다. 문재인 정부 들어서 시장에 대한 정부의 간섭이 심해지면서 '사회주의 정책'이라는 비판이 등장하는 등 국가주의에 대한 논란이 거세게 일었다. 급격한 최저임금 인상, 근로시간 단축, 임대료 통제, 카드 수수료와 프랜차이즈 가맹비 인하, 부동산 가격 통제, 국민연금의 '스튜어드십 코드' 도입 등이 그랬다. 박정희 정부의 산업화 전략을 긍정하는 윤석열 정부도 국가주의 논쟁에서 박정희 모델을 따르고 있고, 동시에 서구 보수파처럼 시장이 갖고 있는 경제적 자율성도 주장하고 있어 노선이 분명하지 않다. 이제는 국가주의를 넘어 자유주의로 나아가야 한다. 국가가 시민 위에 군림하고 개인의 자유를 억압하는 관행이 폐기되어야 하고, 국가가 경제와 사회를 일방적으로 지도한다는 발상은 반드시 제거되어야 한다.

2) 형해화된 삼권분립

제왕적 대통령제가 '문제'

문재인 정부에서 삼권분립은 뼈만 남고 내용은 사라져 버렸다.[17] '견제와 균형'이 작동하지 않는다. 코드 인사로 채워진 사법부는 더이상 독립적인 기구로 보이지 않는다. 정치적으로, 사회적으로 예민한 사건에서 대법원이나 헌법재판소가 권력의 눈치를 본다는 건 더이상 비밀이 아니다. 정치적으로 중립적이고 공정해야 할 판사들은 2020년 총선을 앞두고 곧장 특정 정당으로 거리낌 없이 달려갔다.

국회는 오래전에 이미 무력화됐다. 여당은 철저하게 청와대에 복속되어 2019년 조국 사태 때조차 독자적인 목소리를 전혀 내지 못했다. 집권당의 전 대표는 장관으로 갔고, 전 국회의장은 국무총리가 되었다. 당도, 국회도 대통령의 권력 속으로 빨려 들어갔다.

행정부도 자율성을 잃어버렸다. 정책에 대한 판단과 결정은 청와대가 하고,

해당 부처는 그 지시에 대한 뒤처리만 해야 했다. 대통령 한 마디에 하루아침에 입시제도가 바뀌고, 충분한 논의 없이 청와대가 일방적으로 중요한 결정을 내리는 상황에서 관료 집단의 전문성은 의미가 없어졌다. 국무회의는 존재감이 없고, 청와대 비서관 회의가 더 중요해졌다. 공기업이나 정부투자기관은 대통령 선거에 도움을 준 이들이 낙하산으로 내려오고, 그 기관의 자율성 역시 사라졌다.

이처럼 국가 제도와 기구의 자율성, 독립성은 사라지고, 대통령과 청와대만 보이는 상황이 되었다. 국가 운영이 시스템이 아니라 대통령과 그 주변의 몇몇 청와대 인사에 의해 이루어졌고, 권력 집중은 문재인 정부에서 심화되었다.

이렇게 된 원인은 제왕적 대통령제 때문이다. 제왕적 대통령제는 주권자인 국민에 의해 선출된 대통령이 제왕과 같이 헌법 위에 군림하고, 대통령 1인에게 권력이 집중되고 남용되는 대통령 우위의 지배체제 현상[18]을 말한다. 우리나라 대통령제의 폐해가 오래전에 나타나기 시작해 문제점을 개선하기 위해 대통령의 권한을 축소조정하고 민주적 통제를 강화하자는 데 공감대를 형성하고 있다.

특히 1948년 제헌헌법에 제51조에 '대통령은 행정권의 수반이며 외국에 대해 국가를 대표한다.'라고만 규정되어 있었으나, 국가주의가 정점에 다다랐던 제4공화국 유신헌법 제43조 제1항에 '대통령은 국가의 원수이며, 외국에 대하여 국가를 대표한다.'라며 대통령의 지위를 '국가 원수'로 격상시켰다. 국가원수로서의 지위는 현행 헌법에도 삭제되지 않고 그대로 유지되고 있다. 대통령을 국가원수라고 명시한 것은 대통령에게 행정부 수반 이상의 우월적 지위를 부여함으로써 마치 '국가원수=제왕적 대통령'이라는 잘못된 인식과 관행을 낳게 만들었다.[19]

제왕적 대통령제 삼권분립 벗어나

한국은 외형상 삼권분립 형태이지만, 내용상으로는 대통령에게 집중된 권력구조를 가지고 있다. 입법부인 국회는 사실상 대통령과 행정부를 옹호하고 대변하는 여당과 그 반대인 야당과의 대결구조에서 벗어나지 못하고 있고, 매번 대통령 선거 때마다 여야가 죽기 살기로 정권 쟁탈전을 벌이고 있는 게 한국 정치 현실이다.

제6공화국에서 문민정부 35년을 보냈고 보수와 진보가 각 20년, 15년의 국정을 운영했지만 정치는 아직도 한국 사회에서 가장 낙후된 분야로 남아 있다. 게다가 문민정부 이후에도 편안한 노후를 보낸 대통령이 없다. 김영삼·김대중 대통령은 자식들이 감옥에 갔고, 노무현 대통령은 자살했으며, 이명박·박근혜 대통령은 감옥에 갔다. 특히 박 대통령은 헌정사상 최초로 재임 중 파면된 대통령이 되었다.

대통령 1인에게 권력이 집중된 '제왕적 대통령제'가 문제의 중심에 있다. '견제와 균형'이라는 삼권분립의 원칙에서 벗어났을 뿐만 아니라 승자독식인 현재의 권력구조로 인해 국회는 국가의 미래를 도모하는 상생의 정치가 아니라 대통령 자리를 향한 아군과 적군의 싸움만이 존재한다. 그래서 실질적인 정당정치와 정치적 다양성을 발견하기란 쉽지 않다.

대통령이 제왕적 권력을 행사하는 부분은 행정부, 입법부, 사법부로 나누어 찾아보자.[20] 먼저 행정부와 관련하여 우월한 지위와 권한은 국무총리제도, 대통령 비서실, 그리고 4대 사정기관장 임명권(검찰총장, 경찰청장, 국세청장, 국가정보원장) 등을 들 수 있다. 국무총리제도는 대통령에 집중된 권한은 분산시키고 대통령의 보좌 기능을 높이는 데 있지만, 국무총리의 신임이 전적으로 대통령에게 의존하고 있으므로, 국무총리는 대통령에 대한 견제 권한은 없고 대통령의 실책을 막아주고 책임만 지는 정권의 방패막이나 대통령의 축사를 대신 읽는 대독 총리로 존재해 왔다.

대통령 비서실은 대통령의 막중한 권한을 등에 업고 정권의 국정 목표 달성을 볼모로 삼아 권부가 되어 왔다. 비서실의 정책 결정 과정에 대한 영향력이 증대될수록 내각의 역할, 기능, 자율성은 축소된다. 대통령 비서실을 중심으로 국정이 운영되면 대통령을 외부와 격리시키고 성역화하여 제왕적 대통령제를 초래하게 된다. 4대 사정기관장 임명권은 반대세력과 비판세력을 억압하는 수단으로 동원하면, 제왕적 대통령제의 양상을 노골적으로 드러내게 된다.

둘째, 입법부에 대해 우월한 지위와 권한은 정부의 법률안 제출권과 국회의원의 국무위원 겸직, 대통령의 헌법 개정안 제안권과 국민투표 부의권 등을 들 수 있다. 정부의 법률안 제출권은 대통령의 권한을 강화하고 국회의 권한을 약화시키는 작용을 한다. 정부가 실질적인 입법 기능을 주도하고 국회는 이를 통과시키기만 하는 통법부로 전락하게 한다. 또한 국회의원의 국무위원 겸직 허용은 행정부를 감시 견제해야 할 국회의원이 대통령의 부하 즉 국무위원이 됨으로서 삼권 사이에 경계가 애매해짐은 물론 행정부에 대한 국회의 견제 기능만 약화시키게 된다.

대통령의 헌법 개정안 제안권은 권력분립을 초월한 권한으로, 입법적 권한의 측면에서 대통령에게 우월한 지위를 부여하는 것이다. 국민투표 부의권도 입법적 권한의 측면에서 대통령에게 우월한 지위를 부여하는 것으로, 대통령이 자신에게 유리한 상황이라고 판단될 때 국회의 반대가 강하다고 하면 국회를 우회하여 대통령의 뜻을 관철하는 수단으로 국민투표가 사용될 가능성이 얼마든지 있다. 그 결과 국회의 권한은 약화될 수밖에 없다.

셋째, 사법부에 대해 우월한 지위와 권한은 대통령의 대법원장, 대법관, 헌법재판소장, 헌법재판관 임명권 등을 들 수 있다. 대법원장은 국회의 동의를 얻어 대통령이 임명하지만, 대법관은 대법원장의 제청으로 국회의 동의를 얻어 대통령이 임명한다. 대통령 소속 정당이 다수당일 경우 대통령이 사실상 대법원장을 고르게 되고, 대법관의 임명도 처음부터 대통령과 사전조율을 거쳐 대법원장이 제청하고 국회에서는 자동적으로 통과시켜 대통령이 임명하는 것이 일반적이다. 그래서 대통령이 대법원장을 자기 사람으로 앉히면 대법관까지도 자기 추종자들로 채울 수 있다. 헌법재판소는 전체 9인의 재판관 중 3인은 대통령이 임명하고, 3인은 국회에서 선출하며, 3인은 대법원장이 지명하므로 대통령은 자신이 3명, 자신이 임명하는 대법원장이 3명, 국회선출 재판관 중 최소 1명(대통령 소속정당이 1/3 이상 의석 확보하고 있다는 가정)을 자기 영향권에 두고 있다.

우리 헌정사에서 한 번도 순수한 형태의 대통령제를 시행해본 경험이 없기 때문에 미국의 대통령제를 통해 시사점을 얻을 수 있다. 엄격한 삼권분립을 통해 대통령의 권한을 축소하고, 우리 현실에 적합한 내용을 담아내기 위해 다양하고 충분한 논의가 필요하다. 국무총리제 폐지, 대통령 비서실 축소, 정부의 법률안 제출권 폐지, 국회의원의 장관 겸직 금지 등을 검토할 수 있고, 사법부 독립을 위해 대법원장은 국회 재적의원 2/3 이상의 찬성으로 국회에서 선출하는 방안도 고려해볼 만하다.

대통령 중임제, 정·부통령제 도입해야

한국의 대통령제에는 장기집권을 막기 위해 5년 단임제라는 요소가 섞여 있어 여소야대 상황이 발생하면 국회와 대통령 간의 정치적 교착상태에 빠지는 일이 빈번하게 발생한다. 대통령제는 모든 행정의 결과에 대한 책임을 대통령에게 묻는 제도인데, 대통령 5년 단임제는 대통령과 대통령 소속 정당에게 '회고적' 투표가 불가능하여 정치적 책임을 묻기 어렵다.[21] 게다가 5년의 대통령 임기 동안, 국회의원 지방선거 대통령선거 등 네다섯 차례의 선거를 관리해야하고, 임기 중 대통령 소속 정당이 국회에서 소수당이 될 가능성이 높아진다. 이에 따라 여소야대 상황, 즉 분점 정부(divided government)가 출현하여 국회와 대통령 간에는 정치적 교착상태가 노정되고, 대통령은 실질적인 정책 결정을 할 수 없는 상태에 빠져 버린다.

이 문제점을 해소하기 위해 대통령 중임제 및 정·부통령제를 도입하고, 국회의원선거와 대통령선거의 주기를 일치하게 함으로써 분점 정부의 발생 가능성을 줄이는 방안을 고려해볼 만하다. 그럼으로써 대통령의 민주적 대표성과 정치적 책임성을 담보할 수 있고, 대통령의 국정 운영의 효율성과 안정성을 높일 수 있다.

2. 강력해진 중앙정부

조선시대 행정구역 틀 그대로

한국의 중앙집권제도는 통일신라와 고려에 이어질 만큼 오랜 역사를 가지고 있고, 무엇보다 조선 왕조에서 뿌리 깊이 자리를 잡았다. 조선은 성리학을 보편적 질서체계로 받아들여 국가를 다스렸고, 중앙집권체제를 완성해 중앙과 지방을 가리지 않고 권력을 넘보는 세력을 허용하지 않았다. 도덕적 종교적 권력은 물론, 경제적 정치적 권력도 용납하지 않았다. 중앙집권적 관료제 아래 전국 인재들에게 과거제를 통해 입신양명할 수 있도록 길을 열어 두었다.

조선 태종은 1413년 지방행정구역을 8개의 도道로 분할하였고 도 밑에는 부府·목牧·군郡·현縣 등을 두었다. 도에는 관찰사를, 부·목·군·현에는 부사, 목사, 군수, 현령 등을 파견하여 중앙의 정책을 집행하고 백성들을 통제했다. 8도 체제는 1894년 갑오개혁에 의해 23부府로 나눌 때까지 유지되었고, 이때 부·목·군·현의 칭호를 군으로 통일했다. 1896년 23부를 다시 13도로 개편하였고 일제 강점기 일제는 종래의 명칭과 관할구역을 그대로 두었고, 군郡에까지 군수를 파견하여 한반도를 지배했다. 지방행정구역은 1948년 대한민국 정부수립 이후에도 조선시대 행정구역의 골격 그대로 유지하고 있다. 중앙집권제도의 전통은 계속 이어지고 있다.

한국의 특징 '중앙집중화, 동질성'

1948년 주한 미국대사관에 처음 부임해 정무참사관을 지낸 핸더슨(G.

Henderson)은 1968년 『소용돌이의 한국정치(Korea : The Politics of the Vortex)』란 책을 저술했다. 프랑스 인 알렉시스 토크빌이 미국 사회를 '평등과 민주주의'라는 키워드로 해석했다면, 그는 한국 사회를 '중앙집중화와 동질성'이라는 키워드로 해석했다. 그는 한국의 정치사회가 '촌락과 왕권(village and throne)'만이 있을 뿐, 그 사이에는 '중간기구(intermediaries)'가 없다면서 중간기구가 결여된 한국 사회는 일종의 원자화된 사회가 되고 그 안에서 개인도 가족도 당파도 관료주의적 '기류의 상승작용'에 열광적으로 휩쓸려 서울을 향한 소용돌이 정치를 부추긴다고 했다.

그는 '고도의 동질성'을 가지고 중앙집중화된 한국 사회에는 종교적 정책적 이데올로기적 대립이나 이해관계의 대립을 반영하는 중간 집단이 발전하지 못했고, 전통적으로 봉건 영주나 장원, 준독자적인 상인 집단, 전문가 집단 등이 형성되지 못한 채 동질화되어 있다고 분석했다. 그래서 한국 사회는 '소용돌이 정치'라는 특징을 가지는데, 소용돌이의 정치란 원자화된 개인들이 상승운동을 통해 정상으로 치솟고 소용돌이를 통해 중앙과 상부로 빨아 올려지는 현상을 말한다. 그 결과 한국 정치에 만연한 리더십에 대한 맹목적 충성 또는 무조건적 저항이라든가, '반대를 위한 반대' 또는 '타협을 모르는 정치'와 같은 병리가 여기에 연원하고 있다고 봤다.

그는 한국의 소용돌이 정치를 극복하기 위해서는 중간기구, 다원화, 응집 등의 개념이 중요하고, 소용돌이 구조의 문제는 분권화를 진행시켜 중앙집권적 권력에 대한 대체 권력을 창출해야만 해결될 수 있다고 봤다.

1000년의 역사를 이어온 과거제

한국의 지배 운영 구조는 중앙집권적인 국가 체제로서 그 핵심에 관료제가 있다. 관료제는 중세의 군주제 아래에서 군대와 함께 왕의 지배를 지탱해주는 근간이었다. 최고 정점에 있는 왕의 지시와 명령을 백성에게 도달하게 하는 행정 체계였고 서울에서 전국 방방곡곡을 연결하는 거대한 통로였다. 관료제는 정기적인 선거를 통해 걸러지는 대의제도와 달리, 시험이라는 관문을 통해 인력을 충원하였고, 시험에 통과한 이들은 계급제와 연공서열을 기초로 승진하였고 권력과 권력에 기반한 부와 명예를 누렸다.

관료들의 등용문이었던 과거제는 우리에게 1,000년의 오랜 역사를 가지고 있다. 958년 고려 광종이 호족 세력을 약화시키고 왕권을 강화하기 위한 일환으로 과거시험을 도입했고, 1392년 개국한 조선은 이를 더욱 발전시켰다. 일제 강점기에는 과거제와 유사한 고등문관시험이 시행되었다. 이승만 정부가 일제 강점기 관리들을 받아들이고 박정희 정부가 직업군인들을 행정부 관료로 임용했지만, 이승만 정부 이래 공무원들은 공개경쟁 시험 방식으로 선발되었다. 시험 과목들만 조선시대 과거제나 일제강점기 관리 선발제도와 달랐을 뿐, 그 취지와 방법은 크게 다르지 않았다.

관료들, 위로부터 근대화 추진

한국의 관료제는 위로부터의 근대화를 추진한 주역으로서, 1960년대 이후 경제발전을 이끈 중추적인 역할을 수행했다. 대통령을 정점으로 관료제의 권한과 자율성이 확대되었고, 관료제를 바탕으로 한 국가 권력은 경제 산업 교육 문화 등 곳곳에서 국민들의 행위를 허가하고 승인하고 지배하고 감독했다. 박정희 정부 시절의 국가는 모든 분야에서 압도적인 힘을 행사하는 홉스의 '리바이어던'과 같은 존재로 군림했고, 민주화가 진전되면서 국가 권력이 약화되었지만, 국가가 모든 문제를 해결하려는 관행과 습속은 여전하다. 사회적으로 민감한 문제가 발생하면 언론은 물론 국민도 스스로 해결하기보다는 정부에 해결해 달라고 청원하는 것이 체질화되어 있다. 청와대 국민청원 게시판이 대표적인 사례로 들 수 있다. 가뭄이 들면 임금의 덕이 부족했기 때문이라는 발상과도 동일하다. 관료제의 정점에 있는 왕이나 대통령에게 모든 책임을 묻고 의존하는 방식은 달라지지 않았다.

관료가 지배하는 영역은 가시적이고, 불확실성과 위험이 적은 영역이다. 조선 관료제는 농업사회에서 효율적이고 안정적인 국가 기반을 조성하였지만, 전통을 고수하고 시대 변화에 저항하는 경직성을 가지고 있었다. 조선 관료제는 세계 정세를 읽지 못해 조선이 망국으로 치달았고, 한국 관료제는 추격형 국가 체제를 구축하면서 선진국으로 이끌었지만 새로운 길로 나아가지 못하고 방황하고 있다.

관료제의 폐해를 논한다면, 위에서 아래로 내려오는 톱다운 방식에 친화적이기 때문에 국가 권력 하부의 독자성을 용납하기 어렵고, 민간의 자율성과 다양성을 침해하기 쉽다. 지방자치단체는 중앙정부에 예속되어 있으므로 독자적인 기획력을 발휘할 기회가 원천적으로 봉쇄되어 버리고, 정부가 민간부문을 규제하고 간섭하므로 민간의 자율적인 성장을 제약하기 마련이다.

관료제와 관련된 또 다른 폐해는 시험이다. 관료 선발시험은 이미 알려진 지식의 암기 수준을 평가하므로 학교 교육을 암기식 수용성 학습으로 획일화하고, 권력과 부 그리고 명예라는 사회적 보상이 관료들에게 할당되도록 함에 따라 우수한 인재들이 관료를 지향하도록 하게 한다. 조선 과거제는 유학의 경전에 대한 지식을 확인하였고, 일제강점기에는 주로 법률 지식을 검증했으며, 1960년대 이후는 주로 사회과학 지식을 평가했다. 실무 능력이 아니라 기존 지식이 담긴 텍스트였다.[22] 중고등학교와 대학들은 대입과 고시에 필요한 텍스트를 가르쳤다. 때문에 우수한 인재들은 관료들에 몰렸고, 이공계는 의사 등 국가로부터 받는 자격증에 매달렸다. 이 현상은 조선시대나 21세기 대한민국이나 달라지지 않았다.

이제는 국가주의 과잉을 우려할 때

1948년 8월 한국 정부는 1원, 11부, 4처로 출발해 2020년 말 현재 18부, 4처, 18청, 7위원회로 자리 잡았다. 1960년 23만 명에 불과했던 전체 공무원의 숫자가 2020년 말 113만여 명에 이르렀다. 행정부의 국가 공무원 73만여 명, 지방 공무원 37만여 명, 그리고 입법부와 사법부, 선거관리위원회 등의 2만 5,000여 명을 합한 숫자이다.

공무원의 숫자만 보더라도 행정부가 압도적으로 많다. 행정부가 나라의 살림행정을 도맡아 한다고 해도 과언이 아니다. 우리가 흔히 보는 경찰관의 순찰, 소방대원의 구급 활동, 동사무소의 민원, 군인의 경계 임무, 노인과 장애인을 보살피는 사회복지 활동, 도로와 같은 공공시설 확충 등은 행정부가 하는 살림살이(행정)의 모습이다. 산업화와 도시화에 따라 인구가 증가하고, 복지 서비스 요구가 증대되면서 행정의 수요가 커지고 다양해졌다.

그러나 이제는 행정체계의 비대화를 우려할 때이다. 강력한 중앙행정체계가 구축되고 그 영역이 확대되면서 공공 부문이 전통적인 정부 부문을 벗어나 준공공 부문 또는 민간 부문에 이르기까지 확대되었다. 관료제에 기반한 행정, 사법 등 국가 권력이 법령과 행정 규제로 개입하고 간섭하는 동시에, 공공 부문의 지나친 확대로 민간 부문을 위축시키고 사회보상체계를 왜곡시키고 있다. 이를 국가 과잉 또는 국가주의 과잉이라고 표현한다.

먼저 한국의 중앙행정은 5,800여 개의 법령으로 정치 경제 사회 문화 등 모든 분야에서 압도적인 권력을 행사한다. 국가 권력이 전국 지방 곳곳에 이르기까지 국민 모든 행위에 대해 허가하고 금지하며 관리하고 감독한다. 그것에 따르지 않으면 처벌하거나 벌금을 부과한다. 이를 경제 영역에서는 '규제 만능주의'라고 한다. 시장을 불신하고 정부가 모든 문제를 해결한다는 발상이 정부의 규제 만능주의를 부추긴다. 시장의 원리나, 연대의 원리가 작용하는 영역이 그만큼 줄고, 시장과 사적 자치가 위축된다. 1980년대부터 규제를 완화해야 한다는 움직임이 활발했지만, '규제 왕국'이라는 오명을 벗지 못하고 있다. 여전히 중앙정부는 우월적 지위를 이용해 사회현상의 부작용이 발생하면 새로운 규제로 대응하기 때문에 폐기되거나 완화되는 규제보다 새로 시행되는 규제가 더 많다.

법령에 의한 민간의 통제가 국가 권력의 간접적인제도적인 지배라면, 공공부문의 확대는 국가 권력의 직접적인 지배에 해당된다. 전통적인 행정 체계만으로는 정부의 기능을 수행할 수 없게 되자, 새로운 정책 및 행정 기능을 수행할 산하기관(공기업, 정부출연 연구기관, 기타 공공기관)들을 만들었다. 1970~80년대 산업화시기에는 경제발전과 관련해 과학기술 개발과 연구조직, 금융기관들이 많이 설립되었고 1990년대 이후에는 사회부문 기관들도 설립되고 사회 부분 예산들이 비약적으로 늘어났다. 공공부문의 확대는 한국 지배계층의 확대로 볼 수 있다.

행정 체계의 비대화나 강력한 중앙행정체계의 구축은 지방정부의 왜소화를 더욱 부추긴다. 지방정부가 중앙정부에 예속된 상황에서 지방이 가지는 지리적 인적 산업적 자원들은 부족해지고, 자원들을 활용할 기획력도 부족하다. 오로지 중앙 부처들을 바라보고 지역 출신 대통령 후보가 대통령이 당선되거나 지역을 대변하는 정당이 다수 의석을 차지하기를 기대할 뿐이다. 지역 출신들이 중앙부처 고위직을 많이 차지하고, 중앙에 쌓인 예산이나 공공기관을 지역으로 많이 끌어오기를 바라는 심리가 강하게 흐르고 있기 때문이다.

3. 비대해진 공공부문

공공부문은 계속 확대되는 중

공공부문은 일반인들이 생각하는 전통적인 정부 부문보다 훨씬 광범위하다. 이해를 위해 추가적인 설명이 필요하다. 〈표 2-1〉를 기준으로 전통적인 정부 부문이 A라면, 공공부문은 A에 B, C, D를 모두 합친 부문이다. 정부 부처와 지방자치단체는 전통적인 정부 부문(A)으로 국민의 대표기관인 국회나 지방의회에 정치적 책임을 지는 조직이다. 정부 부처와 지방자치단체 밑에서 정책 형성과 집행 기능을 도와주는 산하기관들을 협의의 준정부 부문(B)이라 부르며, 정부 부처와는 독립된 조직이지만 부처의 정책을 수행하고 통제를 받으며 부처와 긴밀하게 연계되어 있다.

「공공기관의 운영에 관한 법률」과 그 시행령에 따라 각 중앙부처에서 관리하는 공공기관은 350개에 달하고, 서울특별시를 비롯 전국 지방자치단체가

〈표 2-1〉 공적 영역과 사적 영역을 통해본 공공부문의 범위

공공법인		비영리법인		영리법인	
전통적인 정부 부문(A)	협의의 준정부 부문(B)	광의의 준정부 부문(C)	순수 비영리부문	광의의 준정부 부문(D)	기업
중앙부처 지방자치단체	산하기관공기업, 공사, 공단 등	정부의 지원과 보조를 받는 복지기관, 사회단체, 종교단체 등	민간 사회단체, 종교단체, 친족단체 등	정부와의 계약기업, 보조금 수령기업	기업
의회로부터 정치적 책임성을 진다	정부부처, 지방자치단체의 정책을 수행하는 별도의 조직	공공기능을 수행	정부의 지원이나 보조를 받지 않음	정부와 계약관계이거나 보조금을 받아 정책을 수행.	이윤추구

출처: 안병영·정무권·한상일. 2007.『한국의 공공부문: 이론, 규모와 성격, 개혁방향』 한림대학교 출판부 p.127 표 수정.

출자·출연한 산하기관이 798개에 이른다. 이들은 협의의 준정부 부문(B)에 속한다. 일반인들은 보통 공공부문을 협의의 준정부 부문(B)까지로 이해한다.

광의의 준정부 부문에는 비영리부문이면서 정부의 지원과 보조를 받고 공공기능을 수행하는 부문(C)과, 영리법인이지만 정부와 계약을 맺거나 정부의 보조를 받으며 정부 정책을 수행하는 부문(D)이 있다. C는 독립적인 사회단체이고 기간이 지날수록 정부의 재정적 지원을 받으며 공공 업무를 수행하는 경우이다. 특히 사회복지 서비스를 하는 사회단체의 경우 정부에 재정적으로 의존하면서도, 실질적으로는 정부가 직접 담당해야 할 사회복지 서비스를 공급한다. D는 방위산업과 같이 독점성이 강하고 공공성이 강한 부문에서 정부와의 계약을 통해 정책을 수행하는 영리기업들을 들 수 있다. 선진국에는 광의의 정부 부문까지 공공부문으로 취급한다.

공공기관 예산, 정부 예산의 1.3배

협의의 정부 부문(B)을 더 살펴보자. 「공공기관의 운영에 관한 법률」과

그 시행령에 따른 350개 공공기관은 2020년 예산 기준으로 수입·지출액이 724조 5,716억 원 규모로, 정부의 2021년도 본예산 558조 원보다 166조 원 더 크다.[23] 이는 공공기관이 국가 경제에서 중요한 부분을 차지하고 있음을 알려준다. 이들 공공기관은 공기업, 준정부기관, 기타 공공기관으로 분류하는데 공기업은 다시 시장형과 준시장형으로, 준정부기관은 기금관리형과 위탁집행형으로 세분화해 5개 유형으로 분류한다.

자산 규모(2조 원 이상)와 자체 수입(총수입 85% 이상)을 기준으로 시장형 공기업에는 한국가스공사, 한국전력공사, 인천국제공항공사 등 16개 공기업이 있고, 자산 규모(2조 원 이상)와 자체 수입(총수입 85% 미만)을 기준으로 준시장

〈표 2-2〉 공공기관 지정 및 분류 기준

(단위 : 개)

유형		분류기준	예시
공기업 (36)	시장형 (16)	자산규모 2조 원 이상이고 자체수입이 전체 85% 이상	한국전력공사, 한국가스공사, 한국수력원자력㈜, 한국남부발전㈜, 인천국제공항공사.
	준시장형 (20)	자산규모 2조 원 이상이고 자체수입이 전체 85% 미만	한국토지주택공사, 한국도로공사, 한국철도공사, 한국마사회, 한국수자원공사
준 정부기관 (96)	기금관리형 (13)	「국가재정법」에 따라 기금 관리 또는 위탁관리	한국주택금융공사, 국민연금공단, 예금보험공사, 공무원연금공단, 사립학교교직원연금공단
	위탁집행형 (83)	정부 업무의 위탁집행	국민건강보험공단, 국가철도공단, 한국장학재단, 한국연구재단, 한국농어촌공사
기타 공공기관 (218)		공기업과 준정부기관을 제외한 공공기관	한국산업은행, 한국수출입은행, 중소기업은행, 서울대학교병원
	연구개발 목적기관(74)	연구개발을 목적으로 하는 기관	기초과학연구원, 국방과학연구소, 한국과학기술원

출처: 국회예산정책처. 2021. 『2021년 대한민국 공공기관』 p.3.

형 공기업에는 한국토지주택공사, 한국마사회 등 20개 공기업이 있다.

기금관리형 준정부기관에는 「국가재정법」에 따라 중소벤처기업 창업 및 진흥기금 등을 직접 또는 위탁 관리하고 있는 공공기관인 신용보증기금, 중소벤처기업진흥공단 등 13개 기관들이 있고, 위탁 집행형 준정부기관에는 공공업무의 효율성을 확보하기 위하여 정부 업무를 위탁 집행하며 정부 재정에 재원을 의존하는 기관들인 한국농어촌공사, 한국장학재단 등 83개 기관들이 있다.

공기업과 준정부기관을 제외한 기타공공기관은 총 218개 기관들이 있고, 이 가운데 74개 연구개발 목적기관들이 있다. 74개 연구기관들은 다시 경제·인문사회연구회에 소속된 25개 연구원, 국가과학기술연구회 소속 22개 연구원, 그리고 정부 부처 직할의 27개 연구원들로 나눌 수 있다.

'무늬만 민간부문'인 공공부문 매우 광범위

실제 공공부문은 우리가 생각하는 수준보다 광범위하다. 개념으로 이야기하는 것보다 재정을 기준으로 이야기하는 게 낫다. 특히 광의의 준정부 부문 C, D을 설명할 때 그렇다. 예를 들어 우리는 민간 어린이집과 사립 유치원, 사립 중·고등학교, 병·의원 등은 민간부문이지 공공부문이라고 생각하지 않는다. 정부의 지원을 받아 공공기능을 수행하거나 정부와의 계약을 통해 기관을 운영한다면, 광의의 준정부 부문 C와 D의 영역이다. 민간 보육시설은 정부가 수립한 기준에 따라 아이들의 보육료를 지원받고 있고, 사립 중·고등학교 교사는 지방교육재정에서 급여를 받고 있으며, 병·의원은 국민건강보험의 의료수가 기준에 따라 수익 대부분을 국민건강보험에서 얻고 있다.

국제회계기준인 국민계정체계(UN 2008 SNA[1]) 의 공공부문 정의에 따르면,

1. 국민경제의 순환과 변동을 체계적으로 기록한 회계체계로 UN이 권고하는 회계기준을 말한다. SNA는 System of National Accounts의 약자. UN이 1968년에 처음 내놓았고, 이후 시대의 변화상을 반영해 1993년에 이어 2008년에 개정했다.

한국의 공공부문[2] 은 훨씬 더 늘어난다. 공공부문은 정부 단위와 정부 단위에 의해 소유되거나 지배통제되는 모든 제도 단위이고, 일반 정부(중앙정부 및 지방정부, 사회보장기금)와 준재정활동을 수행하는 공기업(비금융공기업 및 금융공기업)을 포괄한다. 여기에 △이사회나 기타 협의체 기구에 대한 통제, △주요 인사의 임면권에 대한 통제, △사업 영역 및 가격정책 등에 대한 규제와 통제, △지배적 고객으로서의 영향력 행사, △정부 대출과 연계된 통제, △정부로부터의 자금 지원 정도 등까지 적용한다면[24], 동시에 '무늬만 민간부문'인 공공부문이 우리의 예상을 훨씬 넘는다.

소유구조로 보면 민간기업이지만, 정부가 사실상 임원을 선임하는 POSCO, KT, 농협, KT&G 등도 무늬만 민간기업인 공기업이다. 금융공기업인 산업은행은 산업 및 기업 구조조정 과정에서 부실기업들을 떠안으면서 5% 이상 지분을 가진 기업 377개, 15%이상 지분을 가진 기업 128개를 보유하고 있다.[25] 국민(KB), 신한, 하나, 우리 등의 은행들도 정부의 금융규제와 감독을 받고 있다.

---

2. 국민계정체계(UN 2008 SNA)에 따른 2020년 공공부문의 포괄 범위

구분		포괄범위
일반 정부	중앙정부	국회, 대법원, 행정부처 등 일반회계
		국가균형발전, 국방·군사시설이전 등 20개 특별회계
		공공자금관리기금, 과학기술진흥기금 등 62개 기금
		경제인문사회연구회, 영화진흥위원회 등 221개 공공비영리단체
	지방정부	17개 광역시도, 226개 기초시군구 일반회계
		자치단체별 특정 목적 달성을 위해 설립된 기타 특별회계
		상수도 122개, 하수도 103개, 공영개발 29개 등 공기업 특별회계
		광역 시·도 17개 교육비 특별회계
		특정 목적 달성을 위해 자치단체가 설립한 기금
		대구도시철도공사, 광주도시철도공사 등 96개 공공비영리단체
	사회보장기금	국민연금기금, 국민건강보험공단 등 12개 기금 및 공공비영리단체
공기업	비금융공기업	서울주택도시공사, 부산교통공사 등 57개 지방 비금융 공기업
	금융공기업	한국은행, 한국산업은행, 주택도시보증공사 등 13개 공기업

공공부문 비대화는 국가 과잉 더 부추겨

관료제 기반의 국가 권력 체제에 익숙한 한국의 풍토에서 공공부문의 확대를 옹호하거나 이에 대해 친화적으로 느끼는 사람들이 많다. 공공부문의 확대에 대해 '그게 뭐가 문제냐'는 반응을 보이기도 하고, 신자유주의로 인한 양극화를 해결하는 대안으로 생각하기도 한다.

공공부문이 비대해지면 무엇보다 민간부문의 활력도 떨어질 수밖에 없다. 〈표 2-3〉의 공공부문의 주요 재정지표를 살펴보자. 국제적으로 통용되는 국민계정체계(UN 2008 SNA)에 따라 작성된 한국은행의 '2020년 공공부문 계정(잠정)'에 따르면, 일반 정부(중앙정부 및 지방정부, 사회보장기금)와 공공법인기업(비금융공기업 + 금융공기업) 전체의 총수입은 883.4조 원으로 GDP의 45.7%에 이르렀고, 총지출은 934.0조 원으로 GDP의 48.3%에 달했다. 총지출은 코로나19 대응을 위한 지출이 크게 증가하면서 공공부문 수지가 -50.6조 원 적자로 돌아섰다.

〈표 2-3〉 공공부문 주요 재정 지표

조 원, %

년도	2015	2016	2017	2018	2019	2020P
총수입(A)	733.1	768.1	807.7	852.7	878.4	883.4
총지출(B)	700.7	720.9	753.7	799.6	863.8	934.0
수 지(A-B)	32.4	47.2	54.1	53.1	14.7	-50.6
명목GDP 대비 비율						
(총수입)	(44.2)	(44.1)	(44.0)	(44.9)	(45.6)	(45.7)
(총지출)	(42.3)	(41.4)	(41.1)	(42.1)	(44.9)	(48.3)

출처: 한국은행. 2021. 〈 9.16일 보도자료 : 2020년 공공부문계정(잠정)〉

더욱이 공공부문이 한국의 생산물 시장과 금융시장, 부동산시장, 노동시장에 대한 영향력을 행사하고 있음을 알 수 있다. 중앙정부가 국가의 법령과 사법검찰, 법원에 의해 통제하는 것 외에도 금융 공기업과 비금융 공기업을 통해 각종 시장을 쥐락펴락하고 있다. 한국전력공사, 한국가스공사, 한국석유공사, 대한석탄공사 등은 에너지 시장을 독점하고 있고 한국토지주택공사, 서울주택도시공사 등은 부동산시장에 핵심 변수 역할을 하고 있으며, 농협을 비롯 한국산업은행, 수출입은행, 중소기업은행 등이 금융시장에 영향력을 미치고 있다. 공기업은 그 밖에도 도로·건설 산업, 철도 산업, 공항·항만 산업, 관광산업, 경마산업, 수자원 및 농어촌개발 산업 등의 산업생태계에 영향을 미치므로 국가의 개입이 일상화되어 있다.

공공부문 1인당 연봉 6천만 원 넘어

특히 공공부문의 확대가 노동시장에 미치는 영향이 지대하다. 일반정부의 공무원, 공기업의 직원들은 높은 임금에다 안정적인 일자리를 보장받기 때문에 대한민국 인재들이 공공부문으로만 향하고 있다. 공공부문의 임금을 추산해 보자. 한국은행에서 매년 발표하는 '공공부문 계정'에는 피용자(고용되어 있는 사람)의 보수가, 통계청이 작성하는 '공공부문 일자리 통계'에는 공공부문에 근무하는 피용자의 수가 각각 집계되어 있다. 이 자료들을 바탕으로, 전체 피용자 보수를 공공부문에 근무하는 피용자의 수로 나누면 공공부문에 근무하는 피용자 1인당 임금을 추산할 수 있고 이를 〈표 2-4〉로 나타

〈표 2-4〉 공공부문 1인당 평균 임금

년도	구분	일반정부 중앙정부+지방정부+사회보장기금	공기업		공공부문
			비금융공기업	금융공기업	
2018	피용자 보수	125조 1,105억 원	20조 8,260억 원	2조5,404억 원	148조4,768억 원
	피용자 수	209.7만 명	32.8만 명	2.6만 명	245.1만 명
	1인당 임금	5,966만 원	6,349만 원	9,771만 원	6,058만 원
2019	피용자 보수	132조 4,746억 원	22조 8,652억 원	2조6,651억 원	158조3,376억 원
	피용자 수	222.0만 명	35.4만 명	2.7만 명	260.2만 명
	1인당 임금	5,967만 원	6,459만 원	9,871만 원	6,085만 원

출처: 통계청의 〈2019년 공공부문 일자리통계〉와 한국은행의 〈2018-2019 공공부문계정 통계표〉를 참고해서 작성

냈다. 중앙정부와 지방정부 그리고 사회기금을 포함한 일반 정부에서 근무하는 피용자 1인당 임금이 2018년 5,966만 원, 2019년 5,967만 원으로 거의 6,000만 원에 달하고 비금융공기업의 경우 6,000만 원을 넘고, 금융공기업은 9,800만 원 수준이다. 전체 공공부문의 피용자 1인당 임금은 평균 6,000만 원을 초과한다.

사회보상체계 공공부문에 우호적

청년들이 창업을 하거나 기업에 취직하기보다 공공부문에 취직하려는 것은 합리적인 행동이다. 자료에서 보듯이 직업적 안정성을 가진 공공부문은 높은 임금까지 보장하고 있다. 이들의 보수는 대부분 법과 제도에 의해 결정되기 때문에 높은 생산성과 관련 있는 게 아니다. 공공부문은 시험이라는 관문을 통과하고 나면, 직업적 안정성에서 과보호를 받고 있고 법령에 의해 불공정한 특혜를 받고 있다. 한국의 사회보상체계가 시장의 경쟁을 통해 분배가 이루어지는 민간부문보다 시장의 경쟁과 무관한 공공부문에 우호적이다. 사회에서 누가 무엇을 더 가져가고, 덜 가져갈 것인지를 결정하는 사회보상체계가 권력 운용 시스템과 연동하는 법이다.

4. 자립·자생 없는 지방자치

1) 보충성의 원리에 역행

지방정부 아닌 지방자치단체

대구광역시청이나 경상북도청을 공식적으로 지방정부라고 부르지 않는다. 중앙정부보다 주민들의 삶과 더 직결된 행정기관이지만, 지방자치단체에 지나지 않기 때문이다. 헌법 제117조에 '지방자치단체는 주민의 복리에 관한 사무를 처리하고 재산을 관리하며, 법령의 범위 안에서 자치에 관한 규정을 제정할 수 있다'고 되어 있다. 중앙정부로부터의 위임 업무나 경미한 자치 업무를 수행하고 있는 지방자치'단체'로서 존재한다. 비공식적으로 지방자치단체를 지방정부라고 자주 언급하지만, 실제 속을 들여다보면 자체 기획력이 없고 법령과 예산에 의해 중앙정부에 철저히 예속된 지방자치'단체'일 뿐이다.

현행 헌법이 개정되던 1987년만 하더라도 지방분권이나 균형 발전에 대한 개념이 없었고, 서울 집중에 대한 문제의식도 크게 활성화되어있지 않았다. 조선시대부터 현대에 이르기까지 중앙정부가 모든 권력을 틀어쥐고 지방에는 지방관을 파견하여 통치해 왔으며, 지방정치가 중앙정치에 너무 예속되어있어서 지방의 인적 산업적 자원들을 제대로 활용할 기회가 없었다. 제2공화국 시기(1960-1961년) 잠시 시행되었던 지방자치제도가 1991년부터 실시되었지만, 중앙정부로부터 사무 인력 예산 등을 이양받았기 때문에 근원적으로 지방자치의 중요한 원칙인 '보충성의 원리'와는 반대 방향이었다. 강력한 중앙집권체제와 서울 중심의 동질성을 특징으로 하는 한국 사회에서 알려지지도 논의되지도 않는 원칙이었다.

보충성의 원리에 역행

보충성의 원리(Priciple of Subsidiarity)란 개인과 지방자치단체 그리고 국가와의 관계에 있어서 문제 해결에 가장 가까이 있는 당사자가 주도권을 쥐고 문제를 해결해야 한다는 것이다. 당사자가 지방자치단체에 위임한 것만 지방자치단체에서 하고, 위임하지 않는 것은 지방자치단체가 개입하면 안 된다. 이 원리는 지방자치단체와 국가와의 관계도 똑같이 적용된다.

보충성의 원리가 우리의 삶과는 어떤 관계가 있는지 금방 이해되지 않는다. 민주주의와도 어떤 관계가 있는지 이해하기도 어렵다. 오랜 중앙집권체제의 풍토에서, 위에서 아래로 내려오는 지배운영구조에서, 이 원리는 제대로 적용되기도 실행되기도 어렵다. 그래서 민주주의가 제대로 실현되었다고 보기 어렵다.

어떤 지방도시에 지하철을 건설할 것인가 말 것인가라는 현안이 발생했다고 하자. 한국이라면 그 도시에 사는 누구라도 지하철 건설에 찬성할 것이다. 한국은 국가중앙정부가 세금을 징수하여 지방에 교부금과 보조금을 내려주기 때문에, 그 지하철 건설도 국가에서 건설해 달라고 요구하면 된다. 특히 대통령선거나 국회의원선거를 앞두고는 좋은 핑계가 된다. 그런데 미국 등 선진국이라면 지하철 건설에 그 도시에 사는 모두의 동의를 얻기 어려울 것이다. 지하철 건설 비용을 그 도시에 사는 시민들이 부담해야 하므로, 지하철 건설의 혜택과 부담을 비교해 자신의 의사를 결정할 것이고, 그것 때문에 서로 찬반이 나뉘고 싸우고 그래서 시끄러운 과정을 거칠 것이다.

미국 등 선진국의 지방정부는 지역 주민들이 낸 세금과 주민들의 참여로 산업, 기업, 일자리, 교육, 노동, 보건의료, 치안, 소방 등 생활환경을 개선할 수 있는 폭넓은 권한을 가지고 있다. 이들은 스스로 법률을 제정하고 자체적으로 세금을 걷고 집행하는 권한을 가지고 있다.

반면에 한국의 지방은 중앙정부와 국가법령에 의해 통제되기 때문에 산업, 기업, 일자리, 교육, 노동, 보건의료, 치안, 소방 등에서 지방자치단체가 할 수 있는 일은 제한되어 있다. 사안은 지하철뿐만 아니라 도로, 건물, 창고 그리고 특정 사업에 적용된다. 문제점은 예산의 낭비 요소가 너무 많다는 점이다. 지하철처럼 지역 주민들의 돈이 아닌, 중앙정부의 예산이 투입되므로 지역 주민들이 반대할 이유도 없고, 있으면 지역에 도움이 된다고 생각한다. 전국 각 지역에 호화로운 지방자치단체의 청사를 비롯하여 종합운동장, 문화공간, 양곡창고 등이 즐비하고 특정 예산이 들어간 빌딩과 건물들이 넘쳐난다.

게다가 이런 시설물과 공간들은 당초 기대한 효과를 거두는 경우가 적다는 점이다. 공항을 예로 들어보자. 미국처럼 예산권을 가진 지방정부라면 공항을 건설할 때 장래 계획을 스스로 세우고 그에 합당한 예산을 확보하고 어떻게 하면 그 공항을 성공시킬 것인가에 초점을 맞춘다. 공항의 성공 여부는 어떤 노선, 어떤 항공사가 취항할 수 있는지, 지역 산업과는 어떤 연계가 할 것인지 네트워크에 달렸다. 그러나 한국처럼 예산권이 없는 지방자치단체라면 예산 확보가 가장 큰 이슈가 된다. 예산 확보 방법에 초점을 맞추게 되고 공항의 성공 여부를 결정하는 네크워크는 관심사가 되지 못하게 된다.

자생보다 외생에 의존

현행 지방자치제도하에서 지역 주민들은 지역의 이해와 요구를 대변하고 있는 당黨을 밀어주고, 중앙에 쌓인 자원을 많이 가져오기를 희망한다. 지방자치단체의 장이나 국회의원은 예산국고보조금을 많이 가져오는 데 혈안이 되어 있고, 많이 가져오는 이를 유능한 것으로 평가한다. 대통령을 뽑을 때도 누가 자신의 지역에 예산을 줄 수 있는지, 지역 출신 엘리트들에게 장관 자리를 줄 수 있는지를 생각한다. 지방에는 자치도 없고 책임도 없다.

지방자치단체는 지역 발전을 내생보다는 외생에 의지하는 전략을 주로 사용한다. 지역에서 높은 부가가치를 가진 상품을 만들어내고 그 상품을 팔아 지역을 발전시킨다는 전략보다는, 중앙에 있는 대기업이나 공공기관을 유치함으로써 지역을 발전시키려는 전략을 선호한다. 독자적인 지역발전전략이 없다. 있더라도 실제와는 따로 놀거나 참조용으로 캐비닛에 보관하고 있을 뿐이다. 대구와 광주를 필두로 한 한국의 지역들은 정치의 힘으로 다른 지역이 생산한 경제적 이윤을 자기 지역으로 이전시켜 경제적 이득을 얻으려는 지대 추구 심리가 만연하다.

2) 협소한 권한, 예속된 예산

지방자치단체, 법령의 범위 안에서

지방정부가 아닌 지방자치단체의 권한이 제한적이다. 헌법에 명시되어 있다. 헌법 제117조에는 '지방자치단체는 법령의 범위 안에서 자치에 관한 규정을 제정할 수 있다'고 규정하고 있다. 2021년 말 현재 법률 1,554건, 대통령령 1,819건, 총리령 93건, 부령 1,299건, 기타국회규칙 등 356건으로 법령이 총 5,121건에 달한다. 반면에 일본의 경우 지방자치단체가 법률의 범위 안에서 조례를 제정할 수 있으므로, 법령의 틀 안에 갇혀 있는 우리는 일본의 자치 범위보다 훨씬 협소하고 촘촘하다.

지방자치단체는 법령을 개폐할 권한도 없고 세금을 거둘 권한도 없다. 헌법 제40조 '입법권은 국회에 속한다'는 조항은 지방의회가 법률을 제·개정할 수 없다는 것을 의미하고, 제52조 '국회의원과 정부는 법률안을 제출할 수 있다'는 조항은 지방자치단체가 법률안을 제출할 수 없다는 것을 의미한다. 또 제59조 '조세의 종목과 세율은 법률로 정한다'는 조항은 지방자치단체가 조세의 종목과 세율을 정할 수 없다는 것을 의미한다. 그래서 지방자치단체가 독자적으로 산업, 기업, 일자리, 보건의료, 세금, 치안, 소방 등을 해결할 권한도 책임도 없다.

지방자치법은 지방자치단체의 사무를 규정하고 있으나, 이들 사무 또한 중앙정부의 법령과 예산에 의해 철저히 통제되고 있다. 지방자치법 제9조 2항에 주민의 복지 증진, 농림·상공업 등 산업진흥, 지역개발, 교육·체육·문화·예술의 진흥, 지역 민방위 및 지방 소방 등에 대해 사무를 규정하고 있다. 예를 들어 도서관의 설치 및 관리는 지방자치단체의 사무로 규정되어 있으나, 이 또한 중앙정부의 도서관법과 도서관법 시행령에 의해 통제되고 있다. 도서관에 사서를 몇 명 둘 것인가에 대해 시행령에 세밀하게 규정되어 있다. 공공도서관의 경우, 도서관 건물 면적이 330㎡ 이하인 경우에는 사서 3명을 두되, 면적이 330㎥ 이상인 경우에는 그것을 초과하는 330㎡마다 사서 1명을 더 두며, 장서가 6,000권 이상인 경우에는 그 초과하는 6,000권마다 사서 1명을 더 둔다고 규정하고 있다. 이처럼 지방자치단체의 사무는 중앙에서 정해놓은 법령에 따라 처리하는 수준에 불과하다.

지방예산, 중앙 의존도 심화

지방자치단체의 예산은 2021년 365.7조 원에 달하지만, 주민들로부터 직접 징수하는 자체 수입(지방세 수입과 세외 수입)은 120.7조 원으로 총예산의 33.0%에 불과하다. 중앙정부로부터 이전받는 이전수입이 201.3조 원으로 55.0%에 달한다. 이전수입은 2001년 41.8%에서 2011년 50.4%로 계속 높아지고 있어 중앙정부에 대한 의존도가 심화되고 있다. 특히 보조금의 비중이 2001년 22.5%에 지나지 않았으나, 2011년 32.4%, 2021년에 38.5%로 급증하고 있다. 반면에 주민들로부터 징수하는 자체 수입의 비중은 2001년 54.7%, 2011년 46.8%, 2021년 33.0%로 계속 하락하고 있다.

〈표 2-5〉 지방자치단체의 재원별 세입예산 추이

단위: 조 원(비중 %)

구분		2001년	2011년	2021년
총괄		81.8 (100)	185.5 (100)	365.7 (100)
자체수입		44.7 (54.7)	86.8 (46.8)	120.7 (33.0)
	지방세수입	23.5 (28.7)	49.7 (26.8)	94.2 (25.8)
	세외수입	21.2 (26.0)	37.0 (20.0)	26.4 (7.2)
이전수입		34.2 (41.8)	93.5 (50.4)	201.3 (55.0)
	지방교부세	8.5 (10.3)	27.4 (14.8)	49.3 (13.5)
	조정교부금 등	7.3 (9.0)	6.0 (3.2)	11.3 (3.1)
	보조금	18.4 (22.5)	60.1 (32.4)	140.7 (38.5)
지방채 등		2.9 (3.5)	5.2 (2.8)	43.7 (12.0)

출처 : 지방재정(365http//lofin.mois.go.kr/portal/main.do)

3) 어려워져만 가는 지방의 현실

① 기획력 없는 지방자치단체

대구시 재정자립도 50% 이하

광역 지방자치단체는 중앙정부에 예속된 한계로 인해, 독자적으로 지역을 발전시킬 수 있는 능력을 키우지 못했다. 필자가 경험한 대구광역시를 중심으로 설명해 보자. 대구시는 전통적인 섬유, 뿌리·소재산업뿐만 아니라 '5+1신산업'이라며 미래형 자동차, 의료, 물, 에너지, 기계·로봇, ICT산업 등을 육성하는 데 힘을 쏟고 있다. 하지만 2021년 현재 재정자립도가 50% 이하인 대구시가 주요 산업 육성에 대규모로 장기간 투자할 수 없으므로, 독자적인 산업정책 목표를 세우거나 독자적인 과제를 만들어 실행하는 데 예산이란 현실적인 제약이 뒤따른다. 그래서 지역 산업 육성을 위해 산업통상자원부, 중소기업벤처부, 국토교통부 등 중앙정부 부처의 공모사업에 의존하는 방식을 택해 왔다. 정부 공모 사업을 통해 확보한 국비는 대구시 재정에 큰 보탬이 되고 주요 산업 육성에 유용한 재원이 되어 왔다.

정부공모사업이란 중앙정부 부처와 그 산하기관이 시행 주체가 되어 특정사업에 참여하고자 하는 참여 희망자를 모집하면, 다수의 신청 주체가 사업계획을 제시하고 시행 주체가 신청주체들 가운데 일부를 선정해 국비를 지원하는 사업을 의미한다. 신청 주체는 광역 지자체나 기초 지자체이고, 사업에 따라 기업, 연구소, 대학 등이 될 수도 있다. 광역 지자체가 신청주체인 경우 사업을 직접 집행하는 수행기관과 협력하여 사업계획서를 마련한다.

중앙정부 입장에서는 한정된 예산을 가지고 경쟁력 있는 사업계획을 확보할 수 있는데다, 지자체의 직접 수행 방식에 비해 정책적 중요성을 부각시킬 수 있고 각계 전문가의 의견을 반영할 수 있다는 명분을 내세우고 있다. 지자체 입장에서는 만약 선정된다면 국비를 확보해 지역 사업을 추진할 수 있다는 장점이 있지만, 선정되지 못한다면 시간과 비용을 낭비하게 되고, 지자체 간 경쟁 과정에서 과도한 경쟁으로 지자체-지자체 간, 지자체-정부 간 갈등을 유발하는 단점이 있다. 지역산업과 관련된 정부 공모 사업의 경우 시행 주체는 산업통상자원부, 중소기업벤처부, 국토교통부 등 중앙부처이고 신청 주체는 대구광역시이며, 사업 수행은 지역의 연구기관이나 공공기관이 맡는다.

정부공모사업에 목매; 독자 계획 무력화

지역산업을 육성하는 차원에서 정부공모사업을 보면, 지역산업의 육성에 분명히 긍정적이다. 하지만 마냥 긍정적이라고만 할 수 없다. 단기적이든 장기적이든 예산을 확보한다는 측면에서 바람직하지만, 지자체가 지역산업을 자체적으로 육성시킨다는 것에 비해 지역산업에 대한 기획 기능을 무력화시킨다는 점에서 해악도 적지 않다.

광역 지자체가 지역산업을 육성하기 위해 지역 기업과 지역 연구기관 그리고 지역 대학들이 함께 머리를 맞대고 각종 산업 전략을 수립했더라도, 그 전략에 따라 목표를 수립하고 예산을 투입해 과제를 수행하기 어렵다. 담당 공무원들은 매년 국비 확보를 최우선 과제로 본다. 지자체나 지역 언론이나 많은 국비를 확보하는 것을 최고 업적으로 보기 때문에, 중앙정부의 공모사업에 집중할 수밖에 없다. 국비를 많이 확보하는 공무원이 유능하고, 국비 확보에 실패한 공무원은 무능한 것으로 평가한다. 능력 유무는 국비 확보에 달려 있고, 승진은 당연히 그에 따라 이루어진다. 지자체에서 국비 확보는 선善이자, 유능함의 상징이다. 그래서 대구시가 수립해 놓은 「대구비전 2030」이나 「대구산업경제발전 로드맵」 등은 뒷전으로 밀리고, 실무자 외에 그런 전략들이 있는지 있었는지조차 알지 못한다.

게다가 문제는 국비를 확보한 국장, 과장 등 담당 공무원이 계속 그 자리에 앉아 공모 사업을 추진하지 않는다는 점이다. 국비 확보의 성과를 거둔 담당 공무원은 승진하여 다른 업무를 맡게 된다. 개인의 능력 발전과 조직의 침체

방지를 목적으로 공무원들의 순환보직이 제도화되어 있기 때문에 인사 이동이 빈번하다. 대신 그 공모 사업은 사업 수행기관이 진행한다.

특정 주요 산업을 육성하는 데 있어, 대구시 재정으로 추진하지 못하고 정부공모사업에 치중하다 보니 굵직한 사업들을 기획하고 진행하기 어렵다. 각종 정부공모사업에 대구 시비까지 매칭하고 있지만, 잘고 작은 공모 사업들이 실핏줄처럼 산발적으로 존재할 뿐이다. 정부공모사업 유치라는 수단에만 집중하다 보니 지역산업 육성이란 목적 자체가 흐릿하게 하는 부정적인 효과가 나타난다. 정부공모사업에 방점을 찍고 준비하다 보면, 기업들의 니즈에 기반하기보다는 국비 확보에만 치중하기 십상이다. 국비 확보를 위해 기업의 수요도 그에 맞추어 사업계획서가 작성되기 때문이다.

대구시 자체 연구개발, 전체 10% 남짓

대구시 연구개발사업 투자현황을 살펴보면, 2019년에 183개 사업 364개 세부과제에 2,565억 원을 투자했다. 이 가운데 정부공모사업 등으로 중앙정부로부터 받은 117개 사업에 걸쳐 국비 1,596억 원을 확보했고, 매칭 사업으로 시비 969억 원이 투입되었다. 하지만 대구시 자체로 기획한 사업은 66개 사업 320억 원, 12.5%에 지나지 않았다. 대구시 자체 사업은 2017년 10.2%, 2018년 11.3%에 불과해 총 연구개발사업의 10% 남짓할 뿐이다.

〈표 2-6〉 대구광역시 연구개발사업 투자 현황

구분	2017년	2018년	2019년
총투자	◆ 173개 사업, 411개 세부과제 2,529억 원	◆ 179개 사업, 384개 세부과제 2,280억 원	◆ 183개 사업, 364개 세부과제 2,565억 원
사업별 투자	◆ 중앙 매칭 사업 113개 2,271억 원(89.8%) -국비: 1,600억 원 -시비: 669억 원 ◆ 대구시 자체 사업 60개 259억 원(10.2%)	◆ 중앙 매칭 사업 115개 2,023억 원(88.7%) -국비: 1,413억 원 -시비: 609억 원 ◆ 대구시 자체 사업 64개 257억 원(11.3%)	◆ 중앙 매칭 사업 117개 2,245억 원(87.5%) -국비: 1,596억 원 -시비: 969억 원 ◆ 대구시 자체 사업 66개 320억 원(12.5%)

출처: 대구시·재대구테크노파크. 2021. 『2019대구시연구개발사업 조사·성과분석요약보고서』

매년 중앙정부 부처의 공모에만 집중하다 보니, 대구 지역을 대표할 만한 성장동력산업을 키워내지 못했다. 김대중 정부 이후 비로소 본격적인 지역산업정책이 태동되었다고 평가하지만, 20년이 지난 지금, 대구 지역의 주요 산업 가운데 대구를 대표할 만한 번듯한 산업이 없다.

대구 지역 청년들이 수도권으로 이동하는 청년 유출 문제가 심각하게 대두되었지만, 대구시로서는 딱히 대책을 마련하기가 쉽지 않다. 대부분 직업을 이유로 이동하기 때문이다. 섬유, 기계, 자동차 부품 등 주력 산업이 대부분 성숙기 또는 쇠퇴기에 접어든 데다, 대구 소재 제조업체들의 혁신 역량도 낮다. 지역산업 고도화와 산업구조 혁신을 통해 신산업을 육성하여 자생적으로 고용환경을 개선하는 것이 일자리 문제의 해법이다.

② 서울에 본사·연구소, 지방에 공장

지역산업정책, 국가 공업 배치의 일환

본격적인 지역산업정책이 태동한 시기는 김대중 정부(1998-2002년) 때다.[26] 1980년대까지만 해도 '지역산업의 육성'을 목적으로 한 별도의 산업입지계획이 수립되거나 관련 법률이 제정되지 않았다.

1960년대 이전에 소규모 공장들이 서울, 부산, 대구 등 대도시와 주변 지역에 군집된 형태로 존재했고 그 외 지역은 공업 부문이 극히 미비했다. 1960년대 들어 제1차 경제 개발5개년계획의 시행과 함께 공업화 정책이 추진되었고, 이후 수출 촉진 정책과 중화학공업 육성 정책이 거시적인 국가산업정책으로 추진되었다. 지역산업정책은 국가의 산업정책을 공간적으로 수용하는 차원에서 이루어졌다. 구체적으로는 수도권과 동남해안 공업지대를 중심으로 한 경부축에 집중되었다. 화학공업은 울산과 여수, 철강은 포항, 전자는 구미, 조선은 부산과 울산 거제 등지에 배치되었다. 지역산업정책이 국가 주도의 공업 배치 정책의 근간 하에 추진되었기 때문에 불가피하게 지역간 불균형의 문제가 확대되었고 산업간 불균형도 심화되었다. 이때 수도권에 본사와 연구소를 두고, 지방에 생산 공장을 두는 방식으로 진행되었다.

20년 만에 놀랄 만한 경제 성장을 이루자, 1980년대에 산업정책이 수도권의 인구집중 억제와 낙후된 저개발 지역의 산업기반 확충이라는 측면에서 고려되기 시작했다. 1982년 수립된 제2차 국토종합개발계획(1982~1991)에서 지역균형발전을 촉진하기 위해 국토 공간의 다핵화 형성 방안이 논의되었고, 1982년에 수도권의 과도한 집중을 억제하기 위한 「수도권 정비계획법」이, 1983년에는 농어촌 지역에 소규모 농공단지를 조성하기 위한 「농어촌 소득원개발촉진법」이 각각 제정되었다. 또한 이 시기에 대구-구미, 광주-목포, 전주-군산, 대전-청주, 원주-충주, 동해-삼척 공업지대를 조성하는 지방도시의 공업 배치 계획이 지역산업 육성 방안으로 제시되었다.

그러나 이때까지 구축된 수도권과 중화학공업기지 중심의 산업 입지 정책은 그대로 유지되었고, 국가적 차원에서 지역별 산업 배치의 종합 청사진을 마련하지 않은 상태에서 1980년대 계획들은 소기의 성과를 거두지 못했다.

김대중 정부 때 지역혁신체제 논의 시작

김대중 정부 시기에는 산업경쟁력을 높이기 위해서는 혁신 환경의 구축과 내생적 지역 발전의 필요성이 제기되었다. 기존 중앙정부 주도의 하향식 산업정책 육성에서 벗어나 지역 혁신 체제에 기반을 둔 상향식 지역산업정책의 추진이 요구되었다. 미국의 실리콘밸리, 영국의 캠브리지 사이언스파크, 프랑스의 소피아 앙티 폴리스 등 선진국의 지역산업정책 성공사례가 알려지면서 지역혁신체제(RIS) 구축이 새로운 지역 발전 모델로 등장하였다.

1999년 대구를 시작으로 부산, 광주, 경남 등 4개 지역을 대상으로 지역전략산업진흥사업이 시행되었다. 대구 섬유산업과 부산 신발산업은 구조개선을, 광주 광산업은 첨단미래산업 육성을, 경남 기계산업은 고부가가치화를 목적으로 수행되었다. 이어 대전, 충남, 충북, 전남, 전북, 울산, 경북, 제주, 강원 등 9개 지역을 대상으로 9개 지역전략산업진흥사업이 추가되었다. 동시에 지역산업 거점을 확충하기 위해 경제자유구역 조성, 벤처기업육성촉진지구 지정, 지방대학혁신역량강화(NURI)사업, 공공기관 지방 이전 및 혁신도시 지정 등도 추진되었다.

그러나 20여 년 동안 내생적 발전을 내세운 지역산업육성전략은 의미 있는 성과를 거두지 못했다. 기존 대기업 중심의 산업구조에서 벗어나지 못하고 오히려 심화되는 모습을 지켜보아야 했다. 지방자치단체-지역기업-지역대학-지역연구소 등이 협력체계를 구축하여 지역별로 특성화된 산업 생태계를 조성해야 하지만, 전국 지방도시 가운데 뚜렷한 성과를 낸 도시가 없다. 수도권에 대기업 본사와 연구소가 입지하고, 지역에는 대기업 생산 공장들이나 대기업에 납품하는 중견기업, 중소기업이 입지하고 있을 뿐이다.

김대중 정부 이후 노무현, 이명박, 박근혜, 문재인 정부에 이르기까지 지역산업정책에 있어 방향은 바뀌지 않았다. 중앙정부는 정부 예산을 틀어쥐고 정책 가이드라인까지 제시하며 지역산업육성을 외쳤다. 내생적 발전을 앞세웠지만 내생 가능한 조건과 환경을 만들어주지 않고, 중앙정부 주도의 하향식 산업육성 방식은 그대로 유지되었다.

③ 지역과 동떨어진 지역 대학

전국 학생들은 서울로, 수도권으로

한국 사회가 대학을 바라보는 시각은 천편일률적인 양상에 가깝다. 대학은 기존 지식을 많이 암기하고 제한된 시간 내에 문제를 빨리 푸는 학생들을 위주로 선발한다. 전국에 2,000개가 넘는 고등학교 대부분이 학생들에게 이 시험의 고득점을 받도록 교육하고, 학생들은 이 시험의 고득점을 향해 경쟁에 뛰어든다.

대학들은 시험의 고득점 순위에 따라 이미 서열화되어 있고, 시험을 치른 학생들은 성적에 맞게 수도권 혹은 적어도 광역도시권의 대학을 선택하고 '유학'을 간다. 고향을 떠나 수도권에서 대학을 다닌 이들은 그곳에서 직장을 잡고 그곳을 생활 근거지로 삼는다. 광역도시권에서 대학 교육을 받은 이들도 그곳이 아닌 일자리가 있는 수도권으로 향한다. 고향을 떠난 이들이 은퇴하기 전에 고향으로 돌아오는 경우는 드물다. 이런 현상은 당사자뿐 아니라 그 부모 그리고 지역사회에서 당연시했고, 환영하고 환영받는 일이었다. 전국적인 현상이었다.

그러는 사이에 사람은 서울로, 수도권으로 몰렸고 서울과 수도권은 부동산 가격이 폭등했다. 반면에 지방은 사람이 살지 않는, 기회와 미래를 잃어버린, '소멸'이라는 위기를 맞이한 지역이 되어 버렸다.

지역 대학들은 지역의 고립된 '섬'

대학들은 교육부를 정점으로 교육부-총장-학장-학과장-교수로 이어지는 관료 체제에 따라 움직이는 조직이다. 사립대학들도 교육부의 통제하에 재단과 총장의 권력이 작동하는 구조이다. 대학들 대부분이 국가적 인재 양성에 의미를 부여할 뿐, 지역사회에 관심이 거의 없다.

특히 지역 대학들은 짧은 역사 속에서 대학이 지역의 자산이라는 인식을 뿌리내리지 못한 채, 개인의 사유재산이거나 지역의 고립된 '섬'으로 존재해 왔다. 대학 교수들은 해외 저널 게재를 염두에 두고 있을 뿐, 지역 밀착형 연구는 관심 영역이 아니었다. 산학협력 또한 그들의 일이 아니었다. 학생들은 공무원이 되기 위한, 대기업에 취업하기 위한 1차 노동시장 진입에만 대학 4년 내내 집중했다.

오늘날 지역 대학이 지역사회 내에서 산학협력을 통해 지역 발전에 기여하고, 그 대학 졸업생은 지역사회에서 일자리를 찾는, 지역사회에서의 인력 순환이라는 개념은 책이나 논문에서 찾아볼 일이지 지역에서는 찾아보기 어려운 일이다.

④ 앞으로 지역발전의 길

혁신 역량 갖춰 산업생태계 조성해야

지방은 어쩔 수 없이 외생적 발전에 매몰되어 있다. 지방자치단체들이 중앙정부를 통한 지역발전에 익숙한데다 정부 공모 사업으로 주요 산업을 육성하고 있는 처지에서 자체 기획력도 약하고 자체 예산도 빈약하다. 대기업 유치나 공공기관 이전 등 외부로부터 이전받아 지역 발전을 도모하려는 경향이 강하다. 하지만 이마저도 여의치 않다. 오히려 지역에서 커온 기업들이 수도권으로 이주하고, 청년들은 괜찮은 일자리를 찾아 수도권으로 향하고 있다.

그래도 지역을 발전시키는 길은 지역에서 창업한 기업이 중소기업으로 중견기업으로 다시 강소기업으로 성장할 수 있는 산업생태계를 조성하는 것이다. 이는 내생적 지역 혁신 역량을 갖춤으로써 가능하다. 내생적 지역혁신역량을 갖춘다는 것은 개성적 성격을 가진 지역들이 ①지역 스스로 지역특성에 맞는 사업을, ②중장기적 관점에서 일관되게, ③산·학·연·관을 포함한 다양한 지역의 혁신 주체들의 참여를 통해, ④최대한 자율적으로 추진할 수 있음을 의미한다.[27]

트리플힐릭스가 지역혁신 모형

지역 혁신 클러스터를 이야기할 때, 트리플 힐릭스(Triple Helix) 모형을 많이 언급한다. 트리플은 산·학·관(산업체, 대학, 정부)을, 힐릭스는 나선형을 의미한다. 이 모형은 산업체, 대학, 정부라는 세 혁신 주체가 삼중나선처럼 서로 경계를 가로질러 새로운 관계를 형성하며 지역을 발전시키는 모형이다. 트리플 힐릭스의 발전은 기본적으로 대학-정부, 대학-산업체, 정부-산업체 간의 쌍방향적인 협력을 전제하고 한다. 혁신 주체들 간에 쌍방향적인 상호작용 즉 세 혁신 주체들 간의 상호작용으로 지역의 문제를 해결하고 지역을 발전시킨다는 전략이다.

그러나 중앙정부에 예속된 우리의 풍토에서 내생적 지역 발전이나 트리플 힐릭스 모형은 이론서적에서나 등장할 뿐, 지역 현실에서 실효를 거두기 어렵다. 중앙정부 부처가 지역별로 직할 기구를 두고, 별도의 법률에 따라 지역산업진흥정책들을 펼치고 있다. 정부 부처에 칸막이가 있듯이 지역에도 그 정부 부처의 칸막이에 따라 사업들이 별도로 진행되고 있다. 내용이 유사하고 중복되는 경우가 많지만 협력하기란 사실상 어렵다. 지방자치단체는 자체적으로 별도 기관을 설립하고 별도 사업을 추진하고 있어 연계하기란 더더욱 쉽지 않다.

중앙정부의 경우에 교육부가 대학정책을, 산업통상자원부와 중소기업벤처부는 산업정책을, 과학기술부는 과학기술정책을 꾸준히 추진해 왔다. 그런데 대학과 연구소에서의 기초연구가 응용연구로, 다시 기업의 상품으로 개발되기까지 기술 단계별로 산·학·관의 상호작용이 활발해야 하지만, 정부 부처 간 장벽이 지역 혁신 클러스터를 형성하는 데 걸림돌로 작용한다.

정부 부처 간 칸막이가 지역 클러스터 조성에 걸림돌

과학기술부는 「연구개발특구의 육성에 관한 특별법」에 따라 전국에 5개 연구개발특구와 12개 강소 특구를 지정해 운영하고 있고, 전국에 19개 창조경제혁신센터를 설립해 창업활성화정책을 펼치고 있으며, 「국제과학비즈니스벨트 조성 및 지원에 관한 특별법」에 따라 거점지구와 기능지구를 지정해오고 있다. 중소기업벤처부는 지역기관과의 연계를 통해 지역혁신을 이끌어낼 목적으로 전국에 19개 테크노파크를 운영 중이며, 「벤처기업육성에 관한 특별조치법」에 따라 벤처기업을 육성하고 있다. 산업통상자원부는 「기술의 이전 및 사업화 촉진에 관한 법률」에 따라, 교육부는 「산업교육진흥 및 산학연협력촉진에 관한 법률」에 따라 연구기관과 대학의 기술창업과 관련해 지원을 해오고 있다. 지방자치단체는 지역산업 육성을 위해 별도의 신업단지, 테크노밸리 등등 다양한 이름의 기관을 설립해 운영해오고 있다.

지역별로 내생적 혁신역량을 갖추는데, 정부 부처가 도리어 방해하고 있는 셈이다. 지역별로 정부 부처가 직할하는 지역 기관들과 지방자치단체가 설립한 기관들은 서로 협조가 되지 않고 중복투자를 하고 있어 기업가, 연구자, 공무원 간에 상호작용을 가로막고 있다. 지역별로 지역 혁신 클러스터가 활성화되지 못하고 내생적 혁신 활동을 꽃 피우지 못하는 것은 중앙정부가 방해하고 있는 것이다.

제3장

경제

한국 경제는 대기업 집단 중심의 경제이다. 대기업 집단은 국가(중앙정부)가 주도하는 경제기획에 의해, 국가가 통제하고 규제하는 은행과 주식시장에 의해, 국가의 특혜를 받으며 성장했다. 2021년 현재 자산 5조 원 이상의 공시대상 기업집단에 속한 71대 기업은 이미 GDP 규모를 넘었고 매출액은 GDP의 75%에 육박했다. 이제는 한국 사회에서 글로벌 경쟁력을 갖춘, 유일한 성장 동력으로 한국 경제를 이끌고 있다.

반면에 50인 미만 중소기업이 전체 기업의 98%에 달할 정도로 압도적으로 많고 임금 수준이 낮으며 생산성에서 열세에 놓여 있다. 중소기업은 자영업 부문에 함께 저임금과 양극화의 온상이며 한국 경제가 해결해야 할 제1과제이다. 해법은 벤처기업이 중소기업으로 커나가고, 다시 중견기업으로, 종국에서 대기업으로 성장하도록 하는 자생적 산업생태계를 조성하는 것이다. 대기업 집단을 중심에 놓고 추진했던 기존의 성장전략을 수정하고, 중소·중견기업들을 근간으로 새로운 성장 전략을 수립해야 한다.

1. 한국 경제의 어제와 오늘

한국 경제는 국가주의 시장경제체제

대한민국 경제는 자유시장 경제체제를 표방하고 있지만, 미국식 자유시장 경제체제가 아니다. 국가중앙정부가 주도하는 경제 계획, 국가가 통제하고 규제하는 은행과 주식시장, 국가가 특혜로 육성한 대기업 집단 체제로 이루어져 있다. 신자유주의화로 시장에는 대기업과 중소기업, 자영업자 그리고 노동자, 소비자 등 다양한 이해관계자들이 존재하지만, 시장의 위계적 구조의 정점에는 오직 대기업 집단이 존재할 뿐이다. 그래서 한국 경제체제를 '국가주의 시장경제체제'라고 일컫는다.[28] 시장경제의 역사가 비교적 길지 않는데, 국가가 건국 초기부터 지금까지 일관되게 경제에 깊숙이 개입하고 통제해 왔다. 박정희 정부는 1960년대 강력한 수출 드라이브를 걸고 1970년대 중화학공업 육성 정책을 추진하며 권위주의적 발전국가의 틀을 완성했다. 1987년 체제와 1997년 외환위기, 2008년 국제금융위기 등을 거치면서 신자유주의와 복지가 도입되어 혼잡해졌지만, 국가주의 틀은 고착화되었다. 2000년 넘어 정부로부터 상대적으로 독립적인 대기업 집단의 발전에도 불구하고 국가주의는 약화되지 않았다. 오히려 저성장 시대를 맞아 사회와 시장의 불균형이 심화되면서 정부의 규제가 더욱 치밀하게 발전했다고 보는 게 타당하다.

국가주의 시장경제체제는 시장의 역동성이라든가, 민간의 경제적 자유와 같은 단어와는 상대적으로 어울리지 않는다. 더욱이 양극화 문제가 심각하게 대두되면서 정치적으로 국민의 불안과 좌절, 적의와 분노를 부추기는 선동가들이 나오고, 극단주의와 포퓰리즘이 발호한다. 선동가들은 국가주의에 익숙한 국민을 상대로 문제가 생기면 국가가 규제 감독을 강화해야 한다, 기업들의 경제적 자유를 억압해야 한다고 목소리를 높일 때, 국민은 별다른 의심 없이 수긍하는 경향이 있다. 우리는 국가주의에 익숙한 나머지, 선동가들의 주장을 무의식적으로 옳다고 생각하기 때문이다.

2. 대기업집단 중심 경제

재벌이 글로벌 경쟁력 갖춘 유일한 성장동력

한국 경제는 재벌이라고 불리는 대기업 집단들이 국가경쟁력의 중심을 이루고 있다. 대기업 집단은 추격형 산업화 전략의 성공으로 한국 내에서 글로벌 경쟁력을 갖춘 유일한 성장동력이다. 반도체 자동차 디스플레이 스마트폰 석유화학 석유제품 조선 철강 기계 산업 등으로 성공을 거두었다. 그래서 한국의 경제 성장은 대기업 집단이 이룬 경제 성장이라 해도 틀린 말이 아니다. 대기업 집단은 혈연을 매개로한 소수 특정인 또는 그 특정인이 속한 가문이 형식적으로는 독립적이지만, 다수의 기업들을 사실상 소유하고 지배하고 있다. 박정희 정부가 1970년대 중화학공업화 정책 때부터 본격적으로 대기업집단 중심의 성장 정책을 수립한 이후 그 기조는 오늘날까지 이어졌다. 이는 이 기조를 벗어나 새로운 성장 정책을 추진한 정부가 없었다는 의미도 된다. 반세기 동안 한국 경제는 대기업 중심 구조가 고착화되었고, 금융제도와 인력 양성체제, R&D 시스템, 노동시장 등 각종 법령과 제도, 인센티브가 모두 대기업 중심으로 형성되었다.

71개 대기업 자산, GDP 추월

대기업 집단이 국민경제에서 차지하는 위상은 공정거래위원회의 발표에서 확인할 수 있다. 공정거래위원회가 대기업 집단에 의한 경제력 집중과 시장경쟁 저해 등 부작용을 방지하고 공정한 시장경쟁 기반을 조성하기 위해 매년 공시대상기업집단(자산총액 5조 원 이상[3]) 과 상호출자제한 기업집단자산총액 10조 원 이상을 지정 발표하고 있다. 〈표 3-1〉에서 2017년부터 2021년까지 공시대상기업집단의 자산 총액이 GDP 규모를 넘어섰고, 매출액이 GDP의 70%에 달하고 있다. 대기업 집단의 특성상 소속 개별 회사들에 대한 지배가 정도의 차이는 있을지라도 통일적으로 이루어지고 있고, 한국 경제에서 차지하는 비중이 대단히 높다.

〈표 3-1〉 공시대상 기업집단의 자산액과 매출액 총액

연도년		2017	2018	2019	2020	2021
기업집단 수(개)		57	60	59	64	71
소속회사 수(개)		1,980	2,083	2,103	2,284	2,612
자산	총액(조 원)	1,842.0	1,966.7	2,039.7	2,176.1	2,336.4
	GDP 대비 비중	1.06	1.07	1.07	1.13	1.2
매출액	총액(조 원)	1,233.4	1,359.5	1,422.0	1,401.6	1344.5
	GDP 대비 비중	0.71	0.74	0.75	0.73	0.70

출처: 공정거래위원회

대기업 집단, 매출액 비해 고용창출 저조

특히 대기업 집단의 생산시장 내 위상에 대해서는 〈표 3-2〉에서 매출액 부

3. 공정거래위원회가 21년 5월 지정한 자산총액 5조 원 이상의 공시 대상 기업 71개 기업은 다음과 같다.

가가치 종사자에서의 비중을 살펴보면 알 수 있다. 공정거래위원회에 따르면, 2018년 기준 공시대상기업집단이 전체 광업과 제조업의 매출액 및 부가가치가 45% 정도에 달하는 것으로 나타났다. 매출액에서 대기업 집단이 2016년 45.7%, 2017년 46.9%의 비중을 차지하고 있으며, 부가가치에서 43.4%, 45.6%를 차지하고 있다. 반면에 대기업 집단이 광업과 제조업의 전체 월평균 종사자에서 차지하는 비중은 낮은 것으로 나타났다. 2016년 18.2%, 2017년 18.5%에 그치고 있어 매출액과 부가가치에 비해 훨씬 낮은 수준이다. 이는 대기업 집단이 주로 대규모 장치산업 등에 진출함으로써 상대적으로 고용 창출에 대한 기여도는 매우 저조함을 보여준다.

〈표 3-2〉 광업 및 제조업 기준 대기업 집단 비중 추이

(단위: 조 원, 천 명)

구 분	2016년			2017년		
	대규모 기업집단*	광·제조업	비중%	대규모 기업집단	광·제조업	비중%
매출액	647	1,417	45.7	710	1,515	46.9
부가가치	220	507	43.4	249	546	45.6
종사자수	540	2,969	18.2	549	2,966	18.5

* 2018년 4월 지정60개 공시대상기업집단, 2,083개 계열회사 기준임
출처: 공정거래위원회

구 분	집 단 명
총수 있는 기업집단(54개)	삼성, 현대자동차, 에스케이, 엘지, 롯데, 한화, 지에스, 현대중공업, 신세계, 씨제이, 한진, 두산, 엘에스, 부영, 카카오, DL(舊대림), 미래에셋, 현대백화점, 금호아시아나, 셀트리온, 한국투자금융, 교보생명보험, 네이버, 에이치디씨, 효성, 영풍, 하림, 케이씨씨, 넥슨, 넷마블, 호반건설, SM, DB, 코오롱, 한국타이어, 오씨아이, 태영, 이랜드, 세아, 중흥건설, 태광, 동원, 한라, 아모레퍼시픽, IMM인베스트먼트, 삼천리, 금호석유화학, 다우키움, 장금상선, 동국제강, 애경, 유진, 하이트진로, 삼양
총수 없는 기업집단(8개)	포스코, 케이티, 에쓰-오일, 케이티앤지, 대우조선해양, 대우건설, 에이치엠엠, 한국지엠
신규 지정집단 (8개)	쿠팡, 반도홀딩스, 대방건설, 현대해상화재보험, 한국항공우주산업, 엠디엠, 아이에스지주, 중앙
특별법에 의해 설립된 집단(1개)	농협

재벌 총수 3~4% 지분으로 그룹을 통제

한편, 공시대상 기업집단 소속 기업은 총수 일가의 지분율이 매우 낮은 반면에 계열 회사의 내부 지분율은 매우 높은 특징을 갖고 있다. 자산총액 5조원 이상의 공시 기업집단의 경우 총수 일가의 지분율이 3~4% 수준에 불과한데도 내부 지분율은 57% 수준을 유지하고 있다. 총수 일가가 낮은 지분율에도 불구하고 출자관계를 형성하는 계열사의 높은 지분율에 의해 절대적인 지배권을 행사하고 있다.[29] 기업집단의 소유구조가 다양한 형태를 가지고 있으나, 지주회사 또는 지주회사 역할을 하는 사업 회사의 지분을 활용하여 그룹과 계열회사들에 대한 통제권을 유지하고 있다.

〈표 3-3〉 공시대상기업집단의 총수일가지분율과 내부지분율

연도년	2018	2019	2020	2021
기업집단 수개	60	59	64	71
소속회사 수개	2,083	2,103	2,284	2,612
총수일가지분율%	4.1	3.9	3.6	3.5
내부지분율%	57.76	57.37	56.59	57.96

출처: 기업집단 포탈(www.egroup.go.kr)

3. 자생력 없는 중소기업

중소기업, 대기업 부품 공급원으로 육성

대기업 중심 경제체제에서 중소기업들은 1970년대 대기업의 부품 공급업체로 육성되었고, 그 이후 큰 변화 없이 지속되었다. 선 대기업, 후 중소기업이

라는 산업 발전 형태였다. 이는 중소기업에서 출발해 대기업으로 진화했던 서구의 발전 경로와는 반대 방향이었다.[30] 서구는 근대 초기 다수의 중소기업들이 경쟁하는 상황에서, 중소기업들은 독자적인 시장을 확보하고 생산 활동과 판매 활동을 혁신함으로써 시장을 통해 대기업으로 성장했다. 다수의 중소기업들 가운데 근대적 산업기술과 과학적 경영 능력을 갖춘 중소기업이 경쟁 기업들을 흡수하면서 거대 기업으로 변모한 것이다.

하지만 한국은 산업화 초기 소기업조차 드물었던 농업국가 수준이었기 때문에 대기업 우선 육성은 불가피한 선택이었다. 선진국들의 산업기술을 빨리 따라잡아야 했고 규모의 경제를 확보해야 했으며 해외 기술과 경영기법을 도입할 수 있는 창구로써 대기업이 효과적이었다.

정부가 1970년대 초 중화학공업화를 강력하게 추진할 무렵, 그에 상응하는 산업기반이 미약했다. 중화학 제품은 다수의 부품들로 구성되는데, 부품 공급이 원활하지 않은 상태에서 중화학공업화는 실현할 수 있는 성질의 것이 아니었다. 그래서 서둘러 추진된 것이 1975년에 제정된 「계열화촉진법」이었다.[31] 당시 중화학공업화에 참여할 정도의 기술 수준을 가진 중소기업이 없었기 때문에, 계열화 촉진법을 통해 부품 공급원으로 중소기업을 육성한 것이었다. 1980년대와 1990년대를 거치면서 중소기업들은 더욱 발전했다. 대기업이 생산하던 부품 중 일부를 이양받거나, 독자적인 해외 기술 도입 또는 자체 연구개발 등 다양한 경로를 통해 부품 국산화를 이루며 성장했다.

50인 미만 중소기업, 전체 98% 차지

그러나 중소기업들이 대기업 중심 경제체제에서 발전했음에도 불구하고, 영세기업들이 압도적인 다수를 점하고 있다. 〈표 3-4〉의 2016년 사업체 노동실태현황에 빠르면, 전체 195만여 사업체 가운데 종업인 1~9명의 소상공인과 10~49명의 소기업이 전체 사업체 총수의 97.99%, 종업원 총수의 64.1%를 차지하고 있다. 여기가 한국 경제에서 저임금과 비정규직의 온상이다.

또한 대기업과 중소기업 간에 임금 수준에서 현격한 격차를 보이고 있다. 2019년 상용근로자 300인 미만의 중소기업 근로자의 월평균 임금총액은 313만 9,000원으로 상용근로자 300인 이상 대기업(535만 6,000원)의 58.6% 수준에 그쳤다.[32]

100~299인 사업체는 76.0%, 30~99인 사업체는 68.8%, 10~29인 사업체 61.8%에 머물렀고, 종사자 5~9인 사업장은 52.7%, 종사자 1~4인 사업체는 절반도 아닌 대기업의 39.8%에 불과했다.

대기업과 중소기업 간에 이처럼 소득격차를 보이는 것은 생산성에서 커다란 격차가 있기 때문이다. 2000년 종업원 300명 이상 대기업과 10~299명 중소기업의 1인당 부가가치의 격차는 2.65배였으나 2016년에는 2.84배로 확대되었다.[33] 1980년대와 1990년대를 거치면서 소수의 대기업이 기술혁신을 통해 선진국 대기업의 위탁 생산방식(OEM) 지배에서 벗어나 자체 브랜드로 제품을 생산·수출하는 데 성공한 반면에, 대다수 중소기업들은 대기업의 영향력 아래에서 저생산성과 단순조립생산에 머문 채 새로운 활로를 개척하지 못하고 있다. 그래서 중소기업 여기에 한국 경제가 앞으로 해결해야 할 제1과제가 숨어 있다.

〈표 3-4〉 2016년 말 현재 종사자 규모별 사업체 수와 종사자 수

종사자 규모별	사업체 수	종사자 수
1 ~ 4인	1,200,656 (61.67)	3,213,847 (18.51)
5 ~ 9인	449,479 (23.05)	2,866,072 (16.51)
10 ~ 49인	258,839 (13.27)	4,875,236 (28.08)
50 ~ 99인	24,861 (1.27)	1,691,736 (9.74)
100~299인	13,145 (0.67)	2,070,184 (11.92)
300인 이상	3,358 (0.17)	2,645,828 (15.24)
전 체	1,950,338 (100.0)	17,362,903 (100.0)

출처: 고용노동부. 2018. 『사업체노동실태현황』 통계정보보고서

중소기업 육성, 한국 경제의 제1과제

자영업 부문의 비중 또한 대단히 높다. OECD가 38개 회원국 가운데 2019년 기준 한국은 24.6%로 콜롬비아, 멕시코, 그리스, 터키, 코스타리카 다음으로 6번째로 높은 수준이다. 이는 선진국들인 영국(15.3%), 프랑스(12.4%), 일본(10.0%), 독일(9.6%), 미국(6.3%)에 비해 높은 수치이다.

자본주의적인 기업도 초기에는 자영업 형태에서 출발하여 성장한 경우가 대부분이어서 자영업 부문은 자본주의 시장경제 체제의 뿌리라고 할 수 있다. 하지만 한국의 자영업 부문은 전통적인 소상공인으로 형성되기보다는 농촌에서 도시로 이농하거나 기업구조조정에 의해 밀려난 사람들이 생존을 위해 뛰어드는 각축장 성격이 강하다. 임금노동자로 남아 있을 수 있을 만큼 충분한 숙련을 갖추지 못한 채, 실업 상태를 벗어나기 위해 자영업자로 진입한다. 종사자 대부분이 40대 이상의 고령이고 저숙련 노동자이며 도·소매업, 음식·숙박업에 뛰어든다. 사업이 영세해 소득 수준이 임금근로자보다 낮고 주당 8~9시간 더 일한다.[34] 최근 코로나19 장기화로 인해 자영업자들의 고통은 더욱 가중되었다. 자영업 부문은 소득양극화의 진원지로서 한국 경제가 해결해야 할 또 다른 숙제이다.

4. 한국 경제의 나아가야 할 길

한국 경제, 중소·중견기업에 활로 있다

대한민국 경제의 정점에 소수의 대기업 집단들이 존재하고, 이들이야말로 글로벌 경쟁력을 갖춘, 유일한 성장동력으로 한국 경제를 이끌어왔다.[35] 대신 중소·중견기업들은 대기업에 종속된 하청업체로 출발하고 협력파트너 관계를 형성했으므로, 일정 수준 성장한 이후부터는 세계적인 수준으로 성장하지 못했다. 독자적인 브랜드를 갖기 힘들었고, 세계시장에 대한 마케팅 능력이 부족했으며, 기업 자체의 혁신역량이나 우수인력도 거의 부재한 상황이었다. 그래서 중소·중견기업들이 한국 경제의 또 다른 성장 동력이 되기에는 역부족이다.

〈표 3-5〉는 우리나라와 일본, 독일의 사업체 규모별 비중을 보여준다.[36] 독일이 이상적인 구조인데, 고용과 매출액 비중이 중소기업, 중견기업, 대기업 간에 균형이 잡혀 있다. 이는 어떤 환경에도 흔들리지 않고 지속적인 성장이 가능한 안정적인 구조이다. 성장 동력 측면에서 중소·중견기업도 대기업 못지않다는 것도 보여준다. 대신 한국은 중견기업이 아주 적다 보니, 기업 분포가 극심한 첨탑형 구조이다. 99.8%로 절대 다수인 중소기업이 고용 비중(80%)도 높지만, 매출액은 소수 대기업 집단이 43.6%를 차지하는 양극화된 구조이다.

〈표3-5〉 한국, 일본, 독일의 사업체 규모별 비중(제조업 기준)

(단위: %)

구분	한국	일본	독일
업체 수 비중	0.1 0.2 99.8	0.2 1.1 98.7	1.2 8.2 98.7
고용 비중	12.6 7.4 80	12.4 17.3 70.3	27.7 28.7 43.6
매출액 비중	43.6 17.7 38.7	25.3 26.8 47.9	39.8 28.9 31.3

출처: 안현호 2017. 『한·중·일 경제삼국지2 : 새로운 길을 가야하는 한국 경제』. 나남. p.280.
일본2006: 중소기업 4~299명, 중견기업 300-999명, 대기업 1,000명 이상
독일2005: 중소기업 1~249명, 중견기업 250-999명, 대기업 1,000명 이상

독일이 이런 이상적인 구조를 갖춘 것은 이른바 '히든챔피언(Hidden Champion)'[4]인 중견기업이 1,300여 개가 존재함으로써 대기업 못지않는 국가의 성장동력 역할을 하고 있기 때문이다. 독일 히든챔피언들은 한 분야의 우수한 품질과 기술력으로 세계시장에 승부를 건다. 대기업에 의존하거나 정부의 지원을 기대하지 않고, 생산은 물론 전략 기획 연구 마케팅 수출 등 모든 경영활동을 독자적으로 수행한다. 대신 한국에 히든챔피언에 해당되는 기업은 20여 개에 불과하다.

대기업 집단이 '자생적 혁신' 걸림돌

우리는 왜 중소·중견기업들이 대기업과 같은 성장동력 역할을 할 수 없는가? 한국 경제는 산업화 초기부터 대기업 중심 전략을 구사했기 때문에 벤처기업에서 중소기업으로, 다시 중견기업으로, 종국에 대기업으로 성장하는 혁신 생태계를 갖추지 못했다. 자생적으로 성장동력이 창출되는 경제 시스템을 조성하지 못한 채, 각 산업별로 대기업 집단이 정점에서 절대적인 영향력을 행사하고 있다. 금융 인력 등 생산요소시장이 대기업 중심으로 편향되어 운영되고 있기 때문에 중소·중견기업에 우수한 인재가 가지 않고, 필요한 자금이 충분히 공급되지 않는다. 자생적 혁신을 만들어내기 어려운 환경이 조성되어 중소·중견기업들이 대기업과 같은 성장동력 역할을 할 수 없다.

'자생적 혁신'을 언급할 때 노벨경제학상 수상자인 에드먼드 펠프스가 『대번영의 조건(Mass Flourishing)』에서 1820년대부터 1870년대까지 영국과 미국, 프랑스, 독일 등이 경이로운 발전을 이뤘던 근대 경제를 설명하며 강조했던 말을 빼놓을 수 없다.

"서유럽과 북미 경제는 자생적 혁신을 만들어내는 체제였다. 오직 자생적인 창조성을 발휘하고 창조성을 혁신으로 전환시키는, 즉 자생적 혁신이 이뤄지

---

4. 히든 챔피언(hidden champion)은 세계시장 점유율 1~3위이면서 잘 알려지지 않은 매출액 40억 달러 이하의 우량 기업을 말한다. 헤르만 지몬(Hermann Simon)의 『히든 챔피언』에서 유래한 말로, 강소기업과 유사하게 쓰인다.

는 경제를 만든 국가만이 급격하고 지속적인 성장 궤도에 오를 수 있었다."

펠프스는 이 시기 규제가 없는 자유로운 환경이 보장되는 가운데, 창조적 파괴를 할 수 있는 기업들이 활발히 기업 활동을 펼쳐 돈을 버는 매우 역동적인 사회였다고 지적했다. 여기서는 자생적 혁신에 저항하는 사회보상체계나 지식습득방식, 인력양성체제에 대해서는 거론하지 않는다.

무엇보다 한국 경제가 지속적으로 발전하기 위해서는 벤처기업이 대기업으로 성장해 나갈 수 있는 산업 생태계를 만들어야 한다. 동시에 새로운 성장동력의 발전을 저해하는 요소들을 과감히 제거해야 한다. 그러자면 대기업 집단을 중심에 놓고 추진했던 기존의 성장 전략들을 수정하고, 중소·중견기업들을 근간으로 새로운 성장전략을 수립해야 한다. 크게 두 가지 방향이다.

히든 챔피언 500개 이상 육성

첫째, 중소·중견기업 500개 이상을 히든 챔피언 또는 강소기업으로 육성하는 전략이다.[37] 이 전략에 맞도록 교육·금융·노동 시스템을 개혁하고, 관련된 법령·정책·예산 등도 개편해야 한다. 이는 우수한 인재와 자금이 혁신적인 중소·중견기업으로 향하도록 생산요소시장을 재편해야 한다는 의미다. 동시에 대기업에 종속되지 않고 독립된 주체로서 중소·중견기업이 연구와 생산을 물론, 세계시장에서 독자 브랜드로 성공할 수 있도록 지원해야 한다. 이들 기업들은 부품·소재·장비산업의 초일류화를 지향해야 한다. IT와 결합한 부품·소재산업 전략이든가, 장비산업의 독자 발전 전략, 소재·부품·장비 제품의 세계시장 진출 방안 등을 이들 기업들이 독자적으로 마련하고 실행할 수 있어야한다.

둘째, 대기업 집단 중심의 성장전략들을 폐기할 것이 아니라 새로운 성장전략에 맞도록 수정해야 한다. 대기업 집단의 긍정적 역할을 계속 수행하게 하면서, 부정적 역할을 최소화하는 것이다. 대기업 집단은 지금까지 한국 경제에 기여했던 성장 동력으로서의 공이 지대할 뿐만 아니라 앞으로도 성장 동력의 역할을 수행하도록 해야 한다. 하지만 대기업 집단들이 끼친 해악도 만만치 않다. 이들이 상품시장과 생산요소시장을 장악하면서 그로 인해 경쟁을 제약하고 시장 지배력을 남용했으며, 수직적 통합과 내부거래로 인해 산업발전을 저해해 왔다. 대기업 집단의 폐해는 제도적으로 강력하게 처벌하거나 원천적으로 봉쇄해야 한다.

대기업 중심 성장전략 수정해야

특히 대기업 집단과 중소기업 간의 분업 관계에만 국한하자면, 수직적 분업관계가 수평적 분업 관계로 바뀌도록 해야 한다. 대기업의 중소기업에 대한 불공정거래 등은 정부가 적극 개입해야 하지만, 대기업-중소기업 간의 상호발전이 하나의 기업문화로 자연스럽게 자리 잡도록 유도해야 한다. 수직적 분업 관계는 대기업이 종속적인 중소기업에 고통을 전가하고 중소기업은 독자적인 제품 기획이나 마케팅의 필요성을 잊어버리기 쉽다. 수평적 분업 관계는 기업 고유의 핵심 역량을 특화하는 대신 나머지 활동은 외주로 구매하는 상호협력이 일어나기 때문에 혁신성을 제고시키기 쉽다.

제4장

강소국 연방제

수도권 집중 억제를 목적으로 추진되었던 행정수도 이전이 세종시 건설로 현실화되었지만, 수도권 집중 현상은 계속 심화되고 있다. 행정수도 이전의 방법이 본래 목적을 달성하는데 실패했음을 입증하고 있다. 20년 동안 지속되었던 지방분권운동도 중앙 정치에 의존하는 한계를 벗어나 자체 세력화를 하지 않으면 목표를 이룰 수 없는 꿈이 되어 가고 있다.

수도권 집중 현상은 중앙집권적 국가 지배구조에서 비롯된 것이다. 서울 중심 사고에서, 톱다운식 행정체계에서, 대기업의 수직계열화에서 연유한 것이다. 그래서 행정수도 이전 정책을 폐기하고 대한민국을 500만~1,000만 명의 규모로 나누고 6~7개의 강소국으로 구성된 연방국가로 만드는 것이 대안이다.

연방제는 부분을 대표하는 지방정부의 자율성을 보장하고 전체를 대표하는 중앙정부의 통일성을 보장하려는 체제이다. 주권은 국민에게 있고 모든 권력은 국민으로부터 나온다. 모든 권력의 행사는 물론, 전체와 부분 간의 배분에 있어 보충성의 원리에 입각하는 것이 민주주의에 부합한다.

1. 노무현은 실패했다

행정수도 이전, 수도권 집중 억제 추진

2002년 9월 노무현 당시 민주당 대통령 후보가 "수도권 집중 억제와 낙후된 지역경제의 근본 해결을 위해 충청권에 행정수도를 건설하겠다"고 발표했다. 이후 2004년 12월 신행정수도가 위헌 판결을 받았으나, 다시 행정중심복합도시로 규모와 명칭을 바꿔 이전 계획을 수립한 지 7년 만인 2012년 세종특별자치시로 현실화됐다. 목적은 수도권의 과도한 집중에 따른 부작용을 시정하고, 국가 균형발전과 국가경쟁력 강화에 이바지하는 것으로 달라지지 않았다. 세종시가 행정수도가 아닌 행정중심복합도시인 이유는 중앙 행정기관이 다수 내려왔지만 국회와 청와대 등이 이전하지 않았기 때문이다. 그래서 2022년 대선을 앞두고, 국회 세종의사당 건립과 대통령 제2집무실 설치 등 '행정수도 완성'에 초점을 둔 공약들이 나왔다.

하지만 수도권 집중화 현상이 더욱 악화되고 있다. 면적이 전체 국토의 11.8%에 불과한 수도권에 인구와 경제력 집중이 계속되면서 초일극 체제가 가속화되고 있다. 2019년 12월 말 기준으로 수도권 인구가 역사상 처음으로 전체 인구의 50%를 돌파했다. 수도권의 인구비중이 1970년 28.3% 수준이었으나 1980년 35.5%, 1990년 42.8%, 2000년 46.3%로 늘었고 세종시 입주가 활발했던 2011~2015년 일시 정체했다가 2019년에는 절반을 넘었다.[38] 2020년 매출액 기준으로 전국 순위 100대 기업 가운데 91개 기업이 수도권에 본사를 두고 있고, 1000대 기업으로는 743개 기업이 수도권에 위치해 있다.[39]

계다가 수도권이 지방 청년들을 블랙홀처럼 빨아들이면서 부산 대구 광주 등 광역시들도 인구 감소와 경쟁력 저하를 겪고 있고, 기초자치단체인 시·군·구 상당수가 소멸 위기로 내몰리고 있다. 비수도권 청년들이 수도권으로 유출됨으로써 단기적으로는 지역의 인구 감소를 초래하고 지역의 활력을 떨어뜨리고, 장기적으로는 지역의 존속을 위협하고 있다. 전국 시·군·구 10곳 중 4곳이 인구 감소로 소멸할 위험에 처해 있다.[40] 전국 228개 시·군·구 중 소멸 위험 지역이 2013년 75개(32.9%)에서 2018년 89개(39%)로 증가했으며, 농어촌 낙후지역을 넘어 지방 대도시 권역에까지 확산되고 있다.

목적 달성 실패 땐 방법을 바꾸어야

여기서 질문을 던져보자. 수도권 집중 억제라는 목적을 실현하기 위해 행정중심복합도시 건설이란 방법을 사용했다. 하지만 그 방법을 사용했음에도 그 목적은 실현되지 않았고 앞으로 실현될 가능성이 극히 희박해졌다. 단지 수도권 팽창을 잠시 멈추는 역할을 했고, 정치와 행정의 분리로 거대한 행정비효율을 야기하고 있을 뿐이다.

그럼 어떻게 해야 하는가? 목적이 실현되지 않아도 그 방법을 계속 유지해야 하느냐? 아니면 본래 목적을 실현하기 위해 다른 대안을 찾아야 하는가? 워낙 국가 대사인데다가 경로 의존성이 강하게 작용하는 사안이다. 게다가 노무현 정부를 계승한 더불어민주당이 강한 야당이거나 집권당이다 보니 국민의힘을 비롯한 어떤 정치 세력도 다른 목소리를 내기 어렵다. 하지만 수도권 집중 억제라는 목적을 실현할 가능성이 희박한데도 세종시에 제2의 국회의사당을 건립하고 대통령 제2집무실을 설치한다는 게 타당한 일인가? 윤석열 정부도 이에 동의하고 있다. 잘못된 길을 갈 때는 아무리 늦었다고 하더라도, 이미 투입된 매몰비용(sunk cost)이 엄청나다고 하더라도, 원점에서 다시 대안을 생각하는 게 합리적이고 타당하다.

중앙집권적 지배구조가 핵심 원인

수도권 집중 현상이 왜 발생했는지 생각해보자. 필자는 중앙집권적 지배운영구조에 따라 발생한 것이라고 본다. 조선의 중앙집권적 지배구조를 이어받아, 대한민국 정부 수립 이후에도 강력한 중앙집권적 국가주의를 관철시켜왔다. 행정체제는 대통령을 정점으로 중앙부처에서 지방자치단체로 내려가는 톱다운식 체제를 갖추고 있고, 경제체제도 대기업에서 중견기업, 중소기업으로 내려가는 수직계열화를 이루고 있다. 1960~70년대 경제 개발 당시부터 산업정책 또한 서울은 대기업의 본사, 연구소를 두어 두뇌 역할을 하게 했다면, 지방은 생산 공장이나 하청 중소기업들을 두어 팔다리 역할을 하게 했고 그 역할 분담은 달라지지 않았다. 그래서 서울 중심의 일극체제가 계속해서 초일극체제로 심화되고 있는 것이다.

강소국 연방제만이 수도권 집중 억제해

필자는 행정수도 이전이나 행정중심복합도시 건설을 폐기하고, 전국을 인구 500만~1,000만 명 규모로 여러 권역으로 나누고 국방과 외교 그리고 거시경제부문 등을 제외한 모든 권한을 지방정부에 이양해 각 지방정부를 유럽의 강소국 수준으로 육성하는 강소국 연방국가로 가는 것이야말로 수도권 집중을 억제하는 길이라고 본다. 동시에 한국의 고질적인 중앙집권적 지배체제를 해체하는 길이기도 하다. 이 구상은 2007년 제17대 대통령선거에 출마한 자유선진당 이회창 총재의 선거공약 '강소국 연방제'와 같은 맥락이다.

이 총재의 강소국 연방제는 지방정부가 하나의 국가와 같은 권한을 가지고 지방의 역량을 극대화시킬 수 있는 국가 구조로 바꾼다면 국가 전체의 경쟁력과 효율성이 한층 더 높아질 것이므로, 국가 구조를 중앙집권제에서 연방제 수준의 분권국가로 바꿔야 한다는 주장이다. 싱가포르, 핀란드와 같은 강소국들은 나라가 작고 인구가 500만~1,000만 명이지만, 효율적인 국가 운영으로 선진국이 되었듯이, 강소국 연방제의 구상은 지방을 골고루 균형발전시킨다는 차원이 아니라, 지방 자체를 강소국 같은 경쟁력 있는 지방으로 만드는 데 기초를 두고 있다. 강소국 연방제는 대한민국을 500만~1,000만 명의 규모로 나누고, 6~7개의 강소국으로 구성된 연방국가로 만드는 것이며, 대한민국을 온전히 바꾸는 것이다.

2. 지방분권운동과 지방분권개헌운동

1) 지방분권운동 20년

지방분권운동본부 2002년 창립

대구사회연구소는 2000년 지역 연구 방향을 지방분권과 지역혁신을 위한 정책대안 연구로 설정했다. 지역발전을 위한 필요조건이 지방분권이고 충분조건이 지역혁신이라고 인식했기 때문이다. 당시까지 국내 학계에서는 '지방분권'이란 개념은 생소했고 지방자치 개념이 유통되던 시절이었다.

대구사회연구소는 지방분권을 최대 사업목표로 정하고 각종 세미나와 연구조사 등을 바탕으로 지방분권운동에 불을 지폈다.[41] 2001년 9월에는 3,000여 명이 참가한 '지방분권 실현을 위한 전국 지역지식인 선언'을 이끌어냈으며, 2002년 4월 13일 지방분권운동 대구경북본부 창립대회를 시작으로, 전국 각 지역에서 지방분권운동 지역본부가 창립되고, 그 해 11월 7일 전국 조직인 '지역균형발전과 민주적 지방자치를 위한 지방분권국민운동'이 조직되었다.

지방분권운동은 '지방이 살아야 나라가 산다'와 '지방에 결정권을, 지방에 세원을, 지방에 인재를'이라는 구호를 내걸었고, '지방분권특별법', '국가균형발전특별법' 등을 입법화하는 게 목표였다. 지방분권운동의 성격은 ① 지방분권국가를 지향하는 운동, ② 대안적 지역발전을 지향하는 운동, ③ 복지공동체를 지향하는 운동, 그리고 ④ 지역의 자기 결정권과 자기 책임성에 기초한 자주관리사회를 지향하는 운동 이 네 가지로 규정되었다.

그러나 지방분권운동 10년이 되면서 그 한계가 뚜렷하게 나타났다. 지방분권운동이 주로 법률에 기초해 지방분권개혁을 지향했기 때문에 중앙집권적인 현행 헌법의 울타리를 넘어설 수 없었다. 중앙집권적 헌법으로 말미암아 지방자치의 발전이 가로막혀 있었고, 지방분권운동도 그 장벽을 넘지 못했다. 또한 지방분권운동은 사실상 법률제정운동에 집중하는 바람에 실질적인 주민자치운동과는 거리가 먼 운동이었다. 중앙 의존적인 운동이 진정한 지방분권운동이 되려면, 주민 중심적이고 공동체 지향적인 풀뿌리 주민운동과 결합해야 했었다.

2012년 지방분권개헌운동으로 진화

10년간 추진했던 지방분권운동은 '개헌 없이 지방분권 없다'는 명제로 정리되었다. 법률에 의한 지방분권 추진은 그 한계가 명백하다는 것이 지방분권운동 10년의 경험이었다. 헌법 자체가 중앙집권적으로 이루어져 있었기 때문에 하위 법률인 지방자치법이나 지방분권특별법을 어떻게 개정해도 획기적인 지방분권을 이루어질 수 없는 한계가 있었다.

지방분권운동은 그동안의 한계를 극복하기 위해 지방분권개헌운동으로 진화한다. 지방분권운동을 지지하고 활동해온 전국 각 지역, 각계 단체와 인사들이 지방분권 개헌을 목적으로 2012년 10월 9일 '지방분권개헌국민행동'을 창립했다. 지방분권개헌국민행동은 지방분권국민운동의 정신을 계승하고 대한민국을 지방분권 국가로 재창조하려는 운동이다. 헌법에 대한민국은 지방분권 국가임을 선언하고 지방정부의 자치입법권과 자치행정권 그리고 자치재정권 조항을 명시하며, 지역대표형 상원제를 실시하고 수도권과 비수도권 간의 현격한 세원 격차를 고려하여 지방재정조정제도를 도입하도록 개헌하려는 것이다.

정부 의존 '지방분권개혁' 갈수록 약화

노무현 정부 때는 국가균형발전이란 이름으로 자원분산 정책이 추진되었다.[42] 행정중심복합도시(세종시) 건설과 공공기관 지방 이전(혁신도시)이 그것이다. 정부 부처와 공공기관 지방 이전은 지방분권의 한 측면인 수도권에 집중된 자원을 비수도권으로 분산하기 위해 추진되었다. 이런 분산정책이 가져올 효과에 대해 전망이 엇갈렸지만, 혁신도시가 지역혁신의 허브로 제대로 기능한다면 지역경제의 활성화와 상당한 자원분산효과를 기대할 수 있을 것이다. 하지만 중앙 권한의 지방 이양 작업은 추진되었지만, 전체 국가 사무에서 지방 사무가 차지하는 비율이 2002년 28.2%에서 2007년 27.0%로 오히려 감소했다.

이명박 정부 때는 노무현 정부의 자원 분산 정책을 비판하고 권한 이양에 주력하겠다고 선언했다. 집권 초기 공공기관 이전 재검토를 발표했으나 곧 철회한 바 있고, 행정중심복합도시인 세종시 원안을 폐기하고 기업도시로 수정하려고 했으나 국회 표결에서 부결되었다. 노무현 정부 때 시작한 균형발전정책을 수정하거나 폐기하려는 시도는 좌절되었다.

그러던 사이 이명박 정부는 자신이 역점을 두겠다고 발표했던 중앙 권한의 지방 이양에 소홀했다. 대폭적인 권한 이양을 위해 반드시 제정해야 할 지방일괄이양법을 끝내 제정하지 않았고 특별행정기관 폐지, 자치경찰제 실시 등과 같은 의제도 추진하지 않았다. 박근혜 정부도 지방분권을 주요 국정 의제로 설정했으나, 지방분권정책은 무관심하고 소극적이었다.

문재인 정부는 역대 정부 가운데 가장 강력한 지방분권을 주장하며 '연방제 수준의 지방분권'을 이루어 내겠다고 국민에게 약속했다. 2017년 10월 지방분권 로드맵을 제시한 이후 11개월 만에 '자치분권종합계획'을 국무회의에서 통과시켰다. 하지만 자치분권종합계획에는 핵심적인 지방분권 과제인 지방입법권 확대가 빠져 있고, 지방분권형 개헌 공약의 이행에 대한 의지를 찾아볼 수 없다. 지방정부를 국가의 법률을 집행하는 하급 기관으로 편입시키는 행정권의 분권이 대부분을 차지하고 있기 때문이다. 더욱이 2018년 3월 26일 대통령발의로 국회에 발의한 개헌안이 무산된 이후, 지방분권개헌공약은 공약空約이 되어 버렸다.

윤석열 정부는 기존의 자치분권위원회와 국가균형발전위원회를 통합해 대통령 자문기구인 지방시대위원회를 두기로 했다. 집행기구가 아니고 자문기구이므로 적극적인 지방분권 정책을 추진할 부서가 되지 못하고, 지방 소멸 대응과 균형발전이란 명목으로 헬리콥터로 돈을 뿌리듯 전국에 단기 예산 투하의 필요성을 요구하는 창구로 그칠 가능성이 높아졌다.

2) 지방분권운동의 실패 요인

한계① 중앙의 정치인·관료에 의존

2002년 시작된 지방분권운동이 2012년 지방분권개헌운동으로 승화했지만, 서울 집중 현상은 멈추지 않고 오히려 가속화되고 있다. 지방분권운동이 참여정부 시절인 2003년 12월 지방분권특별법, 지역균형발전특별법, 신행정수도건설특별조치법 등 3대 특별법이 국회에서 가결되었고, 가시적으로는 세종시 건설과 혁신도시 조성이 뚜렷하게 남아 있다.

하지만 이명박·박근혜 정부는 지방분권개혁에 소극적이었고, 나름 적극적이었던 문재인 정부가 추진한 지방분권개헌 공약이 무산되었다. 물론 지방분권 개헌이 다른 이슈들과 결부되어 반대 여론이 만만찮았고 시기 문제도 있었지만, 문재인 정부의 공약이 무산됨에 따라 지방분권개혁을 추진할 동력이 급격히 떨어졌다. 분권과 자치를 향한 시민사회의 오랜 요구와 바람이 여전히 유효하지만, 지금 지나온 길을 되돌아보고 새로이 준비할 필요가 있다.

지금까지 지방분권이 실현되지 못한 가장 큰 이유는 무엇일까? 지방분권운동에 내재된 한계가 지방분권개헌운동에서도 그대로 드러난다. 첫째, 모든 정책들이 국회와 중앙정부에서 결정되는 현실에서 지방분권개혁도 중앙의 정치인과 관료들에 의해 결정되는 구조를 가지고 있다. 지방분권운동과 지방분권개헌운동이 중앙정치에 의존할 수밖에 없었고, 중앙정치의 종속변수로만 기능했다. 지방자치단체장의 경우 여당이든 야당이든 지방분권에 찬성한다고 하더라도 전국시도지사협의회, 전국시도의회의장협의회, 전국시장군수구청장협의회 그리고 전국시군자치구의회의장협의회가 지방분권을 지지한다고 하더라도, 이들이 중앙정치에 미치는 영향은 극히 미미하다.

그래서 지방분권국민운동본부는 대통령선거, 국회의원 총선거, 지방선거 등을 이용해 영향력을 높이는 방법을 사용해 왔다. 2002년 대선에는 한나라당 이회창 후보, 민주당 노무현 후보, 민주노동당 권영길 후보와 차례로 '지방분권 국민협약'을 체결하는 성과를 도출했고, 2007년 대선에는 한국지방신문협회 소속 9개 신문사와 연대하여 지방분권·지역균형발전공약 채택 운동을 전개했으며, 2010년 지방선거를 앞두고 시민단체 및 기초지자체협의회와 공동으로 '기초지방선거 정당공천 폐지를 위한 국민운동본부'를 결성해 활동하기도 했다. 2017년 대선에서는 지방분권개헌국민회의가 출범해 문재인 더불어민주당 후보, 홍준표 자유한국당 후보, 안철수 국민의당 후보, 유승민 바른정당 후보, 심상정 정의당 후보와 지방분권개헌국민협약을 체결하였다. 2022년 대선에서는 지방분권전국회의가 대선후보들에게 부총리급 '분권균형발전부' 설치, 지방자치법 개정, 지방분권 개헌 등 강력한 지방분권 추진을 공약하라고 촉구하기도 했다.

하지만 지방분권운동본부는 참여정부 때의 일부 성과를 제외하고 소기의 목적을 달성한 적이 없다. 지방분권의 절박함이 높아지고 있지만, 지방분권이란 이슈가 많이 퇴색해 버렸고 지방분권 추진 세력은 많은 좌절감을 맛보아야 했다. 지방분권의 실현을 중앙권력의 의지에 의존할 수밖에 없었던 현실이 장벽으로 작용했기 때문이다. '제왕적' 대통령조차 중앙 관료들의 저항적 자세를 설득하는 일이 여의치 않고, 중앙 정치무대를 좌지우지하는 국회의원들의 태도를 바꾸게 하는 일 또한 쉽지 않다. 앞으로 지방분권을 청원하거나 협약을 맺는 수준이라면 지방분권의 실현은 요원할지 모른다.

한계② 주민자치운동 아니었다

둘째, 지방분권운동과 지방분권개헌운동은 주민자치운동과는 거리가 먼 법률, 헌법 제정운동이었다. 대학 교수, 시민단체 관계자, 변호사, 지방 정치인 등이 주축으로 전개되었고, 지역 밀착형이라 보기 어려웠다. 지방분권에 대한 시민의 관심과 참여를 제고시키고, 그에 기초하여 지방분권화를 촉진시킬 수 있는 체계적인 전략을 수립했어야 풀뿌리 민주주의를 실현할 수 있을 것이다.

하지만 지방분권운동은 집단행동의 일종으로, 집단행동에서 흔히 나타나는 무임승차자의 문제가 발생하므로 내재적으로 활성화되기 어렵다.[43] 대규모 집단의 공통 목표가 공공재의 성격을 띠게 되면, 구성원들은 무임승차의 유혹을 받게 되고 그에 따라 자발적으로 집단행동에 참여할 동기가 결여될 수밖에 없다.

대규모 집단에서 구성원들이 자발적으로 참여하지 않는 이유는 다음과 같다.[44] 첫째, 본인이 집단운동에 참가하지 않더라도 다른 사람의 활동으로 공통의 이익이 달성되면 구성원 모두 그 이익을 누릴 수 있으므로, 굳이 집단행동에 참여하지 않으려 하고, 둘째, 대규모 집단이므로 본인의 참가 여부가 집단행동에 눈에 띄는 차이를 주기 어렵기 때문에 집단행동 참여에 비우호적이게 된다. 셋째, 대규모 집단을 조직하는 데 비용이 많이 들고 연대감 같은 긍정적인 인센티브가 생성되기 어렵다.

한계③ 잦은 이사로 자치운동 어려워

지방분권운동본부가 주민자치를 기반으로 지역밀착형 조직으로 변모하기에는 한국적인 잦은 이동성 때문에 어려움이 있다. 대한민국처럼 도시의 인구비율이 높고(2020년 91%), 2년마다 갱신하는 전세제도 때문에 전국 대비 인구이동률(인구 100명당 이동자 수)은 15.1%로 인구이동이 잦은 편이다. 인구이동 자료는 동일한 시·군·구내 읍·면·동으로 이사하는 경우를 제외하기 때문에 실제로 인구이동률은 훨씬 더 높다. 한 사람이 평균 5-7년에 한번 이사하는 셈이다. 그래서 한국은 인구이동이 빈번한 역동적인 사회이므로, 지역주민을 중심으로 풀뿌리 주민운동을 시작하고 지속하기는 힘든 환경을 갖고 있다.

지방분권에 대한 일반 주민들의 회원 참여가 낮고, 지방분권운동본부 산하의 여러 조직들의 응집력이 부족한 것도 그 때문이다. 이런 상황에서 지방분권운동 단체들이 회원 부족으로 인해 열악한 재정 상태이고 조직 운영과 사업 수행에 많은 애로를 겪고 있다.

3) 지방분권운동의 난관

난관① 지방이란? 시·도, 시·군·구, 읍·면·동!

우리나라 지방자치가 재개된 지 30년, 지방분권운동이 시작된 지 20년 가까이 지났음에도 불구하고 지방분권이 본궤도에 오르지 못하고 있다. 지방분권운동에 참여하는 집단이 정치세력화하지 않는 이상, 지방분권 개혁은 중앙정치에 의존할 수밖에 없고, 지방분권의 공공재 성격 때문에 주민들의 참여를 이끌어내는 데 한계가 있다.

그럼 이제부터 지방분권운동과 지방분권 개헌운동을 새롭게 추진한다면 잘 될 수 있을까. 지방분권이란 명칭이 진부할 정도로 널리 유통되고 있고, 전국시도지사협의회, 전국시도의회의장협의회, 전국시장군수구청장협의회 그리고 전국시군자치구의회의장협의회가 지방분권을 이해하고 참여할 정도로 지지 세력을 가지고 있다. 전국 9개 지방신문사의 한국지방신문협의회, 전국 일간지 26개로 구성된 대한민국지방신문협의회, 그리고 시·군·구에서 발행되는 340여 개 풀뿌리 언론이 가입된 전국지역신문협회도 지방분권에 힘을 보태고 있다. 하지만 지방분권을 구체적으로 실현하기 위해서는 큰 장애물이 존재한다. 바로 지방분권의 '지방'에 대한 하나의 통일된 개념이 필요하다.

수도권 중심으로 중앙집중화가 계속되고 있고, '지방 소멸'이란 용어가 회자될 정도로 시·도 광역자치단체, 시·군·구 지방자치단체, 그리고 읍·면·동이 급격히 쇠락하고 있다. 이런 상황에서 지방분권이란 수도권 집중현상을 막고 지방 소멸을 대처하는 단일 개념으로 사용되고 있다. 하지만 지방분권의 '지방'을 광역자치단체의 의미인지, 기초자치단체의 의미인지, 읍·면·동의 의미인지 불분명하고 이해관계에 따라 제각각으로 해석되고 있다. 지방분권은 포괄적이고 총론적인 개념일 뿐, 이해관계자들의 머릿속에서 각각 다르게 이해되고 사용되고 있다.

난관② 전국 골고루 발전 불가

특히 지방분권을 균등배분의 관점에서 바라보는 '지역균형발전'과 동일한 의미로 이해하는 사람들이 많다. 이 관점에서는 지역균형발전을 모든 지역이 동일한 수준으로 발전하는 것으로 오해한다.[45] 모든 공간을 균등하게 발전해야 한다는 주장은 '개인의 문제'와 '공간의 문제'를 구분하지 못하는데서 나온다. 모든 개인은 같은 무게의 존엄과 가치를 지닌 존재이지만, 공간을 의인화시켜 모든 국토 구석구석이 동일한 가치를 지니고 있는 것으로 해석한다. 하지만 공간의 가치는 천차만별이다. 똑같이 취급되지 않고 취급해서도 안 된다. 어느 공간에서나 중심이 있으면 주변이 있고, 발전 지역이 있으면 낙후 지역이 있다. 모든 지역이 중심이나 발전 지역이 되려고 하는 것은 환상이고, 불가능한 목표를 추구하는 것이다.

지역균형발전에서 사용하는 '균형'의 의미는 권력분립을 위한 '견제와 균형'(checks and balances)에서 분명하게 드러난다. 견제와 균형이 권력의 남용과 독재를 막기 위해 입법부, 행정부, 사법부 어느 부도 절대적 권력을 행사하지 못하도록 제한하는 데서 기원을 두고 있듯이, 균형발전에서 균형은 특정지역에 핵심적인 기능이 과도하게 집중되면 그 지역이 다른 지역에 대해 지배적인 권력을 행사하게 되므로 그 지역의 전횡을 막기 위한 공간적 전략이다. 입법부 행정부 사법부처럼 서로 다른 기능과 역할이 서로 견제하듯이 지역균형발전은 지역이 똑같은 기능을 나누어 가지는 것이 아니라 서로 다른 지역이 서로 다른 기능으로 특화해서 발전하는 것이다.

지방분권을 지역균형발전으로 봤을 때, 우선적으로 추진해야 할 문제는 공간 단위에 대한 합의를 도출하는 것이다. 모든 지역이 동시에 골고루 균형 있게 발전할 수 없다면 가장 우선적으로 추진해야 할 균형발전의 지역 단위를 정책적으로 결정하고 이 지역 단위의 균형발전에 역량을 집중해야 한다. 균형발전정책이 시·도별, 시·군·구별 자원과 기능의 산술적 배분에 목적이 있는 것이 아니라면 주민의 생활권, 각종 기능의 활동 공간을 단위로 균형발전이 이루어지도록 노력해야 한다.

하지만 지역균형발전의 공간 단위에 대한 합의, 즉 지방분권에 대한 개념 합의가 가장 큰 난관이다. 광역 지방자치단체든 기초 지방자치단체든 읍·면·동이든 합의가 필요하지만, 이해관계자 당사자들마다 생각과 처지가 달라서 공감대를 형성하기 어려울 것으로 보인다.

학문 분과에 따라 지방분권 시각 상이

지방분권을 옹호하는 학자들은 지방분권이 민주주의를 고양하고 주민들의 삶의 질을 높인다는 점에서는 동의한다. 하지만 학문 분과에 따라 지방분권을 바라보는 시각이 상이하다. 정치학은 분권을 민주주의의 가치를 실현하는 정치적 장치로 간주하고, 행정학은 보다 나은 행정서비스를 어떻게 주민들에게 제공할 수 있는지에 초점을 맞춘다. 공공경제학은 분권을 통한 자원배분의 효율성에 관심을 기울이고, 국토도시계획학계에서는 주택·건축·교통·도시계획과 같은 광역 행정과 결부시켜 지방분권을 바라본다.

이에 따라 지방분권운동의 방향을 설정하거나 지역균형발전의 공간 단위를 합의하는데도 걸림돌로 작용한다. 안성호 대전대학교 교수행정학는 지방분권개헌의 과제를 △제왕적 대통령제 개혁, △소수를 돌보는 양원제 도입, △연방적 지방분권, △직접민주제 확충이란 4대 의제로 정리하고, 스위스 코뮌자치와 미국 뉴잉글랜드 타운미팅 사례를 참고하여 읍·면·동의 동네 자치 활성화가 지방자치 선진화의 최우선 과제라고 본다.[46] 안 교수의 연방적 지방분권에는 지방정부의 지방 입법권과 지방 과세권을 핵심과제라고 제시한다.

반면에 마경래 중앙대 교수(도시계획부동산학과)와 김근영 강남대 교수(부동산건설학부) 등은 500만~1,000만 명의 인구와 산업관리능력을 갖춘 광역지방자치단체 중심으로 지방분권국가로 나아가야 한다고 주장한다. 대도시권, 중소도시, 그리고 농촌을 단일 광역자치단체로 통합하는 도시압축전략이야말로 실질적인 지방분권이라고 본다.

안 교수도 국토도시계획학계가 주장하는 지방자치체제 개편에 대해 간접적이면서도 조심스러운 입장이며, 특정 정당의 당리당략이나 정치인들의 이해관계에 따라 지방자치체제가 섣불리 결정되는 것을 반대하고 충분한 시간을 갖고 개편이 추진되어야 한다고 주장한다.[47)]

4) 지방분권의 최종 귀결

지방자치단체간 '빈익빈 부익부' 심화

지방분권을 지지하는 사람들은 지방분권이야말로 장밋빛 미래를 가져다 줄 것이라고 믿는다. 지역 청년들이 수도권으로 이동하는 가운데 지방분권이야말로 청년 유출을 줄이고 균형발전을 이룰 마지막 '한방'이다. 중앙정부가 지방자치단체에 권한을 이양하고 지방자치단체는 이양받은 권한으로 지방을 살릴 것이라고 믿는다. 분권을 강화하면 지방자치단체는 독립성과 자율성이 강화되고, 그에 따라 더 좋은 도시 인프라를 제공하기 위해, 주민들의 복지 서비스 욕구를 충족시키기 위해 노력할 것이다. 지역의 자원을 이용해 젊은이들을 위한 일자리도 만들고 창업에 좋은 기업환경을 만들기 위해 노력할 것이다. 권한이 커진 지방자치단체는 주민들의 요구에 빠르게 대응하며, 더 효율적인 방법으로 예산을 사용할 것이다.

그러나 지방분권은 잿빛 미래가 될 수도 있다. 분권화가 진행된다면 기초체력이 없는 지역들은 더 어려워지고, 가난한 지자체일수록 살아남기 힘들다.

중앙정부가 지방자치단체에 권한을 이양하면, 지자체 간의 격차를 보정할 능력도 잃어버리기 때문에 도와줄 여력도 없다.

지방자치단체 간에 격차를 만들어내는 것이 현재의 지방행정 시스템이다. 17개의 광역자치단체와 226개의 기초자치단체는 조선의 행정 시스템을 계승한 것으로, 현 상황에서 지방분권이 이루어진다면 오히려 현재의 중앙집권보다 위험하다. 지방자치단체 간 빈익빈 부익부 현상을 더욱 악화시킬 것이기 때문이다. 2021년 현재 전국 226개 기초자치단체 가운데, 재정자립도세입과목 개편 전가 10% 미만이 3곳, 20% 미만이 108곳, 30% 미만이 168개이고, 그나마 50% 이상 지역은 서울특별시, 인천광역시, 경기도 지역의 기초자치단체들이다. 17개 광역자치단체의 경우에도, 전라남도, 전라북도, 강원도, 경상북도는 30% 미만에 불과하다. 전국 평균 재정자립도가 48.7%인데 나머지 51.3%는 중앙정부가 지방자치단체에 이전한 금액이다.

이렇게 지방자치단체 간 재정 격차가 큰 상황에서 재정 분권을 실시한다면, 그 결과는 지방자치단체 간 부익부 빈익빈을 초래할 뿐이다. 기초자치단체 간에도 격차가 심하고, 광역자치단체 간에도 심하다. 그래서 지방분권의 실현에 있어 중앙정부의 권한을 넘겨받을 지방의 '공간적 범위'가 중요하므로 '격차가 크지 않은' 공간적 단위를 고민해야 한다.

국토도시계획학자들은 수도권과 어깨를 나란히 할 수 있는 '지방의 대도시권'을 키우는 전략을 국토의 균형적 발전이자 지방분권의 방략으로 주장한다. 마경래 중앙대 교수는 『지방분권이 지방을 망친다』에서, 김근영 강남대 교수는 『지방분권 국가로 가는 길』에서 광역행정체계를 경쟁력 있게 개편하여 지방분권을 실현하자고 주장한다.

두 교수의 주장은 2007년 제17대 대통령 선거에 출마한 자유선진당 이회창 총재의 '강소국 연방제'와 큰 맥락에서 동일한 전략을 제시하고 있다. 강소국 연방제는 현실적인 지방분권 전략이며 기존의 전략과 차별화하는 전략이라고 생각된다.

3. 강소국 연방제

1) 대도시 권역 분권과 강소국

대전충청·광주전라·대구경북·부산울산경남 초광역권화

강소국 연방제는 기존 행정구역을 대도시와 중소도시, 그리고 농촌 지역을 포함하는 500만~1,000만 명 인구와 산업 관리 능력을 갖춘 대도시 권역으로 개편하는 것을 전제로 한다. 중앙정부가 권한을 기초자치단체가 아닌 광역자치단체를 통합한 초광역자치단체로 넘기는 것을 말하는데, 현행 17개 광역시·도를 서울특별시, 인천광역시, 경기도를 제외한 비수도권을 대전·충남·충북권, 부산·울산·경남권, 대구·경북권, 광주·전남·전북권, 강원권, 제주권으로 통합하는 것이다. 초광역자치단체는 대도시, 중소도시, 농어촌 각각을 압축하고 광역적 시각에서 도시 간 연계 전략을 자율적으로 세울 수 있게 하고, 기초자치단체 스스로의 필요에 따라 자율적으로 통합하도록 유도한다. 쇠퇴해 가는 지방도시를 살리기 위해 경제와 산업을 살리고, 변화된 시대에 맞는 일자리를 만드는 현실에서 출발해야 한다.

2020년 12월 기준으로 대전충청권은 550만 명, 광주전라권은 510만 명, 대구경북권은 505만 명, 부산울산경남권은 785만 명의 초광역자치단체로 탈바꿈한다. 강원도는 적정한 인구 규모에 미달하지만, 제주특별자치도나 세종특별자치시처럼 특별법을 제정해 존치하도록 하면 된다. 그러면 초광역자치단체는 하나의 국가(state)로서 주정부라고 부를 수 있다.

현 지방행정시스템은 조선 태종 때 정해진 8도 체제와 부·목·군·현 체제를 계승한 시스템이다. 하지만 교통과 정보기술이 비약적으로 발전된 21세기에는 현재의 행정구역을 넘어서는 초광역 자치단체를 중심으로 한 새로운 행정 시스템이 필요하다.

2) 연방제는 보충성의 원리에 부합

연방정부는 국방·외교·거시경제 분야

연방제는 중앙정부와 지방정부간의 권력분립을 보장하고, 서로 독립적으로 자신의 관할 영역에서 최종적인 결정을 내리는 국가 형태이다.[48] 부분을 대표하는 지방정부의 자율성과 다양성을 보장하면서 전체를 대표하는 중앙정부가 전체의 통일성을 보장하려는 체제라고 할 수 있다. 이는 중앙정부에서 지방정부로 내려오는 위계적 수직적 관계에 있는 것이 아니라, 수평적 행렬적 관계에 있는 것이다.

지금까지의 지방분권은 '권한은 중앙에 있고, 그 권한의 일부를 지방에 나누어 준다'는 식으로 이해했는데, 이제는 '본래 권한은 지방에 있고, 필요에 따라 그 권한의 일부를 중앙에 위임한다'는 식으로 의미를 바꾸어야 한다. 주권은 국민에게 있고 모든 권력은 국민으로부터 나온다. 모든 권력의 행사는 물론, 전체와 부분 간의 배분에 있어 보충성의 원리에 입각해야 한다. 국민이 주권의 일부를 자기의 필요에 따라 지방정부에 위임하고, 지방정부는 위임받은 권한의 일부를 자기의 필요에 따라 중앙정부에 위임하는 것이 민주주의에 부합한다.

현행 대한민국의 행정체계가 보충성의 원리를 담고 있지도 않고 적용하지도 않지만, 연방제는 보충성의 원리를 바탕으로 권력분점과 권력이양을 이룬다. 연방정부는 보충성의 원리에 따라 외부효과가 크고 일반이익의 성격이 강한 문제를 제외한 모든 문제를 지방정부에 이양하는 분권화된 국가를 지향해야 한다. 연방정부는 국방, 외교, 거시경제 관리, 지역 계층 간의 격차해소를 위한 재분배, 교육·복지·환경에서 전국적 표준의 설정, 전 국토의 관리 등을 담당한다.

지방정부는 산업·일자리·교통 분야

반면에 지방정부는 외부효과가 적고 일반이익과 직결되지 않는 문제를 다룬다. 경제 성장과 관련된 산업과 고용, 교통과 도시계획, 상하수도 등 물관리와 재난관리, 쓰레기와 폐자원 관리 등을 담당한다. 지방정부도 입법권과 과세권, 인사권, 행정권은 독자적으로 행사할 수 있어야 한다.

이런 방향은 한국 행정체계가 가진 '중앙에서 지방으로'가 아니라, '지방에서 중앙으로'의 근본적 발상의 전환이다. 그동안 중앙집권의 비민주성과 비효율성을 극복할 수 있을 뿐만 아니라, 나아가 다양성과 창의성 그리고 자발성이 존중되는 불확실성의 시대에 대처할 수 있다.

강소국 연방제는 최고의 투자환경과 행정서비스를 제공함으로써 기업 유치와 산·학·관 협력을 통해 지역의 경쟁력을 끌어올리고, 중앙정부에 의존하던 지방 경제를 자립·자생형 경제로 탈바꿈하여 해외 여러 나라들과 직접 경쟁하고 교류하며, 지역 간 경제 격차를 줄이는 동시에 지역감정을 해소하여 지역간 협력의 시대를 열 수 있다. 지방정부가 하나의 국가(state)로서 자리매김함으로써 수도권 집중화와 낙후된 지방경제를 극복할 수 있다. 현재 대한민국이 안고 있는 중앙집권형 정치경제체제의 폐해를 극복할 수 있는 유용한 대안이다.

3) 연방제는 선진국형 미래형

미국·독일 등은 연방국가

강소국 연방제가 지방분권의 바람직한 모형인 이유는 선진국형이자 미래형이라는 점이다. 오늘날 지방자치 선진국들은 여러 개의 대도시권을 형성하고, 각 대도시권 지방정부가 대도시와 중소도시 그리고 농어촌을 하나의 광역자치단체로 결합해 도농복합 행정을 펼치고 있다. 대도시권 규모도 인구 측면에서 규모의 경제를 이루고 있다.

미국은 총인구 3억 3,000만 명으로 워싱턴 DC를 제외한 50개주로 구성되어있으며 주정부는 도농복합정부이다. 주정부 평균 600만 명 이상이 살고, 전체 70%인 32개 주 인구가 모두 250만 명 이상이다.[49]

영국은 잉글랜드와 스코틀랜드, 웨일즈, 북아일랜드 등 4개 국가의 연합체다. 잉글랜드(5,530만 명)를 구성하는 9개 지역과 스코틀랜드(540만 명), 웨일즈(310만 명)가 인구수 250만 명을 초과하고, 북아일랜드만 인구 190만 명 수준이다. 독일은 베를린, 함부르크, 브레멘 주를 제외한 13개 연방주가 도농복합정부이고, 16개 자치주의 평균 인구가 520만 명이다.

프랑스는 총인구 6,700만 명으로 2014년 5개 해외 식민지를 제외한 22개의 지역 정부를 통합해 2016년 1월 13개의 지방정부로 개편하는 법률을 통과시키고, 그 해 9월 국가위원회 심의를 거쳐 최종 확정하였다. 이로써 중앙집권의 특성이 강했던 프랑스가 균형적인 지방분권 국가로 변신했다.

지방분권의 전통이 강했던 일본도 47개 도도부현都道府縣을 9~13개 도주道州로 개편하는 방안을 논의하고 있다. 일본의 행정구역 중 유일한 도道인 홋카이도는 그대로 두고, 다른 지역만 복수의 도都·부·현을 묶어 주州로 통합한 뒤 고도의 자치권을 부여해 중앙집권을 완화하고 지방분권을 촉진한다는 것이다.

이들 선진국들의 광역지방정부는 광역 도시계획과 인프라 건설, 대도시권 주택계획과 토지개발, 광역교통, 환경과 에너지, 상하수도 관리와 쓰레기 처리, 경제사회개발과 삶의 질 관리 등 광역 문제를 처리하고 있다. 내부적으로는 기초지방정부간 협력과 조정을 통해 기초지방정부의 요구를 종합하고 국가에 대해서는 지역의 종합된 의견을 정책으로 관철시키는 기능을 수행하고 있다.

남북 통일 후 유력한 대안

앞으로 남북한 통일을 가정할 때, 이 방안은 북한의 행정체계까지 재편할 수 있다. 평양, 남포 그리고 평안남도를 통합한 평남권은 인구 800만 명, 평안북도와 자강도를 통합한 평북권은 400만 명, 황해남도와 황해북도를 통합한 황해도는 440만 명, 라선특별시, 함경남도와 함경북도, 양강도를 통합한 함경도는 630만 명, 인구 148만 명의 강원도의 우리의 강원도와 통합하면 300만 명으로 규모의 경제를 가질 수 있다. 강소국 연방제는 미래의 통일을 대비하는 좋은 대안이 될 수 있다.

제2부 한국인의 세계관과 지식 습득 방식

오늘날 한국인의 사고방식은 조선시대 양반의 사고방식과 닮았다. 양반이 과거 급제를 성공으로 보듯이 우리도 시험 합격을 성공으로 본다. 또한 우리의 의식과 태도는 조선 양반이 가졌던 성리학적 세계관과 유사하다. 의리를 중시하고 자기중심적이며 도덕을 앞세운다. 인간관계의 친소가 판단의 기준이고, 자기 패밀리의 이익이 공동체의 이익에 우선한다. 객관적인 상황 인식보다 자신의 희망사항으로 실체를 분석하고, 진영 논리에 갇혀 세상을 바라본다.

오늘날 지식의 습득 방식도 조선시대 과거를 준비하던 방식 그대로이다. 기존 지식을 배우고 익혀 시험을 잘 치르면 끝이다. 새로운 외국 문물은 빨리 도입해 따라잡기에 급급하다. 근대 문물이 들어온 지 100년이 훨씬 지났지만 근대를 일으킨 과학과 과학방법론은 우리 배움의 세계에서 겉돌고 있고, 새로운 지식을 생산하는 이들은 사회의 비주류로 대우받고 있다.

자기중심적인 성리학적 세계관을 극복하고, 과학적인 방법론으로 새로운 지식을 만드는 사회로 나아가야 한다. 새로운 지식을 생산하는 이들이 사회적으로 대접받을 때 대한민국이 진정한 선진국이 될 수 있다.

제5장

한국인의 세계관

조선 사회에 내면화되었던 성리학적 세계관이 여전히 위력을 발휘하며 한국인들의 의식 세계를 지배하고 있다. 수신제가치국평천하를 지향하는 성리학은 근원적으로 자기중심적인 학문이며, 자연법칙과 무관함에도 불구하고 자연법칙과 가치규범을 동일시하는 한계를 가지고 있다. 이 자기중심적 학문은 주관주의의 일종으로, 의리를 동력으로 삼아 자기 패밀리의 이익이 공동체의 이익에 우선하는 정신적 유산을 남겼다.

한국인들은 객관적인 상황 인식보다 자신의 희망사항으로 실체를 분석하고, 적과 동지라는 이분법적 논리에 갇혀 세상을 바라보게 되었다. 특히 자기중심적 학문의 영향으로 정치를, 시비·선악의 기준으로 바라봄에 따라 반대 진영을 악마화하고 이견을 제시하는 상대방을 혐오하여 한국 사회를 극한 갈등으로 치닫게 하고 있다. 한편, 국가간섭주의는 대형 사고마다 정부 탓을 하도록 유도하는 동시에 정부 개입을 정당화시키고 있다.

1. 수직사회 조선의 성립

인의 앞세운 군벌이 수직사회 만들어

인류사에서 '인의仁義'로 무장한 폭력집단이 지배하지 않은 적이 없었다. 이들이 땅을 배타적으로 점유하고, 그 땅에 살고 있는 백성들을 지배하고 주인으로 행세했다. 초한지에 등장하는 한고조 유방과 항우가 그랬고, 삼국지의 조조 손권 유비도 그러했다. 고려의 왕건도, 조선의 이성계도 다르지 않았다. 중국이든 한국이든 어느 시대나 장소를 막론하고 폭력집단은 특정 지역에 정착해 다른 폭력집단을 제거하고 폭력을 독점했으며, 외부의 다른 폭력집단으로부터 그 지역을 방어했다.

그 폭력집단의 우두머리는 왕이 되고, 왕에게 협력하거나 추종했던 이들은 지배계급이나 귀족이 되었으며, 이들 폭력집단에 저항하는 자들을 노비나 노예로 삼았다. 귀족과 일반 백성 사이에 전문가, 기술자 등을 포괄하는 중인계급을 두어 4단계 피라미드형 신분제도를 형성했다. 점령한 땅을 비롯해 땅에 존재하는 사람과 자원 등 모든 것은 원칙적으로 왕의 소유였다. 폭력집단은 백성들을 착취하는 정주형定住型 도적에 가까웠지만, 강도짓을 일삼는 유랑형流浪型 도적은 아니었다. 세금을 낮추고 국방과 치안 등 공공재를 공급했으며 나름대로 위민爲民 정책을 펼쳤다.

고대 국가는 씨족적 부족적 이해관계를 벗어났지만, 군벌軍閥로부터 성립해 정복 국가적 성격이 강했다. 강할 때는 부를 확장하기 위해 정복에 나서고, 약할 때는 다른 나라의 침략을 방어하는 등 무력을 바탕으로 지배체제를 구축했다. 중세에 들어서는 기독교, 이슬람교, 성리학 등 절대주의 이념이 뿌리를 내리면서 하늘에서 지상에 이르기까지 통용되는 보편적인 질서이자 도덕적 지배체제가 확립되었다. 왕은 처음에는 자신의 친족이나 공신들에게 땅을 나눠주고, 나중에는 과거로 선발된 관료들을 파견하여 통치했다. 특정 지역을 다스릴 때, 거주민들을 계급과 신분에 따라 그 가족 및 친족이 하는 일을 나누고 사는 곳을 달리했으며, 남성 연장자에게 가부장 자격을 부여하여 가족 및 친족들의 이해를 대변하고 통솔하게 했다. 이로써 상제上帝에서 왕, 귀족, 중인, 평민, 노비로 내려오는 수직사회가 성립되었다.

양반 관료와 성리학이 조선을 뒷받침

특히 조선이란 수직사회의 지배 계층은 양반이었고, 기본 이념은 성리학이었다. 강력한 군벌이 수립한 조선 사회는 집단으로는 사대부 관료들이, 학문적으로는 성리학이 뒷받침했다. 성리학을 배운 양반 사대부가 과거를 통해 관료가 되어 조선을 운영했다. 왕은 과거제를 이용해 관료제적 권력 기반을 마련하고, 가난한 서생일지라도 시험에 붙어 단번에 권력과 부, 명예를 손에 넣을 수 있도록 했다.

사회윤리로는 충과 효가 가장 중요시되었다. 충은 왕에 대한 무조건적 헌신을, 효는 가부장에 대한 맹목적 복종을 의미했다. 충효사상은 상하 신분질서의 지배·복종 관계를 유지하는 기반을 제공했다. 조선 세종 때부터 『삼강행실도』와 『효행록』 등을 간행해 모든 백성들에게 충과 효를 내면화시키는 데 주력했다.

수직사회, 체제 안정이 위민보다 우선

조선은 수직사회였다. 수직사회의 1차적인 목표는 체제 안정이다. 왕으로부터 백성에 이르는 수직적 질서를 유지하는 것이 왕의 권력을 유지하는 핵심이다. 지배집단의 안위와도 직결된다. 노비가 주인을, 아내가 남편을 해치거나 자식이 부모에게 패륜을 저지르는 강상죄綱常罪는 반역죄에 버금가도록 무겁게 처벌했다. 반면에 수평사회는 일반 백성의 안위와 행복이 최우선 관심사이다.

보통 체제에 대한 위협은 안팎에서 오는데, 수직사회는 둘 다 통제하려고 한다. 내적으로 통일성을 가지고 체제를 유지하려고 하고, 외적으로는 배타적이고 폐쇄적인 방법으로 체제를 보호하려고 한다. 수직적 질서가 통용되는 조선 사회는 위에서 아래로 내려가는 획일성이 존재하고, 다양성이 용납되지 않았다.

내적 통일성과 외적 배타성이 특징

조선 사회는 내부적으로 충효를 바탕으로 한 수직적 질서, 상명하복의 질서를 유지했다. 왕-양반-중인-상민-노비로 이어지는 신분제도와 사·농·공·상의 분업제도를 바탕으로 인적 물적 질서를 강제하고 삼강오륜의 사회윤리를 의식화시켰다.

성리학에 투철한 양반들은 객관적인 치인에 앞서 주관적인 수기를 내세우고, 수기가 되면 치인이 저절로 뒤따른다는 사고가 내면화되어 있었다. 지식인의 순정성과 도덕 정치의 구현에 매몰된 이들은 현실보다 이론에 집착하고 백성의 권리보다 자신들의 권력 유지에 앞장섰다. 백성들의 권리와 복지를 어떻게 잘 보장해줄 것인가, 위민 정치를 어떻게 구현할 것인가에 대해 관심이 소홀했다.

외부에서 봤을 때는 수직사회는 외부에 대해 배타적이었고 폐쇄적이었다. 조선사회를 지배했던 성리학은 불교와 도교는 물론, 유학 계열인 양명학에 대해서도 비판적이었고, 외래문화도 배척의 대상으로 치부했다. 천주교는 학문적 차원을 넘어 국가 차원에서 탄압의 대상이 되었고 조선 후기에 쇄국을 고집하다 망국의 길을 걸었다.

횡橫은 무질서와 탈법의 상징

조선 사회는 수직적 질서가 지배적인 사회였다. 위·아래의 상하관계를 따졌고, 그 질서에 위반하는 행위에 대해 부정적인 의미를 덧씌웠다. 대표적인 게 가로 또는 수평을 의미하는 횡橫 자가 그렇다. 무질서, 탈법, 반역의 의미를 전제하고 있다. 마구 포악하게 구는 것을 橫暴(횡포), 도리에 맞지도 않는 말을 제멋대로 지껄이는 것을 橫說竪說(횡설수설), 자기도 모르게 뜻밖에 닥쳐오는 재앙을 橫厄(횡액), 자기 수중에 있으나 타인의 소유인 재산을 사사로이 사용하는 것을 橫領(횡령), 갑자기 죽는 것을 橫死(횡사), 갑자기 재물을 손에 쥐는 것을 橫財(횡재)라고 한다. 또 橫行(횡행)이라면 게처럼 '옆으로 걷는다'는 뜻으로 본디 들을 거니는 사람이 논둑이나 밭둑을 무시하고 마구 논밭으로 걷는 것을 뜻했다. 그것 역시 질서를 지키지 않는, 도리에 어긋나는 행위이다. 조선사회에서 횡은 무질서이자 탈법이었다.

조선의 정치·외교 : 무약과 폐쇄성

조선은 과거제를 바탕으로 관료 중심의 문관 지배구조를 구축했다. 고려말 대표적 군벌이었던 이성계가 1388년 위화도 회군을 한 뒤 정권을 잡고 조선을 개국한 탓인지, 군부의 권력 장악을 두려워했고 문치주의가 조선 500년을 압도했다. 건국 1세기가 지나면서 무관들이 점점 고위직에 오를 기회가 배제되었다. 단호한 군사행동이 필요할 때조차 공맹孔孟의 말을 빌린 비호전적인 주장이 우위를 점했고, 임진왜란 때처럼 국방에서는 외세에 대한 의타심이 높았다.

고려 말 최무선이 화약 제조 기술을 개발하고 화통도감이란 기관을 설립하는 등 군사기술분야에 발전을 이루었지만, 임진왜란 때 조선에 소총이 없었다는 점이 결정적 패인으로 드러날 때까지는 화약 제조기술은 오직 대포용으로만 활용되고 소총으로 활용되지 않았다. 그 후 조선은 망할 때까지 소총용 화약은 엉성하게 개발된 채 큰 진전을 보지 못했다.

조선의 무약武弱과 문치주의 경향은 임진왜란과 병자호란에서 극명하게 드러났다. 1592년 일본 침략군은 부산에 상륙한 지 3주 만에 한양을 함락했고, 1636년 청나라 군대는 1개월 만에 인조의 무릎을 꿇렸다. 그럼에도 불구하고 조선은 적절한 규모의 군사력을 육성하지 않았다. 조선은 외교 관계를 개방하고 군사력을 키우는 방향이 아니라, 중국 외의 나라와는 교류를 단절하고 일본과의 접촉을 최소한으로 줄이는 방향으로 나아갔다.

17세기 중엽 네덜란드 인 하멜의 표류기에도 등장한다. 당시 조선이 세계를 인식하는 수준이 매우 낮았는데, 지구상에 12개의 왕국밖에 없다고 알고 있었다. 이들 나라들은 모두 중국 청나라의 지배를 받고 있고 공물을 청나라에 바치고 있다고 믿을 정도로 시각이 협소했다.

하멜 일행에 대한 조선과 일본의 차이에서 조선의 대외관계를 잘 알 수 있다. 하멜 일행이 14년간 조선에 머물렀는데, 조선은 당시 세계 경제의 중심이었던 네덜란드나 격변하던 세계에 대한 관심도 없었고 그들이 가진 첨단 지식이나 기술을 전혀 얻어내지 못했다. 단지 생김새가 달라 구경거리로만 취급했을 뿐이었다. 반면에 일본은 조선을 탈출한 그들에게 호의를 베풀고 체계적으로 질문을 던져 모든 정보를 얻어냈다. 난파된 지점, 배의 대포 수, 배의 적하물, 서울로 압송된 연유 등 기본적인 사항들에 대해 묻고, 더 나아가서 조선의 산물, 군사 장비, 군함, 종교, 인삼 등 세세한 정보들까지 두루 수집하였다. 일본은 단 하루 만에 모조리 파악했다고 한다. 조선은 거의 문을 닫았고 세상이 돌아가는 것에 완전히 무지했다.

19세기 말에 이르러 조선은 국고가 파탄나면서 외국의 위협에 대처할 능력을 상실했다. 1907년 7월 31일 밤 대한제국 군대가 해산당했을 때 병력은 고작 6,000명에 지나지 않았고 그마저 오합지졸이었다. 외국 열강의 위협 앞에 1,200만 명의 인구를 가진 나라치고는 너무나도 작았다. 조선 사회는 군부의 권력 장악을 저지하고 체제를 유지하는 데 성공했을지 모르지만, 큰 외침이 생길 때마다 백성의 삶은 고단했고 종국에는 나라를 잃었다.

바다와 섬 포기… 쇄국, 자폐의 길로

조선은 반정부 활동을 전개하거나 정부의 통제를 벗어나는 해상세력의 성장을 막기 위해 섬 거주민들을 본토로 이주시키는 공도空島 정책을 1417년 태종 때부터 1882년 고종 때까지 실시했다. 섬은 왕의 지배가 미치는 통치의 대상이 아니었고, 행정 편제에서도 배제되었다. 백성들이 섬에 들어간다면 그것은 왕의 통치권에서 벗어남과 동시에 세금을 내지 않는다는 것을 의미했다.

명나라는 명의 지배에 저항하는 해상세력에 일대 타격을 가하기 위해 일체의 해양활동을 금지하는 해금海禁 정책을 폈다. 바다를 폐쇄하고 육로라는 제한적인 통로를 통해 주변 국가와 조공관계를 맺음으로써 대내적 안정을 추구하고 대외적 패권주의를 관철하려는 목적으로 전개되었으며, 그에 따라 국제 해상무역이 위축되었다.

조선도 명의 정책을 이어받아 바다와 섬을 포기하고 육지 방어를 위주로 하는 공도정책과 해금정책을 전개했다. 육지를 통해서 명에 사신을 보내 대국을 섬기며 중화문화의 아류임을 자처하고, 해양 저편에 있는 사람들은 야만시했다. 이로써 조선은 문화적으로는 자폐주의에 빠져들었고 정책적으로는 쇄국주의를 표방하였다. 조선은 통제하기 힘든 해양의 불안정성이 두려워 해양을 통해 얻을 수 있는 문화의 다양성을 거부하고, 백성들을 철저히 통제하는 획일적 안정성만을 추구했다.

상공업과 무역 통제, 과학을 천시

농업을 중시했던 조선은 수공업자 공工을 관가의 노비나 다름없이 대우했다. 상商은 육의전과 시전만 허용했으며 무허가 난전 상인들은 박해했다. 1791년 시전상인의 금난전권을 폐지했으나, 육의전의 금난전권은 1894년 갑오개혁까지 유지되었다. 조선 후기에 거상 임상옥, 김만덕이 역사 기록에 남은 이유는 굶주린 백성이나 수재민을 대상으로 구휼을 잘했다는 덕을 칭송할 뿐, 부와 상인을 높이 평가한 것은 아니었다.

수직사회에서는 전제 군주가 근본적으로 상업 무역 대금업 등을 통제하려고 했다. 무역과 상업으로 부를 쌓은 세력이 왕의 권력을 위협하는 세력으로 성장할 수 있기 때문이다. 중앙권력이 강할 때, 상인의 발흥을 용납하지 않았다. 조선만 하더라도 지방에 왕권에 도전할 만한 세력을 허용하지 않았고, 상인은 권력의 울타리 내에서만 생존할 수 있었다.

성리학이 지배하는 조선은 과학이 발전할 수 없는 토양을 가지고 있었다. 성리학자들은 도덕학과 자연학을 분리하지 않았고, 도덕학을 알면 자연학은 자연히 알아지는 것으로 이해했다. 자연에 대한 객관적인 인식이 불가능했다. 조선 후기 실학자들도 성리학적 전통 안에 머무르고 있었기 때문에, 과학이 발전했을 것이라고 기대하는 것은 애초에 불가능한 일이었다,

2. 조선의 사림과 성리학

16세기 사림들 '소학'과 함께 등장

성리학은 고려 말 안향, 이제현 등 신흥사대부에 의해 수용되어 성균관과 지방 향교를 통해 보급되었다.[50] 신흥사대부들이 조선의 건국 과정에서 양분되어 한 세력은 정도전 권근 하륜처럼 집권세력으로 중앙 관료로 활약했고, 다른 한 세력은 정몽주처럼 순절하거나 길재, 원천석처럼 낙향했다.

중앙 관료들은 성리학을 국가 통치이념으로 삼아 15세기 후반까지 왕조의 문물제도를 정비했다. 이성계의 무력에 기반한 조선이란 국가에 그들의 학문과 사상을 채워 수직적 질서를 완성하였고, 충효를 근간으로 삼강오륜을 사

회윤리로 정립했다. 세종 때 대마도를 정벌하고 전분6등법과 연분9등법을 제정하는 등 고려의 멸망 원인이었던 국방 문제와 조세 문제를 해결하며 경세치용과 부국강병에 힘썼다.

김종직을 필두로 한 사림파들은 성종 때 중앙 정계에 진출하기 시작했다. 이들은 절의와 명분을 중시하여 여말의 왕조 교체기에는 낙향하였고, 세조의 왕위 찬탈을 불의로 간주하는 공통의 정치적 학문적 경향을 갖고 있었다. 사림파들은 중소 지주 계층으로, 탄탄한 사회 경제적 기반과 성리학적 소양을 발판으로 향촌사회의 지배 기반을 구축해 갔다.

정몽주→길재→김숙자→김종직→김굉필로 이어지는 사림파들의 특징은 『소학小學』을 학문과 처신의 기본으로 삼았다는 점이다. 소학은 주자와 그의 제자 유청지가 교육이상을 실현하기 위해 여러 유교 경전에서 뽑아 편찬한 유학 입문서이다. 15세기 초부터 관학에 의해 공급되어 효과를 거두지 못했지만, 사림파는 자발적으로 소학 교육을 주도하여 실천운동으로까지 발전시켰다. 그 결과 소학은 자신의 도덕적 완성을 목표로 하는 위기지학爲己之學의 기본교재가 되었고, 사림파와 훈구파를 구별하는 기준이 되었다. 위기지학은 자기 자신의 인격 수양을 위한 학문, 즉 어떻게 해야 성인聖人(도덕적으로 완성된 인간)이 될 것인가를 고민하고 자신의 도덕적 자아를 완성시켜 가는 학문을 말한다. 위인지학爲人之學은 남에게 자신을 드러내기 위한 학문, 즉 다른 사람의 평가나 입신양명을 위해 힘쓰는 과거공부를 의미했다. 사림파 학자들은 훈구파 관료들을 '위인지학을 하는 자'라고 비판하며 위기지학을 주장했다.

사림파는 연산군과 중종, 명종 대에 현실 정치에서 4대 사화를 겪는 등 훈구파와 첨예한 갈등을 빚으며 세력 기반을 넓혀 나갔다. 선조 대에 마침내 정국의 주도권을 잡았고, 이후 내부 분열로 동서로 분당하면서 조선 말기까지 권력을 쥐고 조선사회를 지배했다.

성리학, 사고·행동·관계를 강제해

조선의 국가 통치이념이었던 성리학이 가치규범으로 일상생활에 뿌리내리기까지는 오랜 시간이 걸렸다. 15세기 성리학이 관학 교육의 기본 내용으로 확립되면서 정치체제의 정비와 관련된 경세적 측면이 강조되었고, 성리학의 중심 개념인 이기론理氣論은 지식인의 보편적인 인식 준거로 자리 잡았다. 16세기 후반 성리학에 대한 이론 탐구가 본격적으로 진행되면서, 오상五常과 사단칠정四端七情을 포괄하는 인간의 성정性情을 이기론으로 해명하는 것이 중요한 과제로 등장했다. 조선 성리학은 심성론心性論, 특히 사단칠정의 문제를 해명하는 과정에서 이론이 더욱 정치해졌고, 조선 특유의 이론체계를 확립했다.

성리학은 논리적인 사유체계일 뿐만 아니라 사람들의 사고와 행동을 규제하고 이끄는 역할을 하였다. 유교적 윤리도덕과 명분론적 사회질서가 자연적이고 보편적임을 이론적으로 설명하고 그러한 사회질서를 지키고 그에 맞는 인간을 양성하는 것이 궁극적 목표였다.

성리학적 질서의 특징들 가운데 하나는 인간 상호관계를 규정하고 그 관계에 질서를 부여한 점이다. 삼강오륜三綱五倫이 제시하는 군주와 신하, 부모와 자식, 남편과 아내, 연장자와 연소자, 친구 사이의 관계뿐만 아니라 정처와 첩, 적자와 서얼, 양반과 상민, 지주와 소작농 등 사회의 모든 관계를 규정했다. 각 관계에는 질서가 있고 예로써 그 관계를 드러냈다.

또 다른 하나는 가치관의 확산과 행위규범의 실천으로 생활과 풍속을 변화시켰을 뿐만 아니라 국가의 법과 형률로 백성들의 사고와 행동을 통제하고 강제했다는 점이다. 양반층은 향촌사회에서 성리학적 질서를 유지하면서 유교문화를 보급했으며, 그들의 계급적 이해가 반영된 국가 권력에 의존해 그 문화를 확산시켰다. 개인적 차원에서의 도덕규범이나 사회규범을, 때로는 법으로 명확하게 규정하기도 하였다. 예를 들어 『경국대전』 형전의 고존장告尊長에는 자손·처첩·노비가 부모나 가장의 비행을 고발하면 모반 이외에는 고발한 자를 교수형에 처하도록 하였다.

리理, 사회규범과 자연법칙에도 통용

성리학의 이기理氣 개념은 원리 법칙을 의미하는 리理와 질료 에너지를 의미하는 기氣가 한 쌍으로 이루어진 개념이다. 오늘날 개념으로 풀이하면 리는 원리 진리 윤리 법리 논리 심리 생리 물리 등 모든 법칙을 총칭하는 것이었다. 물질적인 법칙이든 인간 내면의 법칙이든 하나의 '리'가 보편적이고 일관되게 적용되었다. 기는 천지만물을 구성하는 물질적 재료이자 에너지이다. 리가 형이상학적 원리라면 기는 형이하학적 재료이다.

주희는 "천지 만물은 반드시 그렇게 되는 까닭(所以然之故)과 마땅히 그래야하는 준칙(所當然之則)을 갖고 있으며 이것이 이른바 리理다"[5.]라고 했다. 리 개념이 존재론적인 필연 법칙과 가치론적인 당위 규범의 의미를 동시에 가진다는 것이다. 이는 존재론적인 법칙과 가치론적인 규범을 분리한 서구의 근대적 자연관이 수용되기 전까지 성리학자들을 비롯한 동아시아인의 일반적인 사유방식이었다[51]. 이기론 탐구에는 인간의 사회적 삶을 규정하는 가치관과 규범의 정당성을 확보하려는 의도가 들어 있었다. 퇴계 이황도 리를 존재론적 법칙성과 가치론적 규범성을 결합했다. 이황은 기대승이 소당연을 현상事, 소이연을 법칙理으로 구분한 견해를 비판하고, 소이연과 소당연은 리 안에서 일치하는 것이라[52]고 주장했다.

인간 사회의 가치규범을 자명한 자연법칙으로부터 도출하고, 그 규범을 자연법칙으로 정당화하려고 했다. 임금이 백성을 사랑하고 자식이 부모에게 효도하는 것은 필연적으로 그런 것이고 당위적으로도 그래야만 했다. 하지만 가치론적 규범이 자연법칙과는 달리 현실 상황에서 어긋날 경우가 많다. 이런 경우 양자가 일치하도록 끊임없이 노력해야 한다고 결론을 맺는다.

율곡 이이도 소이연과 소당연이 리의 속성이라고 강조했고 체體와 용用이라는 개념을 사용하여 리의 속성을 설명했다. 리에 모든 이치가 갖추어져 있

---

5. 『大學或問』 권1 "天下之物, 則必各有所以然之故, 與所當然之則, 所謂理也"

는 상태의 본체體가 소이연이고, 이것이 실제 현실에 드러나는 작용用을 소당연이라는 것이다.

성리학자들을 분류할 때 편의상 주리론자, 주기론자로 분류하지만, 리 중심의 흐름은 조선 500년 동안 유지된다. 주기론자라 해도 리보다는 기가 더 중요하다고 주장한 것이 아니다. 다만 주리파에 비해 주기파가 상대적으로 기의 역할을 중시했다는 것뿐이다. 주리론이든 주기론이든 리의 중요성을 강조하고 나아가 리를 절대시한 것이 조선시대 이기론의 전개과정에서 나타나는 일반적인 경향이었다.

의리 존중, 이해는 배격

성리학자들은 그들의 학문을 '의리의 학문(義理之學)'이라 불렀다.[53] 의리義理는 유학이 창안한 용어가 아니다. 『관자管子』, 『여씨춘추呂氏春秋』, 『사기열전史記列傳』 등에도 등장한다. 의리는 간단히 '감정적 연대의식'으로 볼 수 있는데, 관계자들을 심층적으로 연계하고 집단 내부의 공동체성을 강화하는 힘으로 작용한다. 유교는 민간에 전승하는 원시적 의리 정신을 공유하고, 국가를 통치와 사유의 대상으로 삼으면서 특정인이나 특정 집단에 대한 헌신을 넘어 국가 구성원 전체를 대상으로 의리의 관계를 조성하고자 했다.

성리학은 기존의 의리관을 계승하면서도 의리의 개념을 바꾸어 놓는다. 성리학자에게 의리는 자기 본성의 실현이다.[54] 인간 사회에서 은혜와 헌신을 주고받고 인간적 정감이 교차하기 때문에 의리가 발생하는 것이 아니라, 오히려 자기 본성이 있기에 인간 사이에 의리적 행위가 가능하다는 논리로 전환해 버린다.

하지만 착한 심성을 갖추거나 학문적 지식이 많다고 올바른 의리가 실천되는 것은 아니다. 덕이 있더라도 판단과 선택은 마음(心)에 의해 이루어지고 마음은 이해利害와 편견偏見에 물들 수 있기 때문이다. 그래서 의義를 지향하고, 이利를 배제하는 마음의 자세가 필요하다. 퇴계 이황은 한나라 동중서의 '의를 바르게 하고, 이익을 도모하지 않는다'는 말을 원용하여 "의리를 마땅히 추구할 것이지만 이해는 추구할 것이 아니며, 세상의 모든 악이 이익을 추구하는 마음에서 발생한다"고 말했다.[55]

조광조·이이·송시열, 군자소인론[56]으로 붕당을 옹호

조선은 왕정 국가였다. 보통 왕정에서 정치의 중심 주체는 왕이고, 왕의 통치에는 관료집단을 필요로 한다. 관료집단 외에도 왕 주위의 환관, 종실, 외척 등의 집단도 왕과의 접촉을 통해 정치에 영향력을 행사하려고 한다. 조선은 건국 초부터 환관과 종실의 정치 개입을 제도적으로 차단했고, 외척 정치가 명종 때와 조선 후기 순조·헌종·철종 때 득세하기도 했다.

하지만 조선시대 정치의 주체는 왕과 양반 사대부였다. 바로 군신공치君臣共治였다. 성리학은 향촌 지주의 역할을 인정한 토대 위에서 왕권과 관료제가 조화를 이루는 체계를 제시했다.[57] 그래서 사대부들은 스스로 정치의 주체임을 자각하고 있었다. 조선은 관료들 사이에 견제와 균형을 이루어 관료사회의 타락을 방지하는 데 중점을 두었다. 언론을 매우 중시하여 언관들이 고위 관료들을 탄핵할 수 있고 독립적인 인사체계를 제도화하여 고위 관료와 하위 관료가 균형을 이룰 수 있도록 했다.

조선 초기에 붕당에 대한 국왕과 양반 관료들의 인식은 부정적이었다. 사사로운 당파로써 조정을 문란케 하는 요인이라 보았고, 붕당은 극혐의 대상이었다.

그러나 사림들이 정계에 진출하면서 붕당에 대한 인식이 바뀌었다. 중종반정 이후 사림들이 기득권층인 훈구대신들과 갈등을 빚게 되었다. 당시 훈구대신들이 붕당을 구실삼아 조광조 등의 사림들을 공격하자, 조광조는 "군자와 군자는 도를 같이 하여 붕朋을 이룬다"[58]고 하고, "당黨이라는 것은 이익을 도모하는 소인들이 모인 것"[59]이라 하여 군자와 소인을 구분함으로써 자파의 정치집단으로서의 존재를 옹호하였다. 사림파는 군자소인론에 입각하여 훈구대신을 이익에 따라 이합집산하는 소인이라고 인식했다.

선조 초 이준경이 붕당의 폐단이 나라를 혼란하게 할 것이라고 상소하자,

이이가 군자의 당으로서 사림 붕당을 긍정했다.

> 붕당에 관한 설이 어느 시대라고 없었겠습니까만, 그 취지는 다만 군자의 당인지 소인의 당인지를 잘 분별하라는 것일 뿐이었습니다. 참으로 군자라면 천백 인이 한 무리를 짓더라도 많으면 많을수록 더욱 좋은 법이고, 참으로 소인이라면 한 사람이라도 용납해서는 안 되는 데 하물며 붕당을 형성한 것이겠습니까?[60]

사색당쟁, 보복의 정치로 흘러

사림이 집권한 선조 이후, 외척 출신을 조정에 받아들이는 문제에 대한 견해 차이로 인해 사림은 동인, 서인으로 나누어져 붕당이 만들어진다. 이후 붕당론의 주류는 자신의 당을 군자라고 하고 상대의 당을 소인이라고 하는 군자소인론이었다. 이 논의의 핵심은 의리를 정확하게 인식하고 실천하는 이들이 군자이고, 그렇지 못한 이들은 소인이라는 것이다. 따라서 의리를 밝히는 것이 중요한 문제가 되었다.

붕당론에서 군자소인론은 송시열 등 조선 후기 산림山林의 정치적 입장이었고, 조선 후기에 이르기까지 의리와 명분은 정치에서 가장 중요한 것이었다. 벼슬을 하지 않았지만 정치적 영향력을 발휘한 산림들은 의리를 밝히지 않는 타협 조정책에는 비판적이었다. 시비가 밝혀지지 않기 때문에 세상의 도가 무너진다고 여겨 정치는 시비를 분명히 밝히는 일부터 시작해야 한다고 주장했다.

> 모든 일에는 양편으로 나뉘는 것이 있으니, 한쪽이 옳으면 한쪽은 그른 법이다. 옳은 것은 천리天理이고, 그른 것은 인욕人欲이므로 옳은 것은 지켜서 잃지 말며 그른 것은 남김없이 제거해버려야 한다. 이것이 한 몸을 다스리는 법이니, 이를 미루어 나가면 한 가문, 한 고을, 한 지방, 나아가 천하에 이르기까지 시비가 분명해지지 않을 수 없다.[61]

송시열은 시비가 분명해지면 군자와 소인이 분명하게 드러나므로 시비를 밝혀 군자를 등용하고 소인을 물리쳐야 한다고 주장했다. 그의 주장은 옳은 한쪽만이 조정에 남을 수 있는 논리였다. 송시열은 둘로 나뉘어 있던 도학과 정치를 하나로 통합하여 도통의 정신에 명실상부한 도학정치를 회복하자고 했다. 그는 도덕과 권력이 일치해야 한다는 성리학적 정치사상에 충실했다.

그러나 조선의 사색당쟁은 붕당 간에 급격한 정권교체 형식으로 나타났다. 정권이 갈리는 상황에서 정치 보복이 자행되어 심지어 서로 죽이기에 이르렀다. 자신들이 주장하는 의리가 옳고 상대방의 의리는 그르다고 하는 견해가 극단화되었다. 곧 한쪽이 충忠이 되면 다른 한 쪽은 역逆이 되는 논리의 산물이었다. 나중에는 서로 공존을 도모하자는 탕평론이 나타났다.

3. 수직사회 조선의 유산

1) 주관주의와 성리학

'세상이 나를 중심으로 돈다'고 착각

주관주의(Subjectivism)는 주체의 자율성과 능동성을 절대화하고 그럼으로써 대상세계의 객관성과 법칙성을 부분적으로 혹은 전적으로 부정하는 이론적 입장과 실천적 태도를 말한다.[62] 인식과 실천, 판단의 근거를 주관에 두는 주의이며, '세상이 나를 중심으로 돌아가고 있다'고 생각하는 경향을 말한다. '내 생각이 옳으면 다른 사람들도 옳다고 생각할 것이다', '내가 좋으면 다른 사람도 좋아할 것이다'라고 믿는 것도 주관주의의 일종이다. 주관주의자들은 세상이 자기중심으로 돌아가기 때문에 자신이 의지를 갖고 노력만 하면 목표를 달성할 것이라고 본다. 자신이 목표 달성을 위해 규칙rule을 정한 뒤,

자신을 통제하고 그 규칙을 준수하면 목표를 달성할 것이라고 본다. 그래서 '하면 된다' 정신을 남발하기 일쑤다. 하지만 자신의 생각이 틀렸다고 지적을 받거나, 이의가 있다고 반론을 받으면 자신의 생각이 아닌 자기 자신이 무시당했다고 생각해서 분노하거나 상대방에 대한 비난으로 대응하기 쉽다.

반면에 객관주의(Objectivism)는 주관주의와는 반대로 자연 및 사회의 객관적 법칙이 존재함을 인정하고 이것에 기초하여 인간행위를 결정하는 입장이고, 다른 한편으로는 사회발전의 필연성만을 내세워 인간의 의식적인 주체적 실천의 측면을 보지 않는 경향을 가리킨다.[63]

객관주의자들은 주체의 의지와 속성에 관계없이 세상이 다른 방식으로 움직인다고 본다. 어떤 상황에 몰렸을 때 객관주의는 외부 상황이나 객관적 조건에 초점을 두는 반면에, 주관주의는 내부 상황이나 자신의 의지와 조건에 초점을 둔다.

주관주의와 객관주의가 어느 쪽이 맞느냐가 중요한 것이 아니라 통합적으로 바라보고 균형을 가지는 태도가 중요하다. 문제는 성리학의 영향을 받은 한국인들에게는 주관주의 사고가 몸에 배어 있다는 점이다. 정치인 법조인 교수 등 오피니언 리더 상당수가 주관주의 범주에서 벗어나지 못하고, 국민들도 주관주의에 입각한 설득에 쉽게 넘어간다.

주관주의의 연원; 성리학의 자기중심주의

성리학은 자기중심적 세계관을 가진 학문이다. 세상이 나를 중심으로 돌아간다고 본다. 사물을 바라보는 눈은 늘 내부로 향해 있고 외부를 향해서는 소홀하다. 자기 긍정의 학문이어서 긍정적인 부분이 없지 않지만, 외부 세계가 어떻게 작동하는지에 대해 관심도 낮고 객관적인 인식도 부족하다.

이에 대한 단초는 『대학大學』의 「삼강령 팔조목」에서 찾을 수 있다. 삼강령은 명명덕明明德·신민新民·지어지선止於至善을 말하고, 밝은 덕을 밝히는 사회, 백성을 새롭게 하는 사회, 최고의 선에 도달하는 사회를 지향한다는 의미를 갖고 있다. 팔조목은 격물格物·치지致知·성의誠意·정심正心·수신修身·

제가齊家·치국治國·평천하平天下를 말한다. 格物 → 致知 → 誠意 → 正心 → 修身 → 齊家 → 治國 → 平天下를 순서로 읽을 수 있다.

여기서 말하고 싶은 핵심은 팔조목이 자기 자신 '나'를 중심으로 세상을 바라본다는 점이다. 격물, 치지, 성의, 정심이 자기 내부 마음의 영역이고, 모든 중심에는 자기 자신이 있으며, 외부에는 가족이란 작은 동심원과 국가라는 큰 동심원, 그리고 세상이란 제일 큰 동심원이 있다. 삼강령 팔조목에서 개인과 가족, 국가, 세상을 하나로 인식했다는 것을 알 수 있고 이런 관점은 성리학 전반에 걸쳐 관철된다.

주희가 성리학 체계를 세우면서 『예기』에서 『중용』과 『대학』 두 편을 뽑아 사서四書로 독립시켰고, 주희는 『대학』을 수신과 치인의 전범, 학문의 기반이자 이정표라고 여겼다. 그는 평생 『대학』에 전력을 쏟아 48세에 『대학혹문大學或問』을 완성하고 60세에 『대학장구大學章句』를 완성한 뒤에도, 보완을 거듭하여 죽기 3일 전까지 성의장誠意章을 개정했을 정도다.[64] 팔조목은 유교의 수기치인修己治人(자신을 수양한 뒤 다른 사람을 다스린다) 논리구조를 분명하게 제시하고 있다. 격물, 치지, 성의, 정심, 수신이 수기修己와 관련된다면, 제가, 치국, 평천하는 치인治人과 관련된다. 사회 지도자는 먼저 자기 자신을 수양하고 자신의 의무와 책임을 다한 다음에 주변으로 사회로 나아가 다른 사람들을 인도하고 지도해야 한다. 수기에 일차적 관심을 두고 학문하는 것을 '위기지학爲己之學'이라고 하고, 치인에 일차적인 관심을 두고 학문하는 것을 '위인지학爲人之學'이라고 했다.

유학의 목적이 개인적으로 수양을 통해 성인이 되고, 대외적으로 어진 지도자가 되어 천하를 태평하게 하는 것이다. 이를 내성외왕內聖外王 또는 수신제가치국평천하라고 했다. 여기에 성리학은 보다 섬세하고 체계적인 이론을 제공했다. 조선 성리학은 이를 개인과 사회 안에서 실현하는 데 목표를 두었다. 개인적으로는 군자나 성인이 되는 것이고, 사회적으로는 군자와 백성이 적절한 역할분담을 통해 조화를 이루는 성리학적 이상국가를 건설하는 것이다.[65]

2) 의리와 진영논리

전근대일수록 관계 중시, 인맥·뇌물 이용

수직사회에서는 왕과 그를 뒷받침하는 관료들이 국방 조세 등 국가의 주요 의사를 결정하고 부귀와 명예는 이들의 권력으로부터 파생되었다. 그래서 권력을 가진 왕과 자주 알현하느냐, 관료와는 어떤 연줄이 있느냐에 따라 어떤 일의 성패를 결정되었다. 전근대사회일수록 관계를 움직이는 인맥, 뇌물이 중요한 수단으로 작용한다.

한국에서 사람을 만나 관계를 형성하는 방법은 주로 집단을 중심으로 이뤄진다. 출신 학교를 이용한 학연, 출신 지역을 중심으로 한 지연, 혈족 관계를 이용한 혈연을 이용하고, 그것으로 부족해 인맥을 넓히기 위해 각종 모임에 가입한다. 한국 사람이면 최소 한두 개 동창회나 친목 모임, 계 모임을 갖고 있는 게 정상이다. 미국에서도 연고 집단이 없지 않지만, 우리처럼 친목을 목적으로 하면서도 같은 이해관계를 가진 연고 집단에 집착하는 것은 흔하지 않다.

한국은 끼리끼리 집단을 통해 친구를 사귀는데 반해 미국은 개인을 중심으로 인간관계를 맺는다. 그 방법의 하나가 '스몰토크(small talk)'다. 스몰토크는 처음 만나는 사람들이 가볍게 주고받는 대화를 말하는데 어색한 분위기를 깨면서도 서로를 알기 위해 쉽게 질문하고 답한다. 날씨 여행 스포츠 영화 등 가볍게 다룰 수 있는 내용들이다. 많은 사람들이 친해지고 네트워크를 형성하는 방법이다. 그러나 우리는 모르는 사람과는 서로 말을 섞지도 않고, 인사를 나누지도 않는다.

두 사람이 어떤 일을 함께 도모하거나 거래할 때도 다르다. A와 B라는 두 사람이 만나 프로젝트를 한다고 하자. 한국의 경우 A와 B는 서로 누구를 아는지, 고향이 어디이며, 어느 대학을 나왔는지를 따지고 서열 관계를 정한다.

그래야 한배를 탄 패밀리가 되는 것이다. 두 사람이 본래 계획했던 프로젝트를 잘 할 수 있을지를 따지는 것은 후순위가 되기 십상이다. 상대적으로 미국 등은 A와 B 두 사람의 관계 설정보다는 프로젝트에 무게를 둔다.

이런 경향은 초·중·고등학생에게도 내려간다. 한국 학생들은 같은 반이더라도 끼리끼리 그룹으로 친구관계를 맺는다. 친구의 그룹들에 끼지 못하면, 아이들로부터 직접 왕따를 당하는 것은 아니지만, 의도하지 않게 홀로 지내는 '왕따'가 되기 쉽다.

유교 의리 문화가 '진영논리' 유발

동양 사회는 의리를 중시했다. 의리는 상대방에게 받은 배려나 은혜에 대한 보답으로 상대방을 배신하지 않고 헌신하는 것이다. 의리는 특정 집단 내 '감정적 연대의식'으로 발전하면, 집단 구성원들의 결속을 강화하는 힘이 된다. 하지만 그 자체로 다른 문제들을 야기하는 독이 될 수 있다. 주관적인 감정이 지배하여 공공성을 해칠 수 있다. 깊은 유대를 느끼는 이들이 있는 반면에, 소외감과 분노를 느끼는 이들이 있을 수 있기 때문이다.

일찍이 춘추전국시대에 관중이 쓴 『관자』의 「목민牧民」편에서 이를 지적했다.[66]

> 고을을 다스리면서 같은 성씨가 아니라고 차별하지 말라. 그러하면 다른 혈족 출신 사람은 말을 따르지 않는다. 나라를 다스리면서 동향 출신이 아니라고 차별하지 말라. 그러하면 동향 출신이 아닌 사람은 따르지 않는다. 천하를 다스리면서 같은 나라 출신이 아니라고 차별하지 말라. 출신 국가를 차별하면 다른 나라 출신 사람은 따르지 않는다. 하늘과 땅처럼 공평무사하게 할지니, 어찌 사사로움과 편애함이 있을 것인가?

그러나 유교는 원시적인 의리 정신을 공유하면서 특정 집단을 넘어 국가 내에서 구성원 전체를 대상으로 한 의리 관계를 조성하고자 했다. 은혜를 준 사람에게 보답하는 것과 공동체 구성원 누구와도 의리관계에 있다는 것을, 어찌 보면 상반된 입장을 조정해야만 했다. 유교에서 그 조정 작업을 차별적 사랑差別愛의 원리로 풀어냈다. 친소親疏와 현우賢愚의 관계에 따라 사람에 대한 사랑에 차별이 있다고 보았고, 사랑의 무차별성을 주장하는 묵적의 겸애주의를 '부모를 도외시하는 무부無父의 논리'라고 비판했다. 중용에 '친친지쇄親親之殺 존현지등尊賢之等'이라 하여 사랑도 사람의 일이라 똑같을 수 없고, 가까운 사람의 관계를 우선할 수밖에 없으며, 훌륭한 삶을 높일 수밖에 없다고 했다. 나를 중심으로 혈연의 농도, 현우의 등급에 따라 인격적 예우와 사회적 대우를 달리해야 마땅하다고 생각했다.[67]

하지만 현대사회에서 유교의 의리론적 사고방식은 사적 집단 내부의 윤리로만 기능한다. 유교가 국가를 의리의 대상으로 여겨 의리를 정의의 원리로 승화시켰지만, 공감과 연대의식이 초래하는 자의성은 강한 불법성을 내포하고 있다. 공적 사회를 파괴하는 불법적 은혜와 그에 대한 보답은 부정부패로 이어질 뿐이다.

친구 커닝, 고발하느냐, 모른 척하느냐

> 만약 시험장에서 친한 친구가 부정행위를 하는 것을 목격했을 때, 당신은 어떻게 할 것인가?
>
> ① 부정행위를 알린다 ② 친구와의 의리를 생각해 못 본 척한다

질문을 하나 던져 보자. 이 질문에 당신은 친구의 부정행위를 고발할 것인가, 아니면 친구와의 의리를 생각해 못 본 척 할 것인가. 대부분 ②번을 선택할 것이다. 한 번 더 질문을 던져 보자. 친구가 이런 부정행위를 계속 반복하고 있다면 당신은 어떻게 할 것인가, 또 당신이 그 시험장의 공정한 운영을 책임진 사람이라면 어떻게 할 것인가. 이어진 질문에는 ①번을 선택할 가능성이 높아진다. 선진국이 될수록 ①번을 선택한다. 자신들의 사적 관계보다 자신들

이 속한 공동체의 건강성이 우선한다고 보기 때문이다.

조선으로 돌아가 성리학자 송시열의 사례를 살펴보자. 숙종 8년(1682년) 우의정 김석주와 어영대장 김익훈이 남인들을 제거하기 위해 역모조작사건(壬戌告變)을 일으켰다가, 결국 조작으로 밝혀져 처벌받게 되었다. 송시열은 처음에 이 사건의 전모를 듣고 김익훈의 처벌에 찬성하였으나, 후일 김익훈의 가족을 만난 뒤 입장을 번복했다. 숙종을 만난 자리에서 그는 "내 스승 김장생의 손자이므로 처벌할 수 없다"고 답변해 김익훈은 처벌을 면했다. 이 일로 인해 서인에서 소장파들이 빠져나가니 서인이 노론과 소론으로 분당되었다. 도덕과 원칙을 중시했던 송시열조차 자신의 친소관계를 넘어서지 못했다.[68]

> 만약 50명이 사는 마을에 이장을 선거로 뽑는다고 했을 때 두 사람이 출마했다. 당신은 누구를 뽑을 것인가?
>
> ① 능력 있고 도덕적인 사람 ② 나와 친한 사람

또 다른 질문을 던져보자. 이 질문에 마음은 ①번을 향하겠지만, 행동은 ②번을 선택할 가능성이 높다. 개인에게 질문하면 ①번을 선택하는 이들도 많지만, 우리 사회에 나타나는 징표는 ②번에 가깝다. 지역주의가 선거에서 가장 강력한 유인 가운데 하나이기 때문이다.

2019년 8월 조국 민정수석이 법무부장관으로 지명됨으로써 시작되었던 조국사태는 한국 사회에는 진영 논리의 뿌리가 매우 깊다는 것을 보여줬다. 이후 20대 대통령선거에 이르기까지, 언론들은 진영의 정파성을 앞세워 진영 논리를 확대 재생산하고, 시민들은 보고 싶은 것만 보는 확증편향 현상이 심해졌다.

3) 진영논리와 인신공격

비판에 서툴고 비판하면 인신공격

주관주의와 진영논리에 함몰된 사회는 특정관계를 맺고 있는 사람들을 비판하지 못한다. 만약 비판을 하게 된다면 상대방의 논리나 행위를 비판하지 않고 상대방을 비판하는 형식을 취한다. 그래서 인신공격형 형태를 띠고 그로써 건설적인 비판과 소통으로 승화되지 못한다.

한국 사회는 개인대 개인으로 관계를 맺는 게 아니라 먼저 집단을 형성한 다음 그 속에서 개인 대 개인으로 관계를 맺는다. 관계가 형성되면 상명하복의 위계이든, 친목의 상호관계이든 서로 우호적으로 교류하고 집단을 이루어 간다. 만약 대학교수 A가 어느 학회의 공식석상에서 학연으로 얽힌 선배 교수 B를 비판할 수 있을까? B교수의 사전 양해를 구하지 못했다면, B교수와의 관계 단절을 각오해야 한다. 교수 사회에서 두 사람 사이의 합리적 비판과 우호적 관계는 양립하기 어렵다. 물론 일정한 선을 넘지 않는 상황에서 상호 비판이 가능하지만. 두 사람이 선을 넘어서는 건설적인 비판은 불가능하고, 선을 넘어서면 서로 말을 섞지 않고 사사건건 반대하는 앙숙이 되기 마련이다. 그래서 학자 간 소통과 건설적 비판이 부족하다는 것은 어제 오늘이 아니고, 오래전부터 한국 교수 사회의 병폐의 하나로 지적되어 왔다. 정관계 학계 문화계 언론계 등 모든 사회 전역에 적용된다.

그리고 비판을 한다면 어떻게 할까? 논리학에서 심리적 요인이나 잘못된 언어와 자료 사용 등으로 잘못된 판단을 범하는 것을 논리적 오류라고 하는데 여기에는 감정이나 사적 관계, 군중에 호소하는 오류와 인신공격의 오류가 자주 거론된다. 부적합한 권위나 정황에 호소하는 오류와 피장파장의 오류도 더러 거론되기도 한다.

그런데 주관주의가 강한 사회일수록 비판하는 사람들은 비판 대상자의 논리와 행위를 비판하지 않고, 사적 관계에 호소하고 인신공격을 일삼는 등 심리적 요인을 근거로 비판한다. 일반 대중도 이런 심리적 오류에 의한 비판에 잘 설득 당한다. 한국 사람들은 특정 문제에 대해 토론하고 논쟁하는 법을 배우지 못했고, 토론하고 논쟁하는 대상에 대한 관심과 이해도가 낮다.

평소 '나는 옳고 착하다'고 생각하는 주관주의자들이어서 어떤 대상에 대한 찬반보다 자신과 가까운 어떤 화자가 찬성하느냐, 반대하느냐에 더 빨리 반응한다. 그래서 상대방에 대한 인신공격 같은 심리적 오류를 일삼아 비판한다. 예를 들어 상대방 A후보가 B계획을 제안했다고 했을 때, B계획에 대한 공격이 쉽지 않으니, 'A후보는 부도덕하다. 그러므로 B계획은 잘못된 것'이라고 공격한다. 어떤 B계획을 주장한 A후보의 성격을 비난함으로써 A후보의 주장이 잘못되었다는 점을 증명하려고 시도한다.

주관주의의 극복, '있는 그대로' 수용

주관주의를 극복하는 길은 객관주의 방식을 생활화하는 것이다. 어떤 상황에 직면했을 때, 자신의 희망사항을 투사하지 말고 상황을 있는 그대로 받아들일 수 있어야 한다. 그 상황을 주어진 것으로 간주하고 그에 따라 대책을 궁리해야 한다. 객관적인 분석을 먼저 하고 나서 그 분석과 내부 역량을 고려해서 대책을 마련해야 한다. 무조건 '하면 된다'는 방식이 아니라 객관적인 '그림이 되면 행동으로 옮기는' 방식이어야 한다.

역지사지의 태도도 좋다. 상대방의 입장이나 이해관계를 파악하고 대응하는 것이다. 상대가 바라는 것 또는 상대의 목표를 이해하면서 상대에게 이익이 되고 자신이 이익이 되는 협상을 진행하는 것이다. 도덕 윤리 등을 배제해서도 안 되겠지만, 도덕과 윤리를 중심에 두고 움직이거나 협상에 임해서는 불협화음만 유발하게 된다.

심리학에서 행동주의(Behaviorism)는 개인의 겉으로 드러난 관찰 가능한 행동에 초점을 두고 있다. 행동주의 이전에는 심리학이 감정과 반응을 기본 단위로 정교하게 나누는 방식으로 내면의 의식 상태를 정확히 파악할 수 있다고 보았으나, 아무리 고도의 훈련을 거친다고 하더라도 스스로의 내면을 객관화하기 어렵다는 것이 행동주의의 주장이다. 예를 들어 스스로 슬픔을 느낀다고 생각하더라도 슬픔이 파악되는 것이 아니라, 눈물이 나는 신체 반응이 슬픔을 더 잘 보여준다는 것이다. 행동주의는 심장 박동수, 땀, 뇌파 등 생리현상이 인간의 내면을 더 객관적으로 보여준다고 생각한다.

주관주의 사고방식에서 벗어나는 또 다른 방법은 자기 생각을 생각으로만 멈추지 말고 행동(action)으로 연결시키는 것이다. 행동은 그 행동에 대한 결과에 대한 책임까지 고려하고 행동해야 한다. 그래서 생각→행동 →책임으로 이어지는 사고방식의 습관화가 필요하다.

4) 도덕정치와 내로남불

마키아벨리, 정치와 도덕을 분리시켜

한국 정치가 도덕정치의 소용돌이에 휩싸여 있다. 도덕 정치, 엄밀히 말하면 '도덕적 단죄' 정치는 대중의 분노를 촉발시키고 대중에게 일종의 카타르시스를 제공해 준다. 대중에게서 상대에 대한 부정적 감정을 이끌어내고 상대 정적을 공격하는 데 도덕만큼 손쉬운 수단이 없다. 그래서 정치적 의도를 지닌 사람들은 도덕을 매력적인 공격수단으로 곧잘 이용해 왔다.

그러나 도덕정치의 폐단은 깊고 오래 간다. 도덕 공방으로 인해 현실의 삶, 민생民生이 도외시되고 잘잘못을 따지느라 미래를 잃어버린다. 보복과 감정싸움으로 인해 국론이 분열되고, 감정의 골이 깊어져 국민의 화합을 어렵게 한다. 도덕정치는 계속 도덕정치로 이어지고 그 폐단은 깊어지고 누적된다. 도덕정치를 일삼았던 조선은 노론의 일당 독재로 이어졌고, 역동성을 잃어버린 채 정체되다가 결국 망국에 이르렀다.

서양은 일찍이 도덕정치에 벗어났다. 마키아벨리(1469~1527)의 『군주론』이 처음 발행된 때(1532년)는 조선 중종 때 조광조를 중심으로 한 사림파들이 도학정치를 주창하기 시작했던 시기이다. 마키아벨리는 정치를 종교, 윤리, 도덕의 영역으로부터 분리해낸 인물로 평가받는다. 그리스 사상가에서 중세 사상가에 이르기까지 정치를 종교 윤리 도덕의 하부구조로 보았고 정치의 독립성을 인정하지 않았다. 지배자들은 관대하고 자비로워야 하고 그 신민들로부터 사랑을 받아야 하며 자신이 한 말에 신의를 지킬 수 있어야 한다는 생각이 지배적이었다.

하지만 마키아벨리는 달랐다. 군주는 야비함과 잔인함을 지녀야만, 공포심을 불러일으켜야만, 그리고 약속을 지키는 것은 자신에게 이로울 때만 그렇게 하고 그렇지 않을 때는 저버릴 수 있어야 한다고 보았다. 그는 종교적 가치나 윤리적 고려를 배제한 채 순수하게 권력의 획득·유지·팽창의 차원에서 정치 현상을 조망했다.

어떤 문제를 만났을 때, 도덕은 시비是非와 선악善惡 그리고 정사正邪를 기준으로 바라본다. 도덕이 보편적인 원칙을 전제로 한 단일한 잣대를 사용한다면, 도덕은 부도덕 또는 비도덕과는 함께 공존하기 어렵다. 그런데 정치를 사람들 사이의 이해관계나 의견 차이를 둘러싼 다툼을 해결하는 과정이라고 한다면, 개인과 집단의 다양성을 전제로 한다. 현대 정치는 다양성을 인정하는 가운데 정치 공간에서 제안된 여러 의견들을 함께 논의하고 토론하는 방식으로 문제에 접근한다. 다양한 힘이 작동하는 정치 공간에서 도덕에 함몰되어 정치를 한다는 것은 불온하고 위험하다. 물론 도덕을 잃어버리면, 정치는 그 정당성과 방향을 잃어버릴 위험도 있다.

조선의 정치는 도덕정치

도덕정치는 전근대적이다. 우리는 조선에서 도덕정치를 경험했다. 중종반정(1506)과 인조반정(1623)이 있었는데 이때 반정은 反政이 아니라, '바른 것으로 되돌린다'는 의미로 反正이다. 연산군은 '임금의 도리를 잃어 정령政令이 혼란하고, 민생은 도탄에서 고생하며, 종사宗社는 위태롭다'는 이유로 폐위되었다. 광해군은 3가지 이유로 쫓겨났다. 첫째, 동생인 영창대군을 죽이고 계

모인 인목대비를 폐위시키는 폐모살제廢母殺弟의 패륜행위를 했다는 것, 둘째, 명나라에 대한 사대를 소홀히 하고 후금과 친교를 맺은 외교정책을 폈다는 것, 그리고 셋째, 무리한 궁궐 조성 사업 등을 벌여 국가재정을 어렵게 했다는 것이다. 첫째 이유와 둘째 이유가 주된 이유였다. 인조반정을 일으킨 서인들은 광해군 때 집권했던 북인들을 철저히 숙청하는 동시에 조선 말기까지 북인을 정치에서 배제시켰다.

조선시대 도덕정치를 펼친 사림들은 군자소인론君子小人論 관점에서 정치를 펼쳤다. 선조 때 사림들이 동인, 서인으로 분열했을 때, 자신의 당을 군자라 하고 상대의 당을 소인이라고 했고,69) 이들의 군자소인론은 성리학을 신봉했던 송시열, 송준길 등 산림山林의 정치적 입장으로 지속되었다. 군자소인론의 핵심은 의리를 정확하게 인식하고 실천하는 이들이 군자이고, 그렇지 못한 이들이 소인이라는 것이다. 그래서 의리를 밝히는 것이 중요한 문제가 되었다. 의리의 문제는 옳고 그름의 문제, 즉 도덕의 문제였다.

국가 대사를 놓고 견해가 엇갈렸을 때, 사림들은 군자소인론에 따라 서로 자신의 정당성을 주장하면서 자파를 군자로 칭하고 타파를 소인으로 칭했다. 의리와 시비에 있어 한쪽이 옳으면 다른 쪽은 그를 수밖에 없으므로, 다른 당파를 소인으로 규정하고 배척하게 된다. 그러면 주도권을 쥔 당파는 자신들이 도덕적 정당성을 가진 것으로 생각하고 상대방을 단죄했다. 조선 숙종 때 세 차례의 환국 정치에서 공존의 정치질서가 무너지고 서로 죽고 죽이는 단죄의 정치로 흘러갔다. 영·정조의 탕평책으로 소론과 남인이 정치에서 배제되지 않았으나, 노론의 1당 독재체제가 200년 동안 지속되었다.

한국 적폐 청산, 도덕정치로의 회귀

현재 한국 정치도 도덕 정치로 회귀하고 있다. 역대 정부가 직전 정부를 단죄하는 '정치 보복'들이 계속 진행되었는데 명분은 역사바로세우기와 적폐청산이었다.

김영삼 정부는 1995년 12월 21일 국회에서 5·18특별법을 제정하여

12·12 군사 반란 및 5·17 내란 혐의, 그리고 불법적인 비자금 조성 등의 혐의로 전두환·노태우 두 전직 대통령을 구속했다. 김영삼 정부는 '역사바로세우기'라는 명목으로 소급입법 금지와 형벌불소급의 원칙을 정면으로 거스르며 특별법을 제정했고, 그 특별법으로 전직 대통령들을 단죄했기 때문에 '정치보복'의 성격을 지니고 있었다.

노무현 정부는 2003년 당시 야당이 요구한 '대북송금 특검'을 수용해, 김대중 전 대통령의 핵심 측근들을 구속했고, 2004년 친일반민족행위진상규명위원회를 설치해 박정희 전 대통령의 친일 문제, 유신체제 등을 문제 삼으면서 당시 박근혜 한나라당 대표를 겨냥했다.

이명박 정부는 노무현 전 대통령의 후원회장인 박연차의 비자금을 수사하며 노무현을 '피의자 신분'으로 조사했고, '논두렁 시계'로 노무현에게 망신을 줬다. 수사 과정에서 겪은 모욕 때문인지, 확대 진행되던 수사의 압박 때문인지 어쨌든 노무현을 자살로 내몰았다.

박근혜 정부는 이명박 정부 때 추진됐던 이른바 '사자방4대강, 자원외교, 방위사업' 비리를 수사했고, 4대강 비리를 캔다며 공정거래위원회, 국세청, 감사원 등 국가기관을 총동원하여 대대적인 감사를 벌였다.

문재인 정부 들어서 박근혜 전 대통령은 '비선 실세' 최순실과 공모해 전국경제인연합회 회원사들에게 미르재단과 K스포츠재단에 774억 원을 출연하도록 강요하고, 이재용 삼성전자 부회장으로부터 최씨의 딸 정유라의 승마 지원금으로 수백억 원을 요구했다는 혐의 등으로 구속되었다가 2021년 말 사면되었다.

이명박 전 대통령도 문재인 정부에서 특정범죄 가중처벌 등에 관한 법률의 뇌물수수·조세포탈·국고손실, 횡령, 직권남용 권리행사방해, 대통령기록물 관리법 위반, 정치자금법 위반 혐의 등 7개 죄명에 16개의 범죄 혐의로 징역 17년형을 선고받고 현재 수감 중이다.

문재인 정부의 '내로남불' 회자

문재인 정부 들어 '내로남불'이란 용어가 사자성어의 반열에 올랐다. '내가 하면 로맨스, 남이 하면 불륜'을 줄인 말로, 남이 할 때 비난하던 행위를 자신이 할 때는 합리화하는 태도를 의미한다.

두 가지 사례를 들어보자.[70] 하나는 청와대 민정수석의 법무부장관 기용에 대한 것이다.

"법무부장관은 '공정한 법집행'을 최고의 임무로 하는 자리다. 따라서 반드시 '중립성'을 지킬 인사가 임명돼야 한다. 그런데 대통령의 최측근 인사인 민정수석이 법무장관이 된다면, 그것은 곧 법치국가의 기본 질서를 뒤흔드는 망국적인 일이다."

이 주장은 민주당 국회의원 일동 명의로 2011년 7월 15일 낸 성명서의 일부이다. 대통령 최측근 인사인 민정수석이 법무부장관이 될 경우 법치국가의 기본 질서를 뒤흔든다는 것이다.

2019년 8월 9일 문재인 대통령이 조국 민정수석을 법무부장관에 내정하고, 9월 6일 조국 법무부장관 후보자 인사청문회를 개최했다. 이후 여야는 치열하게 부딪혔다. 공수가 바뀌었을 때 공격 또는 방어 논리는 닮았다. 결국 조국 후보자도 청문회 보고서 채택 없이 법무부 장관에 임명됐다. 민주당의 논리는 야당 시절 자신들의 주장을 반박하고, 국민의힘의 논리는 여당 시절 자신들의 주장으로 반박당하는 현실이 됐다.

또 다른 사례[71]를 보자. 문재인 대통령은 2012년과 2017년 두 차례 대선에서 '청와대의 검찰 인사는 악습'이라며 검찰 인사의 중립성과 독립성 강화를 공약했다. 2012년 당시 문재인 후보는 검찰 개혁을 언급하며 "검찰총장 임명권을 국민에게 돌려드리겠습니다. MB정권 5년 동안 대통령 및 청와대가 검찰 수사와 인사에 관여했던 악습을 완전히 뜯어 고치겠습니다"고 공약했고, 2017년 대선에서도 검찰총장을 대통령에게 추천하는 검찰총장후보추천위원회에 권력 개입을 배제하고 검찰인사위원회의 정치적 중립성을 확보하겠다고 했다.

그러나 문재인 대통령의 검찰 인사 중립성과 독립성 강화는 공약空約이 되어 버렸다. 추미애 법무부장관이 취임하면서 청와대의 선거 개입 의혹과 유재수 감찰 무마 의혹, 조국 일가 비리 의혹을 수사하던 검찰 고위 간부 인사를 대대적으로 좌천시켰다. 문재인 정부가 야당시절 이명박 정부와 박근혜 정부의 검찰인사를 비판하고 공약으로 만들었던 사안이 '내로남불'이 되었다.

이런 내로남불은 주관주의에 빠져 진영논리에 사로잡힌 이들에게 자주 등장한다. 자신의 입장과 처지를 상황에 따라 다른 논리를 들이대는 도덕주의자들이 흔히 사용하고, 자신의 이익에 굉장히 민감하게 반응한다. 내로남불의 치유책은 객관주의, 보편주의, 역지사지이다. 자신의 입장과 처지에 따라 기준이 달라지면 안 된다.

현대 정치는 힘의 정치다

현대 정치는 힘의 정치다. 서양은 마키아벨리 이후 홉스, 로크 등은 '갈등해결'이란 개념에 기반을 두고 정치 이론을 발전시켰다. 인간은 상이한 이해관계와 목적을 가졌고, 그에 따라 서로 갈등을 일으키고 그 갈등은 평화적인 또는 폭력적인 방법으로 해결된다는 것이다. 정치적 해결 방법은 도덕처럼 옳고 그름을 가려 선악을 구분하는 것이 아니라, 각자가 처한 입장과 가치관을 존중하면서 말을 통해 조정해가는 것이다. 갈등의 원인은 다양하고. 그 갈등은 도덕으로 환원될 수 없다. 도덕이 보편성을 전제로 한다면, 정치는 인간과 집단의 다양성을 전제로 하기 때문이다.

힘의 정치에 가까운 개념은 패도정치이다. 맹자는 패도정치를 왕도정치와 다른 이단으로 덧씌웠다. 패도정치는 힘의 정치이면서 현실과 민생에 우선순위를 두는 정치이다. 조선 후기 구체적인 제도 개혁에 관심을 둔 실학자들이 등장했지만, 왕도정치를 꿈꾸던 유교 정치 이념은 조선이 망할 때까지 양반 사대부들의 가슴에 살아 숨쉬었다.

박정희 대통령을 필두로 한 산업화 세력은 경제 성장을 최고의 목표로 삼아 수출 드라이브 정책을 펼쳤다. 먹고 사는 문제에 천착함으로써 조선시대 도덕을 앞세우던 명분론에서 벗어났다. 성리학이 경시했던 물질적인 생활을 개선하고자 노력하였으며 집권 내내 과학자, 기술자 등 전문가를 우대했고, 국민교육헌장 문구 그대로 '능률과 실질을 숭상하는' 실용적인 문화를 한국 사회에 정착시켰다.

하지만 민주화 세력들은 김영삼, 김대중, 노무현으로 이어지면서 도덕적 명분론이 힘을 얻기 시작했다. 박정희에 대한 평가에서 경제 성장의 공功보다 독재의 과過에 중심을 둔 평가가 주를 이루었고, 사회 정의와 공동체적 가치를 강조하는 이상주의와 도덕주의의 흐름이 강화되었다.

최장집 전 고려대 교수는 "한국의 이상주의·도덕주의 전통이 정서적 급진주의를 창출하고 쉽게 교조주의를 만들어 민주주의를 급진화하는 원천으로 작용해왔다"면서도 "마키아벨리적 이상과 현실, 가치와 사실의 분리에 대한 강조는 현실로부터 괴리된 이상주의와 그로 인한 정서적 급진주의에 대해 효과적인 해독제가 될 수 있다[72]"고 설파했다.

한국 정치가 도덕정치로부터 빠져나오는 길은 '갈등의 정치'로 가는 것이다. 국민들의 삶에 중심이 되는 경제·사회적 문제들이 근본적으로 갈등적이기 때문에 이런 문제들을 정책으로 이슈화하고, 그것을 통해 다원화된 사회의 변화와 갈등을 소화함으로써 역동적이고 생산적인 정치를 만들어가는 것이다. 일반 시민들의 입장에 서서 정치를 옳고 그름에 따라 바라보기보다, '나에게 이익이 되는가, 손실이 되는가'에 초점을 맞추어 바라보아야 한다. 도덕보다 이해득실의 관점이 절실하다.

5) 국가간섭주의와 언더도그마

국가간섭주의 만연, 툭하면 '정부 탓'

한국에 국가간섭주의가 만연해 있다. 국가간섭주의(Paternalism)는 온정주의, 온정적 간섭주의, 가부장주의 등 통일되지 않은 채 다양하게 사용되고 있다. 국가간섭주의는 정부가 국민에 대해서, 조직이 그 구성원에 대해서 가부장적 가족관계의 모델에 따라 보호하고 규제하는 체계를 말한다. 이때 그 관계는 아버지가 자녀에게 명령하고 동시에 자녀를 보호하는 관계와 유사하다. 권력자가 자신의 지배를 피지배의 최상의 이익을 보호하기 위한 것이라고 주장하고 그 지배를 정당화할 때 주로 사용한다. 예를 들어 정부가 오토바이 운전자에게 헬멧 착용을 강제하거나, 자동차 좌석 안전벨트의 착용을 강제하는 것도 국가간섭주의의 일종이다.

국가간섭주의의 문제점은 반사회적 행위에 대한 대륙법계와 포지티브 규제 방식의 맥락을 따르고 있다는 점이다. 정부가 국민을 성숙하지 못한 존재로 간주하고, 국민 개인의 의사결정에 강제로 개입하거나 간섭할 수 있다는 입장이다. 개인들은 합리적인 선택을 잘 하지 못하므로 정부가 국민들을 보호해 주어야 한다고 본다.

반대로 국가간섭주의 사고방식은 어떤 사회문제가 발생하면 국가정부 의존으로 귀착되게 하면서 다시 국가정부 개입을 강화하도록 하게 만든다. 예를 들어 어떤 사회문제가 발생했다고 하자. 지식인들이나 언론들은 그 문제에 대한 원인 분석부터 대책에 이르기까지 쏟아낸다. 종국에는 문제해결의 책임을 정부에 지운다. 그래서 '기·승·전-정부'라는 말도 유행한다. 사회가 혼탁해지고 경제가 악화되고 교육이 흔들리는 등 모든 문제를 정부가 잘못해서 아니면 정부가 준비 부족으로 일어났다고 결론을 내리는 데 익숙하다. 정부 간섭을 줄이라고 말하면서 이슈가 생길 때마다 정부가 나서라고 촉구한다. 이러한 정부 의존 현상은 국가간섭주의 반작용이다. 국민과 언론도 익숙하고, 지식인도 이런 사고방식의 예외가 아니다.

선진국일수록 정부 탓만 하지 않는다. 정부는 국민을 대신하여 나라 살림을 책임지고 국민으로부터 평가를 받기 때문에, 나라에 잘잘못이 발생하면 그 1차적인 책임은 정부에 있다. 하지만 우리는 무슨 일이 있을 때마다 지나치게 정부 탓으로 돌린다. 장마로 수해가 나도 정부 탓, 산불이 나도 정부 탓이다. 길에서 놀던 아이가 교통사고를 당해도 정부 탓이다. 길가의 나무가 쓰러져도 정부 탓이다. 무엇이 발생해도 정부가 그동안 뭐 했냐며 나무란다. 정부만 나무라고 본인에게는 아무런 잘못이 없다는 태도이다. 주로 언론이 앞장서고, 피해자들을 포함한 일부 세력들이 공격하는 형태를 취한다. 이런 태도에 국민들이 동조한다. 여기에 정의감이나 약자 코스프레까지 합쳐지면 그 불만과 감정에 해소하기 위해 책임자 처벌, 즉 '희생양' 찾기에 매몰되어 버린다.

사사건건 정부를 탓하는 문화는 저개발국가에서 볼 수 있는 저성숙도의 문화현상이다. 어떤 사회문제에 대해 2차적인 책임은 국민에 있다. 스스로의 삶을 스스로 선택하고 스스로 책임지는 것이다. 크고 작은 이슈가 있을 때마다 정부 탓만 하던 습관은 고치는 것이 좋다. 스스로 나서서 사회문제를 고쳐나가기 위해 앞장서든지, 그 사회문제를 제대로 해결하는 지도자를 지지하든지 적극적인 태도가 필요하다. 개개인의 국민들은 각자가 중요한 경제적 사회적 주체로서 활동하도록 장려하고, 자유로운 민간의 활동을 최대한으로 끌어올려야 한다. 큰정부가 아니라, 작은정부를 통해 국가간섭주의를 최소화해야 한다.

사고 발생마다 감정적 책임 추궁

국가간섭주의가 팽배한 사회에서, 어떤 사건 사고가 돌출적으로 발생하면 종국에는 정부에 책임을 지운다. 여기에 희생자들의 수가 많을수록 국민들의 감정이입이 심해지고, 정부에 책임자를 처벌하라는 국민들의 목소리가 높아진다. 그러면 사건 사고의 원인 분석 및 대책 마련이라는 객관적인 분석은 뒷전으로 밀린다. 사건에 대해 책임추궁을 먼저 앞세우는 게 한국의 일반적인 국민의식이다.

외국 사례로 영국의 '그렌펠 참사' 보고서를 보자. 2017년 6월 14일 런던의 공공임대아파트인 그렌펠타워에 화재가 발생, 72명의 목숨을 앗아갔다. 화재 발생 3개월 뒤 화재조사위원회를 구성해, 2년 1개월간 수집한 증거를 토대로 1,000쪽 이상에 달하는 1단계 조사보고서를 내놓았다. 보고서는 화재 원인과 방재 및 소방·구조 시스템의 문제에 초점을 뒀다. 책임자 규명과 처벌 등 인적 책임은 1단계 조사에서는 빠지고, 2단계 조사까지 완료된 이후로 미뤘다. 조사 과정에서 여야 정쟁이 벌어졌거나 책임자 처벌 요구가 분출하지도 않았다. 당시 영국 총리나 런던 시장에 대한 사임 요구도 없었다. 유족들은 조사 결과가 나올 때까지 기다렸다.

미국에서는 면책을 조건으로 실패의 진짜 원인을 밝혀내는 '사법거래제도'를 마련해 놓고 있다. 이 제도는 범죄에 연루된 당사자에게 면책 보증을 제공하는 대신에 정확한 진상을 밝히게 하는 시스템이다. 처벌을 받게 되는 상황에서는 당사자로부터 정직한 이야기를 들을 수 없기 때문이다. 감정적 책임추궁보다 이성적인 원인 규명을 우선시해야 한다. 정확한 원인을 규명하고 그 지식을 공유함으로써 사고 방지로 이어지는 것이 공공의 이익에 부합하기 때문이다.

언더도그마와 피해자 코스프레

언더도그마는 수평사회의 현상으로 전통적인 옳고 그름에 대한 생각이 겹치면서 벌어지는 현상이다. 언더도그마(underdogma)는 힘의 차이를 근거로 선악을 판단하려는 오류로, 한마디로 '약자는 선善하고, 강자는 악惡하다'고 인식하는 현상이다. 약자를 뜻하는 언더독(underdog)과 맹목적인 견해, 독단을 뜻하는 도그마(dogma)의 합성어이다.

언더도그마의 문제점은 이성보다 감성이 더 중시되고 원칙과 절차가 유명무실해진다는 점이다. 약자는 배려와 구호의 대상이 되기 쉽고, 대중들은 강자보다는 약자에게 동정과 공감을 보내게 된다. 그런데 여기서 특정 상황에서 놓였을 때 객관적인 사실관계를 분석하지 않고, '누구는 약자이기 때문에 피해자이고, 누구는 강자이기 때문에 억압적인 악당'이라는 식으로 섣부른 판단을 하며 여론을 조성한다. 본래 여론은 휘발성이 강하고 감정적으로 흔들리기 쉬운데, 언더도그마에서는 비이성적이고 감정적인 행동으로 비화할 가능성이 높다.

언더도그마는 정치권력, 국회의원, 재벌, 검찰 등을 사회적 강자를 악으로 분류한다. 배우 설경구 주연의 영화 '공공의 적'은 고소득층 범죄자와 그를 심판하는 저소득층 경찰을 묘사하고 있고, 영화 '베테랑'과 영화 '빵반'은 나쁜 재벌 3세를 응징하는 내용을 다루고 있다. 한국 사회에는 국민정서법이라 불리는 소위 '떼법'과 언더도그마가 섞이면서 나타난다.

언더도그마 현상이 만연하게 되니까, 피해자 코스프레 또한 만연하고 있다. 대중에게 공감을 얻기 위해서 피해자 코스프레를 자연스럽게 행한다. 예를 들어 무허가 불법 노점상이 법률에 따른 철거 경고를 무시하고 영업하다가 강제집행을 당할 때, 국가 권력기관이 공권력을 동원해 약자인 서민을 짓밟는 것처럼 주장하기도 한다. 또 건물주와 법률에 따라 정당한 임대 계약을 맺은 뒤 임차인이 갑자기 '갑질의 횡포'라며 자신의 생계를 착취당하고 있다고 주장하기도 한다. 민원들 가운데 경찰서 지구대나 행정복지센터 등 공공 서비스를 제공하는 기관들을 찾아가 언더도그마적 태세로 경찰관, 공무원들을 괴롭히는 경우도 있다.

언더도그마든 피해자 코스프레든, 그 실체를 알고 객관적 시각을 유지하는 것이 중요하다. 감정에 휩쓸리거나 진정한 사태를 파악하지 않고 선불리 판단을 내리는 것은 위험한 일이다.

제6장

과학과 지식생산방식

한국의 과학기술활동에서 탈추격형 혁신체제가 자리 잡지 못하고 추격형 혁신체제에서 빠져 있는 원인에는 우리에게 내재해 있는 유교적 문치주의 전통이 있다. 우리의 지식습득방식이 조선시대 과거를 공부하던 연역적 학습법에 머물러 있고, 우리는 자신만의 가설이나 모형을 세우는 '가설 설정' 훈련을 경험해보지 못했다. 우리는 과학을 그 성과물과 지식체계로만 인식할 뿐 과학 방법론을 고려하지 않고 있고, 과학을 특정 직업을 가진 과학자들의 학문으로 이해하고 있으며, 과학기술을 경제발전의 수단으로만 인식하고 있다.

근대 과학혁명을 일으키고 근대정신을 이끌어온 베이컨의 과학 방법론이나 프랑케의 세미나 방식은 지식 생산에 기여하지 못하고 사장되어 있다. 지식을 생산해본 경험이 일천한 대한민국에는 지식을 생산하는 자에 대한 사회적 대우가 박하고, 지식을 생산하지 않는 자들은 노벨상 타령을 쏟아낸다. 대학의 교수 집단은 지식 생산과 인재 양성에 큰 역할을 하지 못한 채 기득권을 누리는 집단이 되어 버렸다.

1. 탈추격 혁신체제와 유교 문치주의

추격형 혁신체제의 화려한 성공

한국은 20세기 후반 세계에서 유례가 없을 정도로 비약적으로 발전했다. 1960년대 초만 하더라도 1인당 국내총생산이 필리핀의 1/3에 불과했고 아프리카의 가나와 비슷했다. 반세기도 지나지 않아 1996년 경제협력개발기구 OECD에 가입하고 2000년 들어 1인당 국내총생산, 무역규모 등 여러 방면에서 선진국 수준으로 올라섰다. 현재는 세계 수준의 메모리 반도체, 스마트폰, 디스플레이, 철강, 선박, 자동차 생산국으로 세계의 주목을 받고 있다

이런 발전의 배경에는 정부주도형 과학기술정책이 있었다.[73] 정부가 주도하여 과학기술의 성장을 이끌었기 때문에, 다른 나라에 비해 과학기술 연구기관과 지원기관이 빠르게 만들어졌고, 투입되는 자원과 인력의 규모도 빠르게 늘었다. 또한 정부가 과학기술 육성의 주체가 됨으로써 과학기술의 진흥을 보장하는 다양한 법률과 제도가 갖추어졌다.

산업화 과정에서 전개된 과학기술활동은 '추격형 혁신체제(catch-up innovation system)'에 기반하고 있다.[74] 이 체제는 기술을 모방하여 선진국을 추격하는 데 초점을 맞춘 혁신방식과 그것과 관련된 조직·제도·네트워크를 내용으로 한다. 1966년 최초의 정부출연연구소 KIST한국과학기술연구소가 설립되고, 1967년 경제정책을 총괄하던 경제기획원의 기술관리국이 과학기술처로 독립했다. 방법은 선진국의 과학기술을 도입·활용하는 전략이었다. 그 결과 대기업 중심의 수직적 네트워크와 이를 지원하는 공공연구부문, 산업육성에 초점을 맞춘 선택과 집중 정책, 그리고 과학기술을 지지하고 쉽게

수용하는 시민사회의 특성을 가진 혁신체제가 형성되었다.[75] 방향이 정해지면 모든 요소를 집중할 수 있는 집중력과 속도를 가진 체제였다. 선진국 기업이 만든 기술 궤적을 빠른 속도로 따라잡고 개선하는 데 효과적이었다. 대한민국의 눈부신 성공은 추격 전략에 따른 것이었다.

탈추격 혁신체제의 탐색

대한민국에 화려한 성공을 안겨주었던 추격형 혁신 활동이 1990년대 후반을 넘기면서 새로운 문제들이 나타나기 시작했다. 모방을 통한 추격이 더 이상 용이하지 않았다. 모방할 만한 과학기술 자체가 줄어들었고 선진국들의 견제도 심해져 모방하기도 어려워졌다. 게다가 한국의 추격 전략을 모방한 중국과 같은 후발국들이 급성장하면서 그 전략의 효과가 떨어지고 있었다.[76] 그래서 한국은 모방을 넘어 새로운 기술 궤적을 개척하는 창조적 혁신활동을 모색하기 시작했다. 이런 상황을 극복하기 위해 추격형 성공 모델을 성찰하고 새로운 방향을 탐색하는 '탈추격(post catch-up)'이 과학기술정책과 혁신활동에서 중요한 의제로 다루어졌다. 선도, 혁신, 창조, 퍼스트 무버(first-mover) 등 다양한 용어들은 탈추격형 의제를 표현하고 있는 단어들이다.

한국이 탈추격 혁신체제를 탐색할 때 가장 고려해야 할 점은 미래의 불확실성이다. 새로운 과학기술의 발전 방향은 여러 가지 요인에 의해 영향을 받아 매우 애매모호하다. 미래가 어떤 방향으로 흐를지 예측하기 어렵다. 전문가들이 발전 방향을 가늠하는 것도 쉽지 않다. 이런 안갯속 상황을 헤쳐 나가기 위해서는 다양한 혁신 주체들의 참여와 학습이 강조되고 있다. 대기업, 중소기업, 벤처기업 그리고 전문가, 공무원, 시민들이 같이 참여하여 다양한 실험을 수행하는 거버넌스(Governance)가 뒷받침되어야, 고도의 불확실성에 대응하는 혁신활동이 이루어질 수 있다는 것이다. 추격 체제에서 효과적으로 작동했던 대기업의 수직적 의사결정이나 전문가 중심의 정책 결정이 미래의 불확실성에 대응하는 데 한계가 노출되었기 때문이다.

탈추격 혁신체제에는 추격형 체제의 개선을 주장하는 혁신체제의 도입, 경제 성장과 삶의 질을 동시에 추구하는 목표의 다양화, 시민 참여의 기회 확대, 과학기술과 사회의 다른 분야를 연계하는 통합형 혁신정책 등이 논의되고 있다.[77] 추격형 체제의 주된 가치였던 성장주의, 중앙집권화, 위계적 구조, 전문가 주의 등을 넘어서는 삶의 질, 분권화, 수평적 관계, 다양성 등이 체계적으로 검토되고 있다.

그러나 탈추격 혁신체제는 논의 수준에서 겉돌고 있고, 현실에서는 추격형 혁신체제가 여전히 강력하게 작동하고 있다. 정부가 과학기술정책의 의제와 방향을 이끌고 있다. 선택과 집중이 핵심적인 의사결정 원리이고, 경제 성장 정책이 주를 이루고 있으며, 전문가 중심의 정책 개발이 이루어지고 있다. 심지어 탈추격 혁신 정책을 기획하는 과정에서도 추격형 체제의 방식이 적용되고 있다. 행정 관료와 과학기술자, 연구개발사업 관리기관의 전문가들이 모여 각 주제별 작업반과 총괄위원회를 구성해서 매우 짧은 시간에 정책을 개발했다. 10년 이상을 전망하는 장기 비전과 기술 로드맵, 5년의 기간을 대상으로 하는 과학기술기본계획, 개별 분야의 기술개발계획 등은 6개월 정도의 기획 작업을 통해 신속하게 마련되었다. 이런 단기·집중형 정책개발 방식은 새로운 이슈에 재빨리 대응할 수 있는 장점을 가지고 있기 때문에 여전히 위력을 발휘하고 있다. 이명박 정부의 '녹색성장', 박근혜 정부의 '창조경제', 문재인 정부의 과학기술정책들은 추격형 체제를 벗어나지 못했다.

유교 문치주의가 혁신의 걸림돌

한국 경제 성장률이 2% 이하로 떨어지고 빠른 속도로 추락하고 있다. 새롭게 추진했던 탈추격 혁신체제가 현실에 뿌리내리지 못하고, 눈부신 성공을 가져다주었던 추격형 혁신체제가 여전히 강력하게 작동하고 있기 때문이다. 이정동 서울대 교수는 『축적의 길』에서 "한국이 빈손에서 실행 역량을 갖춘 중진국으로 발돋움하는 데 성공했지만, 개념 설계의 역량을 갖춘 선진국이 되는데 필요한 프레임 전환에 실패했기 때문에 성장률 하락은 그에 따른 필연적 결과"라고 진단했다. 그는 "실행 중심으로 국가의 기술혁신체제가 형성되어 있으면 교육, 금융, 기업관계, 정부정책 등 모든 퍼즐 조각도 거기에 맞추어 형성되고 서로 벗어나지 못하도록 강화하는 관계에 놓이게 된다. 그러면 개념 설계 중심의 새로운 틀로 이동하는 것이 사실상 불가능해진다[78]"고 주장했다.

그러나 필자는 한국 사회가 새로운 사회로 나아가지 못하는 원인은 산업화 과정에서 구축된 실행 중심의 혁신체제보다는 우리의 의식에 내재한 유교적 문치주의 전통에 있다고 본다. 유교적 문치주의는 연역적이고 선험적이며 비과학적이다. 때론 반과학적이기까지 하다.

탈추격형 혁신체제가 왜 현장에 뿌리내리지 못하고 겉돌고 있을까? 이 질문은 '한국은 왜 노벨과학상을 수상하지 못할까?'와 같은 맥락의 물음이다. 조선시대 유교적 교육 방식이 아직 한국의 교육에 강하게 남아 있다. 한국 사회는 새로운 지식을 만드는 데 관심이 없다. 선진국 반열에 들었지만, 국가든 개인이든 자생적으로 새로운 지식을 만들기보다는 특정한 어떤 지위를 획득하기 위한 수단으로 지식을 이용하고, 그래서 외국에서 새로운 지식을 수입할 뿐이다. 우리는 노벨과학상이 과학의 새로운 지평을 개척한 연구자에게 준다는 것을 쉽게 이해하지 못한다. 한국은 새로운 지식을 창출하는 데 투자하길 기피하고, 새로운 지식을 창출하는 체제를 만들기를 주저하며, 국가 차원에서 새로운 지식을 창출하는 정책은 늘 뒷전으로 밀린다.

새로운 지식을 만든 전통이 없다

불행하게도 우리 역사에서 새로운 지식을 만든 전통이 거의 없다. 삼국시대부터 교육은 국가 경영을 위한 인재 발탁 수단으로 자리 잡았고, 조선은 국가가 효율적으로 통치하기 위해서, 사회 질서를 유지하기 위해서, 충효라는 유가적 봉건질서를 유지하기 위해서 교육을 장려했다. 교육은 국가 주도적이었다. 특히 과거제도가 시행되면서 국가는 배움이 있는 자를 체제에 어떻게 편입시킬지에, 배움이 있는 그는 어떻게 체제에 봉사할 것인가에 집중했다. 성리학도 새로운 지식을 생산하지는 않았다. 인간의 마음을 어떻게 파악할 것

인가를 두고 세밀하고 철저하게 연구했지만, 중국보다 독창성 면에서 현격하게 떨어진다.[79]

우리는 지금껏 새로운 지식을 만들기 위한 교육과 학습을 경험하지 못했다. 서구의 고대 희랍 같은 자유철학자들의 학문 사상이나 근대 계몽시대의 자유분방한 학문 풍토와 같은 그러한 경험을 갖고 있지 못하다.

근대 교육이 시작되면서 서구 문물을 수입해서 그것을 어떻게 하면 빨리 배워서 따라가느냐에 초점이 맞추어졌다. 수입한 지식들을 배우기에 급급했다. 지금까지도 그 경향이 지속되고 있다. 과학을 포함한 학문에 있어서 우리 자체의 자생력이 있는 학문이 별로 없다. 국어 사회 도덕 등 일부 과목을 제외하고는 대부분 수입되었다. 중고등학교, 대학교 등 학교 편제에 맞게끔 내용이 조정되어 있다는 것 외에는 우리 자체적으로 만든 새로운 학문은 거의 없다.

이러한 조선의 문치주의 전통 아래에서 새로운 기술 궤적을 개척하는 탈추격 혁신체제를 구축하는 것은, 개념 설계 중심의 새로운 틀로 이동하는 것과 같이 시도해 보지 않은 일이다. 한국이 선진국이 되었지만, 노벨과학상을 전혀 수상하지 못한 것도 같은 원인이다. 이제 어떻게 하면 새로운 지식을 만들어내고 어떻게 하면 새로운 지식을 만들어내는 체제를 만들어낼 수 있을까를 고민해야 한다. 그것이 유교 문치주의를 극복하는 일이다.

문치주의는 지식 습득 방식에 영향

조선의 문치주의가 아직도 한국 사회를 지배하는 것에는 지식을 습득하는 방식에 1차적인 원인이 있고, 그 방식을 옹호하는 사회 체제에 2차적인 원인이 있다. 예를 들어 한국 사회는 과학적 태도와는 거리가 멀고 비과학적이다. 과학에 따른 결과물인 과학지식을 다루고 있을지라도 관찰과 실험, 가설이나 예측, 검증과 반증 등 과학적 방법론을 배웠더라도 익히지 않는다. 조선시대 사서삼경을 외우듯 과학 법칙과 이론을 외우면서 과학을 이야기하지만, 과학을 담은 '지식'만 있지 과학적 방법론과 과학적 세계관은 존재하지 않는다.

과학을 다루는 사회체제는 '보편적인 지식'만을 알면 구체적인 지식을 자연스럽게 습득된다는 전근대사회의 지식관을 그대로 가지고 있다. 그들에게 과학은 특정 지식에 지나지 않을 뿐, 삶의 양식이거나 문화가 아니다. 한국의 정치 권력은 과학에 물들어 있지 않다. 과학을 도구로 받아들이지만 사유 방식, 정책 결정 방식으로 받아들이지 않는다. 과학적 근거 없이 정책을 입안·결정하는 경우가 허다하고, 정책이 끝난 뒤 명확한 평가를 하는 경우는 드물다.

과학적이지 못한 정치인들이나 과학적 방법론을 경험하지 못한 행정 관료들이 새로운 지식 생산에 관한 주요 정책을 결정한다. 대신 지식을 만드는 과학자와 연구자들은 그 의사결정을 뒷받침하기 위해 지식 생산에 참여한다. 지식의 비생산자가 조직의 상층부를 구성하고, 지식의 생산자들이 조직의 하층부를 구성해 상층부의 의사결정을 지원하는 구조를 가진다.

새로운 지식 생산의 주체를 대학으로 한정하면, 한국 대학이 새로운 지식을 생산하는 기관으로 기능하고 있는가. 그리고 학생들을 독자적인 판단력을 가진 인간으로 키우고 있는가에 대한 의문이 앞서는 게 사실이다.

2. 연역적 학습법과 가설연역법

한국의 연역식 학습법, 과거 공부

한국인들이 지식을 습득하는 방식이 주입식이다. 배우는 자의 흥미 의욕 능력 이해 등을 고려하지 않고, 가르치는 자가 일방적으로 선정한 소정의 교육 내용을 주입한다. 내용은 구체적이거나 특수하지 않다. 이론화된 법칙, 정리된 지식들만을 골라 주입한다. 개인차를 고려하지 않고 획일주의, 형식주의로 흐르기 십상이다. 지식과 기술은 학생의 현실 생활과 무관하게 이미 정립된 것이므로 실생활에서 효과를 거두기 어렵고, 교재는 학생의 심리적 성장이나 인식 과정에 적합하도록 짜기보다는 학생들이 알아야만 하는 지식들을 외우도록 짜기 쉽다. 교사의 일방적인 주도성이 강하기 때문에 지식 습득에 있어서 학생들의 주체적인 능동 활동을 저해한다. 물론 주입식 교육이 무조건 나쁜 것은 아니다. 구구단 같은 기본 상식은 어린 시절에는 엄청난 효과가 있고 창의성에도 해를 주지 않는다. 새로운 지식의 개발도 기존 지식들이 축적된 다음에 이뤄지기 때문에 주입식이 모두 나쁜 것은 아니다.

그러나 주입식은 무엇보다 연역적이다. 다양한 사실들을 관찰하거나 수집한 다음 일반화된 이론을 도출하는 '귀납적'인 방법과는 반대 방향이다. 구체에서 추상으로 올라가는 상향식이 아니라 추상에서 구체로 내려오는 하향식이다. 일반화된 이론이나 법칙을 이해한 다음, 그에 합당한 다양한 사례를 이해하는 방식이다. 중·고등학교 때 이론 법칙 공식 등 이론화된 지식을 습득하는 것이 중요했다. 일방적으로 암기하기도 했지만, 대체로 원리를 이해한 다음 지식을 암기했다. 학교 시험은 지식의 이해 여부와 활용 능력을 묻고 그 정도를 측정하여 우열을 가렸다. 수학능력시험도 지식에 대한 이해도와 활용도를 측정하는 시험이다. 이런 학습법은 스스로 새로운 지식을 찾아 헤매는 경우는 거의 없다. 대부분 기존 지식이 이해되지 않거나 기존 지식을 가지고 연습문제를 푸는데 풀리지 않을 경우에만 질문을 한다. 이런 학습 방식은 대학에 가서도 계속되고, 각종 면허·자격시험, 공무원 선발시험, 교원 임용시험 등에도 매우 유용하다.

자신만의 생각 세우는 법 배우지 않아

한국에서 연역적 학습법은 조선시대 유학자들이 과거 시험을 준비하던 학습법이다. 미국 독일 등 선진국에서 다른 학습법을 경험해보지 않는 이상, 그 문제점을 알기란 쉽지 않다. 탈추격형 혁신체제가 겉돌고 있고 노벨과학상을 수상하지 못하는 이유가 새로운 지식을 만들지 못하기 때문이라고 했는데 이런 학습법과 무슨 관련성이 있을까? 연역적 학습법은 지식을 배우고 익히는 이들에게 자신의 생각을 키우거나 자신만의 결론을 내는 훈련 기회를 봉쇄해 버린다. 노벨상을 탈 만큼 획기적인 새로운 지식을 만들어내기 앞서서, 한국인들은 교육을 받는 과정에서 자신만의 생각이나 견해, 관점을 가지는 경험을 한 적이 없다. 학교에서 학습을 할 때, 구체적인 상황을 만났을 때, 어떤 현상을 봤을 때 사람은 자기 나름의 추상화된 '무언가'가 있어야 한다. 그것의 명칭을 가설이라고 부르든, 이론이라 부르든, 근거가 부실하더라도 그 무언가를 만들어내는 훈련이 필요하다. 그 무언가는 오랜 시행착오를 거쳐 자기만의 생각과 사상이 다듬어지고 정교해지기 때문이다. 갑자기 예상치 못한 사태를 만났을 때, 어떻게 전개될지에 대해 스스로 생각하고 대처하도록 훈련받은 경우도 드물다. 과학고등학교도 연구와 실험을 통해 귀납적 학습을 하기보다는 대학 진학을 위해 연역적 학습법을 하고 선행학습도 서슴지 않는다. 반면에 선진국에서는 초등학교 때 주입식 교육을 한다고 하더라도, 중·고등학교에서는 자신만의 견해를 세우고 그것을 글로 쓰고 토론을 하게 하는 훈련을 체계적으로 시키고 있다.

근대 과학에서 연역법이 새로운 지식을 만들어내는 방법이 아니라는 결론은 이미 400년 전에 나왔다. 영국의 철학자 프란시스 베이컨(Francis Bacon, 1561~1626)은 귀납법만이 학문의 진보를 가져올 수 있다고 설파했다. 그는 아리스토텔레스의 삼단논법을 중심으로 하는 연역적 방법을 비판하면서 관찰과 실험을 통해 편견을 제거하고 이론을 발견해가는 귀납적 방법이야말로 학문을 발전시키는 방법이라고 했다.

한국 학생들이 귀납적 학습법을 경험하는 시기는 대학원에 재학하며 논문을 작성할 때이다. 중·고등학교 과학 교과서에는 과학적 방법의 과정으로 1. 문제 정의하기 → 2. 자료 수집하기 → 3. 가설 세우기 → 4. 실험/검증하기 → 5. 이론화하기 등이 수록되어있지만, 실제 경험하고 체득하기란 어렵다. 일본인 오구라 기조(小倉紀藏)는 책 『한국은 하나의 철학이다』 말미에 한국을 하나의 보편적인 원리인 '리理'를 가지고 세세한 부분 하나하나를 설명할 수 있는 '연역적인' 사회라고 진단했다. 한국 사회를 학습법 관점에서만 보면 한국은 귀납적 방법이 뿌리내리기 어려운 대단히 연역적인 사회이다. 한국 사회를 새로운 지식을 생산하는 사회로 발전시키려면, 시험 대비용 연역적 학습법에서 탈피해 근대 학문이 탄생해온 귀납적 학습법으로 지식을 습득해야 한다.

베이컨의 귀납법과 과학적 연구방법

물리학자 리처드 파인만은 『과학이란 무엇인가』에서 과학을, 무엇을 발견해내는 특별한 방법이자 그렇게 발견된 것들로부터 나오는 지식의 체계를 의미하며 어떤 걸 발견해냈을 때 그것으로 만들어 낼 수 있는 새로운 것들이나 그 새로운 것들을 현실에서 구현하는 것이라고 정의했다. 과학적 방법론, 지식체계 그리고 과학적 성과물로 요약할 수 있다. 그는 과학의 가치에 대해서는 '새로운 것을 할 수 있는 힘 그 자체'로서 가치를 지닌다고 했다.

하지만 한국인들은 과학을 말할 때, 상대성이론, 양자역학, 나선형 DNA, 인공지능 등 과학적 성과물과 그에 따른 물리 화학 생물 지구과학 등 지식체계만을 생각하는 경향이 있다. 대신 과학적 방법론의 중요성을 간과한다. 파인만이 과학의 가치를 '새로운 것을 할 수 있는 힘 그 자체'라고 했듯이 대부분 과학자들은 과학적 방법론이 더 근본적인 것이며 중요한 의미를 가지고 있다고 생각한다. 과학적 방법론만 감안하면, 한국 사회는 비과학적이고 어떤 때는 반과학적이기까지 하다. 실생활에서 과학적 성과물들을 이용하고 지식체계에 따라 시험을 치르지만, 과학적 방법론을 사용하는 경우가 드물다. 과학적 방법론에는 객관성과 합리성을 의미하는 과학에 대한 태도와 과학적 탐구과정이 포함된다. 통상 과학이란 과학적 성과물이나 지식체계라는 협의의 의미를 넘어 과학적 방법론을 포괄하여 삶의 양식 또는 문화로 이해해야 한다. 리처드 파인만을 비롯한 과학자, 과학철학자들은 과학의 개념을 '인류의 가치체계이자, 지식이며 생활양식[80]'이라고 정의한다.

근대 과학의 시대를 연 베이컨으로 돌아가 보자. 그는 당시 아리스토텔레스의 학풍과 스콜라철학의 연역적 학문으로는 학문의 진보를 이룰 수 없다면

서 '귀납법'을 통해서 얻는 지식만이 인류의 복지를 증진시킬 수 있다고 역설했다.[81]

그는 그리스에서 학문이 생겨나고 발달하기 시작한 이후 자신의 시대에 이르기까지 2,000년이 흘렀지만, 당시 학문은 이용후생에 전혀 쓸모가 없고 그 학문을 이끌었던 아리스토텔레스의 논리학은 새로운 지식을 얻는 데 전혀 도움이 되지 않는다고 보았다. 삼단논법을 예로 살펴보면 '모든 사람은 죽는다, 소크라테스는 사람이다. 따라서 소크라테스는 죽는다'처럼 보편적인 사실이나 명제로부터 특수한 결론을 이끌어낸다. 이때 '소크라테스가 죽는다'는 결론은 '모든 사람은 죽는다'는 전제에 이미 포함되어 있다. 그래서 연역법에서는 전제에 없었던 새로운 사실이 추가되지 않고, 다만 전제 속에 포함된 정보를 명확하게 해준다.

연역법의 한계를 지적한 베이컨은 개별적 사례에서 가장 일반화된 공리로 단계적으로 상승하는 '귀납법'을 주창하며 '중간 수준의 공리(intermediate axiom)'를 중시했다.

> 우리가 학문에 대해 어떠한 희망이라도 품고자 한다면, 일정한 단계를 중단이나 두절 없이 연속적으로 상승하는 길, 즉 개별적인 사례에서 저차원의 공리로, 그다음에 중간 수준의 공리로, 계속해서 고차적인 공리로 차차 올라간 다음, 마지막으로 가장 일반적인 공리로 도달하는 길뿐이다. 저차원의 공리는 감각적인 경험 그 자체와 별로 차이가 없고, 가장 고차적인 일반적 공리도 현재 우리가 가지고 있는 것들은 관념적이고 추상적이어서 실질적 가치가 없다. 그러나 중간수준의 공리에는 진실이 있고 생명이 있다. 그러므로 인간의 사업과 운명도 바로 여기에 달려 있다고 할 것이다. 이러한 중간 수준의 공리를 거쳐 일반적인 공리를 세운다면 추상성을 탈피한, 적용의 한계가 분명한 '쓸모 있는' 공리가 될 것이다. (『신기관』 1:104)

하지만 베이컨은 귀납법을 채택하기만 하면 저절로 자연의 진리가 발견되는 것이 아니라, 인간의 정신 속에 깊이 뿌리박힌 편견, 즉 '우상'을 먼저 제거해야 한다고 했다. 인간의 정신을 사로잡고 있는 우상에는 종족의 우상, 동굴의 우상, 시장의 우상, 극장의 우상 네 종류가 있다.

연역법의 한계를 지적하고 귀납법을 제창한 베이컨이지만, 그는 귀납 추리의 결론에 대한 정당화의 근거를 제시하지 못했고 '가설'에 대한 역할 인식이 부족했다는 비판을 받는다. 제한된 수의 관찰과 실험에서 일반화된 원리와 법칙을 유도하는 것은 늘 오류를 범할 수 있기 때문이다. 오늘날 과학철학에서도 여전히 난제로 남아있다.

19세기 윌리엄 휴얼이 베이컨의 귀납법을 보완해 '가설연역법'을 제안했다. 그는 『귀납과학의 역사』(1837)와 『귀납과학의 철학』(1840)에서 관찰을 통해 얻은 지식을 가지고 '가설'을 설정하고, '가설'을 검증함으로써 이론을 이끌어내는 가설연역법을 설명했다. 오늘날 우리가 알고 있는 학문 이론들은 대부분 가설연역법으로 확립된 것으로, 가설연역법은 실증적인 지식탐구의 방법으로 널리 사용되고 있다.

〈그림 6-1〉 베이컨의 귀납법과 근대과학의 가설연역법

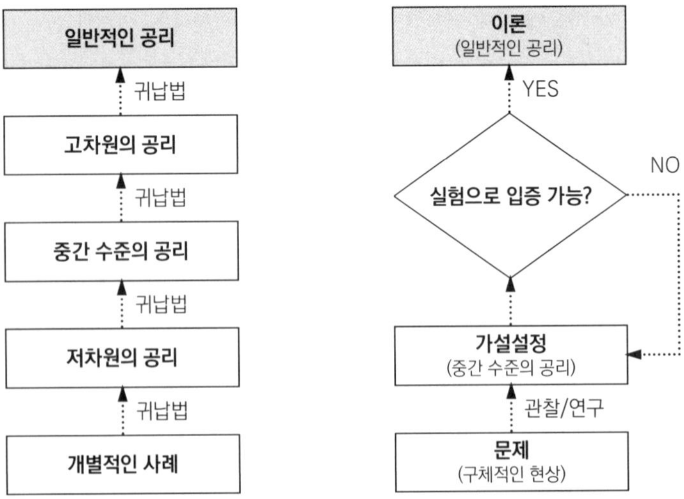

◆ 베이컨의 귀납법

◆ 근대 과학 연구의 구조 (가설연역법)

세미나와 제2의 과학혁명

과학혁명은 1543년 코페르니쿠스가 『천구의 회전에 관하여』를 출간하여 우주의 중심이 태양임을 선언함으로써 시작되었고, 1687년 뉴턴의 『자연철학의 수학적 원리』가 출간됨으로써 종결되었다고 본다. 약 150년 동안 진행되었던 과학혁명은 천문학 분야에서 먼저 시작되었지만, 지구의 운동을 새롭게 설명해 주는 새로운 역할을 필요로 했고, 뉴턴은 그러한 작업을 완성하였다. 이때 과학혁명의 중요한 특징은 과학적 지식을 얻는 방법에서 일대 혁신이 일어났는데, 앞서 말한 베이컨의 '귀납적 방법'이 그것이다. 베이컨의 지식관은 근대 산업혁명의 철학적 기반이 되었다.

일부에서는 19세기 과학의 중대한 변화를 '제2의 과학혁명'으로 부르기도 한다. 이 시기에 과학이 철학과 신학으로부터 벗어나 독립된 학문으로 자리를 잡았고, 동시에 물리학 생물학 화학 등으로 실질적으로 분과체계가 형성되었으며, 과학의 전문 직업화로 과학자라는 직업이 탄생했기 때문이다.

특히 독일이 19세기 과학의 발전을 주도하면서 유럽의 열등 국가에서 강대국으로 올라섰다. 제1의 과학혁명이 영국과 프랑스를 중심으로 천재적 개인에 의존했다면, 제2의 과학혁명은 독일을 중심으로 조직적 활동에 힘입은 바가 컸다. 히틀러가 집권하는 1933년 이전까지 독일이 노벨상을 휩쓴 것은 이런 배경에서 이루어진 것이다. 그 조직적 활동에는 '세미나(seminar)'라는 제도가 있었다.

세미나는 한 명의 교수의 지도 아래 학생들이 모여 자신의 연구 주제를 발표하고 토론하는 공동 연구를 말하는데, 요즘에는 전문가들이 특정한 과제에 대하여 각자의 주장을 발표하는 행사도 세미나라고 해서 심포지엄, 워크숍, 컨퍼런스, 포럼 등을 구분하지 못하는 이들도 많다.

세미나를 대학에 처음 도입한 사람은 독일 경건주의를 대표하는 교육자 아우구스트 헤르만 프랑케(A. H. Franke, 1663~1727)였다.[82] 그는 1693년 할레대학 교수로 취임해 세미나를 처음 도입했으며, 이후 할레대학은 괴팅겐대학과 함께 세미나 방식을 정교하게 발전시켜 독일의 학문과 학업에 대한 생각을 변화시켰다.

세미나 덕분에 연구 개념에 새바람

프랑케가 고안한 세미나는 시작되기 전에 미리 주제를 선정해서 학생들이 연구보고서를 제출하도록 하고, 거기에서 나온 아이디어를 기초로 비판하고 토론하게 한 다음 연구와 학습으로 이어지도록 하는 것을 말한다. 지도교수도 미처 생각하지 못한 참신한 생각이 학생으로부터 나오기도 하고, 그 생각을 새로운 세미나의 주제로 삼아 연구를 진행하기도 한다. 세미나는 소수 인원이 참가했으며 비판이 장려되었다. 교수는 세미나를 주관하며 학생들의 지적 능력과 판단 능력을 향상시키는 것을 목표로 삼았다.

세미나 제도 덕분에 독창성을 중시하는 풍토가 조성되어 연구 개념에 새로운 혁신의 바람이 불었다. 박사학위 제도가 독일에서 처음 고안되고 제도화된 것은 우연이 아니다. 논문이 학위논문과 일반논문으로 분화된 것도 이 무렵이다.

19세기 전반기에 이르러 독일 대학들은 연구기관으로 탈바꿈하면서 연구 규범을 확립했다. 독창적인 연구를 바탕으로 새로운 결과물을 발표하는 것이 교수의 의무로 받아들여졌고, 대학은 교수들의 연구 활동을 지원하기 시작했으며, 교수敎授 방식이 재설정되었고 학생들에게 연구방법론을 전수하고자 했다. 독일에서 처음 이룩한 '연구의 제도화'가 1860년 이후 영국과 미국으로 확산되었다.

특히 세미나 방식은 과학계에 도입되면서 독일 과학이 급격히 발전했다. 1825년 독일의 본대학에 자연과학을 위한 최초의 세미나실이 설치된 이후, 각 대학에 과학 세미나가 활성화되었고 1880년대에 이르러 독일의 연구기관들이 세계 과학계에서 두각을 나타내기 시작했다.

한국 대학들도 세미나라는 것을 하고 있다. 그러나 겉모습만 세미나 모양을 취하고 있지만, 자신만의 새로운 생각과 아이디어를 내거나 토론과 비판을 통해 그것들을 더 나은 방향으로 다듬어내는 훈련을 하지 못하고 있다. 세미나 방식은 지식 탐구의 방법으로서 혼자의 힘에 의지해 새로운 지식을 발견해오던 것을, 교수와 동료들의 도움으로 새로운 지식을 발견할 수 있도록 제도화한 것이다.

한국, 대학원서 처음 연구 방법 배워

한국 학생들은 중·고등학교와 대학교 시절까지 연역적 학습법만을 경험하다가 대학원에 진학해 귀납적 학습법을 경험하게 된다. 그것도 실험을 하고 논문을 작성하면서 알게 된다. 필자의 경험과 주변의 이야기를 종합하면, 학생들이 연역적 학습법에 익숙해 있다가 과학적 연구 방법으로 논문에 작성하려고 하면, 두 가지 문제를 직면하게 된다. 첫째, 가설을 제대로 설정하지 못한다. 어떤 현상, 상황, 문제를 만났을 때 관찰하거나 실험한 결과를 토대로 그 원인을 고민해 보는데, 고민 단계에서 인과관계를 설명하는 무엇이 떠오른다면 그것을 가설 또는 모형이라고 한다. 과학적으로 타당한 모형은 발생한 현상, 상황, 문제가 왜 일어났는지를 잘 설명해 준다. 하지만 자기 나름의 가설을 세우기란 쉽지 않다. 둘째, 가설을 설정했지만 검증이 잘 되지 않는다. 가설이 실험이나 통계로 입증되어야 논문을 심사받을 자격이 주어진다. 입증되지 않으면 입증 방법을 바꾸거나 아예 처음부터 다시 가설을 세워야 한다.

가설 설정과 가설 검증 가운데 가설 설정이 과학적 연구 방법의 첫걸음이어서 제일 중요하다. 가설 설정은 어떤 객관적인 상황에 처했을 때 그 상황이 어떠하고 왜 일어났는지를 머릿속에 그림을 그리는 것으로 비유할 수 있다. 다시 말하면 자신이 파악한 개별적인 사실들을 가지고 그 상황에 대한 사실들의 관계를 그리는 것이다. 경찰이 살인사건을 접했을 때 초동 수사를 해서, 사건 배후에 일어났을 법한 스토리를 만들고 증거가 나올 때마다 그 스토리를 수정해간다. 경찰의 스토리도 일종의 가설에 해당된다. 가설은 나름의 자료들에 근거하여 연구자가 설정했으므로, 틀릴 수도 있고 맞을 수도 있다. 가설을 고치고 다듬어 적합하고 타당한 가설을 만들면 논문의 질이 높아진다.

가설 설정·검증, 시행착오 훈련 필요

한국의 교육이 연역적 학습법에 치중하고 있으므로, 학생들이 가설을 설정하기란 만만치 않다. 가설을 설정한다는 것은 어떤 찬반논쟁이 붙었을 때 자신이 찬성하는지 반대하는지 자신만의 근거를 바탕으로 자신의 견해를 말할 수 있고, 어떤 상황에 봉착했을 때 그 상황이 어떠하다는 것을 나름의 근거를 기초로 설명할 수 있다는 것이다. 이해할 수 없는 새로운 현상을 만났을 때 그 현상의 원인이 무엇인지 나름의 근거를 바탕으로 이론을 세우는 것이다. 물론 그 가설은 정답이 아닐 가능성이 높다. 시행착오와 훈련을 통해 정답이 되도록 해야 한다.

한국 학생들이 '왜'라는 질문을 하지 않는 것은 자기 나름의 견해를 세울 생각이 없다는 것이고 견해를 세워야 한다는 생각 자체가 아예 존재하지 않는다는 것을 의미한다. '왜 그것이 이런 식으로 작동하지?' '왜 우리 사회에 이런 분위기로 흐르고 있지?'와 같은 질문은 머릿속에 자신만의 그림이 있다는 것을 전제로 한다. 한국 학생들은 교육과정에 없거나 시험에 나오지 않는 것에는 관심이 없고 좀처럼 묻지도 않는다.

그 결과 어떤 상황이 생겼을 때, 그 상황이 어떻게 전개될지에 대해 스스로 생각해 대처하지 못하고, 사물이 어떻게 작동하는지에 대해 자신만의 이론을 정립할 가능성도 희박하다. 대신 외부 정보 습득에 의존하고 타인의 의견에 동조하는 경향이 강해 수동적인 성향을 보이기 십상이다. 또한 다른 사람들과 한 팀을 이루어 특정 문제를 해결해야 할 때 자신만의 가설, 의견, 대안이 없다면 협력이 어렵고 이런 협업을 기피하게 된다.

글쓰기 비법 OREO와 최고의 설득술 PREP

도서 『150년 하버드 글쓰기 비법』에 오레오맵(O-R-E-O MAP)이라는 글쓰기 공식이 나온다. Opinion(의견)-Reason(근거)-Example(사례)-Opinion(의견)의 첫 글자만을 따왔다. 자신의 주장을 이 형식대로 글을 작성하거나 말을 하면 된다. 첫 문장에 핵심 의견을 제시하고, 둘째 문장에 이유나 근거를 들어 주장을 뒷받침하며, 셋째 문장에서 사례를 들어 주장을 거듭 뒷받침한 다음, 마지막 문장에서 핵심 의견을 다시 강조하는 방식이다. 마지막 문장에 의견을 반복하기보다 새로운 제안(offer)을 하기도 한다. 네 문장을 연결하여 짧은 글을 짓기도 하지만, 각각 문장에 세부 내용을 추가해 하나의 단락을 만들고 네 단락을 연결하여 긴 글 한편을 완성하기도 한다. 이 방식을 사용하면, 연설문 보고서 기획서 제안서 등 다양한 글을 쓸 수 있다.

또 다른 도서 『인류 최고의 설득술 PREP』에는 스피치 공식 프렙(PREP)이 나온다. Point(결론)-Reason(근거)-Example(사례)-Point(재결론)이라는 형식인데, 오레오맵과 동일하다. 그리스의 변론술 5단계도 살펴보면 오레오맵이나 프렙에 반론을 넣은 것에 지나지 않고, 그 5단계는 '도입-주장-증명-반론-결론' 형식을 취한다.

글쓰기, 말하기 공식을 소개하는 이유는 자기 주장을 펼칠 때 사용하는 일반적인 형식이고, 미국에서 널리 이용되고 있다는 점이다. 필자가 간접 경험한 미국 고등학교에서는 주관식 시험이 단답형 문제보다 자신의 의견을 쓰는 문제가 많았다. AEC 형식을 갖추고, 말을 하고 글을 쓰라고 가르친다. AEC 형식이란 Argument(주장) - Evidence(증거) - Commemt(설명)을 말하며, 먼저 주장을 펼치고 주장의 근거를 밝힌 다음 근거에 대한 설명을 부가한다.

미국의 학습법 : 중·고등학교, 대학, 대학원 사례

□ 중학교 학습법 □

초등학교 6학년 남학생이 미국에 와 중학교 1학년(6학년) 수업을 들으며 경험한 내용이다.

#1. 과학: 관찰과 추론의 차이

관찰(observation)과 추론(inference)을 비중 있게 다루었다. 예를 들어 숙제 중에 어떤 남자가 벽난로 앞 소파에서 다리를 깁스한 채 앉아 있고, 그 옆에는 스키 장비를 보여주는 그림이 있다. 이 그림을 서술하는 문장을 나열해 놓고 관찰인지, 추론인지를 구분하라는 것이다. ①남자가 벽난로 근처에 앉아 있다 ②남자는 따뜻할 것이다 ③ 남자가 다리를 다쳤다 ④남자가 스키를 타다가 다쳤다 등등. 그 서술이 관찰로 인한 사실인지, (사실로부터 이끌어낸) 추론인지를 구분시키고, 사실로부터 특정 결론을 이끌어내는 방법을 훈련시켰다. 성인이 되어도 사실과 의견을 구분하지 못하는 사람들이 흔한데, 이런 훈련을 중1부터 익히고 있었다.

#2 수학: 생활 속의 수식

1차함수 y=ax+b를 배우는데 한국은 수식을 강조하는 데 비해, 머릿속에 선형관계(linear relationship), 1차 함수식를 구축하는 일에 집중했다. 예를 들면 빚이 $260인데, 매달 $25 갚아나가면 ①6개월 뒤에는 빚이 얼마인가? ②지금부터 몇 개월 뒤x와 그때 남아있는 돈y 사이의 선형관계1차 함수식로 작성하라 ③표를 그려라. 미국의 수학은 한국보다 수준이 훨씬 낮다. 하지만 한국이 수식을 익히며 추상의 세계로 빠진다면, 미국은 실제 생활에서 수식이 어떻게 사용되고 있는지 알려주며, 수식을 개념화하는 데 더 비중을 두는 것 같았다.

#3 사회 숙제: 마을 조직을 구상

학생 가족을 포함해 100가구가 어느 지역에 이주해 새로운 마을을 형성하게 되었다. 이때 그 마을을 대표할 조직과 꼭 있어야 할 조직이 무엇인지 등 마을을 어떻게 운영할 것인지를 생각해서 제출하라는 것이 숙제였다. 미국 지방자치단체의 하나인 카운티를 모방해서 제출하기도 하지만, 학생들은 제각각 마을을 어떻게 운영하면 좋겠는지를 고민하고 마을의 운영을 책임질 조직 체계를 만들어 제출했다. 조직 체계가 왜 그렇게 나왔는지에 대한 이유와 설명이 합리적이면 대부분 좋은 점수를 받았다.

□ 고등학교 학습법 □

중학교 3학년이 미국에 와서 고등학교 2학년(10학년) 수업을 들으며 경험한 내용이다.

#1. 세계사: 역사 암기보다 자기주장 전개

숙제나 시험에 주관식 답안을 AEC 형식으로 서술하라는 문제가 많았다. AEC 형식이라는 게 주장(argument)-증거(evidence)-설명(commemt) 형식의 서술을 말하는데, 자기 의견을 펼치려면 먼저 주장을 하고 그 다음에 주장의 근거를 밝히고 그 다음에 근거에 대한 설명을 덧붙이는 방식이다. 예를 들어 제1차 세계대전의 발발 원인이 뭐냐고 할 때 원인은 크게 군국주의, 민족주의, 동맹관계, 제국주의, 암살 등 다섯 가지인데 미국은 숙제를 이렇게 냈다. '5가지 원인을 알아보고, 그 중 본인은 어느 것이 가장 큰 원인이라고 생각하는지, 그 근거를 들어 자기 의견을 AEC 형식으로 쓰시오.'

만약 한국 시험이었다면 문제를 객관식으로 만들어 '다음 중 1차 세계대전의 발발 원인이 아닌 것은?' 또는 '다음 보기 중 1차 세계대전의 발발 원인으로만 묶인 것은?'으로 출제될 것이다.

#2. 물리학: 공식 암기보다 원리 이해

개념이나 원리 파악, 그리고 공식이 나오게 되는 과정을 중시한다는 것을 확인할 수 있었다. 힘과 에너지를 배우는데, 한 학기 내내 F=ma, W=mgh 등 같은 공식이 없었다. 예를 들어 가속도를 배우는데 속도의 개념을 배우고 난 뒤 가속도가 그 속도의 시간당 변화량이라는 것을 실험을 통해 확인하고 보고서를 썼다. F=ma라는 공식은 없이 가속도가 왜 생기고 어떻게 생기는지를 실험하고 힘과의 관계를 생각하게 하고 실험하도록 했다. 또 위치에너지와 운동에너지를 배우는데, 놀이기구인 롤러코스터가 올라갔다가 내려가고 또 올라가면 에너지가 어떻게 변하는가를 묻고, 위치에너지와 운동에너지가 어떻게 서로 전환되는가를 공식 없이 생각하고 이해하도록 했다. 공식을 가지고 학습했던 세대로서는 왜 공식을 먼저 가르쳐 주지 않는지, 왜 이렇게 어렵게 가르치는지가 이해하기 힘들었다.

한 달쯤 지난 후 학생은 "물리학이 재밌다"고 했다. 소리, 빛, 운동, 핵, 화학, 마찰, 탄성 등 다양한 에너지가 각종 상황에서 어떻게 변화 전환되는지를 배우고 있었다. 공식보다 공식 없이 개념이나 원리로 이해시키는 것 같다.

#3. 똑똑함의 차이: 많이 아는 것과 주장 잘하는 것

미국 생활을 1년 경험한 고1 학생은 한국의 똑똑함과 미국의 똑똑함이 다른 것 같다고 했다. '뭐가 다르냐'는 질문에 그는 "한국에서 똑똑하다는 것은 머리에 저장된 것이 많다는 것을 의미하고, 미국에서는 주장을 잘하는 것. 그러니까 근거를 들어 주장을 잘하는 것을 의미하는 것 같다"고 했다.

□ 대학 학습법 : 복습보다 예습이 중요 □

미국 어느 주립대학교 3학년 공공정책 과목을 한 학기 동안 청강하면서 직접 경험한 내용이다. 말로만 듣던 미국 대학 수업이었다. 교수 강의, 토론, 개인 발표 등이 3시간 이어졌다. 매주 강의는 8쪽에 달하는 강의계획서에 따라 진행되었다. 담당 교수가 30분쯤 강의하고 나서, 시사 잡지에 나온 기사를 인쇄물로 나눠 줬다. 10분 후 학생 3~4명씩 조를 이루게 하고 찬반으로 갈리는 질문 3~4개를 가지고 토론을 시켰다. 20분 지나자 교수가 전체 학생들에게 그 질문을 다시 던져 학생들이 대답하도록 하면서 상이한 답변들이 나오자 자연스럽게 학생들 간 토론을 유도했다. 10분간 휴식시간을 가진 다음, 교수가 다시 30분 강의하고 관련 자료를 나눠주고 3~4명씩 토론하게 한 후, 전체 학생이 토론하는 형식으로 마무리 되었다. 2시간 30분이 훌쩍 지나갔다.

학생들은 매주 강의계획서에 적힌 논문들과 참고 서적들을 읽고 수업에 들어가지 않으면 강의를 따라가기도, 토론에 참여하기도 힘들었다. 무엇보다 예습을 통해 자기 나름의 생각들을 가지고 있어야 했다. 한국은 수업 전에 머리에 아무것도 넣어두지 않은 채 교수의 일방적인 강의를 듣고 도서관이나 독서실에서 혼자 복습하는 것이 보통이다. 암기하고 이해되지 않는 내용은 되새김질을 통해 완전 소화하는 방식이다. 미국은 예습이 주된 학습방법이었다. 스스로 예습을 통해 완벽하지 않지만 나름의 견해를 세우고 난 뒤, 강의를 수강하면서 질문하고 학생들과 토론하며 자신의 견해를 갈고 닦았다. 수업은 자신의 견해와 관점을 갖게 하면서 관련 내용을 이해하도록 했다.

□ 대학원 학습법 : 자신만의 분석틀을 세우는 훈련 □

미국 어느 주립대학교 사회계열에 정교수로 재직하고 있는 K교수로부터 들었던 내용이다. 미국 교육은 학생들이 정답을 암기하는 것을 원하는 게 아니라 분석을 통해 자신만의 견해를 세우고 그에 따른 각자의 답을 가질 것을 요구한다고 했다. 어떤 사회현상을 두고 그 원인과 대책이 무엇인가를 놓고 학생들과 토론을 한다고 했을 때, 학생들에게 각자의 생각을 제시하도록 한다. 그때 유명 학자들의 이론이나 자신의 직간접적 경험 그리고 주변 이야기를 내놓기도 하지만, 무엇보다 학생 자신의 분석틀(framework)을 토대로 자신의 주장을 세워야 한다고 했다. 그 분석틀이란 기본적으로 AEC 형식, 오레오맵(O-R-E-O MAP), 프렙(P-R-E-P)과 유사했다. 논문이 연구 방법에 따라 차이가 있지만, 큰 맥락에서는 동일하다. K교수는 대학원에서 학생이 하는 일은 대부분 분석틀을 세우고 에세이를 쓰는 일이라고 했다.

예를 들어 특정 주제에 대해 학생 A와 B 그리고 C 세 명이 논쟁을 벌인다고 하자. A가 자신의 주장을 말하고, 그 근거를 말하고 사례도 든다. B와 C도 같은 형식을 가지고 자신의 주장을 펼친다. 세 사람의 주장들이 다를 수 있고, 같은 주장이라고 하더라도 근거와 사례가 상이할 수 있다. 반론을 제기하며 논쟁을 이어갈 수 있다. 이때 담당 교수가 학생들에게 과제를 낸다. 과제는 자신의 주장을 하나의 에세이로 써오는 것이다. A는 본론에서 B와 C의 주장을 다룬 다음, 자신의 주장을 자신의 근거와 사례로 뒷받침하고, 결론에서 B와 C의 주장과 비교하며 자신의 주장을 강조할 수 있다. B와 C도 이런 에세이를 제출한다. 이런 형식의 에세이는 사회과학의 학위논문이나 일반 논문의 형식이다. 기존 이론들을 포함해 다른 사람의 주장들을 모으면 '선행연구'가 되고, 자신의 주장을 세운 뒤 통계나 실험으로 입증하면 '본문'이 되며, 다른 연구 결과들과 비교하면 '논의'가 된다. 미국의 대학원 수업도 지식 전달이 있지만, 학생들에게 자신만의 견해와 관점을 갖게 하는 교육에 비중을 두고 있었다.

한국 학생들, 미국 수업 방식에 당혹

한국의 우수한 학생들이 미국 명문 대학교와 대학원에 진학하면 처음에 이런 수업 방식의 차이에서 당혹감을 느끼게 되고 어려움을 겪게 된다. 연역적 학습법으로 자신의 우수함을 증명했던 이들이 미국식 수업에서 자신만의 가설, 견해, 개념을 세워야 하고, 동시에 영어로 그 생각들을 발표하교 토론과 비판에 임해야 한다. 어떤 전문 분야에 자신의 지식도 부족하고 자신의 견해도 불분명한 상태에서, 모국어가 아닌 영어로 자신의 견해를 발표하고 미국인 학생들과 논쟁을 벌여야 한다. 대학교 3~4학년, 대학원 수업일수록 그렇게 진행된다.

연역적 학습, '가설 설정' 훈련의 걸림돌

한국의 연역적 학습법이 야기하는 문제는 귀납적 학습법에서 관심을 가지는 '학습자가 자신만의 가설을 만드는 훈련'을 거의 하지 못한다는 점이다. 이는 인류가 새로운 과학 지식을 생산하는 데 가장 기여했던 방법을 배우고 익히지 않는다는 것을 의미한다. 교육자는 특정 지식을 압축·전달하고 피교육자는 그 지식을 이해·암기한다. 이런 연역적 학습은 대학까지 심지어 대학원까지 지속된다. 이론화된 공식과 모형을 빨리 익혀 시험에서 고득점을 받는 것에 급급하다. 교육이 시험의 수단으로, 인재 채용의 수단으로만 존재하는 상태에서 지식습득방식은 바뀔 수 없다.

귀납적 학습법에서 요체는 자기만의 가설을 세우는 방법을 배우고 익히는 것이다. 특정 상황에 처했을 때 그 상황이 어떠하고 왜 일어났는지를 머릿속에 밑그림을 그리는 것이다. 그래야 어떤 행동을 할 것인가를 결정할 수 있다. '완성되지 않았지만, 자기 나름의 형태를 갖춘 가설'을 만들어내는 능력은 하루아침에 만들어지지 않는다. 그러기 위해서는 훈련을 꾸준히 반복적으로 해야 한다. 지식의 생성·검증 과정을 학습하는 것도, 질문과 실험 그리고 토론을 기반으로 한 수업도 그 일환이다. 주어진 문제를 풀고 단순 계산하는 데 비중을 두지 않는다. 미국에서 수학시간에 계산기를 허용하는 것도 그 때문이다. 구체적인 현상에서 일반화된 가설로 이끌어내는 훈련을 직접 반복해봐야 체득된다.

한국이 추격형 혁신체제에서 벗어나 탈추격 혁신체제로 나아가기 위해서는 다양한 주체들이 자발적으로 수평적 네트워크를 형성하는 것이 중요하다고 한다.[83] 정부 부처 간 연계와 통합을 강화하는 방안, 사용자와 과학기술계의 연계를 촉진하는 방안 등 탈추격 체제에 맞는 거버넌스가 요구된다는 것이다. 하지만 한국 사회가 토론과 협력, 그리고 거버넌스가 안 되는 이유가 여러 가지가 있지만 근본적으로 아이디어가 없다는 점이다. 같이 고민해볼 만한, 나름 근거와 논리를 갖춘 그럴듯한 구상이 없기 때문이다. 그 다음은 자신들은 아이디어를 내놓지 않는 대신, 다른 사람이 제안한 아이디어에 무임승차하려고 하기 때문이다.

개념설계 역량 부족도 훈련 부족 때문

한국 산업계가 처한 위기가 과학기술정책으로 바라본 위기와 동일하다. 추격형 혁신체제에서 탈추격 혁신체제로 나아가지 못하는 원인에는 자기 나름의 개념, 가설, 모형, 밑그림, 구상을 만들어내지 못하게 하는 연역적 학습법에 있다. 이정동 서울대 교수는 『축적의 시간』에서 한국 산업계가 지금 당면하고 있는 문제의 원인을 '개념설계 역량의 부재'로 진단했다. 개념설계란 설계-구매-시공이란 전체 과정에서 백지 위에 밑그림을 그리는 것, 즉 존재하지 않던 그 무언가를 그려내는 것이라고 했다.[84] 글로벌 기업들의 핵심적 경쟁력은 바로 제품과 서비스의 새로운 개념을 제시하는 개념설계 역량에서 나온다는 것이다. 이 개념설계라는 것은 앞서 언급한 귀납법에서 중간 수준의 공리, 가설, 모형, 밑그림, 구상 등 구체적인 사실에서 추상화된 자기 나름의 생각을 만들어내는 것과 비슷하다. 개념설계 역량은 교과서에는 없고, 직접 그려 보고 적용해 보고 안 되는 경우를 정리해 보고 다시 그림을 고치는 과정을 반복해 보아야만 길러지는 역량[85]이라고 했다. 귀납적 학습법을 통해 중·고등학교, 대학에서 자기 나름의 생각을 만들어내는 훈련을 받아 본 경험이 있어야 성인이 되어 자기 나름의 생각을 잘 만들어낼 수 있다. 자기 나름의 생각을 만들어내는 역량이 어느 날 갑자기 만들어지지 않는다.

3. 과학을 홀대하는 한국

노벨상 타령은 이제 그만

매년 10월 노벨상의 계절이 돌아오면 언론에는 '우리는 언제쯤 탈 수 있을까'라는 기사들이 쏟아져 나온다. 일본은 2021년까지 26명이 노벨과학상을 수상했다. 2015년에는 중국 토종 과학자도 탔다. 안타깝고 부러운 마음으로 노벨상 타령을 하다가 곧 잊어버린다. 해마다 반복된다. 한국은 언제쯤 노벨과학상을 수상할 수 있을까? 일부 뛰어난 학자들이 있지만, 아직 노벨상을 받을 수준에 이르지 못했다는 게 한국에 대한 냉정한 평가일 것이다.

울프상, 래스커상, 볼츠만 메달을 들어본 적이 있는가? 이들은 노벨상에 버금가는 상들로 '프리 노벨상(pre Nobel Prize)'이라 불리고 과학 수준을 나타내는 증표이다. 울프상(Wolf Prize)은 독일계 유태인인 리카르도 울프가 제정한 상으로 1978년부터 농업, 물리학, 수학, 화학, 의학, 예술 6개 부문에 걸쳐 수상자에게 상금 10만 달러를 지급한다. 물리학상과 화학상은 노벨상 다음으로 명성이 높아 수상자 가운데 30% 정도가 5년 이내에 노벨상을 받을 정도다. 래스커상(Lasker Prize)은 미국의 앨버트 메리 래스커 재단이 의학 분야의 연구에 공헌한 사람에게 수여하는 상으로 기초의학과 임상의학은 매년, 특별상은 격년으로 수여된다. 특히 기초의학 부문 수상자 중 절반가량이 노벨상을 받았다. 볼츠만 메달(Boltzmann Medal)은 국제통계물리학회에서 3년마다 통계물리학 분야의 뛰어난 업적을 남긴 이에게 수여하는 메달이다. 이런 프리 노벨상을 받은 과학자가 많아야 노벨상을 기대할 수 있지 않을까?

노벨상에는 수학상이 없다. 수학 분야에 노벨상에 해당되는 상이 아벨상

(Abel Prize)과 필즈상(Fields Medal)이다. 프린스턴대에 재직 중인 한국계 미국인 허준이 교수가 2022년 7월 필즈상을 수상했을 따름이다. 이런 프리 노벨상을 받은 과학자가 많아야 노벨상을 기대할 수 있지 않을까?

한국의 과학이 발전했다고 하더라도 아직 노벨상을 기대하기는 어렵다. 노벨상이 무슨 시험 보듯이 시험 잘 보는 학생에게 용돈을 두둑이 줘서 전교 1등을 만드는 것과는 차원이 다르다. 스포츠 엘리트를 육성해서 올림픽 메달을 따게 하는 것과도 차원이 다르다. 그러나 사회 분위기는 그렇게 생각하는 경향이 강하다. 한 명의 김연아가 탄생하는 조건보다 100만 명의 피겨스케이팅 동호회원이 있는 사회가 더 건강하듯이 과학도 그렇다.

그런데 한국은 노벨상 받을 만한 한두 명한테만 '올인'하면 노벨상을 받을 수 있지 않을까 생각한다. 이는 사람에 대한 투자도 아니고 과학에 대한 투자도 아니다. 위험한 투기이자 도박이다. 제2의 김연아가 태어나기만을 기다리면서 아무런 일도 하지 않는 것과 다를 바 없다. 그런 요행을 바라기보다는 새로운 지식을 만들고 새로운 과학의 지평을 넓히는 데 투자를 하고 그 역할을 한 이에게 높은 사회적 지위를 부여해 주는 사회를 만들어야 한다. 그래서 100만 명의 과학자가 존재하는 사회라면 노벨상은 자연스럽게 흘러넘칠 것이다.

과학을 특수 직업인의 학문으로 전락시켜

박정희 정부는 인문학을 중심으로 교육 체계를 세웠다. 1963년 제2차 교육과정에서부터 고등학교 과정에서 문과와 이과를 구분한 것이 그것이다. 인문계라고 불린 문과는 인간과 사회에 관하여 사상, 심리, 역사 등을 연구하는 학문으로 문학, 사학, 철학에다 법학과 경제학 등도 포함시켰다. 자연계 또는 이공계로 불리는 이과는 자연과학, 공학, 농학, 의학 계열을 통칭했다. 정권 차원에서 문과와 이과를 구분한 것은 경제 성장 정책의 산물이었다.[86] 경제 개발 5개년 계획이 처음 추진되던 당시 농업생산력을 높이고, 전력과 석탄 같은 에너지를 확충하며, 정유·비료·화학·기계 분야의 산업을 발전시킨다는 목표 아래 산업화 시대에 적합한 전문 인력을 양성하기 위해 문과와 이과를 나누었다. 1994년 대학수학능력시험의 영향으로 문과와 이과의 구분이 더 심해졌다. 제7차 교육과정(1997~)부터 공식적으로 문과와 이과의 구분이 사라졌다고 하지만, 대학 입시를 준비하기 위한 문과와 이과의 구분은 여전히 살아 있다.

학생들이 문과와 이과를 구분하는 기준은 무엇일까. 그 기준이 명시적으로 존재하지 않지만, 실제는 수학을 잘하느냐 못 하느냐가 결정한다. 잘하면 이과, 못 하면 문과라는 규칙이 있다. 문과와 이과는 학문적으로나 현실적으로나 뚜렷한 경계가 없는데도 수학을 잘하느냐 못 하느냐 여부에 따라 경계를 지었다. 그래서 인문학과 과학의 이상하고 경직된 구분을 만들었고, 과학이 일반화되고 보편화된 문화로 자리잡는 데 또 다른 장벽으로 작용했다.

과학은 누구나 배우고 익혀야 할 학문이 아니라 수학을 잘하거나 좋아하는 사람들이 하는 '특수' 학문이 되었다. 게다가 과학자를, 일반 사람들이 이해하기 힘들고 접근하기 힘든 괴상한 일을 하는 사람으로 만들어 버렸다. 우리나라 과학은 과학적 지식체계와 과학적 성과물로만 남아 있고, 과학적 방법론은 사라져 버렸다. 호기심 합리성 객관성 비판정신 등 과학 정신은 우리 사회에서 삶의 문화로, 내면의 양식으로 뿌리내리지 못했다. 리처드 파인만이 말한 과학의 가치, 즉 '새로운 것을 할 수 있는 힘 그 자체'라는 의미가 생경하고 생소한 사회가 되어 버렸다.

수학·과학도 교양과목이어야

과학科學을 국어사전에 보편적인 진리나 법칙의 발견을 목적으로 한 체계적인 지식이라고 정의한다. Science가 이 정의에 부합하는 것 같은데, 왜 Science를 과학이라고 번역하고 사용해 왔을까. 일본의 한 철학자가 1874년 어느 잡지에 연재한 '지설知說'이란 글에서 처음 사용했고, 당시 '전문화되는 각 분과分科의 학문'이란 의미였다고 한다.[87] 그런데 이런 잘못된 번역이 굳어져 과학을 전문화된 분과 학문으로 전락시켰다.

이런 현상은 'Liberal Arts'를 '교양과목'으로 번역하는 것에도 적용된다. 중세 유럽에서는 삼학三學과 사과四科를 가르쳤는데 삼학은 문법, 수사학, 논리학이고 사과는 음악, 수학, 기하학, 천문학이다. 이 삼학과 사과를 가리켜 'Seven Liberal Arts'라고 불렀다. 자유인으로 살기 위해서는 누구나 배워야 할 7가지 교양과목이었다. 수학과 과학이 liberal arts에 속했다. 근대로 오면서 수학과 과학은 지식인들의 핵심 커리큘럼으로 자리 잡았고, 이성과 경험을 바탕으로 세계를 이해하려는 과학 정신이 근대 유럽의 시대정신이 되었다.

그러나 한국에서 수학과 과학을 교양과목으로 취급하지 않는다. 과학자라는 특수 직업인들이 하는 과목으로 취급한다. 대신 한국에서 문·사·철(文·史·哲)로 요약되는 인문학만을 교양과목으로 여긴다. 한국 지식인들이 자연과학과는 벽을 쌓고 지낸 조선시대 사대부로 돌아간 느낌이다.

과학기술 관련 정부 예산을 다루는 정치인이나 관료들은 과학자들이 아니고, 과학지식이나 과학적 성과물, 과학적 방법론을 고민해본 적도 없는 사람들이다. 선거로 당선된 정치가나 고시에 합격한 관료들이 과학기술정책을 입안하고 관련 예산을 집행한다. 이때 과학은 그 자체로 목적으로 존재할 수 없고, 오직 정치적 목적을 달성하는 수단일 뿐이다. 정치권력이 정한 경제 성장이라는 목표를 달성하는 도구에 지나지 않는다. 이것이 한국 사회가 과학을 사유방식 또는 삶의 양식으로 받아들이지 않는 근본적인 이유이다. 과학이 여전히 한국 사회에서 비주류로 겉도는 것도 여기에서 연유한다.

과학자들은 노벨상 타령을 하지 않는다. 한국 과학의 현실을 알기 때문이다. 한국의 과학 현실을 모르는 정치인들이나 언론인들이 노벨상 타령을 한다.

과학기술은 국민경제 발전의 수단

헌법에는 정부의 과학기술정책에 대한 기조를 보여주는 조문이 있다. 과학기술이 처음 헌법에 등장한 것은 1963년 헌법부터이고, 이때부터 정부는 국민경제의 발전을 위한 과학기술정책들을 마련하였다. 한국과학기술연구원

KIST이 1966년 '한국과학기술연구소'라는 이름으로 설립되고 그해 한국과학기술연구소육성법이 제정되었다. 1967년에는 경제기획원의 기술관리국이 과학기술처로 독립했으며 과학기술진흥법이 제정되었다. 과학기술정책은 출발부터 경제 성장과 산업육성을 위한 것이었고, 이런 정책기조는 행정 관료들과 과학기술자들의 의식을 지배했다.

[1963년 헌법]

제118조 ① 국민경제의 발전과 이를 위한 과학진흥에 관련되는 중요한 정책수립에 관하여 국무회의의 심의에 앞서 대통령의 자문에 응하기 위하여 경제·과학심의회의를 둔다. ② 경제·과학심의회의는 대통령이 주재한다. ③ 경제·과학심의회의의 조직·직무범위 기타 필요한 사항은 법률로 정한다.

[1972년 헌법]

제123조 ① 국민경제의 발전과 이를 위한 과학기술은 창달·진흥되어야 한다. ②대통령은 경제·과학기술의 창달·진흥을 위하여 필요한 자문기구를 둘 수 있다.

[1987년 현행 헌법]

제127조 ① 국가는 과학기술의 혁신과 정보 및 인력의 개발을 통하여 국민경제의 발전에 노력하여야 한다. ② 국가는 국가표준제도를 확립한다. ③ 대통령은 제1항의 목적을 달성하기 위하여 필요한 자문기구를 둘 수 있다.

정부가 과학기술의 발전을 주도했기 때문에 다른 나라에 비해 과학기술 연구기관과 지원기관이 빠르게 설립되고, 투입되는 자원과 인력의 규모도 빠르게 증가했다. 과학기술의 진흥을 보장하는 다양한 법률과 제도도 마련되었다. 그래서 한국은 추격형 혁신체제를 통해 선진국이 형성한 기술 궤적을 빠른 속도로 따라잡고 개선하는 데 성공을 거두었다.

그러나 2000년대 이후에도 국가주의적 과학기술 이념이 법률과 제도를 비롯한 정책 담당자에게 강하게 남아 있다. 현행 헌법 제127조에 과학기술이 국민경제 발전의 수단이라고 밝히고 있다. 탈추격기 한국의 과학기술정책은 정부 주도의 과학기술 발전이 가져다준 문제점을 인식하는 데서 시작해야 한다. 기초 연구의 토대가 취약하여 학술연구의 전통이나 지식의 축적이 이루어지지 않았고, 산업발전에 초점을 둔 기술개발에 집중하다 보니 과학기술의 공적 영역이 특정 기업이나 특정 산업의 사익 추구를 지원하는 것으로 국한되었다.

오래전부터 과학기술을 경제발전의 도구로 보는 정부 정책에 대해 과학기술계는 꾸준히 비판을 해왔다. 과학기술 주무 부처가 과학기술처·과학기술부·교육과학기술부·미래창조과학부·과학기술정보통신부 등으로 바뀌고 관련 중장기대책은 과학기술개발계획·과학기술혁신계획·과학기술기본계획 등으로 달라졌지만 모두 이름만 바뀌었을 뿐, 과학기술을 경제발전의 도구로 보는 기조는 변함이 없다는 것이다.

김영삼 동의대 교수는 "경제 성장을 위한 과학기술을 연구개발 예산 투입이라는 좁은 의미의 과학기술을 해방시키고, 자연에 대한 이해와 공존, 사회의 다양성과 기술의 접목, 나아가 저소득층과 저개발국의 빈곤 타파를 위한 과학기술의 적정화를 통해 과학기술이 갖는 의미를 극대화시켜야 할 때가 도래했다"면서 "헌법의 경제조항에 과학기술을 묶어두어서는 안 되고 새로운 역할을 부여해야 한다[88]"고 주장한다.

과학과 기술은 분리되어야

과학기술을 모르는, 즉 법학, 경제학을 전공한 문과 출신 정치인이나 행정관료에게는 과학과 기술, 이 둘을 명확히 구분하기란 쉽지 않다. 과학자들에게도 쉽지 않은 일이다. 그래서 과학과 기술을 하나로 묶어 경제 발전의 도구로 다루었다.

하지만 추격기 혁신체제에서 벗어나 탈추격기 혁신체제로 나아가지 못하는 원인 가운데 하나가 과학과 기술을 하나라고 이해하고 정책을 입안하기 때문에 발생한다. 과학은 논리와 상상력을 동원해 세상에 대한 보편적인 법칙을 발견하는 것을 목적으로 하는 체계적인 지식을 말하고, 기술은 과학 이론을 실제로 적용하여 사물을 인간 생활에 유용하도록 가공하는 수단을 말한다. 과학이 새로운 지식을 만들어내고자 하고, 기술은 새로운 도구를 만들어 부가가치를 많이 만들어내고자 한다.

과학자들은 복잡한 현상들이 보편적인 체계에 담을 수 있다는 믿음을 가지고 있고, 그 믿음을 바탕으로 현상을 분석하고 그에 대해 합리적인 설명을 부여한다. 그들의 설명은 일관성, 합리성, 정확성, 체계성 등을 추구한다. 그들은 자신들의 연구 결과를 발표하고, 다른 과학자들에게 정보를 제공하며, 그들의 비판도 구한다. 과학자들은 실제적 효용이나 일반대중의 인정보다는 동료 과학자들의 인정을 중요시하고, 새로운 지식을 논문에 발표하여 많은 사람들이 알기를 희망한다. 반면에 기술자들은 주어진 상황에서 부과된 문제를 풀어내는 것이 중요하고, 기술적 발전의 평가에 있어 일관성·합리성 등은 중요하지 않다. 무엇보다 기술자들은 새로운 기술적 지식을 감추고, 특허 제

〈표 6-1〉 과학과 기술의 비교

	과학(Science)	기술(Technology)
사전적 정의	보편적인 법칙의 발견을 목적으로 한 체계적인 지식. 협의로는 자연과학	과학 이론을 실제로 적용하여 사물을 인간 생활에 유용하도록 가공하는 수단
목적	새로운 지식을 만들어내는 것	부가가치를 만들어내는 것
경제와의 관계	당장 경제적인 관점으로만 평가하기 어렵고, 경제 발전보다는 미래 가치의 창출을 위한 장기 투자	기술 개발은 경제 발전, 산업 발전을 위한 직접적인 행위
수행 방식	과학자들은 논문 발표로 통해 지식을 널리 알리고자 함	기술자들은 특허 출원을 통해 다른 사람이 기술을 사용하는 것을 막음
특징	공공재 성격이 강해 국가 차원의 지원이 필요하지만, 민간의 자율성을 침해하는 정부 간섭은 부적절함	공공재 성격이 약해 국가 차원의 지원은 특정 산업과 기업의 생산 활동에 도움이 됨

도를 통해서 다른 사람이 사용하는 것을 막으려고 한다.

정부 차원에서 접근하려고 할 때, 과학은 공공성이 강해 정부의 지원이 광범위하게 필요하지만 당장 경제적인 효과를 기대하기도 어렵고, 장기적으로도 그 결과를 예측하기 어렵다. 또한 정부가 전문 분야를 간섭할수록 자율성을 위축시켜 발전을 더디게 할 수 있다. 반면에 기술은 공공성이 약하고 부가가치를 추구하는 활동이어서 정부의 지원은 직접적인 경제 효과를 비교적 빨리 볼 수 있는 특징을 가지고 있다. 그래서 정부는 과학과 기술을 분리시켜 접근하는 것이 타당한 접근이라고 본다.

정책의 수립·평가 비과학적

대통령 후보를 비롯해서 광역자치단체장, 국회의원, 기초자치단체장에 출마한 후보들은 선거에서 각종 공약을 쏟아낸다. 한 명의 후보 아래에 몇몇의 전문가들이 모여 해당 지역의 문제들을 열거한 다음 그 중에 괜찮은 것들을 선택해 '단기·집중식 의제 개발 방식'으로 공약을 만들어낸다. 공약의 주요 포인트는 이슈의 찬반을 만들어낼 수 있고, 유권자를 현혹할 수 있는 이슈이기 때문에 원인 분석이나 해결 방안 등에 객관적이고 과학적인 분석이 치밀하게 들어갈 필요가 없고, 예산과 절차 등에 대한 검토도 미흡하기 마련이다. 그런데 막상 당선이 되면, 그 공약을 이행해야 하므로 현실의 제약을 무시하고 밀어붙이기 십상이다. 공약을 실천하지 않으면 약속을 어기는 것이 되기 때문에 약속을 지키는 것이 더 중요해진다. 약속을 이행하고 나면 그 공약이 적정했는지는 중요하지 않다. 정치와 정책과의 관계에서 정책의 합리성과 과학성이 정치의 주먹구구식에 종속되고 있는 셈이다. 정책이 끝난 뒤에도 논란은 계속되고 성과물로 축적되지도 못한다.

예를 들어 A후보가 어느 지역에 '다리'를 놓아 주민 불편을 해소하겠다고 하자. 일정한 정책 수요가 있겠지만, '다리를 놓겠다'는 공약을 만들 때 다리 건설의 비용과 편익을 제대로 따져보지 않는다. 이때 주민들은 그 공약에 대해 명확한 판단이 서지 않는다. 주민들이 자신의 돈이 들어가는 것이 아니고

'있으면 좋다 내지 나쁠 것은 없다'는 식으로 생각한다. 만약 A후보가 당선되면 공약대로 다리를 건설해야 한다. 공약을 실천하여 약속을 지키는 것이 비용편익분석이란 효율성에 우선한다. 예산을 확보해 다리를 건설했다고 하면, 사후는 중요하지 않다. 그 다리가 얼마나 사용되고 있고 어떻게 관리되고 있는지는 관심 사항이 아니다. '다리 건설'이란 공약이라고 했지만, 이는 '건물'이 될 수도 있고 '기관'도 되고 '정책'일 수도 있다. 공약의 수립에서 집행 그리고 평가에 이르기까지 합리성과 타당성이 끼어들 틈이 없다.

심지어는 선심성 사업과 세금 낭비를 막기 위해 정한 예비타당성조사까지 무시하기 일쑤이다. 이명박 정부는 경기부양을 위한 4대강 사업에 대해, 문재인 정부는 지역균형발전을 위해 24조 원에 달하는 지역개발 사업에 대해 예비타당성조사를 면제하는 조치를 내렸다. 더불어민주당과 국민의힘은 2021년에 예비타당성조사 면제와 환경영향평가 간소화 등의 특례조항을 넣어 「부산가덕도 신공항건설특별법」을 통과시켰다.

4. 지식의 생산과 대학

선진국 과학기술정책 3세대로 진화

선진국의 과학기술정책은 3세대에 걸쳐 진화해 왔다.[89] 제1세대 정책은 연구실의 과학 활동을 통해 새로운 지식이 창출되면, 그 지식은 자연스럽게 응용되고 상업적 성과로 이어져 기술혁신이 이루어진다는 것이다. 미국의 과학자 바네바 부시가 1945년 루스벨트 대통령에게 보고한 『과학, 끝없는 프론티어(Science, the Endless Frontier)』에서 제시하였다. 특정 분야의 과학기술에 투자하면 사회경제적 문제를 해결할 수 있다는 기술혁신의 선형 관점은 지금도 많은 과학기술자와 정책결정자들의 사고를 지배하고 있다. 혁신 과정은 기초연구→응용 및 개발연구→혁신 및 확산→상업화로 이어지는 선형적 과정이므로 혁신의 주요 원천은 기초연구 활동이다. 이때 중요한 것은 과학을 육성하는 것이었고, 산업 발전은 부수적인 것이었다. 제1세대 정책은 여전히 미국을 비롯한 여러 선진국의 과학기술계를 지배하는 프레임이다.

그러나 1980년대 중반부터 과학기술 활동의 경제적 성과에 주목하는 제2세대 정책이 등장했다. 과학에 대한 투자가 자동적으로 혁신과 경제발전을 가져오지 않는다는 점이 확인되었기 때문이다. 과학 활동의 수준이 상대적으로 낮았던 일본이 기술혁신의 시스템적 특성을 인식하여 '혁신체제' 형태로 접근했다. 대학연구소와 기업 등 다양한 주체들이 지식과 정보를 교환하고 협력하는 활동을 통해 혁신을 이루는 것으로 파악했다. 제2세대 정책은 혁신이 효과적으로 이루어질 수 있는 혁신체제 구축에 정책의 초점이 맞추어져 있다. 지식의 창출과 확산에 적합한 기업 간 상호작용방식, 산·학·연 협력시스템, 혁신 활동을 효과적으로 수행할 금융시스템의 설계 등이 주요 정책과제로 제시되었다.

2000년 들어 지구적 문제의 대응, 사회통합, 지속가능한 발전 등이 주요의제가 되면서 제3세대 정책이 등장하게 된다. 정책 목표가 다원화되면서 혁신정책의 영역도 모든 경제·사회 부문으로 확대되고, 혁신 주체들이 의사결정을 주도하던 틀을 넘어 사용자와 시민사회가 정책 결정에 참여하게 된다.

한국, 정부출연연→기업→대학 순으로

한국의 과학기술정책은 출발부터 경제 성장과 산업 육성에 초점을 맞추었다. 1966년 최초의 정부출연연구소 KIST가 설립되면서 조직적인 연구개발 활동을 시작하였고, 1980년대에 설립된 많은 기업 부설 연구소가 기술 모방에서 벗어나 체계적인 연구개발 활동을 수행했다. 1990년대에 들어 대학도 대학원 운영이 활성화되면서 연구개발 활동을 본격적으로 진행하였다. 그렇지만 추격형 혁신체제가 여전히 힘을 발휘하고 있었다. 정부가 정책 의제와 정책 방향을 정하면, 대기업 중심으로 폐쇄적이고 위계적인 혁신 네트워크를 구축하고 공공연구부문을 포함한 과학기술 행정조직들이 이를 지원했다. 2000년 들어서도 정부가 특정 분야를 선택한 뒤 집중 지원하는 '타케팅' 방식은 여전히 유효하다. 정부가 주도하고 일일이 간섭하는, 중앙집권적이고 하향식 의사결정방식이었다.

여기서 한국의 연구개발 활동이 제도화되는 과정을 보면 선진국과 다른 모습임을 보여준다. 선진국의 경우, 먼저 대학이 학문 활동 차원에서 연구를 시작한 다음, 과학기술의 잠재력을 인식한 기업들이 연구소를 설립해 연구개발에 참여한다. 학계와 민간 부문에 연구개발 활동이 뿌리내린 이후에는 국방 및 보건과 같은 공공 문제를 해결하기 위해 정부가 정부출연연구소를 설립했다. 반면에 한국은 초기부터 과학기술의 잠재력에 주목하여 정부 주도로 연구소를 설립했다. 선진국의 연구개발 활동이 대학→기업→정부출연연구소의 순서로 제도화되었다면, 우리는 역으로 정부출연연구소→기업→대학 순으로 제도화되었다.

한국, 응용연구에 치중, 기초과학의 위기

1990년대 후반 이후 연구개발과 기술혁신 활동에서 정부출연연구소의 역할이 줄어들었다. 대학이 연구개발의 주체로 등장하기 시작했고 기업이 총 연구개발투자의 70퍼센트 이상을 차지하면서 한국의 혁신활동을 주도하게 되었다. 정부출연연구소는 기초연구보다는 기업에 직접적인 도움을 줄 수 있는 응용연구에 초점을 맞추었다.

그 결과 한국의 연구개발은 응용연구에 비중을 둠으로써 기초 연구는 부실한 국가가 되었고, 늘 '기초 과학의 위기'라는 말이 유령처럼 떠돌아다녔다. 여기서 말하는 기초연구가 정부가 생각하는 '로열티를 받을 수 있는 원천기술'을 의미하는지 과학자들이 말하는 '과학의 새로운 지평을 여는 과학'인지 불분명하지만, 대부분의 선진국의 경우 기초연구에 있어 대학에서 50~80%를 차지하는 반면에 한국은 대학이 20%, 기업이 59%를 차지하는 기형적인 구조를 가지게 되었다.[90] 한국은 새로운 과학지식을 창출하는 데 관심도 적고, 투자도 인색한 이류 국가가 되었다. 외국 과학기술을 도입·흡수·소화하는데 급급하고, AI든 제4차 산업혁명이든 외국에서 유행하면 거기에 따라가기에 허둥대는 추격형 국가에서 벗어나지 못하고 있다.

대학 중심으로 과학 선진국 시스템 갖춰야

〈그림 6-2〉 과학지식 시스템의 선순환구조

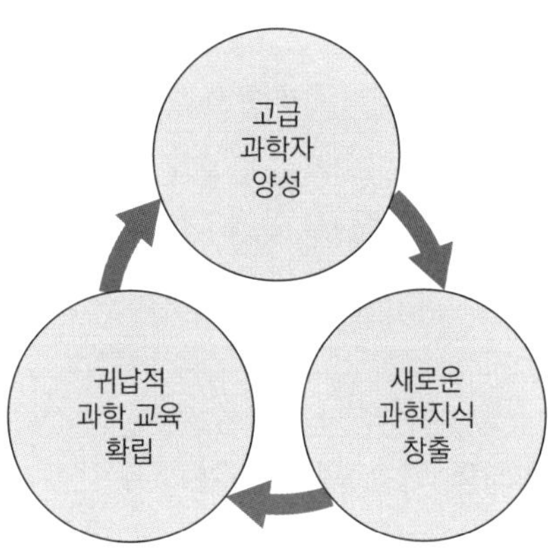

대안은 선진국들이 걸었던 제1세대 정책을 우리가 늦었지만 시작하는 것이다. 과학기술이 아닌 과학을 학문으로 제대로 육성하는 것이다. 연구실에서 과학 활동을 통해 새로운 지식을 창출하고, 그 지식이 자연스럽게 응용되어 상업적 성과로 이어지도록 시스템을 구축하는 것이다. 미국 등 선진국에서 과학기술자와 정책결정자들의 사고를 지배하는 틀로 한국을 재편성하는 것이다. 새로운 과학지식을 만들어낼 과학자들을 양성하고, 그 과학자들이 새로운 과학기술을 창출할 수 있는 시스템을 구축하는 것이다. 그 시스템은 지속가능하도록 〈그림 6-2〉와 같이 고급 과학자 양성→ 새로운 과학지식 창출 →귀납적 과학교육 확립 → 고급 과학자 양성 →…〉이라는 선순환 구조를 구축하는 것이다. 바네바 부시가 제시했던 『과학, 끝없는 프런티어』의 핵심은 과학에 대해 훈련된 인재가 많아야 한다는 것과 그들이 대학과 연구기관에서 새로운 지식을 창출할 수 있도록 환경을 제공하는 것이다.[91] 그 환경은 즉각적이고 가시적인 결과를 얻어야 한다는 압박을 받지 않는 환경을 의미한다. 그래서 대학과 연구기관에 새로운 과학지식의 영역을 확대하도록 지원을 아끼지 않았다. 정부는 기초연구 지원을 통해 새로운 과학지식의 흐름을 늘리고, 고급 과학 인재를 양성하고 그들의 발전을 돕는 것에 집중했다.

그러자면 대학들을 덩치가 큰 종합대학보다는 새로운 본래 과학에 집중하는 연구중심대학으로 개편하는 것이 필요하다. 새롭고 가치 있는 지식을 창출하는 대학이 명성을 얻고 그 대학이 가치 있는 대학으로 인식되어, 고급 과학자들을 길러내는 대학으로 자리 잡도록 해야 한다. 반면에 정부출연연구소는 현재의 연구과제중심제도(PBS)에 갇혀 단기 소형의 응용과제에 집착하기보다는 미국처럼 민간에서 해결하기 어려운 공공의 '큰' 문제를 해결하는 데 초점을 두도록 하고 연구의 자율성을 제고시켜야 한다.

대학, 지식생산·인재양성 '역할 부재'

한국 대학의 교수집단은 '불임' 집단이다. 그들은 새로운 지식을 생산하고 고급 지식인을 양성하는 것이 본령이지만, 그 역할이 미미하다. 교수집단에 소속된 교수 개인은 똑똑하고 합리적이며 한국에서 최고 실력을 갖춘 가장 선진화된 인간이다. 그러나 집단으로서의 교수집단은 폐쇄적이고 비민주적이며 전근대적인 학벌 인종주의, 남성 우월주의, 폐쇄적 파벌주의 등으로 뭉쳐진 집단이다. 대학 외부의 정치권과 시민사회가 근대화, 민주화를 거쳐 왔지만 대학 내부의 교수들은 전근대적인 가장 모순적인 집단으로 남아 있다.

교수들은 국내 명문대학교 학사학위와 미국 연구중심대학의 박사학위의 결합으로 이뤄진 이중의 학벌 체제에서 자신의 기득권을 유지하려고 한다. 서울대 고려대 연세대 등 SKY를 비롯한 서울 명문대 교수직은 미국 유학파들이 점령한 지 이미 오래되었고, 지방의 국공립대와 사립대는 미국 유학파 또는 국내 명문대의 미국 유학파 교수들의 제자들이 점령해 버렸다. 국내 교수들의 체제는 서울대학교를 정점으로 지방 중소도시의 대학에 이르기까지 피라미드 체제를 구성하고 있다.

이런 대학 구조상에서 핵심 문제는 새로운 지식을 만들어내고 고급 지식인 집단을 길러내는 데 큰 역할을 하지 못한다는 점이다. 자연과학 분야에서 노벨상이 나오지 않고 인문사회과학 분야에서 탁월한 연구가 나오지 않는 것도 이 때문이다. 현재의 교수들은 국내에서 학사학위를 받고 미국 대학에서 박사학위를 받은 후배들을 후임 교수로 임용하는 게 한국 학계의 현실이다. 우리 대학들은 직접 학문 후속세대를 길러낸다고 보기 어렵다. 그래서 일각에서는 한국 교수들이 자신의 역할을 제대로 못 하고 기득권만을 유지한다며 대학을 '지식인들을 위한 복지기관'이라고 비아냥거린다.

원인에는 한국 대학의 짧은 역사, 열악한 재정, 학문 후발주자로서의 위치, 첨단연구시설의 부족, 연구조직의 비非전문화 등 여러 가지 원인들이 복합적으로 작용하고 있지만, 학연을 앞세운 학벌 인종주의와 경쟁을 회피하는 지대추구가 핵심 원인이다. 미국에 가서 학문 이론과 방법론을 배우고 익혔으며 미국의 근대적이고 개방적인 교수 문화까지 보고 왔지만, 정작 한국에 돌아와서는 전근대적이고 폐쇄적인 교수 문화에 안주해 기득권화되어 버리기 때문이다.

대표적으로 교수 임용을 보면 미국과 한국은 뚜렷한 차이를 보인다. 미국 대학 교수로 임용되면 종신교수직테뉴어을 받기 위해 6년 동안 고생을 많이 한다.[92] 종신교수직 여부는 통상 학과에서 교수들의 투표에 의해 결정되기 때문에 6년 동안은 눈치를 보면서 살아야 한다. 테뉴어를 받으면 평생직장이 보장되지만, 대학에서 요구하는 연구와 과업에 충실해야 하기 때문에 딴 곳에 신경 쓸 틈이 없다. 연구중심대학에서 연구를 게을리하면 동료 교수들로부터 철저히 무시를 당한다.

반면 한국의 대학 교수는 한 번 교수가 되면 65세인 정년이 보장된다. 승진을 위해 정량적인 논문 점수만 채우면 되는데, 이를 채우지 못해 대학을 그만두는 교수는 거의 없다. 정교수가 되어 테뉴어를 받으면 연구를 하든 안 하든 누구도 상관하지 않는다. 한국 대학에서는 젊은 학과장이 나이 많은 교수에게 공부 좀 하라는 말을 절대 못 한다. 같은 학과 내에서 교수끼리 '형님' '동생'으로 호칭하는 사례가 어느 대학이든 쉽사리 볼 수 있다. 서로 학연으로 얽혀 있고, 장유유서의 유교문화가 뿌리 깊다.

전국 대학, 학과, '끼리끼리' 특정 인맥이 좌우

한국의 교수 임용 과정은 절차주의를 따르지만, 굉장히 폐쇄적이고 불합리하다. 겉으로는 학벌 성별 나이에 구애받지 않고 최고의 자격을 갖춘 사람을 뽑는다고 하지만, 실상을 들어가면 학벌주의가 작용한다. 미국 유학파는 유학파끼리, 서울대 출신은 서울대 출신끼리, 자대 출신은 자대 출신끼리 '우리끼리'가 강력한 힘으로 작용한다. 서울대에서 전국 소도시의 대학에 이르기까지 교수 집단은 특정 인맥에 휘둘리고, 파벌싸움을 일으킨다. 전국의 어느 대학, 어느 학과를 막론하고 특정 인맥에 의해 좌지우지되지 않고, 파벌싸움이 일어나지 않는 곳이 없다고 봐도 지나치지 않다.

김종영 경희대학교(사회학) 교수는 책『지배받은 지배자』에서 현재 미국 유학파가 국내 대학의 정점에 위치한 현행 대학 구조에서 중요하고 독창적인 연구 결과를 내기 어렵다면서 그 이유를 6가지로 분류했다.[93] 김 교수는 연구의 트랜스내셔널 시공간성, 열등한 연구 환경, 파편화된 인정 시스템, 집중할 수 없는 연구 문화, 학문 공동체의 폐쇄성과 타율성, 그리고 학문의 열정의 쇠락 등 이들 요소들이 상호 연관되어 있으며, 독창적이고 우수한 연구를 생산하지 못하는 원인으로 작동한다고 설명한다. 그 결과 미국 유학파 지식인 상당수가 미국에서 만들어진 개념이나 방법론을 한국적 맥락에 적용시키거나 미국 연구자들이 경쟁적으로 다투는 문제를 회피하여 덜 중요한 문제를 다루게 된다. 이런 연구들은 기본적으로 남의 연구를 따라하는 것이기 때문에 독창적이지도 않고 파급력도 떨어진다. 미국 유학파 지식인들은 미국에서의 연구와 학습 경험으로 인해 국내 학위자보다 새로운 지식을 받아들이는 것이 유리하기 때문에 새로운 지식을 창출하기보다는 지식 수입상 역할로 제한되어

버린다. 따라서 한국 학계는 새로운 지식을 창출하는 역할을 잃어버리게 된다.

김경만 서강대 교수는 『글로벌 지식장과 상징폭력』에서 한국에서 가장 똑똑한 학생들이 유학을 가서 '잘하고 와도' 여기 돌아오면 학문적 생산성을 잃는 것은 유학 갔다 와서 거기서 배운 대로 하지 않고 실명 비판 부재, 서로의 학문적 작업에 대한 관심 부재, 대중적 인기에 영합하기 등 한국의 학술문화에 즉각 휩쓸려 버리기 때문이라고 분석했다.[94]

그것도 자율적 학문 공동체의 부재, 학자적 커리어의 부재, 언론과 지식인, 출판업계의 강고한 연줄망 아래에서 진지한 연구는 그 대가를 바랄 수 없기 때문이라고 지적했다.

한편, 한국 대학 교수는 사회적 역할에 비해 사회적으로 과도한 대접을 받고 있다. 새로운 지식을 창출하거나 고급 지식인을 양성하는 본연의 역할을 도외시한 채 교수 출신으로 장관, 국회의원, 청와대 보좌관이 되는 분들을 볼 수 있고 각종 정책 평가에 참여하거나 기업 사외이사로 활동하는 분들도 흔하게 볼 수 있다. 김종영 교수는 한국의 대학 교수를 '우주 최강의 직업'이라고 불렀다.

이런 문제를 대학 또는 교수 자체로 해결하기에는 구조적으로 어렵다는 점이고, 원인도 복합적이어서 해법도 만만치 않다는 점이다. 그래서 '연구중심대학'으로의 전환이 하나의 대안이지 않을까 생각해본다. 현재 대학 체제로서는 본연의 역할을 하고 있지 못하기 때문에 새로운 시스템 차원에서 연구중심대학에 대한 새로운 고민이 필요하다고 본다.

제3부 한국 사회의 유인보상체계

한국에서 성공하거나 부자가 되는 방식은 아직도 조선시대 방식이 유효하다. 지대추구 행위를 선호하고 경쟁을 통한 이윤 추구 행위를 죄악시하거나 회피한다. 예나 지금이나 지대는 국가 권력이나 제도로부터 형성되고, 이윤은 시장을 통해 실현된다. 국가는 시장 원리와 무관한 독점 사업체인 반면에 시장은 경쟁을 통해 지대의 초과이득을 줄여나간다.

제도적으로 지대를 억제하고 이윤을 장려해야 한다. 이것이 수평사회의 과제이다. 사회의 유인보상체계가 개개인의 정당한 노력에 대한 보상뿐만 아니라 사회 전체의 부를 늘리는 방향으로 설계되고 개선되어야 한다. 역사적으로 어느 사회이든 기득권 집단은 자신들에게 유리한 지대를 만들고, 그 초과이득을 향유하기 위해 정치의 힘을 빌렸으며, 그 정치는 유인보상체계가 그들에게 유리하게끔 제도화했다.

만약 젊은 청년들을 포함해 모든 국민들로 하여금 지대적 경쟁으로 쏠리게 한다면, 국민의 노력과 열정을 갉아먹고 사회적으로 유인보상체계를 왜곡시켜 국가의 발전을 가로막는다. 4차 산업혁명 시대에 이윤적 경쟁에 뛰어들어 기업가정신을 발휘하고 새로운 사회적 가치와 부를 창출하는 길이 개인의 정당한 노력을 보상해주는 길이며 국가를 번영으로 이끄는 길이다.

제7장

지대

한국 사회는 부동산 지대와 양반 지대를 추구하려고 한다. 눈부신 경제 성장과 함께 부동산이 개발되면서 한정된 토지는 엄청난 지대를 양산해냈다. 50년간 쌀값이 50배 상승했다면, 땅값은 3,000배 치솟았고 전 국민이 부동산 불로소득을 찾아 헤매었다. 투기를 억제하고 불로소득을 환수하기 위해 종합부동산세를 마련했지만, 아직 역부족이다. 토지공개념과 보유세를 통해 부동산 지대를 환수해야 한다.

또한 한국인의 성공 공식에 '좋은 직업군'은 양반 지대이다. 공무원제도와 각종 면허제도가 가진 정당성에도 불구하고, 다른 사회부문에 악영향을 미치거나 새로운 시대 변화에 걸림돌이라면 전체 사회의 이익을 위해 줄여야 한다. 조선의 사농공상 의식이 되살아나고 기업가 정신의 토양을 없애는 양반 지대를 억제해야 한다.

21세기 한국에는 지대 추구 행위가 만연하고 기업가 정신을 가지고 도전에 나설 공간이 부족하다. 부동산에 투자해서 떼돈을 벌고 안락한 '양반'이 되면 권력과 부귀와 명예가 보장되는데, 누가 위험하고 불확실한 일에 도전하려고 하겠는가.

1. 지대와 이윤

중세 사회 '지대적 경쟁'

자연스럽게 모인 2인 이상의 조직이 재산과 부를 늘리는 방법은 내부보다 외부로부터 재산과 부를 가져오는 것인데 방법은 크게 두 가지다. 하나는 권력이나 강제력을 동원해 외부의 것을 일방적으로 가져오는 것이고, 다른 하나는 내부의 무엇을 외부에 주고 외부의 다른 것을 가져오는 것이다. 전자는 전쟁이나 권력을 통해, 후자는 무역이나 거래를 통해 이루어진다. 보통 모임은 회원들에게 회비를 거두어 운영하는데 모임에는 자발적인 의사에 따라 돈을 내는 친목회, 교회나 절 등도 있고, 강요와 협박에 의해 돈을 내야만 하는 폭력집단도 있다. 회비만으로는 그 모임의 욕망이 충족되지 않으면 내부에 회비를 더 강요하거나 외부를 향해 더욱 적극적인 공세를 감행한다.

전통적으로 국가라는 조직은 특정 지역을 점령하고 그 지역에 거주하는 백성을 지배하는 정주형定住型 도적들로부터 출발한다. 국가는 전제국가 형태를 취하고, 토지소유자에게 전세를 거두고 백성들에게 노동력을 거두는 방식으로 세금을 부과했다. 이때 가족의 장은 왕에게 충성하여 땅을 하사받아 지주가 되거나 왕명을 출납하는 관료가 되어 부귀를 누렸다.

전제 군주를 비롯한 소수 지배계급은 부를 늘리기 위해 또는 가진 부를 보호하기 위해 외부 적과의 전쟁도 불사했으며, 백성들로부터 세금을 과도하게 수탈했다. 그러나 전쟁에서 패해 망하기도 하고, 과도한 수취체계로 인해 민심 이반을 겪고 체제가 붕괴하기도 한다. 그러면 얼마 후 새로운 군벌軍閥이 등장해 땅을 점령하고 백성을 지배하며 왕을 자처했다. 이런 흥망성쇠의 역사는 수천 년간 반복되었다.

전제 군주는 모든 입법·행정·사법권을 자기 손에 쥐고 흔들었고, 전쟁 등을 통해 왕국의 영토를 확대하였으며 그에 따라 자기 봉지를 신하들에게 나눠 주거나 권력의 일부를 관료들에게 위임했다. 왕의 대리인이 왕의 지시와 명령을 어길 것에 대비해 국가는 법과 규정을 만들었으며, 왕의 사무를 맡은 대리인들은 왕명이나 법과 규정에 의해 사무를 처리했다.

이런 국가에서 개인이 성공하거나 부귀를 누리는 길은 전쟁에서 전공을 세워 토지를 하사받거나 과거에 합격해 관료가 되는 길뿐이었다. 국가 내에 있는 토지와 관료라는 지위는 국가에 의해 공급되는 한정된 재화이다. 중세사회에서 개인 간의 경쟁이란 국가 권력에 의해 한정된 재화를 먼저 차지하기 위한 경쟁이다. '국가 권력에 의해 공급량이 제한된 재화를 차지한 자가 누리는 초과이익'을 지대라고 정의하므로, 이때의 경쟁을 '지대적 경쟁'이라고 한다.

근대 사회 '이윤적 경쟁'

근대에 등장한 회사는 무역 또는 거래를 통해 이윤을 추구하며 부를 쌓아간다. 이렇게 부를 쌓는 방식은 고대부터 존재해 왔지만, 중세까지 체제 안정과 질서 유지를 이유로 자유화되지 못했고 국가 권력의 통제 아래 제한적으로만 허용되었다. 1862년 영국에서 처음으로 회사법이 제정되면서 회사 설립이 보편화되기 시작했고, 그 전까지는 국가 권력의 허가를 받아야 가능했다. 그래서 기업은 근대의 산물이다. 대표적인 기업 형태는 주식회사이다.

투자자로부터 자금을 투자받은 주식회사는 고객에게 상품을 팔아 이윤을 남긴다. 이윤은 단순히 매출액에서 비용을 뺀 금액인데, 고객에게 상품을 팔아서 생긴 총 매출액에서 그 상품을 만들거나 조달한 비용을 뺀 금액을 말한다. 이윤을 높이려면 매출을 올리거나 비용을 줄여야 한다. 16~19세기 중상주의 시대에 서구 열강들이 매출액을 올리기 위해 식민지 쟁탈전에 앞장을 섰고, 비용을 줄이기 위해 노동을 착취했던 어두운 역사가 있었다. 하지만 현대 자본주의 사회에서 이윤을 얻기 위한 비즈니스는 매출액 증대와 비용 감소에만 국한되지 않는다. 어떤 고객을 대상으로 어떤 상품이나 서비스를 제공하고, 어떤 마케팅을 하고 어떻게 전달하며, 어떻게 돈을 벌 것인가 하는 총체적인 생각을 가지고 뛰어든다. 이때의 경쟁을 '이윤적 경쟁'이라고 한다. 이윤을 위해 뛰어든 사람들이 기업가이고 그들은 불확실성과 위험을 무릅쓰고 자신만의 상품이나 서비스를 개발하고 판매하여 수익을 올린다. 이것이 자본주의 발전의 기본 동력이다.

한국 사회, 지대추구 행위 '범람'

한국 사회에서 돈을 버는 방식은 이윤 추구보다 지대 추구 행위가 압도적이다. 신문 제목으로 등장하는 '조물주 위에 건물주' '너도 나도 공시족' '서울대보다 의대 열풍'과 같은 문구들이 이런 현상을 잘 말해 주고 있다.

정당하게 노력하더라도 평생 아파트를 살 수 없거나 월급 상당액이 전세·월세 비용에 쓰인다면, 열심히 노동하더라도 개인의 발전과 재산의 증가를 기대할 수 없다면 노력과 열정은 사그라들 수밖에 없다. 한때의 노력과 반짝이는 두뇌로 먼저 자리를 차지하고 난 뒤, 뚜렷한 성과도 없이 자리를 지키고 있다면 그 조직은 머잖아 퇴보할 것이다. 정규직과 유사한 노동을 했는데도 불구하고 성과를 제대로 평가받지 못하고, 비정규직이라는 지위에 따라 보수가 결정된다면 그 조직의 화합과 발전은 기대하기 어렵다.

N포 세대라는 말이 그냥 나온 게 아니다. 연애·결혼·출산 3가지를 포기한 삼포 세대에서 집과 경력을 포함한 오포세대, 취미와 인간관계까지 포함한 칠포 세대까지 나왔다. 스스로 삶의 중요한 선택들을 포기할 정도로 우리 사회에 유인체계가 무너졌음을 의미한다. 젊은이들에게 긍정적인 도전과 과감한 선택을 유도하는 보상체계를 다시 세워야 한다. 그 최우선적으로 해야 할 일이 바로 지대추구 행위를 제도적으로 억제하는 일이다.

역사적으로 지대추구 행위는 왕권이 강력할 때 또는 중앙정부의 권력이 강할 때 이루어졌다. 하나의 지배 권력이 존재하는 수직사회에서 지대가 잘 형성되었다. 지대는 본질적으로 국가 권력과 관련되어 있기 때문이다. 이런 사회에서 유능한 사람들은 스스로 부가가치를 생산하며 사업을 벌이기보다는 관료가 되어 권력을 잡거나 권력자에 줄을 대 사업을 벌였다.

'니덤의 퍼즐(Needham Puzzle)'이라는 말이 있다. 『중국의 과학과 문명』을 저술한 영국의 생화학자 조지프 니덤이 중국은 화약 나침반 종이 인쇄술 등을 발명한 기술 선도 국가였는데, '왜 과학혁명은 서양에서 일어나고 중국에서 일어나지 못했을까'라는 의문을 제기했다. 여러 가지 답안이 있으나 유교사상을 바탕으로 한 과거제 때문이라는 게 정설이다.

중국의 재능 있는 인재들은 부와 명예가 확실한 과거시험에 몰두했는데, 사서오경을 깨치고 팔고문八股文을 익히며 시험을 준비하는 데 최소 10년 이상을 소비했다. 과거에 급제한 뒤로 승진을 위해 유학의 이론체계를 끊임없이 갈고 닦았다. 이렇게 형성된 관료제도가 중국의 방대한 영토를 다스리고 사회를 통합하는 데 큰 도움을 주었지만, 과학을 발전시키고 산업혁명을 일으키기에는 역부족이었다.

한국 사회, 조선으로 퇴행 중

니덤의 퍼즐을 '왜 산업혁명이 영국에서 일어나고 중국에서 일어나지 못했을까'로 바꾸고, 지대와 관련시켜 보자. 지대는 토지처럼 자연발생적인 것을 제외하면, 대부분 국가 권력에 의해 발생한다. 지대추구 행위 개념을 처음 고안한 미국의 경제학자 고든 털럭은 영국과 중국의 차이를 이렇게 설명한다.

"양국의 근본적인 차이점은 영국에서는 정부와 연결되지 않고도 부자가 되거나 중요한 인물이 될 수 있는 반면에, 중국에서는 그런 길이 없었다. 영국에서는 보잘것없는 기계공이 증기기관을 발명하고 이발사가 최초로 방적공장을 세울 수 있었고 그들은 부자가 되었다. 그러나 중국에서는 영국과 같은 일이 일어날 수는 있었겠지만, 부자가 될 수는 없었기 때문에 실제로 그런 일이 일어나지 않았다."[95]

털럭이 설명한 문장에서, 중국을 조선으로 바꾸어도 전혀 이상하지 않다. 조선이 과학혁명, 산업혁명, 근대화를 이루지 못한 원인으로 과거제나 지대 때문이라고 해도 틀린 말이 아니다. 그런데 문제는 지금 한국 사회에 지대추구 행위가 범람하고 있다는 점이다. 이는 젊은 청년들을 포함해 국민들로 하여금 지대적 경쟁으로 쏠리게 함으로써, 국민들의 노력과 열정을 갉아먹고 사회 전체적으로 사회보상체계를 무력화시키며 국가의 발전을 가로막고 있다는 것을 의미한다.

유대인들 지대추구 안 해

역사적으로 지대를 추구하지 않고 이윤을 추구한 민족이 있다.[96] 바로 유대인이다. 팔레스타인에 거주했던 이들은 1세기 전후 로마제국에 저항하다 패배한 뒤 국가를 잃어버리고 2,000년 동안 세계 각지를 떠돌며 흩어져 살았다. 이들은 특정 지역에 국가를 세운 적도 없었고, 종교를 포교하려는 목적으로 교회를 세운 적도 없었다. 세계 도처에 흩어져 살면서 정주定住하는 국가의 언어를 배웠지만, 부동산을 취득하려고 하거나 정주 국가의 관료가 되려고 하지 않았다. 정주하는 국가에서 유대인들이 토지를 소유하거나 공직에 진출하는 것을 용납하지 않았기 때문이다.

수많은 박해와 제약을 받으면서 유대인이 살아갈 길을 오로지 장사밖에 남아 있지 않았다. 유대인들의 상업적 기질은 선천적인 것이라기보다는 후천적인 것이고, 살아남기 위한 몸부림이었다. 그들에게는 땅에 투자해 돈을 벌거나 정부 관리가 되려는 DNA가 없었다. 철저히 상인으로서의 자질을 키웠고, 매매에 필요한 읽고 쓰고 계산하고 협상하는 법을 터득했다. 일찍이 비즈니스에 노출된 이들은 남의 땅에서 살아남기 위해서 땅보다 화폐에 더 집착했고, 상업과 수공업에 종사했다.

하지만 16~18세기 중상주의 시대가 도래하면서 유대인들은 상업 유통 금융 무역 등에서 중심 역할을 수행하며 그들의 능력을 꽃피웠다. 현대 자본주의에서 유대인들은 세계에서 가장 강력한 경제 권력 집단이고, 미국의 월가와 연방준비제도이사회를 쥐락펴락하고 있다. 특히 세계시장에서 금융과 유통 그리고 서비스산업의 중심에는 언제나 유대인들이 자리잡고 있다.

2. 지대의 개념과 지대추구 행위

지대, 원래 토지·건물의 임대료

지대(rent)는 원래 토지나 건물을 사용한 대가로 지불하는 비용인 임대료를 뜻한다. 그런데 이 책에서 말하는 지대는 원래 의미를 넘어 '경제적 지대(economic rent)'를 뜻한다. 토지나 건물은 수요와 공급의 시장 원리가 잘 작동되지 않는 재화이다. 토지는 공급이 제한되어 있고, 건물은 제때 공급하기 곤란하다. 수요가 늘어나면 그 소유자는 생산적인 노동을 기울이지 않아도 가격이 상승하기 때문에 적지 않는 이득을 얻게 된다. 여기서 정상가격을 초과하는 이득이 경제적 지대다.

경제학자들은 토지나 건물의 이런 '공급 비탄력성'에 착안하여 경제적 지대를 설명했는데, 이를 토지나 건물이 아니라 모든 생산요소에 적용하여 사용한다. 그래서 경제적 지대를 '생산요소의 기회비용을 초과하는 소득' '생산요소의 공급이 비탄력적이기 때문에 추가로 지급되는 보수'라고 정의한다.

다시 말하면 생산요소의 공급이 제한되었을 때 실제 시장의 가격은, 생산요소의 공급이 자유로울 때의 이상적인 시장의 가격보다 훨씬 비싸게 된다. 그 초과된 이득이 경제적 지대이며, 사회적으로 과도하게 또는 불필요하게 비용을 지불하게 된다.

경제적 지대	=	실제 시장의 가격 (공급이 제한)	-	이상적인 시장의 가격 (공급이 자유)

경제적 지대, 공급 제한된 재화로부터 발생

그런데 경제적 지대에서 알아야 할 핵심 포인트는 토지나 건물은 비탄력적인 재화이기 때문에 지대가 발생하지만, 생산요소들 가운데 상당수가 정부가 공급을 제한하기 때문에 지대가 발생한다는 점이다. 예를 들어 유명 연예인이나 프로 선수들이 높은 보수를 받는 것은 이들의 공급이 한정되어 있고 수요는 많기 때문이다. 하지만 개인택시 면허의 경우는 지방자치단체가 제한적으로 발급하기 때문에 지대가 발생한다. 의사나 변호사가 높은 수입을 올릴 수 있는 것은 의사자격시험과 변호사시험에 합격하지 못하면 개업을 할 수 없기 때문이다. 해당 시장으로의 진입은 제도적으로 법적으로 제한되어 있다. 수입 상품의 경우도 수입 원가보다 엄청나게 높은 가격으로 판매되는 것도 수입 상품 대리점이 제한되어 있기 때문이다.

네이버 지식백과의 '21세기 정치학대사전'에는 지대를 '국가 권력이 공급량을 제한하고 있는 재화의 공급자가 독점적으로 얻는 이익'이라고 정의하는데, 지대와 권력 사이의 관계를 잘 설명하고 있다. 흔히 민주국가보다는 독재국가에서, 분권화된 지방정부보다는 강력한 중앙정부에서 지대추구행위가 자주 발생하는 것으로 알려져 있다.

지대 = 국가 권력이 공급량을 제한한 재화(서비스)의 공급자가 누리는 초과이익

자격 유무에 따라 지대 커지면, 폐해 줄여야

지대란 개념이 재화나 서비스 등에 폭넓게 적용되고, 노동이란 생산요소에도 적용된다. 그래서 '자릿세' '자리 프리미엄'이라고도 한다. 국가 권력은 법령이나 제도에 의해 특정 자격시험에 합격한 사람에게 특정한 지위를 부여할 수 있고, 특정 진입 시험에 합격한 사람에게 특정 집단에 소속시켜 특정한 업

무를 종사하게 할 수 있다. 이때 특정 자격을 얻은 사람과 얻지 못한 사람, 진입 시험에 합격한 사람과 합격하지 못한 사람 사이에는 뚜렷한 경계가 생긴다. 그 자체로도 정당성이 부여된다고 하지만, 안과 밖을 가르는 경계를 근거로 내부자와 외부자 간에 지대가 발생한다. 안과 밖, 소속과 비소속, 자격의 소유와 비소유를 가르는 경계의 차이가 심할수록 지대는 더욱 커지기 마련이다. 다시 말해 내부자에게 제공되는 특권이나 특혜가 당연시되고, 외부자에게 배제와 차별이 당연시될수록, 그로 인한 폐해는 사회 전체의 이익과 견주어 보아야 하고, 그 폐해가 크다면 그 경계를 허물어야 한다.

지대는 무조건 악이 아니다. 지대는 시대와 상황에 따라 다르다. 국가 권력이 특정 시기에 특정 목적을 위해 인위적으로 특정 영역에 자원을 몰아주었다고 하자, 그러면 그 목적은 언제까지나 유효할까. 그렇지 않다. 유효기간이 지나면 부작용이 일어나기 마련이다. 제때 조정하지 않으면 국가의 발전과 국민 전체의 이익에 반한다. 지대가 적정하면 개인과 사회발전에 촉매제가 되기도 하지만, 과도하면 사회의 보상체계를 왜곡시켜서 사회 발전을 퇴보시킨다.

지대추구는 개인에 이득, 사회엔 낭비

지대추구(rent seeking)란 지대를 획득하려는 활동이다. 그러나 지대를 획득하려는 모든 활동이 지대추구로 보지 않고 '사회적으로 낭비를 가져오는 활동만'을 가리킨다. 보통 새로운 기술의 개발로 독점력을 얻게 된 기업은 독점지대독점이윤를 누리는데 이런 활동은 바람직한 이윤추구 활동이다. 시장에서 독점지대가 발생하면 이것을 신호로 다른 기업이 진입하고, 그에 따라 생산은 증가하고 가격은 하락하여 종국에는 독점지대는 사라진다. 그러면 국가의 부가 늘어나고 소비자 후생이 높아진다.

하지만 국가 권력이 인위적으로 진입 장벽을 쳐서 만들어낸 독점지대는 시장에서 사라지지 않는다. 이 독점지대를 획득하기 위해 자원을 지출했다고 하더라도, 추가적으로 부가가치가 생산되지 않는다. 독점지대를 획득한 개인에게는 이익일 수는 있으나, 사회 차원에서 순기능이 나타나지 않는 사회적 낭비일 뿐이다. 그래서 지대추구는 오직 사회적 낭비를 초래하는 지대를 획득하려는 활동만을 가리킨다.

정부가 경쟁을 제한하여 인위적으로 지대를 창출한다든지, 사회의 구성원들끼리 소득의 이전을 가져오려고 할 때 지대를 추구하려고 나선다. 이들 경우는 지대를 획득하기 위해 자원을 지출했으나 생산이 늘어나지 않았으므로 자원 지출은 사회적 낭비이다.

토지처럼 자연발생 또는 국가 권력에 의해 발생

〈표 7-1〉에서 공급량이 제한되는 생산요소나 산업 분야에 따라, 또 공급량을 제한하는 주체에 따라 지대의 종류는 다양하다. 여기서는 공급량을 제한한 주체에 따라 분류해 본다.[97] 먼저 부동산 지대는 제한된 토지로 인해 발생한다. 대한민국처럼 좁은 땅덩어리에서 1960년대 이후 도시화와 공업화로 인해 무분별하게 부동산이 개발되면서 엄청난 지대가 발생했고, 이런 사실을 국민 모두 지켜봤고 생생히 경험했다. 이제는 기업은 대기업에서 중소기업에 이르기까지, 국민은 정치인, 건설업자를 비롯해 중산층, 서민층에 이르기까지 부동산으로 '대박'을 노리는 사회가 되었다.

둘째, 국가 권력에 의해 지대가 발생한다. 국가 권력에 의한 공무원제도와 각종 면허제도, 그리고 각 산업 분야의 규제를 들 수 있다. 국가가 어떤 법령

〈표 7-1〉 지대의 종류

생산요소 또는 분야 / 공급제한 주체	토지 (건물 포함)	노동 (자격 포함)	기술	산업
자연발생	● 부동산			
국가 권력 법과 제도		● 공무원 교사 등 ● 의사 변호사 등		● 규제
기업			◎ 신기술	● 담합 또는 반경쟁행위
개인		◎ 프로선수, 연예인		

출처: 김대호. 2018. "문제는 권력과 지대의 과잉이다." 바른사회시민회의 '대한민국 체인지업' 연속토론회 2차 「지대추구집단 개혁에 일자리 운명이 달려 있다!」

과 제도를 입안할 때, 당시 사회문제를 해결하거나 특정 목적을 이루기 위해 입안한다. 하지만 세월이 지나 현실이 변하면, 그 법령과 제도는 시대에 맞지 않을 뿐만 아니라 기득권을 보호하는 지대를 발생시킬 수 있다. 국가 권력이 지대를 만들기도 하고 지대를 없애는 개혁을 단행하기도 한다.

공공부문·면허·규제가 독점지대 야기

공무원과 교사는 청년들에게 선망의 대상이 된 직업이다. 이들은 시험을 통해 합격자를 선발함으로써 합격자에게 정당성을 부여하지만, 내부자와 외부자 간의 특혜와 차별이 심해지고 그에 따라 지대가 발생한다. 그래서 취업준비생 105만 명 중 41만 명이 공무원을 준비하고 있고, 매년 50대 1 이상의 경쟁률을 보이고 있다.[98] 교사의 경우도 만만치 않다. 국공립 중등교사가 되려면 교사 2급 교원자격증을 가진 이들이 임용시험중등교원임용경쟁시험에 합격해야 한다. 교사 2급 교원자격증을 받으려면, 사범대학을 졸업했거나 교육대학원 석사과정을 마쳐야 하고, 아니면 일반대학에서 학부 또는 학과 내 상위 5~10%에 속하는 상위권으로 교직과정을 이수해야 한다. 그래서 임용시험에 응시하는 이들은 허수가 없다. 실제 교사가 되려고 하고 몇 년씩 준비한다. 경쟁률은 10대 1 이상이다.

의사 한의사 변호사 회계사 등은 면허(license)로부터 발생하기 때문에 본질적으로 지대이다. 의대를 선호하는 의대 열풍은 청년들이 고소득, 직업적 안정성, 사회적 평판 등을 선호하는 경향을 보여준다.

규제는 정부가 독점권을 부여하거나 진입을 제한하기 위해 개입하는 경우이다. 어느 산업에서 독점지대를 가져오는 가장 효과적인 방법은 공급을 제한하고 허가 없이 진입할 수 없도록 하는 법령을 제정하는 것이다. 민간기업이나 이익집단들이 정부를 상대로 독점권을 부여받기 위해 로비를 벌일 수 있고, 관료들이 정치가들의회을 상대로 로비를 벌일 수도 있다. 규제가 순기능 때문에 시작되었다 하더라도, 규제를 장벽 삼아 지대를 추구하는 이익집단이 형성되므로 규제의 부작용은 필연적으로 발생할 수밖에 없다.

한편, 독점기업이나 과점기업들이 서로 상품의 가격, 거래조건, 거래량 등을 제한하는 담합, 불공정행위도 지대추구에 해당되지만 이 책에서는 관심의 대상이 아니다. 또, 기업이 신기술을 개발하여 독점 이윤을 누리거나, 프로선수들이나 연예인들이 누리는 독점지대는 사회적으로 순기능을 발생시키므로 보통 지대라고 하지 않는다.

지대는 부富 창출 않고 강제 이전시켜

부자가 되는 비결은 지대를 획득하거나 이윤을 획득하는 것이다. 지대는 부를 창출하지 않고 다른 사람들이 창출한 부를 이전시킨다. 부를 창출한 대가로 수익을 내는 것이 아니라, 창출된 부 가운데 어떤 몫을 대가를 지불하지 않고 이전해 오는 것을 의미한다. 그래서 개인이나 기업들의 지대추구 행위는 개별적으로 이익을 극대화하는 합리적인 행위라고 하더라도, 사회 전체의 이익에 배치되는 성격을 지니고 있다.

풍부한 천연자원을 가진 국가들일수록 지대추구가 극심한데, 이유는 새로운 부를 창출해서 부자가 되는 것보다 풍부한 자원에 쉽게 접근할 수 있는 권리를 얻는 것이 쉽기 때문이다. 대개 자원 부국은 자원 빈국보다 경제 성장이 더디다. 그래서 '천연자원의 저주(resource curse)'라는 말이 있을 정도다.

그래서 지대추구 행위가 극성일수록 국가가 퇴보하고, 지대추구 행위를 억제할수록 국가는 성장하고 발전한다. 선진국들은 공급자가 혁신적인 활동을 통해 초과이득을 얻도록 하고, 이를 경제 발전의 원동력으로 규정하고 보호하는 대신 각종 지대추구 행위로 발생하는 초과이득은 경제 발전의 걸림돌로 보고 억제한다.

한국만큼 성공 의지와 혁신 의지가 충만한 나라도 드물었지만, 오늘날은 이윤적 경쟁을 향한 도전정신이 사그라졌다. 21세기에 조선시대의 지대추구 행위가 만연하기 때문에 기업가 정신을 가지고 이윤추구에 나설 의지가 들어설 공간이 협소다. 부동산에 투자해서 떼돈을 벌고, 안정된 공무원이 되면 권력과 부귀 그리고 명예가 보장되는데 누가 굳이 위험하고 불확실한 일에 도전하려고 하겠는가.

3. 부동산 지대

50년간 땅값 3,000배, 쌀값은 50배

대한민국의 발전을 가로막고 있는 지대 가운데 부동산 지대가 가장 크다. 지난 60년간의 고속 성장은 다양한 유형의 부동산 개발과 함께 이루어졌다. 산업단지 개발, 특별구역 지정, 100만 호 아파트 공급, 재개발과 재건축, 혁신도시 건설, 신행정도시 건설 등 정부가 부동산 개발을 주도해왔고, 그 개발은 일반 도로는 물론 고속도로, 철도, 지하철, 항만, 상하수도, 발전소 및 송배전망, 전자통신망 등 각종 사회 인프라 투자로 이어졌다.

정부의 산업정책도 부동산 개발에 기여했다. 철강, 중화학, 자동차, 조선 및 해운업, 공항 및 항공, 반도체 등 다양한 산업을 키웠고 산업 입지는 부동산 개발의 촉매 역할을 했다. 그 결과 다수의 일자리가 만들어졌고 국민소득도 크게 증가했다. 급격한 소득 상승은 주택 수요를 증폭시켰고 도시를 중심으로 대단위 아파트들이 조성되었다.

여기서 부동산 가격의 변화를 보자. 경제 개발이 시작된 1964년부터 2013년까지 50년 동안 한국의 땅값은 약 3,000배 올랐다.[99] 평균 지가가 1㎡당 19.6원에서 5만 8,325원으로 2,976배만큼 상승한 것이다. 쌀(50배), 연탄(55.7배), 휘발유(77.5배) 같은 생활필수품과 비교하면 차이가 극심하다. 같은 기간 명목 국내총생산(GDP)이 1,933배 성장했던 것에 비해서도 훨씬 가팔랐다. 산업화와 도시화에 따른 부동산 개발에다 '부동산 투기'라는 사회현상까지 더해진 결과라고 볼 수밖에 없다. 부동산을 소유한 사람들은 가만히 앉아서 엄청난 불로소득을 얻게 된 것이다. 그래서 '부동산 공화국'이라 부른다. 더욱이 전국을 평균해서 2,976배 올랐다면, 인구와 산업이 집중된 서울과 수도권, 지방 대도시 그리고 산업도시와 도심지의 부동산 가격은 이보다 훨씬 더 올랐을 것이다.

부동산이 한국 부의 89.7%

한국의 전체 토지가격도 1964년 1조 9,300억 원에서 2013년 5,848조 원으로 3,030배 증가했다. GDP 대비 지가총액 비율은 1964~2013년 평균 392%다. 2013년 말 현재 GDP 대비 지가총액 비율은 4배 수준(409%)이다. 토지 총자산(5,848조 원)에다 건물 자산(3,941조 5,000억 원)을 더하면, 총 국민순자산(1경 1,039조 2,000억 원)의 88.7%에 달한다. 한국의 부 가운데 토지와 건물의 비중이 90%에 가깝다는 의미이다.

우리의 총 땅값 규모가 GDP의 4배에 달하는데 다른 나라들의 사정은 어떠할까. 2015년도를 기준으로 할 때, 한국이 4.2배로 가장 높고, 호주가 3.1배, 가까운 일본은 2.6개를 기록하고 있다. 독일, 핀란드, 스웨덴, 노르웨이 등 많은 국가들이 1배 내외 비율을 안정적으로 유지하고 있는 편이다. 게다가 문재인 정부 시절 부동산 가격이 폭등하면서 2020년 말 GDP 대비 토지가격이 역

〈그림 7-1〉 2015년도 주요국의 GDP 대비 토지가격

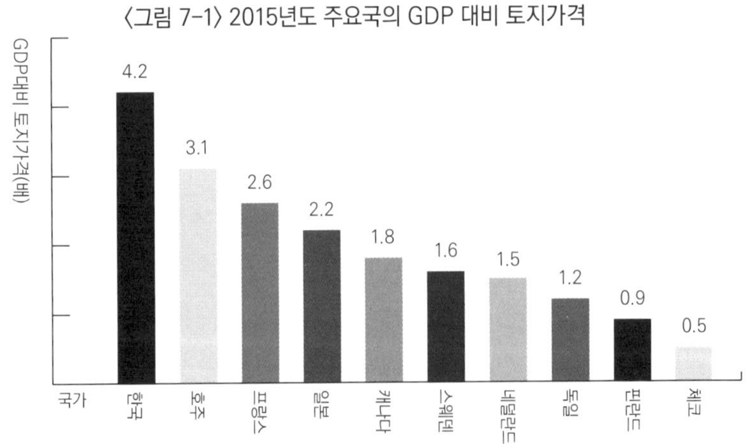

출처: 이진수·남기업. 2017. "주요국의 토지가격 장기추이 비교" 『토지+자유리포트』 16호. 토지+자유연구소.

대 최고 수준인 5배에 도달했다.[100)]

부동산 불로소득, GDP 22.9%

부동산이 한국의 부의 88.7%에 달하는데, 부동산에 벌어들이는 소득은 얼마나 될까. 한 연구[101)]에 따르면, 한국에서 매년 GDP의 30%에 달하는 부동산 소득이 발생하고, 부동산 소득에서 매입 가액에 대한 이자를 뺀 불로소득이 매년 300조 원을 초과하는 것으로 나타났다. 2016년 부동산 불로소득의 규모는 374조 6,000억 원으로 GDP의 22.9%였다.

〈표 7-2〉 부동산 불로소득 추산

연도(년)	2007	2008	2009	2010	2011	2012	2013	2014	2015	2016
주택 (조원)	151.3	144.1	180.2	184.5	176.4	172.4	177.8	176.1	181.0	197.8
비주거용 건물 (조원)	97.5	93.7	107.6	115.8	117.4	113.7	115.1	111.3	125.7	135.8
토지 (조원)	30.7	26.8	31.9	32.4	30.9	32.6	34.9	35.8	39.4	41.0
합계 (조원)	279.6	264.6	319.7	332.7	324.6	318.7	327.7	323.2	346.2	374.6
합계/GDP (%)	26.8	24.0	27.8	26.3	24.4	23.1	22.9	21.7	22.1	22.9

출처 : 남기업·전강수·강남훈·이진수. 2017. '부동산과 불평등 그리고 국토보유세' 『사회경제평론』 제30권 제3호 pp.107~140, 한국 사회경제학회.

부동산 소득이 아무리 크다고 하더라도 모든 국민에게 골고루 돌아간다면 큰 문제라고 할 수 없다. 그러나 부동산 소유가 소수에게 독점되어 있다면 다르다.

더불어민주당 김영주 의원실에 따르면, 부동산 보유금액 상위 10% 개인이 전체 개인 소유지의 65%를, 법인 토지소유자 상위 1%가 전체 법인 소유지의 75.2%를 소유하고 있는 것으로 나타났다.[102)] 김영주 의원이 국세청과 안전행정부로부터 제출받은 2008~2014년 기간 중 기업과 개인의 100분위별 부동산 소유 현황을 분석한 결과, 지난 2014년 부동산 보유금액 상위 1%에 해당하는 1,549개 기업이 보유한 부동산 총액은 966조 원으로 1개 기업당 평균 6,237억 원에 해당하는 부동산을 보유하고 있었다. 이는 2008년 상위 1%인

1,107개 기업 보유 부동산 가격 545조 5,000억 원(1개 기업당 4,928억 원)보다 약 77% 가량 늘어난 것이다.

개인의 부동산 소유도 분위별로 집중도가 심화되고 있다. 2008년 상위 1% 개인이 보유한 부동산은 473조 원, 상위 10% 개인이 보유한 부동산이 1,362조 원의 부동산을 소유하고 있었는데, 2014년에는 각각 519조 원, 1,497조 원으로 증가한 것이다.

토지 소유는 소득 분위별로 집중화되고 있는 상태에서 불로소득은 그 토지 소유자들에게 집중되고 있는 것이다. 그런데도 불로소득에 대한 합리적인 대책은 별로 없고, 대안 마련을 위한 노력은 소극적이다.

부동산 불로소득에 세금은 너무 낮아

부동산 불로소득의 크기가 엄청나고 특정 소수가 집중 소유하고 있음을 밝혔다. 그런데 그에 대한 대책이 무엇일까? 부동산 지대로 인한 문제를 해결하는 길은 불로소득을 세금으로 환수하는 것이다. 그러나 한국은 다른 국가에 비해 불로소득 환수비율이 낮다. 2015년 한국의 GDP 대비 보유세 비율이 0.8%로 OECD 평균 1.12에 비해 낮다. 부동산 보유세는 자산 과세이므로, 부담의 경중은 GDP 대비 보유세 비율로 따지기보다는 부동산의 실제 가격 대비 보유세 비율, 즉 실효세율로 판단하는 것이 더 타당하다.

부동산의 조세 구조를 살펴보면, 한국은 보유세보다 거래세의 비중이 높다. 보통 보유세가 좋은 세금으로 평가받는 반면에 거래세는 거래를 위축시킨다는 의미에서 나쁜 세금으로 분류된다. 2015년 한국의 거래세 비중이 71.3%이고 OECD 국가의 보유세 비중이 평균 69.3%이다.

부동산 지대가 생산과 분배 그리고 소비 등 경제 전반에 부정적 영향을 끼친다. 생산을 제약하고 분배를 악화시키며 하위계층의 소비를 억누르는 근본 원인임에도 불구하고, 불로소득을 세금으로 환수하는 데는 회피해 왔고 등한시해 왔다. 그로 인한 폐해가 한두 가지가 아니다.

〈표 7-3〉 OECD 국가의 보유세 부과상황

단위: %

	보유세/GDP	보유세/재산과세		보유세/GDP	보유세/재산과세
호주	1.63	54.6	한국	0.80	28.7
오스트리아	0.23	42.1	룩셈부르크	0.81	82.4
벨기에	1.32	55.1	라트비아	0.07	11.1
캐나다	3.06	92.4	멕시코	0.21	65.9
칠레	0.67	79.5	네덜란드	0.94	78.0
체코	0.22	47.0	뉴질랜드	2.01	98.3
덴마크	1.36	82.6	노르웨이	0.41	60.2
에스토니아	0.29	100.0	폴란드	1.23	91.0
핀란드	0.76	66.7	포르투갈	0.83	65.2
프랑스	2.60	80.0	슬로바키아	0.43	100.0
독일	0.43	54.1	슬로베니아	0.51	87.3
그리스	2.04	87.8	스페인	1.18	63.8
헝가리	0.59	68.3	스웨덴	0.77	74.0
아이슬란드	1.58	89.0	스위스	0.17	39.3
아일랜드	0.69	54.5	터키	0.25	20.9
이스라엘	2.04	78.0	영국	3.09	80.9
이탈리아	1.55	59.5	미국	2.53	100.0
일본	1.89	87.5	OECD평균	1.12	69.3

OECD, 2017, Revenue Statistics 1965-2016
출처: 전강수, 2019에서 재인용.

비싼 땅값, 전 국민에게 눈물의 씨앗

이정우 경북대 명예교수는 한국 국민이 부동산 때문에 겪은 애환을 이렇게 대변했다.[103)]

> 땅과 집을 가진 사람들은 가만히 있어도 재산이 불어나는데, 그 행렬에 끼지 못하는 사람들은 살아가기 어렵고, 공장을 경영하기도 어려우며, 장사하기도 어렵다.

> 조그마한 가게를 운영하는 자영업자들은 새벽부터 밤중까지, 주말에도 쉬지 못하고 일에 매달려도 비싼 임대료 내고 나면 별로 남는 게 없다. 서민들은 집세 내느라 허리가 휠 지경이고, 집세 때문에 직장에서 멀고 먼 집에 살면서 통근에 고생이 여간 아니다. 최근에는 사상 유례없는 전세대란으로 집 없는 서민의 고통은 더 커지고 있다. (…) 비싼 땅값은 우리 국민에게 눈물의 씨앗이라 해도 결코 지나친 말이 아니다.

한국의 높은 땅값은 땅을 가진 소수의 사람들에게는 엄청난 부동산 이득을 가져다주지만, 대신 높은 땅값으로 인해 고통을 겪는 사람들에게 고통과 손실을 가져다준다. 한국 전체로 보면 이득과 손실이 상쇄되므로, 전혀 조금도 이득이 될 수 없다. 그렇지만 부동산을 가진 사람과 가지지 못한 사람 간의 빈부격차는 심해지고 있고, 가지지 못한 자들의 상대적 박탈감과 분노는 이루 말할 수 없다. 2016년 부동산 불로소득의 추정 규모가 GDP의 22.9%인데, 빼앗긴 자들은 그 상실감이 얼마나 클 것인가?

노동소득에 의한 격차는 능력이나 생산성 경력 등으로 인해 정당화될 수 있는 부분이 많지만, 부동산 지대로 인한 불로소득은 정당화되기 어렵다. 젊은 청년들이 금수저 흙수저 헬조선을 말하며 담론을 형성하는 데는 부동산 지대에 의한 좌절감이 큰 몫을 하고 있다. 미혼 남녀의 결혼 연령이 상승하고 기혼 부부가 출산을 기피하는 원인에는 부동산 문제도 있다. 일자리 문제와 함께 주거 불안정이 결혼과 출산을 어렵게 하는 큰 요인 중 하나다.

오늘날 대한민국은 부동산으로 '대박'을 꿈꾸는 사회가 되었다. 땀흘려 열심히 일하는 사람이 잘사는 사회가 아니라, 기업은 기업대로, 지식인은 지식인대로, 중산층은 중산층대로 불로소득을 좇아 빨리 움직여야 잘 사는 사회가 되고 말았다. 부동산 투기에 몰두하다 보니, 자금이 부동산 분야로 집중되어 실물 투자가 일어나지 않는다. 손쉽게 부동산으로 돈을 벌 수 있는데 누가 고위험의 산업 투자를 하려고 하겠는가? 부동산 가격이 오르니, 기업의 임대료 부담이 늘고 기업의 경제 활동이 위축된다. 실물 투자는 일어나지 않고 기업 활동이 위축되니 고용은 저조해지고 성장에 문제가 발생하게 된다. 부동산 지대는 그 자체뿐 아니라 한국 경제의 생산을 제약하고 분배를 악화시키며 하위계층의 소비를 억누르는 근본 원인이다.

해방 후 농지개혁, 자작농 35% ⇒ 96%

땅은 원래 힘 있는 자의 것이었다. 군사력을 가진 집단이 땅을 점유하고 그 땅에 살고 있는 자들을 다스렸다. 그래서 토지는 폭력집단의 우두머리 왕의 땅이었다. 이를 '하늘 아래 왕의 땅이 아닌 곳이 없다普天之下 莫非王土'로 표현했고, 국전제國田制라고도 한다. 고려시대나 조선시대에는 원칙적으로 왕의 토지였고, 사적으로 토지 소유가 있었지만 법적으로 인정을 받지 못했다. 개인의 토지를 이용·처분·수익할 수 있는 토지사유제는 근래의 일이다. 안타깝지만 일본 제국주의가 1910년 대한제국을 강점하고 실시한 토지조사사업을 통해 확립되었다.

토지는 삶의 기반이었기 때문에 토지 문제는 매우 중요했다. 토지 문제를 해결하지 못하면, 그 왕조는 망하고 새로운 왕조가 들어섰다. 고려말 권문세족의 불법적인 토지 겸병으로 인해 재정이 악화되고 농민들의 경작권이 훼손되자, 이성계와 신흥사대부들은 과전법을 실시하고 조선을 개국했다. 조선 중기에는 방납의 폐단이 심하게 나타나자 대동법을 실시했다. 대동법은 가가호호 단위로 부과하던 공납제도를 토지 소유의 생산량에 따라 쌀로 통일해 징수하도록 바꾼 납세제도이다. 조광조 이이 유성룡 등이 제시했던 수미법이 효종과 숙종 시기에 실현되었다.

해방 이후 이승만 정부는 농지개혁을 성공적으로 완수했다. 1945년 말 자작농의 비율이 35%에 불과했으나, 농지개혁을 마친 1951년에는 96%에 이르렀다. 해방이 되자 농민들이 일제의 식민지 지주제를 해체하고 경작 토지를 나눠달라고 거세게 요구하자, 이승만 정부는 유상몰수·유상분배 방식으로 농지개혁법을 통과시키고, 이 법에 기초하여 농지개혁을 실시했다. 농지 가운데 모든 소작지와 3정보(1정보는 3,000평) 이상의 소유지를 몰수하여 당해 농지 소작농, 영세농, 순국선열 유가족, 피고용인 등에게 분배했다. 농사짓는 사람만이 농지를 소유할 수 있다는 경자유전耕者有田의 원칙에 따라 농지 소유의 상한을 3정보로 정하고 소작을 금지했기 때문에 농업 분야에서 대토지 소유가 불가능해졌다.

이로써 한국은 지주제를 해체하고 자작농 체제를 성립시켰다. 노동운동가 주대환 씨는 이 농지개혁에 대해 "토지개혁으로 조그만 땅뙈기를 갖게 된 수많은 자영 농민들의 자발적 중노동과 창의력이, 그 말릴 수 없는 교육열이 오늘날 대한민국의 자본주의 경제발전의 기적을 만든 에너지의 원천"[104]이라고 평가했다.

그러나 1960년대 산업화, 도시화가 시작되자 토지 관련 부동산 문제가 전혀 엉뚱한 방향으로 흘러갔다. 토지 문제의 중심이 농지農地에서 도시의 공장용지와 주택용지로 옮겨갔다. 고속성장과 함께 부동산 개발이 무분별하게 이루어졌고, 마땅한 대비책도 없었다. 땅값이 통제할 수 없는 수준으로 치솟았다. 정치인들과 관료들은 건설업자와 합작해 부동산 개발을 주도했고, 그 불로소득을 함께 나눠 가졌다. 정부가 주도하는 산업단지 개발이나 사회 인프라 구축에는 막대한 돈이 몰려다니며, 전국은 부동산 투기장으로 변했다.

토지공개념, 헌법에 명시해야

한국의 부동산 문제의 근본 원인은 부동산 지대가 과다하게 발생한다는 점에 있다. 부동산 지대를 근절하는 데 전강수 대구가톨릭대 교수의 '부동산 공화국 해체'[105] 개념에 찬성한다. 그는 부동산 공화국 해체라는 목표를 달성하기 위해서는 첫째 시장친화적인 토지공개념이란 정책 철학을 갖추고, 둘째 그 철학에 부합하는 정책 수단을 도입해야 하며, 셋째 정책 담당자들이 중립적인 입장에서 정책을 전개할 수 있도록 제도적 장치를 마련해야 한다고 강조한다.

여기서 중요한 점은 부동산 지대에 들어 있는 불로소득을 국가가 환수해야 부동산 공화국을 해체할 수 있고, 그래야 부동산 지대를 해소할 수 있다는 점이다. 재산권의 3요소인 토지 이용권, 토지 처분권, 토지 수익권 가운데 수익권 환수에 집중하고 이용권과 처분권은 개인의 자유로운 판단에 맡겨야 한다. 농민의 농지 소유 규모는 농민이 알아서 결정할 일이고, 공장 부지의 규모도 사업하는 사람들이 결정할 일이며, 택지의 규모도 그 집에 살 사람이 결정할 일이기 때문이다.

그러자면 토지공개념을 헌법에 명기해야 한다고 생각된다. 물론 현행 헌법 제23조 [재산권의 보장과 제한], 제119조 [경제 질서의 기본, 규제와 조정], 제120조 [자연자원의 채취, 개발 등의 특허보호], 제122조 [국토의 이용 제한과 의무] 조문에 담겨 있고, 헌법재판소는 여러 결정에서 토지공개념을 합헌으로 인정하고 있다. 하지만 부동산 지대를 환수하기 위해서는 토지공개념을 헌법에 명시적으로 삽입해야 한다. 현행 헌법에서 부동산 지대의 근절을 위해 국토보유세를 추진한다면, 종합부동산세처럼 미흡한 형태로 실현될 가능성이 높고 자칫하면 형해화될 수 있다. 토지를 재산 증식의 수단으로 간주해 온 우리의 현실을 감안할 때, 경제활동의 자유를 침해한다든지 사유재산권을 침해한다든지 위헌 시비가 제기될 수 있으며, 또 다른 소모적인 논란에 휩싸여 좌초될 수 있다.

예를 들어 현행 헌법 제122조를 다음과 같이 개정할 수도 있고[106], 여러 학자들의 의견을 참고해 새로운 방향에서 논의할 수 있다.

〈현행〉

제122조 [국토의 이용 제한과 의무] 국가는 국민 모두의 생산 및 생활의 기반이 되는 국토의 효율적이고 균형 있는 이용·개발과 보전을 위하여 법률이 정하는 바에 의하여 그에 관한 필요한 제한과 의무를 부과할 수 있다.

〈개정〉

제122조 [국토의 이용 **등에 관한** 제한과 의무] ①국가는 국민 모두의 생산 및 생활의 기반이 되는 국토의 효율적이고 균형 있는 이용·개발.보전 **및 불로소득 환수**를 위하여 법률이 정하는 바에 의하여 그에 관한 필요한 제한과 의무를 과할 수 있다. ②**제1항의 구체적인 수단은 시장친화적이 되도록 노력하여야 한다.**

다음으로 시장친화적 토지공개념을 실현하는 방법은 두 가지가 있다. 하나는 토지보유세를 강화하는 것이고, 다른 하나는 국공유지를 확대해서 시장원리에 따라 운용하는 것으로 보통 토지공공임대제라고 한다. 전자의 경우 현행 종합부동산세를 통해 보유세를 강화하려면 공시가격 상향조정, 공정시장가액 비율 상향조정, 세율인상, 종부세 과세기준 금액 인하 등 네 가지 변수를 활용할 수 있다. 하지만 현행 종부세를 통한 보유세 강화 방안은 부동산 불로소득을 원천적으로 차단하는 데는 한계가 많다. 그래서 새로운 국토보유세를 도입하는 방안에 대해서는 전강수 대구가톨릭대 교수의 안을 지지한다.

전 교수는 토지 소유자 전원에 대해 과세하는 국토보유세를 신설하고, 그에 따른 세수 순증분을 모든 국민에게 n분의 1씩 배당하는 안을 제시했다. 대신 현행 종부세를 폐지하고, 지방세인 재산세는 현행대로 유지하며, 전국의 모든 토지에 대해 용도 구분 없이 인별로 합산해서 과세하는 방식이다. 국토보유세는 현행 종부세보다 과세의 보편성, 조세 원칙에 따른 평가, 조세 저항 완화 장치 내장 여부, 제도의 지속가능성 등 모든 측면에서 뛰어나다.

토지공유임대제는 국가 또는 공공기관이 토지 소유권을 기반으로 민간에게서 임대료를 징수하는 것인데, 임대료를 시장가치대로 걷으면 토지와 부동산에서 불로소득이 발생하기는 어렵다. 이 제도는 남북한 통일이 될 때, 북한 지역에서 도입할 만한 제도이다. 만약 그렇지 않다면, 북한의 부동산 개발도

〈표 7-4〉 종합부동산세와 국토보유세 비교

	종합부동산세	국토보유세
과세의 보편성	극소수 부동산 소유자 대상	모든 토지 소유자 대상
조세원칙에 따른 평가	나쁜 세금중 하나인 건물 과세도 포함	가장 좋은 세금인 토지 보유세만 부과
용도별 차등과세 여부	주택, 종합합산토지, 별도합산토지로 구분해서 차등과세	용도별 차등과세 폐지
조세저항 완화장치	없음	내장
제도의 지속 가능성	납세자와 수혜자 불일치	납세자와 수혜자 일치

출처: 전강수, 2019, 『부동산공화국 경제사』, 여문책.

부동산 공화국처럼 재연되거나 심하게 부작용을 겪을 가능성이 높다. 방치하거나 간과한다면, 부동산 지대를 얻고자 한반도 전역이 투기장으로 변할 것이다.

전 교수는 정책 담당자들이 중립적인 입장에서 정책을 펴도록 제도적 장치를 마련해야 한다고 하면서 '부동산백지신탁제'를 제안했다. 고위 공직자는 취임 후 90일 이전에 부동산을 자진 매각하거나 지정된 수탁기관에 백지신탁해야 하며, 계속 보유할 경우 부동산 중 일정 가액 이상에 대해 부과되는 초과 소유 부담금을 납부하는 제도이다. 고위 공직자와 부동산의 연결고리를 제도로써 차단하려는 목적이다. 부동산 정책 담당자의 사적인 이해관계에 따라 영향을 받기 쉽고 설사 공직자가 양심적으로 정책을 수립하더라도 결과가 좋지 않을 때는 그 결과를 정책 담당자들의 사익과 연결시켜 비난하는 사례가 많기 때문이다.

모든 부동산에 일률 또는 누진적인 보유세 부과

또 다른 방법으로 모든 부동산의 그 가격에 대해 일률적 또는 누진적인 보유세를 부과하는 방안도 검토할 수 있다. 한정된 자원을 효율적으로 배분한다는 관점에서 모든 부동산의 1㎡당 가격에 대해 매년 1% 내지 2%의 보유세를 부과하고 대신 취득세와 같은 거래세는 대폭 낮추는 방안이다. 이는 개별 토지와 개별 부동산에 대해 보유세라는 사회적 비용을 부가해서 그에 맞은 사용가치를 만들어내는 사람만이 소유하도록 하는 것이다. 보유세는 일률세로 할 수도 있고, 누진세로 운영할 수도 있다.

만약 부동산 세금을 보유세 중심으로 가져가면, 투기 목적으로 부동산을 사려는 사람에게는 사회적 비용보유세 때문에 구매 욕구가 약화되고 그 비용을 감수하겠다는 사람만이 구매하려고 하기 때문에 부동산 수요가 낮아지고 그 결과 부동산 가격이 안정적으로 유지될 것이다.[107] 또 사회적 가치가 소멸된 부동산은 빨리 시장에 나와 사용가치를 새로 구현하려는 사람에게 돌아갈 것이고, 그 결과 부동산은 적정 가격을 유지하면서도 시장거래는 활발해질 것이다. 그러면 부동산 투기도 견제할 수 있고, 불로소득도 환수할 수 있으며, 부동산의 효율적 배분도 가능해진다.

부동산에 대한 보유세를 강화하는 방안은 국민에게 부동산이 더이상 재테크의 대상이 아니라는 사실을 알리는 방안이기도 하다. 직접 거주하면서 그 부동산의 사용가치를 구현하든가, 아니면 임대사업을 하면서 보유세를 초과하는 임대수익을 확보해야 부동산 보유의 타당성이 생기기 때문이다. 지방세인 재산세는 보유세에 통합할 수도 있고, 지방자치단체가 일정 비율로 가져갈 수도 있으며, 지방 보유세를 따로 부과할 수도 있다.

4. 양반 지대

한국인의 성공은 양반 지대 획득

한국 사회에서 부동산 지대보다 국민의 의식을 강력하게 지배하는 것이 일

명 '양반 지대'이다. 한국 사회는 '우수한 대입 성적-명문대학-좋은 직업군'이라는 성공 도식이 지배하고 있고, 20대에 특정 직업군에 들어가야 성공했다고 생각한다. 그 직업군은 공무원, 교사 등 시험에 합격한 부류와 판·검사와 변호사, 의사·한의사 등 자격시험을 통과한 부류로 나뉘는데 이들이 현대판 '양반'이다. 광의의 의미로는 사립대학교 교수들도 전자의 부류에 속한다.

양반 지대는 국가 권력에 의해 생성되고 국가 권력의 보호를 받는다. 특히 시험과 자격으로 인해 내부자와 외부자의 경계가 정당화되기 때문에 내부자에게 제공되는 특권과 특혜, 외부자에게 주어지는 배제와 차별은 당연시되는 특성을 갖는다. 내부자는 일정한 지대를 향유하고 국가는 특수한 목적을 위해 내부자의 기득권을 보호한다. 정규직과 비정규직으로 나뉘는 이중노동시장에서 정규직은 지대로서의 성격이 강화되고 있다. 그러나 내부자의 기득권이 과도하여 다른 사회 부문에 악영향을 미치거나 새로운 시대 변화에 걸림돌이 된다면, 그 지대의 정당성에도 불구하고 전체 사회의 이익을 위해 적극 검토해 봐야 한다.

한국 사회의 '대입 성적-명문 대학-좋은 직업군'이라는 성공 도식이 조선시대 '과거소과-대과 급제-관료'라는 출세 공식에서 유래하고 있다. 1894년 갑오개혁 때 과거제도가 폐지됐지만 일제 강점기 문관고등시험과 해방 이후 고등고시로 되살아났고, 일제 강점기 근대 의료면허제도가 생기면서 의사 직종은 누구나 희망하는 직업군이 되었다. 고도 성장기에 이들 직업군에 대한 선호도가 일부 흔들리기도 했으나, 1997년 외환위기 이후 대내외 노동환경이 급변하면서 이들 직업군에 대한 선호도가 더욱 높아졌다. 국민 모두 '양반지대'를 누리고 싶은, 성공한 '양반'을 꿈꾸고 있다고 해도 과언이 아니다.

양반지대는 법적 장치로 보호

대한민국 공무원의 보수는 얼마이고 적정한가? 공무원은 임용과정에서 치열한 경쟁을 치르지만, 일단 임용되어 비리나 큰 실수를 저지르지 않으면 정년까지 보장되고, 근무연수에 따라 보수가 증가하는 호봉제와 승진제도, 제대로 공개되지 않는 각종 수당 덕분에 고소득자가 된다. 게다가 퇴직 후 후한 공무원연금을 받고, 일부는 산하기관이나 협회에 낙하산 자리에 가서 고액 연봉까지 받는다. 9급 공무원은 초임이 많지 않지만 30년 정도 무탈하게 버티면 국가 전체의 상위 10% 안에 들어가는 보수를 받고 노후를 보장받는다.

공무원 보수를 산정하는 기준이나 공식이 「공무원보수규정」에 나와 있지 않고, 제5조(공무원의 봉급)에 공무원 봉급 월액은 공무원별 봉급표 구분표에 따른 해당 봉급표에 명시된 금액으로 한다고 규정되어 있다.

인사혁신처의 e-나라지표에 따르면 공무원의 보수를 민간 임금에 대비해 어느 정도 수준인지를 산출하는데, 민간 임금을 100이라고 했을 때 83.4~90.5 수준이다. 비교 대상인 민간 임금은 상용 근로자 100인 이상 사업체를 대상으로 사무관리직의 보수이다. 여기에는 대기업, 공기업이 대거 포함되는데, 한국은 기업 규모별 임금 격차가 크고 근속연수에 따라 가파르게 임금이 올라가는 국가이다. 일본의 「공무원급여법」 의 경우, 비교 대상 기업 규모가 50인 미만 36.9%, 50인 이상 63.1%를 표본 추출하고 여기에 역할(직급), 근무지역, 연령, 학력을 고려한 것과는 차이가 난다.[108] 한국이 공무원을 더 우대하고 있는 것이다.

따라서 공무원은 상위 근로계층을 기준으로 임금 기준, 강고한 고용보장, 국민연금에 비해 월등한 공무원연금 조치 등을 감안하면 '삼성전자보다 낫다'는 세간의 평이 틀린 게 아니다.

공무원이 되거나 공기업에 들어간 사람은 오래 버티고 승진하면 상위 10%에 들어가고, 정규 교수나 의사 등은 되기만 하면 상위 10%의 상류층이 된다.

이들의 소득은 법적 제도적 장치에 의해 사전적으로 결정되어 있어 우선적으로 지급되어야 한다. 소득의 인상 또한 경제 상황과 관계없이 경직되어 있다. 나머지 사람들은 이들이 먼저 갖고 남은 것을 가지고 나누는 구조가 한국 사회의 분배구조이다.

21세기엔 기업가 정신이 절실

21세기에 들어 한국은 혁신을 일으키고 새로운 비즈니스를 만들고 가치를 창출하는 기업활동이 절실하다. 경제 성장을 위해 모험을 감수하는 기업가 정신이 살아나야 한다. 젊은이들이 과도한 지대를 누리고 있는 공무원들을 부러워하고, 그들처럼 그들의 지위와 신분을 얻기 위해 시험을 준비한다. 막상 기업가 정신이 중요하다고 생각하지만, 모험과 실패는 남의 일이고 본인은 안정적인 '양반지대'를 원하는 것이다.

우리 사회에 성공 도식이 보편화되면서 중·고등학교 교육과 대학 교육 그리고 산업현장에 이르기까지 나쁜 영향을 끼쳐왔다. 중고등학교에서는 대학 입시 때문에 자신의 삶과 적성과 연결된 교육훈련을 받지 못하고, 대학교에서는 1차 노동시장에 진입하기 위해 토익과 일반 스펙을 준비하지만 자신만의 전문화 능력을 키우지 못한다. 대학을 졸업해도 공무원이나 대기업 정규직이 되지 못하면 어떤 분야의 전문가로 훈련받은 것도 아니고, 인생의 패배자요 열등자가 되기 쉽다. 산업현장에서는 개인의 생산성이 아니라 집단의 생산성에 따른 연공서열 시스템을 강화시킨다. 성공 도식은 끊임없이 확대 재생산되고 있고, 교육 현장과 산업현장을 파괴하고 있다.

대안으로 '적성 교육·훈련-전문화 교육·훈련산업현장 또는 대학-전문가 양성' 트랙으로 개인의 생산성을 높이는 것이다. 중고등학교 때는 자신의 능력과 적성을 고려하여 자신만의 분야를 찾고, 산업현장에 뛰어들거나 대학에 진학해 자신의 전문성을 갈고 닦으며, 전문가로서 현재를 관찰하고 변화를 읽어내 새로운 기회를 포착한 다음 기존의 것을 개선하거나 새로운 일자리를 창조하는 것이다. 이를 비즈니스로 설계한 뒤 세상과 공유하거나 자신이 직접 자본과 자원을 모아 사업화를 시도하는 것이다.

하지만 성공 도식은 이런 대안을 조선시대 사농공상의 잣대로 폄하하고, 양반 지대는 기업가 정신이 자랄 수 있는 풍토를 근원적으로 차단한다. 개인의 창의성 교육을 가로막고 양반의식을 강화시켜서 산업현장에서 전문교육

훈련의 필요성을 약화시킨다. 그 결과 한국 사회는 개인의 노력으로 다른 사람들을 앞질러 국가가 정해 놓은 특정 지위를 획득한 이들을 성공한 사람으로 간주하고 있다.

우리의 공무원제도와 면허제도는 니덤의 퍼즐에서 말하는 관료제가 되고 있다. 행정직 공무원은 자유경쟁사회에 살아가고 있고 국민에게 자유 경쟁을 유도하면서도 한 번 합격한 이후 자신들은 전혀 자유 경쟁적이지도 않고, 신분보장제도 속에 안주하면서 공직사회의 경직화와 비능률을 조장하고 있다. 4차 산업혁명시대에 젊은이들이 공무원을 미래 이상향으로 안주하도록 이끌고 있다. 교육 현장에서는 기간제 교원, 영어 회화 전문 강사, 스포츠 강사 등의 비정규직 교원이 전체 교직원의 40% 정도에 차지할 만큼 임용고시를 통한 안팎의 지대 차이는 엄청나고, 반면에 학생들은 사교육에 의존하는 비정상적이고 비생산적인 현실이 지속되고 있다.

행정 공무원 '재임용제'로 법제화

한국 공무원은 해방 이후 국가 주도적 경제발전을 주도해온 공로가 있지만 언제인가부터 '철밥통'이라 불려왔다. 무사안일, 복지부동, 규제 남발, 민원 갑질, 탁상행정 등의 부정적인 용어가 따라다니는 직업이 되었다. 그럼에도 한국 청년들의 약 40%가 공무원 시험을 준비하는 '공시생'이 되고 있다. 고등학생이지만 대입 시험 대신 공무원 시험을 준비하는 '공딩'도 있고, 2009년 9급 공무원 응시자 연령 제한이 폐지되자 인생 이모작을 꿈꾸는 4,50대 공시생도 주변에서 심심치 않게 볼 수 있다. 이는 전형적인 지대추구 행위들이다. 공무원은 정년이 확실히 보장되기 때문에 고용 안정성이 높고, 육아휴직 유연근무제 등이 보장되어 있고, 연금 또한 매력적이다.

입사 후 퇴직까지의 누계 소득을 산출할 경우, 공무원의 퇴직 전 누계 소득이 민간 기업체에 비해 최대 7억 8,058만 원이 높다는 연구도 있다. 한국 경제연구원이 내놓은 보고서[109]에 따르면 공무원시험 준비로 인한 기회비용을 감안하더라도 정부 취업에 성공하면 상대적으로 높은 임금 인상률과 늦은 퇴임 연령으로 인해 누계 소득을 대폭 상승시킨다는 것이다. 이 보고서는 '민간 기업체에 비해 과도하게 설정된 정부의 보수 체계를 시급히 조정해 경제 성장에 친화적인 인적 자본의 배분을 모색해야 한다'고 주장하고 있다. 그만큼 직업 안정성뿐만 아니라 임금, 복지에서도 높은 보수를 얻고 있다는 것을 의미한다.

문제는 제4차 산업혁명과 관련해 공무원들이 새로운 변화에 적극 대응하고 있는가이다. 공무원은 정년보장형 신분보장제도 속에 안주하면서 공직사회의 경직화와 비능률을 조장하고 있다는 비판이 제기된다. 사회 변동에 둔감하고 현실에 안주하며 폐쇄된 체제 속에서 경쟁하지 않기 때문에 공무원의 연차가 오래될수록 무능력해지기 쉽다. 게다가 일사불란한 조직 관리를 최우선으로 하기 때문에 개방성 유연성 창의성과는 거리가 멀다.

그래서 현행 직업공무원제도에 자유경쟁의 개념을 넣어 '공무원 재임용제(계약제)'로의 전환이 일찍이 제기된 바 있다.[110] 배득종 연세대 교수는 한국 직업공무원제도를 ①계급제, ②폐쇄형 내부승진제, ③종신고용제, ④종합능력자(Generalist) 우선주의를 특징으로 한다고 했다. 배 교수는 실적주의를 가미하여 ①직위분류제, ②개방형 충원제, ③종신고용제 제한, ④전문가 Specialist 우선주의로 바꾸자고 제안했다. 대표적으로 직위분류제가 2008년에 국가공무원법 제24조에, 지방공무원법 제22조에 삽입되었으나, 외무부 등 일부를 제외하고 아직도 계급제를 고수하고 있는 실정이다. 합리적인 효율성을 추구하고 유연한 전문 행정을 추구하기보다는 폐쇄성과 비효율성을 특성으로 하는 계급제를 유지하고 있다.

현행 계급제의 가장 큰 문제점은 공무원의 전문성과 책임성을 저해한다는 점이다.[111] 복잡하고 다양한 난제에 대해 해결 방안을 제시하고, 급속한 환경 변화에 적절히 대응하기 위해서는 공무원의 전문성 제고가 필수적이다. 하지만 공무원들의 잦은 순환보직은 업무 파악 시간조차 충분하지 못해 전문성을 저해하고 있으며, 계급제를 기반으로 감독 라인이 너무 많아 업무 담당자의 책임성이 저해되고 직무 수행에 대한 주체성을 갖기 어렵다. 현행 계급제하에서 승진하면 권한과 지위가 상승함은 물론, 경제적 보상도 높아지므로 공무원들이 승진에 의한 신분상승에 지나치게 집착하는 경향이 있다. 그래서 과도한 계급 중시 경향이 나타나고 승진에 집착함에 따라 성과관리제, 실적제 등 새로운 인사개혁 정책들이 효과를 거두기가 어렵다.

〈표 7-5〉 계급제와 직위분류제의 특징

구분		계급제	직위분류제
선발	방법	• 직급별 선발	• 직위별 선발
	자격요건	• 상식적인 능력 및 사고 젊은 사람 선호	• 구체적 직무 전문성
승진 및 보직 관리	승진경로	• 폐쇄형	• 개방형
	인사이동	• 순환보직	• 담당업무 장기근무
	교육훈련	• 계급별 임용이나 승진 시	• 개별직위별 필요시
	경력개발	• 일반행정가의 다양한 경력 중시	• 전문분야의 경력 중시
		• 관리역량 개발 우선 • 업무에서의 전문성 개발 강조	• 직무역량 개발 우선 • 관리역량 개발도 필요
평가 및 보상	성과측정	• 측정 곤란	• 측정 용이
	성과기준	• 연공/서열/능력 직급의 잠재역량	• 직무의 난이도와 책임도 • 실적주의
	보수책정	• 계급별 호봉제	• 직무급/성과급 중심
동기부여 강조점		• 조직몰입	• 직무몰입

출처: 박해육 · 윤영근, 2016, 「지방공무원 직위 분류제 확대 방안」 한국지방행정연구원.

3년-7년-10년-10년-5년 계약제

그래서 현행 신분보장형 공무원제도는 시대 변화에 맞도록 전문성과 생산성을 제고하도록 공무원 재임용제계약제를 도입하여 능력있는 공무원은 더 대우하고, 무능한 공무원은 제도적으로 도태될 수 있도록 하는 한편, 임용 제도를 개방하여 능력있는 민간인들에게 공직을 더욱 개방해야 한다. 2014년부터 시작된 개방형 직위제도 민간인 임용률이 18.5%에 불과해 여전히 '무늬만 개방형'이라는 지적이 있다.[112)]

배득종 연세대 교수는 '공무원 재임용제' 공무원의 신규 임용계약 및 재임용 계약시 계약기간의 법제화를 주장하며 '3년-7년-10년-10년-5년'의 재임용기간을 제안했다. 계약기간 중 공무원의 신분을 보장하고, 재임용 탈락률을 '자연 중도탈락률+' 하되 를 공직사회에 자극을 줄 수 있는 최소한으로 설정할 것을 제시했다. 공무원 재임용제의 전면적 시행이 어려울 경우에 산하단체 및 지방자치단체부터 단계별로 실시하는 방안, 특정 직종부터 먼저 실시하는 방안, 고위직부터 먼저 실시하는 방안도 내놓았다.

중고등 교사도 재임용제 필요

전국 초중고등학교에서 일하는 비정규직 근로자 인원은 약 38만 명, 전체 교직원의 41% 비율을 차지한다.[113)] 공공부문에서 형태도 다양하고 숫자도 많아 학교를 '비정규직 종합백화점'이라고 부를 정도이다. 학교 비정규직은 직접 교육 업무를 담당하는 비정규직 교원과 행정·복지·조리 등을 담당하는 비정규직 근로자로 나눌 수 있다. 비정규직 교원은 기간제 교사를 시작으로 산학겸임교사, 명예교사, 시간강사, 특기적성 담당교사, 원어민 영어강사, 스포츠 강사 등 정규직 교사가 담당해야 할 학생 교육활동을 대체 또는 보조하기 위해 채용된 근로자들이다. 그 밖에도 영양사, 조리사, 조리종사원, 사서, 교무행정 보조원 등 행정·복지·조리 등을 담당하는 비정규직 근로자들이다.

문재인 대통령은 대선 기간 중 공공부문에서 비정규직의 정규직화를 주요 공약으로 제시했는데, 교육부는 2017년 9월 일부 비정규직에 대해 정규직화를 허용하는 대신, 기간제 교사의 정규직 전환에 대해서는 백지화 결정을 내렸다. 이는 교육대와 사범대 등 교원 양성 대학 학생들이 거세게 반발하자, 정부가 정규직 전환 가이드라인에서 기간제 교사를 배제한 것이다.

여기에 기간제 교사의 정규직화 무산을 두고 전교조 내부에서도 찬반 논란이 강하게 일었고 그 여진은 계속되고 있다. 반대론자들은 기간제 교사들이 교원임용시험을 치르지 않았다는 점을 들어 반대했다. 기간제 교사들이 시험에 합격하지 못해 교사의 전문성이 없다는 것이 이유지만, 사범대학이나 교육대학원을 졸업하고 2급 정교사 자격증을 취득한 사람들이고 현재 정규직 교사들과 동일한 노동을 종사하고 있기 때문에 전문성이 떨어진다는 것은 설득력이 약하다. 단지 교원임용시험에 합격하지 못했다는 것이 결정적인 이유다. 그래서 정규직 교사라는 자리가 시험을 통해 내부자에게 특권과 특혜를 제공하고, 외부자에게 배제와 차별은 주는 것을 당연시하므로, 전형적인 '지대'의 특성을 보여주고 있다.

2018년 현재 기간제 교사는 4만 9,977명으로, 전체 정규교사 44만 6,286명의 11.2%에 해당된다. 학교 급별로는 유치원에 3,490명, 초등학교에 6,544명(정규교원의 4%), 중학교에 1만 6,232명(14.7%), 고등학교에 1만 8,257명(15.3%)이 있으며, 중고등학교로 올라갈수록 기간제 교사의 비중이 높다.[114]

사실 교원임용시험은 1990년 헌법재판소가 사립대학교 사범대 학생들이 제기한 '국립대학교 사범대 학생들의 우선 발령'은 평등권 침해라는 소송'에 대해 위헌판결을 내리면서 이듬해부터 시작되었다. 이 시험은 2급 정교사 자격증 소지자 가운데 임용 후보자를 선발하는 시험이므로, 교직의 전문성에 대한 시험이기보다는 10:1 이상의 경쟁률로 인한 선발 시험의 성격이 강하다.

기간제 교사 논란을 교육 분야의 일자리 문제로 국한해서 생각한다면, 이 문제는 교원 양성기관의 난립과 교원 수급의 불균형에서 온 교원 수급 정책의 실패에서 기인한 것이다.[115] 1980년대 후반 일반 대학들의 교직 과정 설치, 새로운 대학들의 신설 그리고 교육대학원의 설치 등 교원 양성 과정이 다원화되고, 정원이 급격히 증가하면서 중등교원 과잉 공급 및 적체가 빚어졌다. 이에 따라 1991년 시행된 교원임용시험은 교원 수급의 불균형 문제와 그에 따라 파생되는 문제들을 해결하기 위한 대안으로 마련된 것이다.

교원 수급 문제는 교원 수급에 대한 전망을 토대로 계획을 수립하여 교사를 양성하지 않고, 당장 부족한 교사를 그때 그때 충원하기 위한 양성정책을 유지함으로써 발생한 것이다. 이 문제를 해결하려면, 난립된 교원양성기관들을 통폐합하고 정원을 조정하는 것이 이론적으로 가장 좋은 방법이다. 하지만 대학 간 갈등이 첨예한 상황에서 현실적인 방법을 찾기란 쉽지 않다.

2025년 고교의 학점제, 담임교사 폐지

기간제 교사 논란을 교육 분야 전체로 넓혀 보자. 한국의 교육은 공교육 현장을 넘어 사교육 시장이 거대하게 형성되어 있다. '학원은 교육 기관, 학교는 평가 기관'이란 말이 있을 정도로 사교육의 영향이 지대하다. 김대중 정부 때 시작된 수시 전형, 노무현 정부의 수능 등급제, 이명박 정부의 EBS 연계 수능, 박근혜 정부의 쉬운 수능 등 역대 정부마다 사교육을 겨냥하고 입시 정책을 바꾸었지만, 사교육을 줄이는 데 실패했다.

기간제 교사의 정규직화를 둘러싼 중·고등학교 교사들의 지위 문제는 원론적으로 공교육과 사교육의 경계를 허물어야 해결할 수 있다. 하지만 대한민국 수립 이후 유지되어온 시스템을 인정한 상태에서 개혁하는 방법론은 행정 공무원처럼 재임용제계약제를 도입하는 것이다. 2025년부터 시행될 고교 학점제와 고교의 담임교사제 폐지와 함께 고민해볼 필요가 있다. 앞서 행정 공무원처럼 계약기간의 법제화가 필요하며, 계약기간 중 교사의 신분을 보장하고, 재임용 탈락률을 '자연 중도 탈락률+' 하되 교직사회에 자극을 줄 수 있는 최소한으로 설정하는 것이다.

대학들, 지식인들의 '복지기관'으로 변해

지식인들의 로망은 대학교수가 되는 것이다. 한국 사회에서 명예와 돈 그리고 시간까지 한꺼번에 쥘 수 있는 특권과 특혜가 부여되고 있는 직업이다. 그래서 어떤 이는 한국의 대학들을 지식인들을 위한 '복지기관', 대학교수를 '우주 최강의 직업'으로 부르기도 한다.

한국의 대학 교수들은 한 번 임용되면, 연구 성과나 강의 능력과 관계없이 만 65세 정년까지 보장되어 왔고 지금도 크게 벗어나지 못하고 있다. 2000년대 들어 각 대학들이 '세계 수준의 대학'을 표방하며 대학교수의 승진과 정년

보장테뉴어 심사 기준을 강화했다고 하지만, 거의 형식적으로 이뤄지고 있다. 학교에서 연구 실적에 대한 정량 기준을 정해 놓는데, 교수들 가운데 논문 편수로 계산되는 정량 기준을 통과하지 못하는 교수가 거의 없기 때문이다.

2012년 교육과학기술부가 국정 감사 때 국회 교육과학기술위원회 서상기 새누리당 의원에게 제출한 자료에 따르면, 2011년 국공립대 교수 중 승진심사를 신청한 1,448명 중 탈락자는 19명에 불과해 심사 통과율이 98.7%나 됐고, 정년보장 심사도 602명 중 19명 만이 탈락해 96.8%가 정년교수(테뉴어)가 됐다.[116] 게다가 각 대학에는 탈락자들에게 추후 승진심사나 정년보장 심사를 다시 받게 하는 구제 방안까지 마련되어 있을 정도다.

대학 사회는 연구 업적에 따른 학문적 질서보다 학벌과 연공서열이란 비학문적 질서가 지배한다. 교수들이 연구하고 가르치는 영역이 합리적이고 개방적이며 객관적인 근대 학문일지라도, 교수들이 속한 대학과 지식 공동체는 비합리적이고 폐쇄적이며 주관적인 전근대적 공간이다. 『지배받는 지배자』를 저술한 경희대학교 김종영 교수는 '이 땅에서는 학문은 멀고 학연은 가깝다'고 표현했다.

대학은 학문보다 학벌 연줄이 지배

대학 교수의 지위가 '지대' 성격이 강한 것은 젊은 시절 박사학위를 받고 왕성한 연구를 통해 대학교수라는 직함을 차지했다고 하더라도, 그 지위가 만 65세 정년까지 학문적 업적과 상관없이 지속되고 호봉제에 따라 매년 봉급이 오르기 때문이다. 한 번 자리를 차지하고 난 뒤 경쟁이 없는 상태에서 안주하고 평생 그 과실을 따먹는 구조를 가지고 있다. 학문 공동체는 학문 그 자체의 우수성에 따라 지배되어야 하지만, 학벌 연줄 지위 같은 비학문 요소에 의해 지배되고 있다.

이 구조를 바꾸는 대안은 경쟁을 도입할 수밖에 없다. 첫째는 한국연구재단의 등재학술지의 숫자를 줄이거나 등재학술지를 등급화하는 방안이다. 2019년 말 현재 한국연구재단 등재학술지는 총 2,193종인데 반해 영문 저널

인덱스인 SCI급 저널은 9,000여 종 남짓하다. 등재학술지는 한국 연구자들이 출판하는 반면, SCI급 저널은 전 세계 연구자들이 출판한다는 점을 감안한다면 등재지의 숫자는 굉장히 많은 편이다. 국내 등재지들이 살아남기 위해서는 수준이 낮은 논문이라도 학술지에 실어줄 수밖에 없기 때문에 국내 논문의 질이 떨어질 수밖에 없다.

둘째는 교수들이 승진 및 정년보장 심사에서 그 기준을 강화하는 것이다. 먼저 대학의 정년 보장 교수의 비율을 매년 점진적으로 축소하는 것이다. 예를 들어 2019년에 90%라면, 2024년에는 80%로, 2029년에는 70%로 조정하는 방안이며 이는 현재 구성원에게는 부담을 지우지 않으면서 현행 제도를 개선할 수 있다. 정년 보장의 기준을 다양화하는 것도 좋은 방안이다. 교육, 연구, 봉사의 각 영역에 대한 기준을 명시적으로 설정하거나 이들 영역에 대한 점수를 종합적으로 고려하여 설정하는 방안이 있을 수 있다.[117]

기업 임원보다 의사, 변호사가 고소득

2013년 국민건강보험공단이 국회 보건복지위원회 김현숙새누리당 의원에게 제출한 자료에 따르면, 그해 건강보험료 최고액 월 230만 원을 내는 사람은 모두 2,522명에 달했고 이들은 연봉 9억 3,720만 원 이상이 대상이다.[118] 의사가 450명으로 가장 많고, 김&장법률사무소가 148명, 법무법인 광장은 20명, 삼일회계법인은 12명이었고, 삼성그룹이 116명, SK그룹이 67명, 현대자동차그룹이 28명, LG 18명 순으로 나타났다.

여기서 눈에 띄는 것은 기업 임원들보다 의사, 변호사, 회계사 등 지대추구를 상징하는 직업들이 고소득자라는 점이다. 이들은 직접 창조적인 활동을 하며 국민 경제의 파이를 만들어내는 직업이 아니라, 기업 활동을 보조하거나 특히 국가로부터 받은 면허로부터 발생하는 지대를 통해 수익을 얻는 직업이라는 점이다.

한국 경제 성장의 주체는 기업이고, 그 원동력은 기업가 정신이다. 그런데 고등학생 엘리트들의 진로 선택을 살펴보면 1990년대까지만 하더라도 서울

대학교 전자공학과, 컴퓨터공학과, 물리학과 등이 여느 지방대학의 의예과보다 높은 선택을 받았으나, 1997년 외환위기를 겪고 난 뒤 의대 진학이 높아지면서 선호도가 올라가기 시작했다. 지금은 서울대학교 공과대학, 자연대학과 지방대 의과대학이 있으면 학생들은 망설임 없이 지방대 의대를 선택한다.

현재 우리나라는 기업가 정신이 쇠퇴하고 있고, 경제 성장률이 낮아진 것도 이와 무관하지 않다. 개인 입장에서는 지대를 추구하는 의사, 변호사 등을 선호하는 것은 지극히 당연한 일이지만, 국가의 발전을 위해서는 대책이 필요하다. 지금까지 국가는 지대 추구를 방조하거나 부추기는 경향이 있었고 국민의 입장에서 특정 자격의 지대추구 행위를 막지 못했다.

예를 들어 '일반의약품을 슈퍼에서 판매하자'는 논란을 보자. 반대하는 사람들은 국민의 건강과 약의 오·남용 방지를 이유로 들고 있으나, 찬성하는 사람들은 약사협회가 자신의 철밥통을 지키기 위해 자기들의 가치를 과대 포장하여 공공의 이익을 저해하는 것이라고 비판한다. 국민의 입장에서 일반의약품 즉 감기, 소화불량 등의 가벼운 질환일 때 의사의 처방 없이 구매할 수 있는 약을 쉽게 구할 수 있도록 해야 한다. 현행 약사법상 전문, 일반 구분 없이 약국에서만 의약품을 판매할 수 있도록 한 것은 지대추구를 하도록 방조한 것이다.

또한 의료영역은 비의료인이 결코 넘보아서는 안 되는 성역으로 간주되고 보호되고 있다. 의료법 제27조 제1항 '의료인이 아니면 누구든지 의료행위를 할 수 없다'에서 무면허 의료행위를 일률적으로 전면적으로 금지하고 동법 제87조에서는 치료 결과에 관계없이 이를 위반한 자에게 5년 이하의 징역이나 2천만 원 이하의 벌금에 처하고 있다. 의사 한의사 치과의사만이 의료행위를 독점하도록 규정하고 있는 것이다.

이에 따라 의료법이 위헌이라는 주장이 꾸준히 제기되어 왔다. 비의료인의 직업선택의 자유와 환자의 의료선택권을 제한하는 것은 위헌적 과잉금지에 해당된다는 것이다. 다시 말하면 의료행위의 허용 범위를 합법 영역의 틀 안에 가두고, 국민이 원하는 다양한 의료행위를 제한하여 국민의 행복추구권과 직업 선택의 자유를 가로막고 있는 것이다. 예를 들어 수지침, 뜸 또는 부항, 지압·안마·마사지 시술 등 의료 전문성을 크게 요하지 않고 부정적 결과가 도출된 가능성이 희박하다. 의료행위에 관한 규정을 명확히 하거나 각종 대체의학을 제도화하거나 의료법 제81조에 의해 유사 의료업자 양성제도를 재시행하는 방안도 고려할 만하다.[119] 이외에 각종 전문 영역에서 벌어지고 있는 지대추구 행위를 국민의 입장에서 막아야 한다.

제8장

기업과 기업가 정신

한국은 반기업 정서가 강하다. 조선시대 사농공상 마인드가 뿌리 깊이 박혀 있기 때문이다. 사유재산을 침해하거나 시장 질서를 경시하고 기업가 정신을 폄하하는 일이 다반사이다. 자본주의 사회에 살고 있는데도 불구하고 자본주의가 어떤 원리로 작동하는지, 부와 소득이 어떻게 생성되고 증대되는지, 기업이 왜 중요한지에 대해 무지하다.

근대는 기업이 만들어온 역사이고, 기업가 정신은 근대를 일으킨 정신이다. 불확실성이 지배하는 시대에서 기회를 포착해 자신만의 아이디어를 개발하고, 그 아이디어를 기업을 통해 실현함으로써 기존에 없던 가치를 만들어내는 것이 우리의 과제이다. 우리의 미래는 기업가 정신의 발흥 여부에 달려 있다. 새로운 사회적 가치를 창출하는 이들에게 권력과 부, 명예 그리고 공적 지위가 배분되도록 유인보상체계를 바꿔야 한다.

조선 사대부들이 숭상했던 선비정신은 오늘날 우리의 정신이 될 수 없다. 조선시대는 상공업을 천시하고 과학 발전을 도외시했다. 지대를 추구하는 선비정신은 역사의 유물로 사라져야 한다.

1. 반기업 정서와 기업의 실제

2015년 1,000만 명 돌파한 영화 '베테랑'

영화 베테랑이 영화에 등장하는 신진그룹은 재벌의 비리와 횡포를 상징하는 거악이다.[120] 반기업 정서를 불러일으키는 전형적인 영화이다. 신진그룹 창업자의 손자 조태오(유아인 분)는 뽕 주사를 맞고 환각 섹스 파티를 벌이고, 광고 모델료를 무기로 탤런트들을 농락하고 살인을 교사하고, 경찰과 검찰을 매수하는 등 온갖 범죄를 긁어모으는 악의 화신이다. 기업인의 이미지를 왜곡하는 차원을 넘어 현대 사회에서 제거해야 할 악마이다. 조태오와 싸우는 형사 서도철(황정민 분)의 정의로운 투쟁과 통쾌한 액션 때문에 관객은 자연스럽게 카타르시스를 느끼지만 거기에 재벌에 대한 증오, 반기업 정서가 스며든다.

물론 부분적으로 재벌기업의 실제 이야기를 소재로 했다는 것은 사실이다. 조태오가 하청업체 일을 하는 화물차 운전사를 불러 폭력을 행사하는 장면은 SK그룹 회장의 사촌동생이 저지른 사건을 연상시킨다. 그는 2010년 고용승계를 요구하는 화물차 운전사를 불러 야구방망이로 구타한 뒤 맷값으로 2,000만 원을 주어 기소됐다가 집행유예를 받았다.

베테랑 외에도 '내부자들'(2015), '검사외전'(2016), '특별수사, 사형수의 편지'(2017) 등 반기업 정서를 불러일으키는 영화는 계속 만들어지고 소비되고 있다.

드라마는 악덕 재벌, 저질 인간으로 묘사

한국 드라마는 대부분 재벌 이야기를 담고 있으며, 기업인들의 모습은 대개 부정적이다.[121] 대기업 회장이나 재벌 2세 등은 분노조절 장애를 겪는 악당, 비도덕적 인간으로 묘사되고, 재벌가 인물들은 안하무인격으로 갑질 행동을 일삼는 저질 인간으로 그려진다.

2016년 SBS 드라마 '리멤버-아들의 전쟁'에서 남규만(남궁민 분)은 분노조절 장애를 심하게 앓고 있는 망나니 재벌 2세로, '별거 아닌 일에 꼭지가 돌고, 한 번 흥분하면 이성을 잃고 자기 통제가 안 된다'는 설명이 붙은 캐릭터이다. 황금수저인 그는 살면서 자신의 감정을 조절할 필요성을 느낀 적이 한 번도 없었다.

2017년 KBS 2TV 드라마 '황금빛 내 인생'은 황금만능주의로 무장한 재벌 일가의 이야기를 한 축으로 다루면서, 노양호(김병기 분) 회장 일가는 돈을 써 사람을 납치·감금·협박하는 것은 기본이고, 본인들은 일반인들과 다르다는 비뚤어진 선민의식 속에서 툭하면 사람들의 무릎을 꿇리려 했다.

2018년 SBS 드라마 '리턴'에서 사학재단 2세 김학범(봉태규 분)은 앞뒤 생각 없고, 대책 없이 행동하면서 온갖 폭력을 일삼는 황금수저의 만행을 벌인다. 그는 평상시 만민 평등주의에 입각해 누구에게나 똑같이 반말을 일삼고, 돈으로 그들 위에 군림할 수 있다는 생각에 "돈 줄게 한 대만 맞자"고 제안하는 등 언제 어디서든 마음 내키는 대로 행동한다.

같은 해 KBS 2TV 주말극 '같이 살래요'에서는 부동산 재벌 아들 김문식(김권 분)은 언제나 천상천하 절대 갑이며, 돈으로 뭐든 해결할 수 있다고 생각하는 철부지고, 재벌 2세 채희경(김윤경 분)은 서민 출신인 올케 집안을 사사건건 깔보고 고압적인 태도로 일관한다.

2021년 SBS 드라마 '원 더 우먼' 은 비리 검사에서 하루아침에 재벌 상속녀로 바뀌며 악덕 재벌가에 입성하는 과정을 보여주는 드라마로, 저질 재벌가 인물들을 '참교육'시키면서 카타르시스를 시청자들에게 선사한다. 아예 작정하고 재벌가를 욕보이려는 기획인 것 같다.

그래서 대기업은 개혁의 대상이자 적개심의 대상이다. 우리 사회 일각에서는 '대기업이 망해야 국가가 산다'는 인식이 퍼져나가고 있다.

기업은 자본주의 꽃, 제품과 일자리 제공

영화 스크린과 TV 드라마 속에 왜곡된 기업인의 이미지는 '반기업 정서'를 부추기고 감수성이 예민한 청소년들, 대학생들이나 기업을 직접 경험해보지 못한 주부들은 이런 이미지의 영향을 많이 받는다. 한 번 심어진 반기업 정서는 쉽게 변하지 않고, 대중들은 또 다른 영화나 드라마를 보면서 '재벌은 나쁜 놈'이라는 생각을 재확인하며 반기업적인 생각을 굳힌다.

언론 미디어도 대부분 기업에 관한 뉴스에는 부정적 보도에 치우쳐 있다. '기업이 제품을 생산하고 사람들을 고용하며 멋진 시대를 만들고 있다'는 뉴스는 헤드라인을 장식하지 못한다. 스캔들, 부패, 노동자 괴롭힘 등과 같은 나쁜 뉴스가 기업들의 좋은 뉴스보다 훨씬 더 주목을 받고 있다.

그러나 '자본주의의 꽃'이라 불리는 기업은 우리의 삶과 일이다. 기업은 우리에게 분명하고 실질적인 두 가지 혜택을 제공한다. 하나는 우리가 소비하며 즐기는 거의 모든 것을 생산하고, 다른 하나는 기업이 우리 대부분에게 일자리를 제공한다.[122]

직장을 구하는 것도 매달 받는 급여도 기업과 관련된 것이다. 실제 급여를 지급해보지 않은 사람은 그저 당연한 일로 여길 수 있지만, 때맞춰 해야 하는 '급여 지급'은 영웅의 행위에 비할 만한 일이다. 개인이나 일부 집단이 아무것도 없는 상태에서 혁신 아이디어를 생각해내고 기업을 만들고 운영하는 것은 대단한 일이다.

한국이 3만 달러에 도달한 것은 한국 기업들이 잘 나가고 있기 때문이다. 기업이 잘 되어야 국가 경제가 잘 된다. 세계적 경쟁력을 가진 기업들은 한국 경제의 소중한 자산이다.

근대 이후 기업이 가족을 밀어내고 생산의 주체로 등장한 이래, 생산력을 발전시키는 동력으로 국가의 경제 성장을 이끌어 왔다. 기업들의 발전을 억제한 국가는 쇠퇴하거나 멸망하여 근대 국가로 발돋움하지 못했으며, 기업을 성장시키고 개인의 창의력을 이끌어낸 국가만이 세계무대의 중심에 우뚝 설 수 있었다.

2. 기업의 본질과 근대 기업의 역사

1) 기업이란?

기업은 새로운 사업을 위해 모인 협력체

기업의 본질은 무엇일까? 기업은 새로운 사업을 하는 사람들의 협력체이고, 기업가는 새로운 사업을 하는 사람이다. 특정 미션을 달성하기 위해 새로운 사업을 계속하려면 이윤을 확보해야 하고, 이윤이 확보되지 않으면 그 사업을 유지할 수 없다. 바꿔 말하면 이윤을 획득하기 위해 새로운 사업을 해야 한다. 사업 수행과 이윤 추구는 동전의 양면이다. 기업가는 특정 미션을 달성하기 위해 사람들로부터 돈을 투자받아 미션을 달성한 다음, 그 이익을 투자자들에게 분배하는 방식으로 운영한다. 가장 대표적인 기업 형태가 주식회사이다.

현대 사회에서 중요한 역할을 하는 것은 개인이 아니라 기업이다.[123] 생산을 담당하고 경쟁을 벌이는 경제 주체이다. 기업은 개인들이 서로 이렇게 하자고 약속하고 실천하여 더 나은 성과를 이루는 협력체이다. 본체가 계약체이므로 서로의 약속을 지키는 신뢰가 바탕을 이루어야 한다. 사회 일반에 비해 약속과 신용을 중시하는 공동체인 셈이다.

기업의 본질은 '거래비용의 절감'이란 관점에서 볼 수도 있다. 1991년 노벨 경제학상 수상자 로널드 코스는 거래비용의 절감을 기업의 존재 이유로 보았다. 개인이 시장을 통해 거래하면서 비용을 최소화하고 경제 활동을 효율적으로 하는 데에는 한계가 있다. 예를 들어 개인이 가구를 생산하고 판매한다고 해보자. 나무를 구입해 이를 디자인하고 가공하여 판매해야 한다. 그 과정에서 일어나는 모든 정보를 탐색하고 다른 사람들과 거래하는 일은 엄청난 비용을 수반하게 된다. 하지만 생산의 각 단계를 개별 생산자들이 나눠 맡지 않고 하나의 조직을 만들어 원료 구입부터 완제품 생산까지 모든 과정을 내부화하면 상황이 달라진다. 가구의 생산비용이 훨씬 적게 들 뿐만 아니라 최종 완제품 가격도 낮아지게 된다.

기업은 거래비용 최소화하는 수단

이렇게 거래비용을 절감해 제품을 적은 비용으로 생산하고 판매하는 것이 바로 기업이다. 기업은 시장거래를 내부화하여 거래비용을 낮추게 된다. 기업은 이런 목적을 잘 달성하기 위해 고안된 수단 내지 도구이다. 그래서 기업의 본질을 특정 목적으로 달성하기 위해 새로운 사업을 수행하는 협력체로 볼 수도 있고, 특정 목적을 달성하기 위해 거래비용을 최소화하는 효율적인 수단이라 볼 수도 있다.

환경이 바뀌고 기술이 발달하면, 기업문화와 사업방식도 빠르게 변화해야 한다. 환경변화는 기존의 기업하는 방식을 근본적으로 바꾸기를 요구한다. 과거의 방식이 더 이상 효율적인 방식이 아니므로 기업은 더 비용을 줄이는 방식으로 스스로 구조조정을 해야 한다. 기업의 수명이 짧아지는 것도 이러한 이유 때문이다. 과거에는 가능하지 않았지만 지금은 가능해진 새로운 기업방식을 찾아내는 일 또한 중요하다.

2) 근대 기업의 역사

콜럼버스 '벤처사업'으로 근대를 열다

근대 기업의 기원을 찾으려면, 대항해시대로 거슬러 올라간다.[124] 이탈리아 출신의 콜럼버스가 대서양 항해 계획을 가지고 스페인 여왕 이사벨 1세로부터 지원을 받은 것은 일종의 벤처사업이었다. 콜럼버스는 처음 포르투갈 왕에게 탐험을 제안하며 △ 기사와 제독 작위 △ 발견한 땅을 다스리는 총독의 지위 △ 총수익의 10분의 1이라는 조건을 제안했다가 거절당한 뒤, 스페인 여왕에게 같은 조건을 제시했다가 역시 받아들여지지 않았다. 그러나 당시 스페인 교회의 성직자들이 포르투갈 교회에 대한 경쟁의식 때문에 여왕을 설득함으로써 콜럼버스가 등용되었다. 계약 후에도 이사벨 여왕이 지원을 계속 미뤘기 때문에 실질적인 항해까지 걸린 시간은 6년이나 걸렸다. 그러나 콜럼버스의 새로운 사업은 스페인을 유럽 최강대국으로 성장시켰고, 아메리카 대륙을 유럽인의 활동 무대로 만들었다. 더욱이 유럽을 근대로 나아가게 하는 문을 열었다.

콜럼버스 이후 유럽에는 새로운 형태의 기업들이 탄생하기 시작했다. 콜럼버스, 마젤란, 바스코다가마 등이 발견한 신대륙의 무역과 상권 등 각종 이권을 정부와 상인들이 장악하려고 했다. 유럽의 군주나 정부 또는 의회로부터 특별 허가장을 받아 설립된 특권 기업(Charted Company)들은 특정 지역의 무역 등 특수 사업에 대한 독점적인 권한을 부여받았다. '머스코비(Muscovy)', '동인도(East India)', '버지니아(Virginia)', '미시시피(Missisippi)', '허드슨 베이(Hudson's Bay)' 등등 이런 명칭이 붙은 기업들은 그런 류에 속했다. 이런 특권 기업은 정부의 허가가 필요 없는 근대 기업과는 전혀 달랐다.

동인도, 버지니아 등 특권 기업들의 무역전쟁

영국의 동인도회사(East India Company)는 상인 218명으로 구성된 상인연합이 1600년 12월 31일 정부로부터 동인도 무역의 독점권을 받아 설립되었으며, 초기에는 면직물 비단 차 향료 도자기 등을 수입했다가 나중에는 1874년 영국이 직접 통치하기 이전까지 인도를 통치했다. 군대를 보유하고 전쟁도 치렀으며, 식민지인들을 대상으로 세금도 걷었다. 1708년 투자를 늘리기 위해 주식회사로 바꾸었다. 중국 차의 수입으로 무역 역조가 심화되자 인도에서 재배한 아편을 중국에 팔다가 아편전쟁을 일으키는 등 비도덕적인 행위도 서

승없이 감행했다.

버지니아 회사(Virginia Company)는 1606년 북아메리카에 식민지를 건설하기 위해 영국 왕 제임스 1세의 칙령으로 설립된 회사로, 현재 미국 버지니아주에 '제임스타운'이라는 영국 최초의 식민지를 세운다. 네덜란드의 서인도회사는 1626년 인디언들로부터 맨해튼 섬을 구입해 '뉴암스테르담'이라는 이름을 붙였는데 이게 도시로서 뉴욕의 시작이었다.

유럽에서 설립된 특권 기업들은 각국 왕실이나 정부의 보호 아래 설립되었고, 불특정 다수로부터 자본을 모아 대규모의 탐험과 무역을 수행했으며, 아메리카 카리브해 아프리카 아시아 등 전 대륙을 돌아다녔다. 유럽 각국 왕실과 정부는 국고 재정으로 충당할 수 없는 대규모의 탐험과 무역을 이들 특권 기업들을 통해 실현하였다. 보통 특권 기업은 특정 지역에 대한 무역 외에도 은행 설립, 토지 소유 및 분배, 군대 보유 등의 권리까지 부여받았다.

특권 기업들은 불특정 다수로부터 사업 자금을 끌어모아 사업을 수행했는데, 중세 때 유행했던 주주의 유한책임, 공개주식 매매라는 두 가지 제도를 잘 활용했다. 정관에 투자자들의 유한책임을 못 박았고 공개시장에서 주식을 사고팔 수 있도록 했던 것이다. 주주의 유한책임은 주주들이 자신이 투자한 금액 내에서만 책임을 진다는 것을 의미한다. 이전에는 투자자는 금액과 상관없이 만일 자신이 투자한 회사가 망하게 되면, 그 손해에 대해 채권자를 포함한 이해관계자에게 무한책임을 져야만 했다. 대항해시대에 정부의 특권과 독점사업을 바탕으로 한 이들 특권 기업들은 주주의 유한책임과 공개주식매매제도를 통해 전성기를 누렸다.

큰 후유증 남긴 미시시피 거품과 남해 거품

그러나 18세기 초 프랑스의 미시시피 회사와 영국의 남해 회사는 엄청난 거품을 일으켜 큰 후유증을 남겼다. 정부와 기업의 특수 관계 때문에 정부가 국채를 주식으로 바꿀 수 있도록 허용했고, 그 결과 광적인 '묻지마' 주식 열풍이 불었고 주식시장에 거품이 잔뜩 끼기 시작했다. 투자자들이 이성을 되찾고 기업의 수익 구조에 관심을 갖기 시작하자 이들 회사는 삽시간에 무너져 버렸다. 그 여파로 수많은 프랑스 인들과 영국인들이 가산을 탕진하고 말았다. 그래서 사람들은 주식회사라는 말만 들어도 벌벌 떨 만큼 충격을 받았고, 이후 특권 기업들은 몰락의 길을 걸었다. 이때 과학자 뉴턴도 남해회사 주식으로 7,000파운드를 벌었지만, 이후의 폭락으로 2만 파운드의 손해를 봤다. 그래서 그는 "내가 천체의 움직임은 계산할 수 있어도, 인간의 광기는 도저히 계산할 수 없다"고 토로했을 정도이다.

1720년 영국의회는 '거품법(Bubble Act)'을 제정해 의회의 입법이나 국왕의 허가 없는 주식회사의 설립을 금지하고, 기존의 주식회사도 허가에 명시되지 않은 영업행위나 신규 주식발행을 금지했다. 1825년에야 이 법이 완전히 폐지되었으며, 미시시피 거품과 남해 거품의 후유증이 오랫동안 지속되었다. 이때 귀족, 부르주아, 서민 계층을 불문하고 주식에 대한 충분한 지식도 없는 사람들이 너나 할 것 없이 투기 열풍에 휩쓸렸던 것이다.

합작회사들이 산업혁명에 불 지펴

주식회사는 제조업에 나서는 기업가들에게는 인기가 없었다. 웨지우드(J. Wedge Wood), 아크라이트(R. Arkwright), 볼턴(M. Boulton) 같은 기업가들은 합작투자를 선호했다. 새로운 제조업에 필요한 자금의 규모가 크지 않았던 데다 유한책임은 투자자의 주인의식을 약화시킨다는 부정적인 평가가 많았다.

29살 때 도자기 공장을 처음 세운 웨지우드는 한 사람이 처음부터 끝까지 완성하던 도자기를 10개의 과정으로 분업해서 제조하도록 했고, 수력방적기를 발명한 아크라이트는 방직공장을 세워 세계 최초로 현대적 의미의 공장을 설립했다. 영국 버밍엄에서 작은 제조공장을 물려받은 볼턴은 증기기관 발명가 제임스 와트(J. Watt)와 합작투자를 해 회사를 설립한 다음, 1776년 3월 8일 새로운 발명품 '증기기관'을 선보였다. 사람 100명의 작업을 할 수 있는 기계였다. 증기기관의 출현은 사람과 자연의 힘에만 의존했던 생산의 역사를 바꾸었고, 산업혁명의 불을 붙였다.

증기기관이 발표된 다음날, 글래스고 대학의 애덤 스미스 교수가 『국부론』을 출간했다. 그는 이 책에서 국가의 힘으로 화폐와 부를 벌어들이는 중상주의를 비판하고, 평등한 계약을 통해 경제를 발전시키는 자유무역을 제창했다. 그는 "사람들 모두 자신의 상황을 개선하기 위해 열심히 노력하며, 노력의 과정이 자유롭고 안전할 수 있을 때 매우 강한 힘을 발휘할 수 있다"며 "다른 것은 필요하지 않으며, 오로지 개인의 노력만으로 사회를 번영시키고 부를 창출할 수 있다"고 주장했다.

국부론, 개인의 노력이 국부 창출 주장

'보이지 않는 손'의 영향으로 수많은 영국 기업들이 제1차 산업혁명을 추진했다. 국가가 강제로 주도한 것은 아니었다. 방직 기계 제철 등 각 업종에서 국가의 특허를 받아야 설립할 수 있는 주식회사는 거의 찾아볼 수 없었다. 이 시기 활약한 기업들은 거의 모두 가족기업이었고, 영세한 기업들이었다. 동업자들의 이름을 딴 이들 기업들은 저마다 이익을 내기 위해 바쁘게 활동하고 새로운 제품을 발명해냈다. 대량 생산성을 보유한 기업이 기존의 상업 무역회사를 대신해 경제 주역으로 부상했다. 19세기 초에는 이 새로운 기업들이 유럽과 북미에서 생산되는 원단의 63%, 석탄의 54%, 그리고 강철의 58%를 생산해냈다.

영국이 세계에서 독보적인 산업생산력을 갖추게 되자, 새로운 형태의 상공업자들에게 특권 기업의 해외무역 독점 체제를 타파하고 새로운 경제 질서를 수립하는 것이 가장 시급한 과제로 떠올랐다. 그들이 나아가려는 길을 특권 기업들이 가로막고 있었기 때문에 각종 규제 완화를 요구했다. 1813년 동인도 회사가 가지고 있던 인도 무역독점권이 폐지되고, 보호무역 색채가 강했던 '곡물법'이 폐지되는 등 영국 정부는 개입보다는 시장 자율에 맡기기 시작했다.

철도·운하 등 대규모로 인해 주식회사 '부활'

산업혁명을 이룩한 영국에서는 철도와 전보, 증기선, 제철, 석유 등 새로운 업종들이 속속 생겨났다. 동시에 100년 전 천당에서 지옥으로 추락했던 주식회사도 새로운 부활의 기회가 찾아왔다. 철도 건설을 비롯해 운하 건설 등 대규모 공사에는 막대한 자금이 필요했다 문제는 어디에서 자금을 조달하는가였다. 주식회사는 투자에 대한 불안감이 적다는 점에서 사람들의 투자를 촉진하는 데 효과적이었다.

영국 의회는 1862년 세계 최초로 근대적인 '회사법(Companies Act)'을 통과시켰다. 이 법은 기업이 영리를 목적으로 한 시장 조직일 뿐이고 기업을 설립하는 것은 모든 국민이 누리는 권리라고 명시했다. 여기에는 현대 기업의 바탕이 되는 세 가지 생각이 포함되어 있다. 첫째 '법인'은 인간과 똑같이 경제활동을 할 능력이 있고, 둘째 모든 투자자에게 거래가 가능한 주식을 발생할 수 있으며, 셋째 투자자는 유한책임만 지기 때문에 손실이 발생하더라도 투자원금의 한도 내에서만 손실을 입는다.

영국 1862년 회사법 제정

기업 설립에는 더 이상 정부의 허가가 필요 없게 되었고, 주주 7명이 조직의 규정에 서명하고 영업장 소재지에서 등기를 마치면 주식회사를 설립할 수 있게 되었다. 이로써 기업의 설립은 정부의 허가를 받아야 하는 '특허제'에서 자유로운 '등록제'로 바뀌고, 유한책임도 '특권'에서 평등한 '권리'로 전환되었다. 시장도 독점에서 경쟁으로, 폐쇄적 형태에서 개방적 형태로 바뀌었다. 주식회사가 역사의 무대 위로 다시 등장했다. 프랑스가 1863년, 독일이 1870년에 주식회사를 쉽게 설립할 수 있도록 법률을 제정하는 등 영국의 회사법은 세계 각국에서 생겨난 회사법의 원형이 되었다.

주식회사가 대규모 산업생산을 효과적으로 수행하게 되자, 사람들은 특권기업의 부패와 윤리적 타락이 '주식제도'와 '유한책임'이라는 형태가 아니라 권력과 돈의 유착에서 기인한 것임을 깨달았다. 주식회사는 이제 소수 상류층의 전유물이 아니라, 일반 사람들 누구나 활동할 수 있는 기회가 되어 현실 속으로 뿌리내렸다.

미국 거대기업의 출현, 세계 경제 이끌어

미국은 독립 전에는 북미 지역에서 기업을 설립하려면 식민국과 총독, 의회의 허가를 받아야 했다. 1782년 제헌의회에서 기업을 할 권리를 어떻게 할 것인가를 두고 논쟁을 벌였다. 결국 미국 헌법은 주 정부가 종전과 마찬가지로 기업을 관리하고, 주 사이의 무역은 연방정부가 관리하도록 규정했다.

독립 초기에는 특별 입법에 의해서만 회사 설립이 가능했지만, 점차 주마다 일반회사법에 의해 회사가 설립되었다. 주마다 서로 기업을 유치하기 위해 회사법을 제·개정하고 기업에 대한 통제를 완화해 기업 진출의 문턱을 낮췄다. 1830년대에는 주 정부로부터의 특허장이 쓸모없게 될 정도로 기업의 설립 요건이 완화되었고, 주정부는 등기소 역할을 수행했다.

영국의 회사법이 미국에 도입된 후에는 기업들이 큰 자유를 누리며 비약적으로 성장했다. 철도 회사들을 사들여 미국을 하나의 통일된 시장으로 만든 철도왕 밴더빌트, 스탠더드 오일을 창립해 석유 사업으로 세계 최고의 부자가 된 석유왕 록펠러, 제철 기업을 설립해 미국의 철강시장을 독점했던 철강왕 카네기, 세계 최초로 일관화된 생산라인 방식을 자동차 생산에 도입한 포드 등이 등장했다. 19세기 말부터 20세기 초 미국은 영국을 제치고 세계 경제의 새로운 원동력으로 떠올랐다.

3. 조선의 상공업과 과학

중앙권력은 상공업 발흥 용납 안해

상인은 조선시대에 말업末業이었다. 사농공상 즉 사족 농민 장인 상인 가운데 맨 끝이었고, 천민 계급 바로 위에 있었다. 학문을 하는 사대부들이 가장 고귀했고, 그 다음으로 식량을 만들어내는 농민이었으며, 쓸모 있는 도구를 만들어내는 장인이 뒤를 이었다. 아무것도 만들지 않고, 물건을 팔아 이득을 내는 상인은 천한 대접을 받았다.

중앙 권력을 가진 관료들은 농경 체제의 관리로서 농업만을 중시하고, 수공업자 공工을 관가의 노예로 대우했으며, 상商의 경우 시전과 육의전만 허용했으며 무허가 난전 상인들은 박해했다. 왕족, 양반만 사유재산권이 인정되었으며 조선 후기에 임상옥, 김만덕이 한때 등장했으나 그 이후 어디로 갔는지 알 수 없다. 역사 기록에 남은 이유는 거대한 부를 쌓아 굶주리는 백성과 수재민을 대상으로 구휼을 했다는 덕을 칭송했을 뿐이다. 부를 좋아하거나 상인을 높이 평가한 것이 아니다.

농업을 본업, 상업을 말업으로 취급한 것은 조선 사대부만의 생각이 아니었다. 중국 춘추전국시대 진秦나라의 상앙이 부국강병책을 제시하며 농업을 장려하고 상업을 억제했다.[125] 이런 기조는 한비자, 순자 등에도 계승되었고 후세에 이어졌다. 조선 건국에 참여한 신진 사대부들도 이 원칙을 충실히 지켰다. 수직사회에서 부국을 이루는 방법은 무역이 아니라 강병이었다.

서양에서도 교황 레오 10세가 1515년 금융업을 합법화하기 전까지 이자놀이는 자연의 섭리를 어기는 것이었다.[126] 아리스토텔레스는 "돈은 임신하지 않는다"(화폐불임설)며 이자를 부정했다. 토마스 아퀴나스는 하나님이 인간의 품성을 완성하기 위해 노동을 창조했기 때문에 그 노동을 거부하는 대금업자는 신의 섭리를 거부한다고 결론을 내렸다. 단테의 『신곡』에 그려진 지옥에서는 타락한 도시 소돔 사람들과 대금업자들이 같은 곳에서 벌을 받는다. 중동에서는 코란의 율법에 따라 이자를 받고 돈을 빌려주는 것을 용납되지 않는 지역이 아직도 많다.

봉건사회에서 전제 군주는 통치 지역의 주민들 사이에서 벌어지는 일상적인 상거래를 전반적으로 통제하려고 했다. 물물교환 행위를 넘어서 화폐가 생기고 교환과 매매 과정이 훨씬 간편해지면 대금업이 등장하기 쉽고 세상이 더 복잡해진다. 그러면 통제하기 어려워지고 전제 군주를 대체할 새로운 세력이 출현할 가능성이 높아진다.

어느 해변 도시에 상업과 대금업, 무역업이 발달했다고 하자. 그러면 A라는 사람은 C에게 돈을 빌려 직기를 사서 모직물을 짠 후 B에게 팔아 높은 이윤을 남긴다. C에게 돈을 빌린 B는 모직물을 사서 해외에 고가로 수출한다. C는 A와 B에게 돈을 빌려주고 원금을 불려나간다. 농업은 1년에 한두 번 파종하고 추수한다면, 수공업자 A, 무역상 B, 대금업자 C는 1년에 수십 번의 거래가 가능하다. 돈만 불어나는 것이 아니라 모든 것이 변화무쌍하게 바뀌며 해변 도시로 모인다.

무역·상업 세력이 왕의 권력 위협

그래서 상업 무역 대금업 같은 화폐를 다루는 상인계급은 근본적으로 왕 중심의 봉건사회를 위협하는 존재들이다. 부의 형성이 농업처럼 안정적으로 이루어지는 것이 아니라 급격하고 유동적으로 이루어지기 때문이다. 역사적으로 상업이 번성하던 때는 혼란기였고 중앙권력이 약할 때였다. 무역과 상업으로 부를 쌓은 세력은 왕의 권력을 위협하는 세력으로 성장했고, 왕과 중앙권력은 이들을 통제하기 어려웠다.

신라 말 청해진을 설치하여 당과 일본, 신라를 잇는 해상무역을 주도했던 장보고는 신라 왕위 계승 싸움에 참여하여 기존 왕을 죽이고 새로운 왕을 추대했다. 이후 예성강 일대에서 당과의 무역을 통해 부를 축적한 송악의 왕건 세력은 후삼국을 통일하고 고려를 건국했다. 프랑스에서는 중상주의 정책으로 부를 축적한 부르주아들이 중심이 되어 프랑스 혁명을 이끌어냈고, 일본도 하층 사무라이 계급과 성공한 상인 계층이 협력해 도쿠가와 막부를 무너뜨리고 메이지유신을 단행했다.

주로 상업이 발달했을 때는 중앙권력이 약하고 여러 개의 지방권력이 서로 경쟁하는 시대였다. 지방권력은 상인과 장인의 재산권을 보호하는 정책들을 펼쳤다. 중국의 춘추전국시대나 우리의 후삼국시대, 이탈리아 도시국가시대베네치아, 밀라노 등를 생각해볼 수 있다. 반대로 중앙권력이 강할 때 상인의 발흥을 용납하지 않았다. 조선만 하더라도 지방에 왕권에 도전할 만한 세력을 허용하지 않았다. 상인은 권력의 울타리 내에서만 존재했고 권력의 비호 아래 성장했다.

수공업자들 멸시와 부역에 시달려

조선은 수공업 역시 농업에 비해 하찮게 여겼고 수공업을 거의 전적으로 국가 통제하에 운영하였으며 사적 생산활동의 발달을 억제했다. 직업 장인의 경우 중앙의 30개 관청에 소속되었고 130개 직종에 2,800여 명이 종사했으며, 지방 8도에는 27개 직종에 3,700여 명이 종사했다.[127] 30개 관청 가운데 주로 병기를 제작하는 군기시軍器寺, 국왕과 왕비의 의복을 만들어 바치고 내부의 보화·금보 등을 맡아보던 상의원尙衣院, 궁중의 음식을 맡아본 사옹원司饔院에 소속된 장인이 전체 장인의 60%에 달했다. 군 장비 제조와 왕족들의 생활품이나 장식품 제조에 종사했으니, 조선의 수공업은 왕조 수공업의 성격을 가지고 있었다. 지방의 장인들은 농기구, 무기, 종이 등의 생활용품을 주로 생산했다.

공장工匠들은 원칙상 거주지를 막론하고 관청에 등록되어 일정 기간 부역하고 부역 노동 이외에는 사적 생산에 종사했다. 당시 대부분의 농민들은 수공업품을 자급자족하고 있었으므로 전업 수공업자는 중앙정부나 지방 관아의 수요에 응하게 되었다. 임진왜란 이후 관장제가 흔들렸지만, 큰 골격은 바뀌지 않았다.

공장들에 대한 대우는 어떠했을까. 일본과 비교해보자. 임진왜란 때 일본에 끌려간 조선 도공들은 귀국할 기회가 있었으나 현지에 남아 일본 도자기 전성시대를 열었다.[128] 히젠번(肥前藩) 아리타야키(有田燒)의 이삼평, 나가토(長門) 하기야키(萩燒)의 이작광과 이경 형제, 그리고 사츠마번의 사츠마야키(薩摩燒)를 만든 심수관 가문의 시조 심당길 등은 일본에 뿌리를 내렸다.

조선의 도공은 멸시와 각종 부역에 시달리는 비천한 신분이었지만, 일본에선 사무라이로 대우받았다. 막부와 다이묘의 적극적인 지원과 조선 도공 특유의 섬세함과 장인 정신이 합쳐지면서 이들과 그 후예들이 만든 일본 도자기들은 비약적으로 발전했고, 19세기 유럽을 휩쓴 일본의 대표 수출품이 되었다.

반면에 조선에서는 39명의 도공이 굶어죽은 사건이 발생했다.[129] 숙종 23년(1697년) 경기도 광주의 관요에서 올라온 보고에 따르면, '이들은 원래 농업이나 상업으로 생계를 꾸릴 방도가 없어, 지난해 개인적으로 그릇을 굽지 못하여(本無農商資生之道, 且失上年私燔之利) 모두 굶주리게 되었다'고 한다. 도공들의 신분은 직업 선택의 자유와 거주 이전의 자유가 박탈된 세습 장인이었고, 관요에서 도주한 자는 곤장 100대에 징역 3년형으로 처벌한다는 규정이 있었으며, 개인 용도로 그릇을 굽는 것을 엄격히 금했다.

성리학 체계에서 과학 발전 불가능

우리 역사에서 과학을 언급하면 15세기 세종 시대를 '과학의 황금기'였다고 평가한다.[130] 세종 시대의 과학기술은 천문 의학 농업 지리학 도량형 음악 인쇄 화약에 이르기까지 모든 분야에서 두드러진 발자취를 남겼고, 이슬람과 중국에 버금가는 세계적 수준으로 발전했다고 칭송한다. 우리 역사에 자랑스러운 역사였다.

그러나 그 뛰어났던 과학기술은 계승되고 발전되었는가? 성리학이 지배하는 세상에서 탁월했던 임금이 사라지자 과학기술은 조선 전시대에 걸쳐 주목을 받지 못했다. 조선 27명의 왕 가운데 세종 외에 과학에 관심을 보인 왕은 없었다. 과학의 황금기 세종 시대 32년은 518년의 조선 역사에서 정말 짧은 시간이었다.

임진왜란과 병자호란 이후 조선 후기 사회가 전면적으로 피폐하고 과학기술도 더욱 침체하였다. 하지만 청나라를 통해 서양 과학기술의 자극을 받아 영·정조 시대에 실학운동이 일어났다. 실학자들은 당시 사회문제를 해결하기 위해 성리학의 관념성과 경직성을 비판하고 실사구시의 학문 태도를 지향했다. 그러나 조선 전기의 화려했던 시절을 재현하기에는 역부족이었고, 그들의 저서는 다분히 비현실적인 주장과 문헌들의 집성으로만 끝났다.

그 배경에는 조선 사대부를 지배한 성리학의 이론 체계에서 찾을 수 있다. 성리학자들은 물질적인 법칙이든 인간 내면의 법칙이든 우주만물이 '리理'에 따라 움직인다고 생각했다. 리는 자연과 인간에 두루 통용되는 보편적인 법칙이었다. 자연계의 존재론적 법칙성과 사회의 가치론적 규범성이 하나의 원리로 결합되었다고 생각했다.

그러면 성리학자들이 자연 현상을 깊이 연구했는가? 그들은 자연 현상을 연구하지 않았고 인의예지仁義禮智라고 하는 인간의 도덕에 천착했을 뿐이다. 성리학자들에게 자연이란 인간의 도덕과 가치관을 성립시키는 데 필요한 사고의 도구였다. 성리학자들은 자연 그 자체의 성질에 대해 연구하지 않았고 도덕학의 눈으로 자연학을 바라보았다. 자연에 대한 객관적인 인식이 불가능했다.

서양의 근대 과학이 자연이 신과 종교로부터 분리되면서 시작되었다고 본다면, 조선 후기 실학자들 역시 자연학과 도덕학을 분리시켜 보지 않았고 여전히 성리학적 전통 안에 머무르고 있었다. 그만큼 조선에서 근대 과학이 탄생할 것으로 기대했다거나 과학이 발전했을 것이라고 생각하는 것은 애초에 불가능한 일이었다.[131]

4. 기업가 정신과 선비정신

앙트러프러너 '새로운 사업을 하는 사람'

기업은 새로운 사업을 하는 사람들의 조직이고, 기업가는 새로운 사업을 하는 사람이다. 새로운 사업을 한다는 것은 불확실한 시대 상황에서 기회를 포착해 자신만의 아이디어를 개발하고 그 아이디어를 기업을 통해 실현함으로써 기존에 없던 가치를 만들어내는 것이다. 다시 말하면 높은 불확실성에도 불구하고 기회를 포착하여 자신만의 제품이나 서비스를 개발하고, 그것을 기업을 통해 상품화함으로써 사회에 부를 가져오는 것이다. 새로운 사업을 한다는 것은 위험(risk)을 감수한다는 의미를 담고 있다.

'기업가' 앙트러프러너(Entrepreneur)는 '착수하다(undertake)'와 '시작하다(commence)'라는 뜻의 프랑스어 'entreprendre'에서 유래하고[132], 새로운 사업을 수행하는 사람이란 의미를 갖고 있다. 17~18세기 유럽에서는 위험한 해외무역에 종사하는 상인을 앙트러프러너라고 명명했고, 19세기 후반에는 산업혁명 후 새로운 기술을 발명하고 실용화하여 기업을 일군 사람들도 앙트러프러너라고 불렀다.

프랑스 경제학자 칸티용은 '확실한 가격에 상품과 원료를 구매하고, 불확실한 가격에 제품을 판매하며 지대와 이자와 같은 경비를 주고 나서 남은 소득으로 생활하는 사람이자, 위험 부담을 지고 자신의 사업을 하는 사람'이라고 정의했다. 같은 프랑스 경제학자 세이는 칸티용의 정의에 생산의 기능을 추가하여 기업가를 '경제적 자원을 생산성과 수익성이 낮은 곳에서 높은 곳으로 이동시키는 사람'으로 정의하고, 이를 통하여 경제 전체의 희소자원의 효율적 배분을 촉진하는 역할을 담당한다고 했다.

현대에 들어 기업가와 기업가 정신의 개념을 제대로 정립한 사람은 하버드대학교 교수였던 경제학자 슘페터였다. 슘페터 이전의 대부분 경제학자들은 경제 내에는 항상 안정적인 균형 상태를 유지하려는 힘이 있다는 이론을 주장했다. 그런데 슘페터는 이러한 이론들을 가지고 왜 각국의 경제가 단기적으로는 호황과 불황을 반복하면서도 장기적으로는 이전보다 더 나은 상태로 이행해가는지를 설명할 수 없다고 보았다. 슘페터는 경제가 변동하며 발전하는 현상을 설명할 수 있는 요인으로 '기업가에 의한 혁신(innovation by entrepreneur)'과 이에 의한 '창조적 파괴(creative destruction)'를 제시했다. 기업가의 창조적 파괴가 경기변동을 일으키며 이로 인해 경제는 장기적으로 발전하게 된다는 것이다. 결국 슘페터는 자본주의 발전의 원동력은 기업가에 의한 혁신, 즉 '기업가 정신'이라고 보았다.

근대를 만든 정신은 기업가 정신

현대 경영학의 아버지로 불리는 피터 드러커는 기업가 정신을 '위험을 무릅쓰고 포착한 기회를 사업화하려는 모험과 도전의 정신'이라고 이해했다.[133] 드러커는 이 같은 기업가 정신과 혁신을 별개로 떼어 놓고 생각할 수 없다고 했다. 그는 과거에는 기업가가 창업을 통해 기업을 일궈 성공을 이뤘으나 점차 기업의 규모가 커지면서 창업보다는 기존 기업의 효율적 관리가 더 중요해지면서 기업가 정신이 많이 약해지는 현상을 보게 된다고 우려했다. 따라서 내일의 성장을 위해 혁신이 필수불가결하다며 경영관리에서도 혁신을 실천하는 것이 중요하다고 강조했다.

드러커는 기업가 정신은 대기업뿐 아니라 중소기업, 공공기관에도 필요하고 새로운 기업뿐 아니라 오래된 기업에서도 필요하다고 주장하고, 기업 단위에 국한되지 않고 한 사회의 모든 구성원이 본질적으로 가지고 있어야 할 자기 혁신의 바탕이라고 강조했다. 그래야 기업가 정신을 바탕으로 끊임없는 혁신을 추구해 나갈 수 있을 때 비로소 한 사회가 '다음 사회'로 진보해 나갈 수 있다는 것이다.

자본주의 발전의 역사는 한마디로 기업가 정신의 역사라고 해도 과언이 아니다. 기업가 정신은 대항해시대 콜럼버스를 시작으로 근대를 만든 정신이고, 근대 기업들이 실현했던 정신이다. 기업가 정신이 빈약한 국가는 부유할 수 없고, 기업가 정신을 가진 위대한 기업가를 배출해내지 못한 시대는 창조력을 가질 수 없다. 오늘날 기업가 정신은 개인의 행복과 국부를 창출하는 원동력이자, 4차 산업혁명 시대를 맞아 우리가 갖추어야 할 정신이다.

선비정신, 16세기 조선사회에 등장

선비란 학식과 인품을 갖춘 사람에 대한 호칭으로, 유교 이념을 구현하는 인격체 또는 신분 계층을 가리키는 유교 용어이다.[134]

선비라는 단어는 1445년 세종 때 최초의 한글 기록인 『용비어천가』에서 어원으로 볼 수 있는 '션비'가 처음 등장하며 이는 유생儒生의 번역어로서 글을 하는 문인으로 사용되었다. 이후 '어질고 학식 있는 유생'의 의미를 지닌 순수 우리말로 자리 잡았다. 1583년 한호의 『석봉천자문』 초간본에 '사士'의 의미를 션비로 해석할 정도로 16세기에는 士는 션비로 일반화되었다. 16세기에 사림이 한국 역사에서 새로운 사상과 정치의 리더로 등장한 것과 관련이 깊다.

16세기 조선의 시대정신으로 등장한 선비정신은 임진왜란과 병자호란을 거치면서 조선 사회와 문화를 지탱하는 비전과 리더십으로 자리잡았다.[135] 벼슬을 하지 않는 처사도, 벼슬을 한 관리도, 권력높은 관직과 토지를 소유한 양반도 '선비'를 시대의 표상이요, 지식인의 사표로 담지했다. 조선 후기 과거를 거치지 않고 향촌에 은거해 있으면서 유림의 추앙을 받고 국가로부터 특별 대우를 받았던 '산림山林'이 이를 대변한다. 선비정신은 개인에게는 삶의 방향성을 주는 나침반 역할을 했고, 때로는 조선왕조를 지탱하는 힘과 사상 역할을 했다.

양반 사대부들이 의리와 지조를 중요시했던 선비정신을 지향했다.[136] 어떻게 인간으로서 떳떳한 도리인 의리를 지키고, 그 신념을 흔들림 없이 지켜내는 지조를 일이관지一以貫之하게 간직할 수 있느냐가 최대 관심사였다. 인간이 무절제한 욕망이라는 짐승의 차원에서 벗어나 인간다운 삶을 영위하기 위한 방법론으로서의 인성론人性論을 발전시킨 것도 그러한 맥락에서 이해될 수 있다.

의리와 지조를 중시한 선비들은 개인 생활이나 농촌 공동체뿐만 아니라 국가 간에도 적용되어야 한다고 믿었다. 동아시아 국제 질서를 무력으로 흔들어 놓은 일본이나 청나라를 오랑캐라고 폄하했다. '재조지은再造之恩'이라 하여 명나라가 망하고 난 뒤에도 임진왜란 때 도와준 은혜를 잊지 않은 것은 국가 간의 의리도 지켜야 한다고 생각했기 때문이다.

그러나 선비들은 직접 생업에 종사할 필요가 없고, 소작인에게 토지를 빌려주고 그 대가로 수확량의 1/3 또는 1/2을 징수한 향촌 지주 계층이었다. 지배계급의 일원이었기 때문에 농업처럼 안정적인 부의 생산을 장려했지만, 급격하고 유동적이었던 무역, 상공업에 의한 부의 생산을 통제했다. 농업을 중시하고 상업과 공업을 천시했다.

선비들은 과거에 합격하여 관리가 되는 것이 평생의 숙원이었다. 이들은 7, 8세부터 『천자문』을 배우기 시작해 『소학』 『효경』을 거쳐 『사략』 『고문진보』 그리고 사서삼경을 익혔다. 내용을 음미하는 숙독보다는 경서를 섭렵하고 암송하는 데 주안점을 두었다.[137] 10대 중반이 지나면 기본 소양을 갖추고 과거 시험을 준비했다. 과거에 급제하기까지는 적어도 25~30년간의 준비기간이 필요했다.[138] 과거 시험은 유교 경전과 역사, 문장에 대한 이해에 기초하여 글을 짓는 시험이었지만, 효율적인 공부를 위해 전문 수험서인 초집抄集을 많이 이용했다. 다양한 서적을 섭렵하고 좋은 문장을 발췌한 초집을 반복적으로 익히는 것이 당시 과거 공부법이었다.

선비들은 동시에 성리학을 주 전공으로 하여 그 이념을 실천하는 학인學人이었다. 그래서 철학에 해당하는 경학, 즉 성리학의 이기론理氣論을 해명하려고 노력했다. 이기론은 중국 남송 대의 주희에 의해 완성되었으며, 이理와 기氣

그리고 그 관계를 통해 우주와 인간의 존재 구조와 그 생성 근원을 유기적으로 설명하는 이론이다.

선비는 새로움과 변화 추구 거부

그러나 선비들은 새로운 지식을 배우거나 새로운 지식을 개발하는 데 관심이 없었다. 오히려 기존의 지식을 어떻게 심화 학습하느냐에 집중하였다. 중국에서 수입한 성리학을 가지고, 조선 전기에는 인심도심설人心道心說, 후기에는 인물성동이론人物性同異論 등 심오한 논쟁을 전개했다. 사서삼경을 주자와 달리 새로운 해석을 시도한 경우 사문난적斯文亂賊으로 낙인 찍혀 사회적으로 매장하거나 죽음을 대가로 치르게 했다.

또 선비들은 객관적인 외부 세계가 어떻게 작동하는지에 대해 관심이 없었다. 선비들은 물질적인 법칙이든 인간 내면의 법칙이든 우주만물이 리理에 따라 움직인다는 성리학 체계에 따라 자연의 원리와 도덕적 원리가 일치한다고 생각했다. 인간의 심성을 제대로 연구하면, 자연 세계는 자연히 알 수 있는 것으로 이해했다. 그래서 과학은 자신들의 임무라고 생각하지 않았고, 중인 또는 아랫사람의 일이라고 봤다.

조선 사회를 지탱하는 양반 사대부들은 외부 세계의 변화에 관심이 없었고 직접 목도한 변화에 대해서도 적극 대응하지 못했다. 내부적으로만 강하게 통제했을 뿐이다. 임진왜란과 병자호란을 치르기 전에도 적절히 준비하지 못했고, 치른 후에도 바뀌지 않았으며, 오히려 이념적으로 강하게 결속했다. 선비들의 머릿속에는 외부 세계의 변화에 대해 자신들이 기회를 포착해서 무엇을 하겠다거나, 무엇을 하기 위해 위험(risk)을 안고 도전해보겠다는 생각 자체가 없었고 오히려 그런 생각을 품는 자들을 불온시했다. 그래서 선비정신에 기초했던 조선은 망했다. 그것도 철저히 망했고 식민지가 되었다.

선비정신에 기초한 朝鮮은 망했다

기업가 사회는 기업가 정신에 기초한 사회를 말한다. 4차 산업혁명으로 사회 전반에 큰 변화가 예상되는 가운데, 이런 변화를 미리 감지해 선제적으로 대응하는 데 가장 필요한 것이 기업가 정신이다. 불확실한 시대에서 기회를 포착해 자신만의 아이디어를 개발하고 그 아이디어를 기업을 통해 실현함으로써 기존에 없던 가치를 만들어내는 것이 한국 사회가 지향해야 할 시대정신이다.

피터 드러커는 2002년 저서 『넥스트 소사이어티』에서 기업가 정신이 가장 높은 나라로 한국을 꼽은 바 있다. 일제 강점기와 6·25전쟁으로 산업 기반이 전무하다시피 했던 곳에서 불과 50년 만에 세계 일류 기업들을 일궈낸 것을 높이 평가한 것이다.

박정희 정부가 국가 주도의 경제 성장을 이룩한 것은 행정관료 체제의 대혁신과 민간 기업들의 기업가 정신이 만든 합작품이다. 경제기획원의 설립을 비롯 행정관료 체제를 재정비하고 중앙정보부를 신설하는 등 국가안보기구를 강화하였고, 이를 통해 정부가 시장을 창출하고 개입함으로써 강력한 경제정책을 펼쳤다. 기업들은 수출주도형 공업화 정책에 대한 아이디어를 제공했고 기업가 정신으로 그 정책을 시장에서 실현했다. 현재까지 한국 경제를 주도하고 있는 삼성 현대 LG 그룹의 창업자인 이병철, 정주영, 구인회 그리고 포스코의 창업자 박태준 등이 그 주인공들이다. 물론 권력과 기업 간의 정경유착의 병폐도 적지 않았다.

오늘날 1인당 GDP 3만 달러 신화를 만든 박정희 발전 모델의 두 축은 국가 관리자였던 중앙집권적 관료들과 새로운 상품과 서비스를 만들어낸 기업가들이었다. 중앙집권적 관료들은 오랜 중앙관료제에 제도적 기반을 두고 있었고, 정신적으로는 성리학적 전통과 선비정신에 바탕을 두고 있다. 반면에 기업들은 창의적인 사고와 도전 및 개척 정신으로 근대 자본주의 정신인 기업가 정신을 보여주었다.

국민은 여전히 선비정신 옹호

그러나 최근 국내 기업 풍토를 보면 기업가 정신을 찾아보기 어렵고, 이를 우려하는 목소리도 높다. 경제 성장이 둔화되고 경기 하락이 뚜렷해지면서 기업가 정신이 확연히 사라진 모습이다. 기업가 정신에 대한 인식도, 기업가에게 필요한 정신이지, 나와는 관계없는 정신이라고 생각하는 이들이 많다. 기업가 정신이 창업뿐만 아니라 연구 창작 비즈니스 등 모든 방면에 걸쳐 발현되어야 할 정신임에도 불구하고, 특정인들에게만 필요한 정신이라고 바라본다. 국민 상당수가 아직도 기업가 정신보다 선비정신을 더 가치 있는 정신으로 보고 있기 때문이다.

〈표 8-1〉 기업가 정신과 선비정신을 기초로 하는 사회 비교

구분	선비정신에 기초한 사회	기업가 정신에 기초한 사회
중심 계층	선비사대부, 관료	기업가
기반이 되는 사회	농경사회	상공업사회
돈벌이 수단	지대녹봉	이윤
위험(Risk)에 대한 태도	회피	감수
중시하는 가치	명분	실질
도전 기회	관료가 되는 시험	새로운 사업
지향	과거 지향	미래 지향
외부 변화에 대한 태도	소극적	적극적
새로운 부가가치 생산	소극적	적극적

한국 사회는 제조업 중심의 산업사회를 지나 서비스산업 중심의 후기 산업사회로 진입했지만, 의식과 제도 그리고 문화는 농경사회였던 조선시대 수준에 머물러 있다. 일반 국민들뿐만 아니라 지식인들조차 유교적 사농공상 의식에 젖어있고 21세기 양반이 되는 것을 장래 희망으로 삼고 있다. 농경사회에 적합했던 선비정신을 자신이 갖추어야 할 정신으로 숭상하고, 기업가 정신

은 기업하는 사람들이 갖추어할 정신으로 폄하하고 배척한다.

모든 국민들이 기업가 정신보다 선비정신에 관심을 갖는 것은 개인의 노력에 대한 사회보상체계가 선비정신을 가진 이들에게 권력, 부, 명예 그리고 공적 지위를 더 많이 배분하기 때문이다. 노력에 대한 보상이 기업가나 과학기술자들보다는 행정관료나 사법관료들에게 더 많이 이뤄지고 있다는 뜻이다. 다시 말하면 권력과 부, 명예 그리고 공적 지위에 대한 사회적 배분이 새로운 부가가치를 생산한 기업가, 과학기술자보다는 이미 생산된 부가가치의 이전에 기여한 고급 공무원이나 법조인에게 더 많이 배당된다는 뜻이다. 행정관료들이 법과 정책 그리고 예산으로 기업의 자유로운 활동을 규제하고, 책임지지 않는 정책을 결정하고 집행하며, 기업들과 과학기술자 위에 군림하고 있다. 당연히 젊은 청년 엘리트들은 위험을 감수하며 새로운 사업을 벌이기보다는 행정고시나 변호사 시험 등에 합격하여 권력과 부, 명예 그리고 지위를 누리고 싶어 한다.

기업가 정신, 국민 모두가 지녀야

그러나 선비정신에 기초한 사회는 외부의 변화에 둔감하고 새로운 기회를 포착하려는 의지가 낮다. 스스로는 현재에 안주하며 다른 사람들에게 미래에 도전하라고 권한다. 스스로 새로운 가치를 만들기보다는 이미 만들어진 가치의 분배를 위해 투쟁하는 사회는 종국에는 도태하게 된다. 불행하게도 우리는 1910년 조선의 불행을 통해 선비정신에 기초한 사회가 종국에는 어떻게 되었는지를 잘 기억해야 한다.

한국 사회는 기업가 정신에 기초한 기업가 사회가 되어야 한다. 4차 산업혁명의 불확실성이 높아지는 가운데 시대변화 속에서 기회를 포착해 자신만의 아이디어를 개발하고 그 아이디어를 기업을 통해 실현하여 기존에 없던 가치를 만들어내는 것이 한국 사회가 지향해야 할 시대정신이다. 근대 자본주의를 만든 정신이자, 한국이 6·25 폐허를 딛고 선진국으로 발돋움했던 정신이다. 기업가 정신은 기업가만이 아니라 모든 국민이 가져야 할 정신이다. 한국 사회는 기업가 정신이 최고로 발휘될 수 있는 여건을 조성하는 것이 급선무이다. 기업가 정신을 높이 평가하는 사회가 우리의 미래이다.

5. 기업가 정신을 가로막는 한국 제도들

배임죄, 대기업의 스타트업 인수 걸림돌

"한국 대기업들은 왜 미국의 구글이나 애플처럼 스타트업을 인수해서 새로운 업종에 진출하지 않을까?"[139] 대기업 CEO가 스타트업을 100억 원 내지 1,000억 원을 주고 인수했다고 했을 때, 인수 기업이 성공하면 좋지만 실패할 경우 문제가 될 수 있다. 소액 주주나 시민단체가 CEO를 대상으로 배임죄背任罪로 고소하면, '임무를 위배해 주주에게 손해를 끼쳤다'고 유죄 판결을 받을 수 있다. 배임죄에 대해 유죄 판결을 받으면 민사상 손해배상을 해야 할 가능성도 높아진다. 설령 무죄 판결을 받는다 해도 검찰에 불려 다니기 시작하면서 사회적으로는 매장되어 버린다. 대기업들은 스타트업을 인수하는 등 새로운 사업에 진출하기를 기피할 수밖에 없다.

또 재벌 회장이 자신의 계열사 한 곳이 어려움에 처했다고 했을 때 어떻게 해야 할까. 재정적 어려움에 놓여 다른 도움을 못 받으면 이 기업은 부도가 나게 되어 있다. 이런 일을 막으려고 다른 계열사를 통해 문제의 계열사를 도와주는 게 당연지사이다. 그러나 그 순간 재벌 회장은 배임죄를 저지른 것이다. 도움을 준 계열사 입장에선 손해를 봐가며 다른 계열사에 이익을 준 것이기 때문이다. 한화그룹 김승연 회장이 몇 년간 지루한 재판을 받았던 것 역시 성공한 계열사 지원 과정에서의 배임죄 때문이었다. 벤처기업들의 주식을 사들인 KT 이석재 전 회장의 혐의도 배임죄였다.

배임죄를 피하려면 문제의 계열사를 그냥 법정관리로 넘겨야 한다. 그렇게 하면 최소한 법적으로는 배임죄에서 벗어날 수 있다. 하지만 스스로 부도를 인정하는 꼴이 되어 그룹 전체가 위험해질 수 있다. 기업인이라면 어떻게 하는 것을 올바른 선택일까.

형법은 제355조 2항을 통해 '타인의 사무를 처리하는 사람이 그 임무에 위배하는 행위로써 재산상 이익을 취득하거나, 제3자로 하여금 이를 취득하게 하여 본인주로 회사에게 손해를 가하는 죄'를 배임죄로 규정하고 있다. 특정경제범죄가중처벌법에는 배임 행위의 피해액에 따라 더 강도 높은 처벌을 규정하고 있다.

'그 임무에 위배되는 행위', 즉 '해야 할 일을 안 했거나 해선 안 될 일'을 했다면 배임죄의 적용을 받는다. 문제는 뭐가 해야 할 일인지 하지 말아야 할 일인지 가르는 기준이 모호하다는 사실이다. 정상적 경영행위를 해도 배임죄로 처벌받을 수 있다.

기업 경영자가 고의로 회삿돈을 떼먹거나 거짓말을 해 주주나 다른 이해관계자들에게 손해를 끼쳤다면 형법으로 다스려야 마땅하다. 하지만 정직한 경영 판단마저 '상식에 어긋난다'거나 '실패로 끝났다'고 해 형사 처벌하는 것은 지나치다.

오늘날 형법에 배임죄를 둔 국가는 한국과 일본, 독일 등 3개국뿐이고 독일은 2005년 '경영판단의 원칙'을 도입해 배임죄를 처벌한 사례가 없고, 일본은 '손해를 가할 목적'이라는 표현을 넣어 목적범만을 처벌하고 있다.

배임죄가 없는 나라에서 경영자의 업무상 결정은 연봉 수준이나 연임 여부에 영향을 줄 뿐 법적 분쟁의 대상이 되진 않는 게 일반적이다. 설사 법정으로 간다 해도 민사 재판의 대상이 될 뿐이다. 형사 처벌의 적용을 받는 건 의도적 사기나 횡령 등 사익추구 행위로 국한된다. 한국 기업의 환경은 이미 글로벌화되어 있다. 상품의 생산과 판매도 이미 세계 시장을 무대로 이뤄진다. 이제 한국 기업과 경영자가 지켜야 하는 법도 글로벌 수준에 맞출 필요가 있다.

기업 CEO, 2,205개 처벌조항의 예비 범법자

“한국에서 기업의 CEO가 되는 순간 교도소 담장 위를 걷게 된다.”

기업의 최고경영자가 인지하지 못한 상태에서 벌어진 직원의 실수에도 최고경영자에게 법적 책임을 묻는 현재의 법률 체계가 기업활동을 위축시킬 수 있다. 일단 기업의 최고경영자로 취임하게 되면 총 2,205개의 법으로 처벌할 수 있기 때문이다.

한국 경제연구원은 경제법령상 형벌 규정을 전수 조사한 결과 2019년 10월말 기준 285개 경제법령상 형사 처벌 항목은 2,657개에 이르고, 이 중 기업과 기업인을 동시에 처벌하는 것이 83%(2,205개), 징역과 같은 인신 구속형이 89%(2,288개)인 것으로 조사됐다.[140)]

경제법령 처벌 항목 2,657개 가운데 2,205개(83%)는 범죄 행위자인 종업원뿐 아니라 법인과 사용주까지 함께 처벌할 수 있는 것으로 나타났다. 현행법은 법인이나 사용주에게 피고용인의 법 위반행위를 방지할 책임을 부여하기 위해 각 법령상 양벌규정을 두고 있다.

문제는 대표이사가 현실적으로 파악하거나 통제하기 불가능한 경우에도 종업원 등의 범죄행위로 인해 처벌받는다는 것이다. 예를 들어 근로기준법상 대표이사는 종업원의 연장근로나 임산부 보호위반(제110조) 또는 성차별(제114조) 등 직접 통제하기 어려운 위법행위로 인해 형사처벌을 받게 된다. 형벌조항을 종류별로 살펴보면 징역 또는 벌금이 2,288개(86%)로 다수를 차지하였으며, 벌금(9%) 징역(3%) 몰수(2%)의 순으로 나타났다. 총 다섯 가지 처벌 항목 가운데 징역 또는 벌금, 징역 등 두 개의 형벌 조항이 차지하는 비중이 전체의 89%를 차지한다.

현재 2019년 10월 기준 형사처벌 항목은 총 2,657개로 법률당 평균 9.32개다. 20년 전에는 총 형사처벌 항목 수는 총 1,868개로 법률당 평균 6.55개로 형벌 규정의 개수는 약 42% 증가했다. 종류별로 증가율이 가장 높은 형벌은 ‘징역 또는 벌금’(52%)인 반면 ‘벌금’(-7%)은 과거보다 감소했다. ‘징역 또는 벌금'의 처벌 강도 역시 강화됐다.

CEO를 예비범법자로 만드는 환경에서 기업활동은 위축될 게 뻔하다. 위험을 무릅쓰고 도전하는 기업가 정신과 활발한 투자도 기대할 수 없다. 새로운 사업을 시도하거나 신기술을 개발하는 혁신 과정에서 법 위반 소지가 조금이라도 있으면 곧바로 포기할 가능성이 크기 때문이다. 기업인에 대한 형사처벌 규정을 대폭 축소하고 벌칙 수위도 낮추는 방향으로 법 규정을 재정비해야 한다.

규제 범죄로 전과자 양산, 성인 4명 중 1명꼴

노래연습장 업자가 주류를 판매하거나 제공하면 「음악산업진흥에관한법률」 제34조 제3항 제2호에 의해 2년 이하의 징역 또는 2,000만 원 이하의 벌금을 부과받을 수 있다. 또한 자동차전용도로에서 보행자 오토바이 자전거 등이 출입하면 「도로법」 제115조 제2호에 의해 1년 이하의 징역 또는 1,000만 원 이하의 벌금을 부과받을 수 있다.

이런 규제에 대해 여러 가지 물음을 던져보자. 이런 규제가 합리적이고 정당한가? 합리성 여부를 차치하고라도, 이러한 규제들의 위반이 과연 형사처벌의 대상인가? 이런 규제 위반에 대해 형사처벌 외에 다른 제재 수단들은 없는가? 있다면 굳이 형사처벌을 하여 전과자를 양산시킬 필요가 있는가? 형사처벌을 했다고 해서 규제의 취지를 효과적으로 달성되었는가?

한국은 시장에 맡기거나 민사소송 대상으로 삼아야 할 사적 행위에 대해 행정규제를 사용함으로써 규제를 과잉 생산해 왔고 그 위반행위에 대한 과태료, 과징금, 행정지도 등이 있지만 징역과 벌금 등의 형사처벌을 무분별하게 사용해 왔다. 그에 따라 규제 위반에 대한 과잉 범죄 현상을 야기하고 있다.

성균관대학교 김일중 교수(경제학)의 「규제범죄에 대한 과잉범죄화」 연구[141]에 따르면, 2013년 초 기준 한국의 1,286개 법률 가운데 형벌 조항을 둔 법률이 862개이고, 이 중 행정규제 법률이 760개로 전체 법률의 59%, 형벌 조항을 둔 법률의 88%를 차지했다. 징역형과 벌금형을 규정한 벌칙조항이

6,800여 개에 이르고, 법률에 따른 시행령과 시행규칙에 위임한 규제가 많아 실제는 6,800여 개를 훨씬 뛰어넘을 것으로 추정된다.

형벌에서 죄책성은 고의성과 피해 규모에 의해 결정되고, 일정 수준을 넘으면 형벌의 대상이 된다. 고의성과 피해 규모를 기준으로 3가지 유형으로 분류하면, 첫째 고의성이 낮으나 피해규모가 큰 산업재해처럼, 정치권의 엄벌주의에 따라 엄격한 책임범죄로 확장된 유형이고, 둘째 고의성과 피해 규모도 중간 정도로 민사소송의 대상이 되는 행위들이 행정편의주의와 이익집단의 압력으로 형벌로 확장되는 유형이며, 셋째는 공공장소에서의 언쟁처럼 고의성이 높으나 피해 규모가 작은 행위들이 형벌로 확장되는 유형이다.

이 같은 과잉 범죄화의 가장 큰 부작용은 민사적 제재 수단을 사용하는 것이 사회적으로 효율적인데도 불구하고, 가혹한 형벌을 시행함으로써 행위자의 행동을 원천적으로 봉쇄함은 물론, 전과자를 양산하고 법집행기관의 유인을 왜곡시키며 법집행 자원을 비효율적으로 배분한다는 것이다.

전과자 양산은 과잉 범죄화의 직접적인 폐해로써 한국에서 벌금 이상의 형벌을 1회 이상 받은 전과자 수가 2014년 1,150만 명을 기록했다.[142] 이는 전체 성인의 1/4에 달한다는 수치이다. 전과자들은 일반범죄강도 절도 살인 폭행 등 형사범이 아니라 규제 위반 형사범들이 압도적으로 많은 비중을 차지한다는 점이다. 행정규제 위반자에 대한 검거율·기소율·유죄판결율을 일반범죄자와 비교해보자. 2000년부터 2013년까지 범죄 발생 건수로 보면 규제범죄가 55%, 일반범죄가 45%를 차지하는데 경찰의 검거율은 규제범죄가 평균 93.5%, 일반범죄가 76.8%를 차지한다. 같은 기간 검찰의 기소율을 보면 일반범죄의 기소율이 평균 33.4%이지만 규제범죄는 63.5%에 달했고, 법원의 1차 유죄판결율도 일반범죄가 평균 31%라면 규제범죄는 70%를 차지했다. 규제범죄가 범죄 발생 건수로 55%를 차지하지만, 최종적으로 전과자가 되는 것은 85% 이상을 차지한다. 규제가 과도하게 범죄를 발생시키는 것도 문제이지만 경찰, 검찰, 법원 등 법집행기관들이 규제범죄에 쏠려 행정규제위반 전과자를 양산하고 있다.

과잉 형벌, 국민의 자유 억눌러

행정규제 위반행위에 대해 형사처벌이 이뤄지면, '도덕적 비난 가능성'과 무관한 행위에 형벌이 가해지므로, 경제 주체들의 모든 행위에 형벌 위험이 뒤따른다. 경찰은 이러한 모든 행위를 검거할 수 있고, 검찰은 기소할 수 있게 된다. 법집행기관들은 상대적으로 손쉬운 규제범죄를 선호하게 되고 법집행자원의 유인 구조를 왜곡시킨다. 법에 근거하고 있으므로 법집행기관의 지나친 쏠림에 대해 법원도 어찌할 수 없게 되고, 나아가 사법집행자원들도 규제범죄로 쏠리게 되고, 그 결과 국민들을 전과자로 만들고 자유를 억누르게 된다.

과잉범죄화를 극복하는 방법은 입법적 비범죄화와 사법적 비범죄화를 들 수 있다. 무분별한 형사 조항의 입법을 사전에 근절하는 것이 입법적 비범죄화라면, 비범죄화에 대한 대법원과 헌법재판소의 적극적인 의지가 필요로 하는 것이 사법적 비범죄화이다. 형벌 조항의 신설은 물론 기존 형벌 조항들을 엄격한 잣대로 심사하고, 법정형의 조정도 필요하다. 형벌만능주의를 경계하고, 과잉 형벌이 도리어 국민의 자유와 경제활동을 짓누르는 족쇄로 둔갑한다.

대륙법 금지규정이 대부분, 민간은 '무능' '악'

수직사회에서 지배집단은 백성들을 일방적으로 약탈하는 게 아니라, 국방과 치안 등의 공공재를 공급하고 나름 백성들을 보호하는 임무를 수행한다. 그 수단으로써 법률과 규제를 사용한다. 법률로 백성들의 행위를 강제하고 각종 규제로 활동을 통제한다.

그런데 그 방식은 보텀업(Bottom Up)이 아니라 톱다운(Top Down)이다. 법률 체계도 그렇고 규제방식도 그렇다. 한국 법률은 대륙법계를 따르고, 대륙법계가 국가 권력에 의해 제정되기 때문에 톱다운 방식이다. 특히 국가의 본질을 '반사회적 행위의 예방과 처단'이라는 개념에서 봤을 때, 대륙법계는 단속법규로 이 문제를 해결하려고 한다. 그래서 '무엇 무엇을 하지 마라'고 하는 금지규정이 법규의 대부분을 이루고 예외규정이 허용규정이 된다. 반면에 영미법계는 보텀업 방식이다. 영미법계는 사적 자치와 상호주의로 반사회적 행위의 예방과 처단을 해결하려고 하기 때문에 일부 금지 조항을 두고 나머지는 '무엇을 해도 좋다'는 입장을 취한다. 영미법이 영국의 12세기 커먼로(common law)에서 기원하는데, 국가 권력이 일방적으로 제정하고 반포한 것이 아니라 약 2세기 동안 각 지역의 관습 중 모든 지역에 공통적으로 적용할 수 있는 합리적이고 타당한 규범을 만들면서 시작되었다.

자유시장경제제도 하에서 반사회적 행위에 대한 규제방식도 법률체계에 기인한다. 한국의 포지티브 제도(positive system)는 법률조항을 나열할 때, 허용하는 조항을 구체적으로 명시한다. 개별적으로 허용하지 않는 것은 절대 금지한다. 대신 미국의 네거티브 제도(negative system)는 할 수 없는 영역만 규정해놓고 나머지는 모두 허용하고 있다. 두 규제 방식은 민간과 정부를 보는 시각에서 엄청난 차이가 난다. 포지티브 제도는 기본적으로 정부는 유능하고 착한 반면에, 민간은 유능하지 못하고 착하지 않다는 사고가 전제되어 있다. 국가 권력이 미성숙한 국민들을 올바르게 보호하는 동시에 나쁜 행위를 하지 않도록 통제해야 한다는 철학이 담겨 있다. 네거티브 제도는 민간의 경제 행위를 최대한 보장하려고 하면서 정부 개입을 최소화하려고 한다. 자유주의적 사고를 구현하는 앙식으로, 원칙적으로 모든 기업의 창의적 활동을 허용함으로써 영업의 자유 등 국민의 기본권을 극대화하는 규제 방식이다.

그래서 수직사회는 대륙법과 포지티브 제도와 밀접한 연관성을 가지고 있다. 현대에 들어 대륙법과 영미법이 점차 수렴하는 등 변화를 겪고 있지만, 수직사회가 가진 철학과 성격은 아직도 강하게 남아있다.

4차 산업혁명 시대, 네거티브 제도가 '답'

현대는 기술이 혁신을 주도하고 융합하는 시대이다.[143] 하지만 한국의 포지티브 제도는 시대 흐름에 커다란 걸림돌로 작용하고 있다. 법과 제도가 포지티브 방식으로 못을 박아놓고 산업과 사업, 관련 시장을 규정하면 창의적 아이디어와 융합기술에 입각한 사업을 벌이기 어렵다. 우버택시, 도심심야버스, 핀테크, U-Healthcare, 원격진료, 3D Printing 등 모든 사업이 기존의 사업과 충돌할 뿐만 아니라 시장 진입을 막고 있다.

포지티브 제도하에서 위험을 무릅쓰고 도전하는 기업가 정신과 활발한 투자를 기대하기 어렵다. 새로운 사업을 시도할 때마다 그것이 제도적으로 허용되는지 조사해야 하고, 정부에 그 여부를 확인해야 한다. 새로운 도전은 위축되고 새로운 아이디어를 짜내는 민간의 역동성을 기대하기 어렵다.

그래서 정부는 할 수 없는 영역만 정해놓고, 나머지는 시장의 자율로 맡기는 네거티브 제도를 도입해야 한다. 정부가 아닌 시장의 문제 해결 능력을 신뢰해야 한다. 4차 산업혁명시대에 산업과 기술의 변화 속도가 점점 빨라지는데 비해 규제 대응은 느리기 때문에 포지티브 방식으로는 시대 변화에 대응할 수 없다. 네거티브 제도만이 신산업을 과감히 수용할 수 있다.

재벌, 전근대적 소유와 '갑질'도 문제

한국의 반기업 정서가 높게 형성된 배경에는 재벌들이 전근대적 소유 구조와 의식, 행태 때문에 자초한 측면도 강하다.[144] 재벌들은 아직도 오너의 절대 권력을 중심으로, 가부장적이고 권위주의적이며 온정주의적 방식으로 운영되고 있다. 한국 재벌은 유럽의 '이해당사자 자본주의'도 아니고, 미국의 소유-경영 분리에 따라 주주에 대한 책임성과 회계 투명성의 원리가 실현되는 지배구조도 아니다. 한국은 대대로 상속되는 전근대적인 가족 소유에다 총수 중심의 경영체제를 보유하고 있다.

이런 구조 속에서 잊을 만하면 최순실 사건과 같은 정경유착이나 가족 간의 무리한 편법 상속, 재벌 3세들의 비도덕적 일탈 등이 불거져 나와 대중들의 반기업 정서를 강화하고 있다. 최근의 최순실 정경유착 사건은 기업들이 박근혜 전 대통령의 요구에 따라 사실상 최순실 소유인 미르·K스포츠재단에 774억 원을 출연한 사건이다. 전국경제인연합회를 통해 이 재단에 출연금을 낸 19개 그룹 53개 기업이 줄줄이 수사를 받았다. 1988년 일해재단 청문회 이후에도 1995년 전두환·노태우 두 전 대통령 비자금 수사, 1997년 국세청을 통해 대선자금을 불법적으로 모금한 '세풍稅風 사건', 2002년 대기업으로부터 불법 대선자금을 받은 '차떼기 사건' 등 정경유착 사건이 끊이지 않았다.

또 재벌들은 부와 경영을 무조건 가족 승계로 대물림하려고 한다. 미국 등 선진국의 경우 2~3세로 넘어가면서 전문 경영인 체제가 주류로 자리 잡았지만, 재벌의 총수 일가에는 '회사는 내 것이고 자식에게 물려주는 것이 당연하다'는 인식이 팽배하다. 일각에선 '오너 경영'이 빠른 결정과 통 큰 투자를 가능케 하여 한국 경제의 성장 동력으로 유효했다고 주장한다. 하지만 현행 상속증여세법을 따르면 합법적인 가업 승계는 사실상 불가능에 가깝고, 그래서 이를 우회해 소유·경영권을 승계하고자 각종 편법·불법이 동원되고 있다.

게다가 재벌 3~4세 금수저들의 비행이 꾸준히 나오고 있다. 한화그룹 김승연 회장의 셋째 아들의 폭행 사건, 대한항공 부사장의 '땅콩 회항' 사건, SK 재벌가의 맷값 폭행 사건 등은 국내 재벌 오너가의 비도덕적 일탈이다.

6. 경제교육과 금융 교육

시장질서는 객관적인 질서

우리가 살고 있는 자본주의 사회에 대한 이해를 높이기 위해서는 경제 교육이 필요하다. 경제 주체들이 자기 이익의 극대화를 위해 경제활동을 열심히 하다 보면, 시장의 가격에 의해 사회 전체의 이익이 자연스럽게 극대화된다는 것이다. 경제 원리를 객관적인 원리이자 법칙으로 인식하고, 경제 원리에 따라 작동하는 시장의 질서 또한 객관적인 질서라고 이해해야 한다. 그렇지만 일부 정치인이나 상당수 국민들은 시장의 질서가 객관적인 질서라고 인식하지 않고, 정의감이나 주관적인 의욕만 가지고 인위적인 개입을 시도하고 그 결과 예기치 않는 부작용을 남기곤 한다. 물론 시장의 질서가 100% 완전하지는 않다. 학자에 따라 80% 완벽한가 90% 완벽한가를 두고 논쟁을 벌이지만, 시장의 질서가 압도적으로 효율적이라는 점에 동의한다. 1776년 아담 스미스의 국부론이 나온 이후 마르크스의 도전과 케인스의 수정이 있었지만, 자본주의의 기본 원리는 달라지지 않았다.

예를 들면 '착한' 가격 발상을 들 수 있다. 어떤 특정 생활필수품의 가격이 갑자기 올랐다고 했을 때, 공급을 늘리기보다는 '나쁜' 가격을 통제하겠다고 생각하기 쉽다. 가격이 잘못됐으니 바로잡겠다는 정의감이 발동한 것이다. 그러나 시장 가격은 정의감으로 개입해서 해결될 수 있는 게 아니다. 혹 된다고 하더라도 연쇄 파장을 일으켜 의도하지 않는 나쁜 결과들을 초래한다. 세상이 다양한 관계들이 얽힌 문제에서 한 면만을 보기 때문이다. 그래서 경제 교육이 필요하다. 가격이란 시장에서 다수의 수요자와 다수의 공급자가 함께 만들어낸 결과물이다. 가격이 불만스럽다고 가격을 통제할 것이 아니라, 가격이란 결과물이 나온 원인, 그 수요와 공급에서 해결책을 찾아야 한다.

문재인 정부의 소득주도성장 정책도 착한 가격 발상과 유사하다. 임금이 낮으면 한국의 노동생산성에서 원인을 찾아 해결책을 모색해야 하는데, 임금 자체를 인위적으로 높이려고 하다가 결국 내수 경제를 아예 망가뜨리고 말았다. 경제를 대할 때는 '내가 원하는 대로' 되는 게 아니라, 객관적인 원리에 따라 작동한다는 점을 알아야 한다.

우리는 경제 교육에 있어 코페르니쿠스적 전환이 필요하다. 우리는 지구가 태양을 돌고 있다는 사실을 체험하지 못하고, 태양이 지구를 돌고 있다는 것을 매일 체험한다. 그런데 우리는 천동설을 믿지 않고 지동설을 객관적인 사실이라고 믿는다. 이는 교육을 그렇게 받았기 때문이다. 시장 질서에 대해서도 이와 같은 교육이 필요하다. 우리가 살고 있는 자본주의 사회에서 가격이 어떻게 작동하고 있고, 우리의 자유와 행복에 바탕이 되는 소득과 부가 어떻게 형성되고 어떻게 증대되는지를 객관적인 원리로 이해할 필요가 있다.

기업의 존재 목적은 이윤 창출

> 기업의 존재 목적이 무엇인가? ①이윤 창출 ②사회 환원

기업의 존재 목적이 무엇인가를 물었을 때 ②사회 환원을 정답으로 여기는 이들이 의외로 많다. 그러나 정답은 이윤 창출이다.[145] 기업의 본질은 새로운 사업을 하는 것이며 새로운 사업을 계속하려면 이윤이 확보되어야 하고 이윤이 확보되지 않으면 그 사업을 유지할 수 없다. 무엇보다 기업이 존속하려면 이윤이 확보되어야 한다. 기업이 이윤 창출을 통해 성장하면서 그 결과물로써 일자리를 늘리고 그 이익을 사회에 환원할 수 있다. 이윤이 창출되어야 사회 환원이 가능하지만, 사회 환원하면 이윤이 창출되기 어렵다. 사회 환원을 먼저 생각한다는 것은 원인과 결과를 거꾸로 인식하는 현상에서 빚어진 것이다.

사회 환원이라고 답한 이들은 자본주의 사회에서 기업이 어떻게 움직이고 어떤 역할을 하는지를 제대로 모를 가능성이 높다. 대신 조선시대 사대부가 가졌던 선비정신을 높이 평가하면서 기업과 기업가를 바라볼 가능성 또한 높다. 이들은 다음과 같은 문구들을 좋아한다.

- 기업은 사적인 이익만을 추구하는 집단이 아니라 공공성과 사회성을 추구하는 사회의 일원으로 기능해야 한다.
- 기업은 이윤 극대화를 추구하면서 한편으로 공공의 이익을 위해 노력해야 한다.
- 기업은 경제적 존재인 동시에 사회적 존재이기 때문에 경제적 성과를 사회에 환원함으로써 사회 발전에 기여해야 할 책임을 지고 있다.
- 기업은 기업 이윤의 사회 환원이 바로 더불어 사는 삶의 실천 덕목이라는 점을

인식하고 이를 위해 지속적으로 노력할 필요가 있다.

위의 문구들은 그럴듯해 보이지만 맞다고 생각한다면 기업의 존재 목적을 잘못 이해하고 있는 징표로 이해해도 된다. 기업 이윤의 사회 환원을 기업가의 도덕성의 문제가 아니다. 기업 이윤을 사회로 환원하라고 하는 것은 주주의 재산권을 침해하는 것이다. 기업 이윤을 사회 환원하느냐 마느냐는 기업 주주들이 결정할 사안이고, 외부에서 이래라 저래라 할 수 있는 사안이 아니다. 위의 문구들을 포함된 이런 사고방식은 조선시대 사대부들의 의식과 비슷하다. 다만 기업 주주들이 소비자에게 다가서려는 기업 전략으로 사회 환원을 결정할 수도 있다.

TV 드라마로 만들어졌던 의주 만상 임상옥, 제주 상인 김만덕이 역사 기록으로 남은 이유는 선행을 베풀었기 때문이다. 거대한 부를 쌓아 굶주리는 백성 및 수재민을 대상으로 구휼을 했다는 것을 칭송했다. 부를 좋아하거나 상인을 높게 평가한 것이 아니다. 이런 도덕적 관점으로 기업을 바라보는 것은 조선시대만으로도 충분하다.

기업가는 특정 미션을 달성하기 위해 주주들로부터 투자받은 다음, 사업에 성공한 뒤 그 이익을 주주들에게 나눠주는 방식으로 운영한다. 그래서 기업의 이윤은 회사에 투자한 주주들에게 배분되어야 한다. 기업의 운영에 관여하지 않고 노력하지 않는 사람들에게 배분한다는 것은 정당하지 못한 일이다. 그렇다고 기업의 사회적 책임이 작다 내지 중요하지 않다는 뜻은 결코 아니다. 다만 부차적이라는 것이다. 기업의 존재 목적이 이윤 창출이므로, 기업이 이익을 내서 그 이익을 주주들에게 나누어 주는 것을 비난해서는 안 된다.

일본 최고의 경영자로 손꼽히는 이나모리 가즈오는 『경영의 원점, 이익이 없으면 회사가 아니다』라는 저서를 통해 "지속적으로 수익을 내지 못하는 회사는 영속하기 힘들다고"고 말한다. 기업은 성과로 자신의 성장을 보여줘야 하고, 가능한 한 많은 이윤을 창출해야 건강한 재무 체질과 안정적인 경영 그리고 향후 신사업 진출도 가능하다고 조언한다. 기업의 미래를 위해서는 기업이 이익을 내어야 한다는 것은 기업의 존재 목적이다.

한국, 금융교육의 불모지

금융위기 때마다 한국의 자살률이 치솟았다. 10만 명당 스스로 목숨을 끊은 사람의 수가 1997년 13.1명에서 이듬해 18.4명으로 늘었다. IMF 외환위기가 한국 경제를 덮쳤을 때다. 2003년에 22.6명으로 전년 대비 4.7명이나 늘었다. 카드 사태로 저신용자가 속출했을 때다. 이후 비슷한 수준을 보이다가 2009년은 전년 대비 5명 증가한 31명으로 급증했다. 역시 글로벌 금융 위기로 전 세계 경제가 흔들리던 때였다. 경제 전체로 보면 한국이 위기를 잘 넘긴 것처럼 보였지만, 저소득층은 치명상을 입고 낭떠러지로 내몰렸다. 금융교육을 제대로 받지 못한 저소득층일수록 금융 위기에 더 치명적으로 노출돼 있었기 때문으로 풀이되고 있다.[146]

〈그림 8-1〉 주요국 금융 이해력 지수

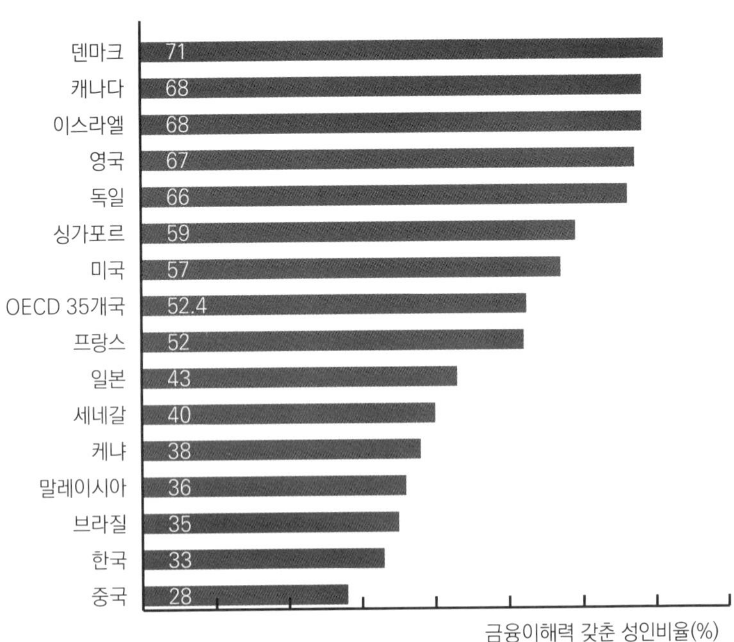

출처 : S&P 글로벌 핀릿 서베이 https://gflec.org/initiatives/sp-global-finlit-survey/

개인의 삶에 있어 자립과 독립심을 키우기 위해서는 금융 이해력이 필요하다. 금융 지식이 없으면 무분별한 카드 사용과 대출, 비합리적인 금융상품의 선택으로 경제적으로 곤경에 빠지기 쉽기 때문이다. 중고등학생 때부터 금융 교육을 통하여 합리적으로 의사결정을 해나갈 수 있는 역량을 키우는 것이 중요하다. 금융 교육은 가정에서 자녀들에게 자유적립식 통장을 개설해주고 은행에 자주 다니며 금융거래를 할 수 있게 하는 것부터 시작된다.

한국 성인들 가운데 금융 이해력을 갖춘 사람들은 어느 정도 될까. 미국신용평가기관인 스탠더드앤푸어스(S&P)가 2019년 세계 142개국의 금융 이해력을 갖춘 성인의 비율을 조사한 결과, 한국은 33%에 지나지 않는다. OCED 36국 중 조사를 하지 않은 아이슬란드를 제외한 35개국의 평균 52.4%에 20% 가량 미치지 못했으며, 싱가포르59%, 말레이시아36%, 세네갈40%, 가봉35%에도 미치지 못했다. 선진국이라고 하기에 너무 낮은 수준이다.

한국은 금융 교육의 불모지에 가깝다. 교육부는 금융 교육에 관심이 없고, 수능시험이나 대학 입시에 도움이 되지 않다 보니 학교나 학부모도 금융 교육은 후순위로 돌린다. 수학능력시험에 학생들은 사회탐구 선택과목 가운데

제일 기피하는 과목이 '경제'이다. 2015년 사회탐구 영역을 치른 학생 가운데 2.9% 학생이 경제 과목을 선택했으나, 2021년에는 2.3%로 더 줄어들었다. 주로 사회문화, 정치와 법 등이 압도적으로 선택되었다.

제4부 한국의 인력양성체제

한국 사회는 수직사회에서 수평사회로 이행하고 있지만, 개인들은 수직사회의 사회제도와 의식, 그리고 문화의 영향을 받아 성장과 독립에 어려움을 겪고 있다. 특히 성별분업, 입신양명, 장유유서라는 조선시대 덕목들이 걸림돌로 작용하고 있다. 출산 부문에서 남성 위주의 성별분업이 저출산을 야기하고 있고, 양육 부문에서 영유아를 어린이집과 유치원에 맡기는 양육이 보편화되면서 묻지마 범죄, 이별 범죄 등 심리적 장애를 겪는 아동들이 양산되고 있다.

고교와 대학에는 성 안에 있는 좋은 직군에 들어가기 위해 일반적 능력만을 배양하고, 산업 현장에 필요한 전문적인 역량을 육성하지 못함에 따라 교육현장과 산업현장의 괴리가 더욱 커지고 있다.

노동환경이 급변하고 있지만, 공공부문과 대기업의 노동현장은 산업사회에 적합했던 노동법 체계와 연공급 임금체계가 강고하게 버티고 있고, 노동계는 대기업 정규직 중심의 노동운동으로 자신들의 기득권을 강화하고 있다. 그 결과 노동시장의 이중구조는 고착화되고 있다.

제9장

출산과 양육

2000년 이후 1.3명 선에 머물렀던 합계 출산율이 최근 들어 2020년 0.837명, 2021년 0.808명으로 세계 최저 수준으로 추락했다. 정부가 16년간 저출산 정책을 추진했음에도 이런 결과를 받은 것은 정책의 실패임을 입증하는 것이다. 정부 정책이 경제적 비용을 경감시키는 데 초점을 두었고, 시대변화에 따른 제도 개선에 소홀했다. 이제는 저출산 위기 상황에서 가정 내에서, 직장 내에서 양성평등 문화가 확산되도록 새로운 제도를 정립하는 것이 저출산 극복의 첫걸음이다.

더욱이 저출산의 이면에는, 출산한 자녀를 제대로 키우기 어려워 발생하는 아동의 질 문제도 심각하다. 묻지마 범죄, 이별 범죄, 은둔형 외톨이 등 2000년 이후 언론에 등장하는 문제들은 아동의 질 문제와 관련이 깊다. '독박육아'에 짓눌린 엄마는 영유아에 대해 '분리, 개별화'를 완성하지 못한 채 어린이집과 유치원에 맡기는 '시설양육'에 의존하고 있고, 사랑이란 이름 아래 과보호와 간섭을 일삼으며 내면에 심각한 상처를 가진 아이를 양산하고 있다.

1. 출산 정책의 실패와 역피라미드 인구구조

1) 출산율 급락의 현실

한국 여성 1명이 평생 낳을 것으로 예상되는 출생아 수가 2021년 역대 최저인 0.808명으로 추락했다. 2017년 1.052명, 2018년 0.977명, 2019년 0.918명, 2020년 0.837명으로 1명 아래로 급락하고 있다. 2021년 출생아 수도 26만 562명으로, 2020년 27만 2,300명에 이어 2년째 30만 명대 아래로 떨어졌다. 이는 2016년 40만 6,243명에서 2017년 35만 7,771명으로 매년 떨어지고 있는 상황에서 더 급락했다. 2022년에는 합계 출산율이 0.8명 이하로 떨어질 것이라는 우울한 전망까지 나오고 있다.

합계 출산율이 1명 이하로 떨어진 국가는 경제협력개발기구OECD를 통틀어 한국이 유일하다. 한국이 2019년 0.918명일 때 OECD 회원국은 평균 1.61명이었다. OECD 국가 중에서 꼴찌를 면하지 못하고 있고, OECD 회원국의 평균에도 크게 미치지 못하고 있다.

2) 저출산·고령사회기본계획의 잇단 실패

자녀양육비용 부담, 고용-소득 불안정, 일-가정 양립 곤란

저출산 정책이 실패한 근본 원인은 노무현 정부가 초기 대응에서 잘못된 방향으로 정책을 수립했고, 뒤이은 이명박·박근혜·문재인 정부도 그 방향으로 정책을 계속 집행했기 때문이다. 16년 이상 추진되는 바람에 저출산 현상이 심화되었고, 특히 영유아보육정책의 경우 근거가 미약하고 위험한 정책임에도 불구하고 정치적으로 결정되는 바람에 이젠 되돌리기도 어렵고 정책 성과를 내기도 어려운 상황에 빠지고 말았다.

노무현 정부는 저출산 현상의 원인을 ▲자녀양육비용 부담 ▲고용-소득 불안정 ▲일-가정 양립 곤란으로 보았고 그 원인들을 해소하기 위한 방향으로 정책들을 마련하였는데 여기서 잘못된 방향이란 펼치기도 쉽고 가시적이며 효과를 보기 쉬운 '돈', 즉 비용 중심의 정책 위주로 펼친 것을 말한다. 이 정책들은 '자녀 양육은 여성의 몫'이라는 가부장제의 틀에서 벗어나지 못하고 여성들의 사회진출이라는 시대적 변화를 제대로 반영하지 못했기 때문에 핵심 원인에는 접근하지 못했다.

윤석열 정부는 속수무책인 상황에서 새로운 대안을 내놓지 못한 채 이미 실현된 인구감소에 적응하는 방향으로 정책을 추진하고 있고, 저출산 문제에 대해 '이민청 설립'이란 카드를 만지작거리고 있다.

노무현 정부는 2005년 9월 '저출산·고령사회기본법'을 제정하고, 저출산·고령사회위원회를 설치했으며, 제1차 저출산·고령사회기본계획(이하 1차 기본계획)을 마련하고 2006년부터 2010년까지 5년간 4대 분야 237개 세부 과제를 시행했다. 하지만 2006년 1.132, 2007년 1.259, 2008년 1.192, 2009년 1.149, 2010년 1.226으로 상황은 호전되지 않았다.

그럼에도 정부는 2010년에 제2차 저출산·고령사회기본계획(이하 2차 기본계획)을 수립, 2011년부터 2015년까지 시행에 들어갔다. 2차 기본계획은 1차 기본계획의 기조를 그대로 유지하되, 정책 수요가 늘어나는 부분에 집중한다는 계획이었다. 정책기조를 유지하는 배경에는 출산을 중단하거나 포기하는 이유가 1차 기본계획 수립 당시 ▲자녀양육비용 부담, ▲고용-소득 불안정, ▲일-가정 양립 곤란 등 다양한 사회경제적 제약 요인이 크게 달라지지 않았다는 판단이 자리잡고 있었다.[147] 게다가 1차 기본계획의 성과가 미비한 것은 기본계획 자체의 문제점보다 국민의 낮은 정책 체감도, 민간부문 참여 부족, 특정 영역에 편중된 정책 대응에 기인한 것으로 인식하고 있었다.[148]

그러나 2차 기본계획이 저출산 원인에 대한 진단과 처방이 1차 기본계획과 거의 동일한 수준임을 고려할 때, 2차 기본계획이 마무리되어도 1차 기본계획 시기처럼 출산율을 크게 개선시킬 것이라고 기대하기 어려웠다. 실제 2011년 1.244, 2012년 1.297, 2013년 1.187, 2014년 1.205, 2015년 1.239로 크게 개선되었다고 보기 어려웠고 현상 유지하는 수준이었다.

1차 기본계획과 2차 기본계획은 저출산의 원인을 ▲자녀 양육비용 부담과 ▲고용-소득 불안정이라는 사회경제적 요인에 무게중심을 두고 있었고, 일-가정 양립 곤란은 여성이 직장생활과 자녀 양육을 동시에 수행하기에는 부담이 있다는 차원에 머물러 있다. 가부장제의 틀에서 벗어나지 못한 채, 자녀의 출산과 양육은 여성의 몫이라고 전제하고 있다.

2차 계획도 1차와 동일

2015년 정부가 제3차 저출산·고령사회 기본계획(이하 3차 기본계획, 2016-2020년)을 추진하며, 저출산 대책의 패러다임을 종전의 기혼 부부의 보육 부담 경감에서 청년들의 일자리와 주거 대책을 강화하는 만혼晩婚·비혼非婚 대책 중심으로 전환했다.[149] 1차 기본계획에 예산 19.7조 원이 투입되고, 2차 기본계획에 60.5조 원이 투입되었으나, 출산율은 1.3을 넘지 못했다. 정부는 1차, 2차 기본계획의 보육 중심 대책만으로는 출산율을 제고하는 데 한계가 있다고 보고, 3차 기본계획에서는 만혼과 비혼 문제 해결을 저출산 대책의 핵심 의제로 설정했다. 그래서 결혼의 장애 요인인 청년의 일자리, 신혼부부의 주거문제를 해결하는 데 역량을 집중하기로 했다.

3차 기본계획의 패러다임 전환은 보건복지부의 용역보고서 「혼인·출산 형태 및 인구·가구 구성변화 분석」과 이를 수정 보완한 이철희 서울대 교수경제학의 연구논문 「한국의 합계 출산율 변화요인 분해: 혼인과 유배우 출산율 변화의 효과」에 힘입은 바가 크다. 이철희 교수는 "출산율의 변화를 분석한 결과, 1991년 이후 출산율이 감소한 것은 주로 유배우 여성 비율이 감소함에 따라 일어난 것"이라며 "20대 후반 여성들이 결혼을 하지 않은 것이 출산율의 하락에 가장 결정적인 요인이었다"고 밝혔다. 그래서 이 교수는 "그동안 추진된 저출산 대책들이 출산장려금, 보육 지원, 일과 가정생활 양립을 위한 근로조건 개선 등 주로 결혼한 여성들의 출산을 장려하는 정책들이므로 혼인율을 제고하기는 어렵다"고 지적하고, "출산율을 높이기 위해서는 혼인율 제고 정책이 매우 필요하다"고 주장했다. 혼인율의 감소가 출산율의 감소에 훨씬 더 중요한 요인이므로 만혼과 비혼을 해결하는 것이 급선무이며, 한마디로 출산 장려가 아니라 결혼 장려가 필요하다는 것이다.

'결혼 장려' 3차 계획도 실패

그러나 결혼을 장려하기 위해 청년의 일자리, 신혼부부의 주거문제를 해결하는 데 집중하기로 했다는 것은 패러다임의 전환이 아니라 1차 기본계획과 2차 기본계획의 연장에 지나지 않았다. 1차·2차 기본계획은 ▲자녀 양육비용 부담과 ▲고용-소득 불안정이라는 사회경제적 요인에 중심을 두고 있었고, 2차 기본계획(2011-2015)이 시행되는 과정에서 정치권에 무상보육이 이슈화되면서 ▲자녀 양육비용 부담의 상당 부분이 정치적으로 해소되었다. 그래서 ▲고용-소득 불안정 즉 일자리와 주거문제를 집중 해결하기로 했다는 점에서 기존 계획의 반복에 불과했다. 3차 기본계획이 시행된 결과, 출산율은 2016년 1.172, 2017년 1.052, 2018년 1.0 이하로 떨어진 뒤로 악화일로를 걷고 있는 중이다.

3차 기본계획도 실패로 귀결되었는데, 그 이유는 세 가지를 들 수 있다.

첫째, 결혼 장려 정책의 일환으로 청년의 일자리, 신혼부부의 주거 문제에 집중하기로 한 것은 결혼 장애 요인의 일부만을 고려한 것이다. 만혼과 비혼 관련, 복잡한 요인들이 관여하고 있는 상황에서, 남녀 간에 차이가 있을 수 있다는 점을 간과하고 있다. 단계별 결혼모형[150]에 따르면, 3차 기본계획에서 일자리와 주거 대책을 중심으로 한 정책은 미혼 남성 위주로 마련한 것이므로, 그 정책 효과가 기대치를 충족시킬 가능성이 낮았다. 미혼 여성의 혼인율을 제고하기 위해서는 결혼이 싱글보다 행복하다는 것을 인식할 수 있도록 전향적인 양성평등정책이 필요했다. 이철희 교수도 남성의 경우 학력이나 직업의 질이 낮을수록 무배우자의 비율이 높은 반면에 여성의 경우 정반대 현상이 나타난다고 하며, 만혼과 비혼의 원인에 남녀 간에 차이가 있을 수 있다는 의견을 제시했다.[151]

둘째, 청년의 일자리, 신혼부부의 주거 문제에 집중하기로 했다고 해서 이 문제가 단기간에 해결할 수 있는 과제가 아니라는 점이다. 청년의 일자리는 노동시장의 이중구조 문제뿐만 아니라 경제와 산업과도 연관되어 있고, 신혼부부의 주거 문제는 부동산 정책과도 연관되어 있다. 또 1차 기본계획 때부터 다루었던 문제여서 3차 기본계획에서 실제 크게 달라진 것이 없었다. 그러다 보니 실제 3차 기본계획에서 뚜렷하게 차별화된 정책이 만들어지지 못했다.

셋째, 1차·2차·3차 기본계획이 실패할 수밖에 없는 이유는 근원적으로 저출산의 원인과 정책들이 비용 중심의 프레임에 갇혀 있기 때문이다. 기본계획들은 일자리 부족, 소득 부족, 자녀 양육비 부담 등 경제적 요인이 저출산의 가장 큰 요인으로 보고, 일-가정의 양립 곤란은 부차적인 요인으로 보고 있다. 정부도 국민도 양육비와 교육비가 부족해서 출산을 기피하고, 일자리 부족과 아파트 비용 때문에 결혼을 기피한다고 본다. 그래서 3차에 걸친 계획들과 정책들은 비용들을 경감시켜 주거나 소득 일부를 보전시키는 정책들이었다.

비용 중심의 정책들은 쉽게 효과를 거두기 어렵다. 결혼해서 자녀를 낳아 성인으로 키우기까지 개별 가구당 수억 원의 천문학적 비용이 드는 데 반해, 정책에서 사용되는 비용은 기껏해야 수백만 원 내지 수천만 원에 불과하다. 비용경감이나 소득 보전이 실제 가정에 도움이 되겠지만, 결혼을 선택하거나 출산을 선택하는 데는 거의 영향을 미치지 못하고 있다.

1960년대 초 서구 유럽과 미국 등에서 저출산 문제가 불거지자 이 문제를 해결하기 위해 연구가 진행되었는데, 그 중에 '육아 비용'이 가족경제학 분야에 중요한 쟁점 가운데 하나였다. 경제학자들이 육아 비용을 파악하기 위해 다양한 방법을 시도했지만, 다수의 경제학자들이 동의하는 방법을 찾는 데 실패했다.[152] 시대에 따라 나라에 따라 계층에 따라 육아 비용이 천차만별이었다. 그래서 정책적으로 저출산 문제를 해결하기 위해 육아 비용을 지원하려고 할 때 얼마를 지원해야 할지 합리적인 계산이 어렵다. 비용만을 생각한다면, 17대 대통령선거에서 신혼부부 1억 원 공약을 들고 나온 허경영 당시 후보의 정책이나 2014년 11월 새정치민주연합의 홍종학 의원 등이 제시했던 '신혼부부에게 집 한 채를' 정책이 더 효과적일지 모른다.

'삶의 질 제고' 4차 계획 목표 상실

문재인 대통령은 2017년 12월 저출산·고령사회위원회를 열고, 정책의 패러다임을 출산율과 출생아 수 목표 등 국가 주도의 출산 장려 정책에서 개인의 삶과 선택을 존중하는 사람 중심의 정책으로 전환한다고 밝혔다. 이후 패러다임 전환은 제3차 기본계획의 수정, 제4차 기본계획의 수립으로 이어졌다. 정책 기조가 개인을 노동력·생산력 관점에서 바라보던 국가발전전략에서 개인의 삶의 질 제고 전략으로 바뀐 것이다.

그러나 정책이 진일보한 측면이 없진 않으나 총체적 문제점을 안고 있다. 먼저, 정책 패러다임의 전환에서 저출산의 정책 방향을 설정하는 데 명확한 이론적 근거가 보이지 않았다. 지금까지 저출산 정책들이 결과적으로 '실패했다'고 하더라도, 그 배경에는 학문적 뒷받침이 있었다. 그런데 이론적 근거가 미약했고, 세부 정책 로드맵은 3차 기본계획의 틀에서 벗어나지 못했다.

둘째, 저출산으로 인해 대한민국이 심각한 위기 상황에 직면했는데, 정부는 보다 적극적이고 획기적인 제도 개혁으로 대처한 것이 아니라, 개인의 삶과 선택을 존중한다며 수동적이고 소극적인 대응으로 정책 방향을 바꿨다. 개인의 선택을 존중한다면 적극적으로 펼 수 있는 정책이 그리 많지 않다. 선택을 존중하더라도 선택을 유도할 수 있는 제도 개혁이 필요하지만, 제도 개혁에는 비중을 두고 있지 않다. 출산율과 출생아 수 자체에 대한 관리를 하지 않겠다는 것은 포기하겠다는 의미로도 해석될 수 있다.[153]

셋째, 저출산 정책의 원인이 무엇이라고 명시하지 않는 대신 '사회구조적 요인'이라고 얼버무렸다. 그래서 정책 목표가 '20-40세대의 삶의 질'로 바뀌었다. 이전에는 정책의 목표를 잘못 겨냥했다면, 이번에는 추상적인 목표로 바꾼 것인데 아예 목표를 없애 버린 것이나 다름없다. 기존에 해왔던 정책들을 그대로 하거나 일부 수정하는 정도 외에 새로운 정책을 시행할 만한 근거도, 의지도, 아이디어도 차단해 버린 것이다.

무엇이 저출산의 핵심 원인인지 윤곽도 잡지 못한 채 한국 사회의 근본 틀을 바꾸어야 저출산을 극복할 수 있다는 '하나 마나 한 소리'를 정부 대책인 양 내놓고 있다.

2022년 대선에서 저출산 문제가 주요 의제로 등장하지 않았다. 대통령 후보들이나 참모들도 새로운 실마리를 찾지 못했던 것으로 보인다.

윤석열 정부는 출산율을 제고하려는 정책을 포기하고, 이미 현실화되고 있는 인구감소에 적응하는 방향으로 정책을 추진하고 있다. 또 '저출산고령사회위원회' 부위원장을 정치인으로 임명한 것을 보면, 문재인 정부처럼 저출산에 대한 문제의식이 없고 적극적인 해결 의지는 없는 것으로 보인다.

3) 정책 함정에 빠진 영유아보육정책

정책 입안·집행·평가가 정치적으로 결정

한국 사회가 고도화되면서 실패한 정책 가운데 대표적인 정책이 영유아 보육 정책이다. 영유아 보육 정책은 저출산 문제를 해결하고 여성의 인력을 활용하면서, 아동에게 보다 나은 양육 여건을 조성하는 목표를 두고 있다. 미취학 아동들의 발달에 절대적인 영향을 미치는 사안이므로, 신중하고 각별한 접근이 필요하다.

2020년 미국 대선에서도 만 3세와 4세 아동들에게 보편적인 유아교육을 실시하자는 Pre-K Now 캠페인이 뜨거웠다. 질 높은 유아교육 프로그램의 중요성이 알려지면서 중앙정부와 지방정부 수준에서 모든 3세, 4세 유아를 대상으로 부모가 원하는 경우, 양질의 유아교육을 무상으로 제공하자는 캠페인이다.[154] 1948년 설립된 퓨 재단(The Pew Charitable Trusts)이 2001년부터 이 캠페인을 주도하고 있다. 플로리다 주, 일리노이 주, 루이지애나 주처럼 보편적 유아교육이 법제화된 주도 있고, 아직 이런 캠페인도 하지 않는 주도 있을 만큼 미국 각 주마다 상황이 상이하다. 이 과정에서 ①유아교육은 효과적이며 더 일찍 받을수록 좋다 ②유아교육의 프로그램은 인지적 기능에 집중해야 한다 ③유아교육 지원금은 불우한 가정에 집중해야 한다 ④유아교육 교사는 학사학위가 필요하다 등등 다양한 논쟁이 벌어지면서 많은 이들이 참여하고 지역마다 논쟁이 가열되고 있다.

그러나 한국은 단기간에 간단한 절차를 거쳐 결정되어 버렸다. 1991년까지 아동의 양육은 가족이 책임을 진다는 전제하에 긴급한 보호가 필요한 아동에 대해서만 국가가 개입했다. 1991년 영유아보육법이 제정되어 이때 처음으로 국가의 개입이 입법화되었는데, 일반 아동들의 보육료 부담은 보호자가 전액 부담했고, 저소득층을 대상으로 10~20% 정도만 국가가 보조했다. 당시 국가 개입은 최소화한다는 방침이었으므로, 민간 보육시설을 중심으로 보육시설이 확대되었다. 1990년 1,900개였던 보육시설이 1997년 1만 7,000개로, 1990년 4만 8,000명이던 보육 아동 수도 1997년 55만 6,000명으로 대폭 증가했다.[155]

그런데 2005년 출산율이 1.08로 떨어지자, 노무현 정부가 2006년에 제1차 기본계획과 이에 따른 보육정책을 구체화한 '새싹플랜'을 마련했다. 새싹플랜은 저출산 문제 해결과 여성 인력의 활용을 위해 자녀양육을 정부와 지역 사회가 함께 지원하는 인식을 바탕으로 하고 있었다. 가계의 경제적 부담을 경감해줘야 한다는 취지에 따라 도시 근로자 평균소득의 130% 이하인 가정이 아이들을 보육시설에 보낼 때는 전액 지원하고, 대신 가정에서 양육할 경우 정부 보조가 이뤄지지 않았다.

2009년 무상 급식, 무상 학비, 무상 교복 같은 '무상 시리즈'가 유행하면서 이명박 정부는 새로운 '아이사랑 플랜'을 마련했다. 이 플랜은 소득분위 70%

까지의 가구가 자녀를 보육시설에 보낼 경우에 국가가 전액 보조하고, 가정에서 양육을 할 경우에도 국가가 현금을 보조하는 것으로 바꿨다. 2012년 총선에서 각 정당이 무상보육을 공약으로 내세웠다. 2013년부터 0-5세까지 전 소득계층에 보육료를 전액 지원하고, 84개월 미만 전 가족에 가정양육수당을 지급하기로 결정했다.

여기서 돌이켜보면 정부가 2006년부터 가정에 보육료를 지원하게 된 목적은 출산율과 여성의 노동시장 참여율을 높이겠다는 것이다. 그런데 모든 아동에게 보육료를 전액 지원하는 상황에서 2018년부터 출산율이 1명 이하로 급진 낙하했고, 여성의 경제활동 참가율이 2020년 52.8%, 2021년 53.3%로 2006년보다 2~3% 나아진 수준이다. 보육의 질도 높지 않아 엄마들이 마음 놓고 맡길 수 있는 수준도 아니다.

결국 영유아 보육정책은 출산율과 여성인력 활용의 제고에 전혀 효과를 내지 못했다. 왜 이 정책을 펼쳤는지부터 의문스럽고 이제 어떻게 해야 할지도 막막한 상황이 되었다. 그 어떠한 정책을 추진해도 정책 효과가 나타나지 않는 '정책함정'에 빠졌다.

정책함정에 빠져 해결 방안 난망

정책 입안에 원인 분석이 빠지거나 원인 분석에 소홀했고, 정책 집행에 논란이 되는 쟁점에 대한 검토도 서둘러 집행했으며, 정책 평가도 제대로 이루어지지 않았다. 2006년 노무현 정부는 왜 보육료를 지급해야 하는지, 지급한다면 도시근로자 평균 소득의 130% 이하인 가정으로 한정했는지, 가정 양육에는 왜 보조금을 지급하지 않았는지, 국립보육시설을 확충하지 않는지에 대한 쟁점들도 분명하지 않은 상태에서 정책을 추진했다. 이후 정책 효과가 있었는지에 대한 정책 평가는 알려져 있지 않다.

2009년 이명박 정부의 '아이사랑 플랜'에서 보육료 지급을 소득분위 70%까지로 한정했는지, 또 왜 가정양육에 현금을 보조해주는 것으로 방향을 바꾸었는지에 대해서도 불분명하다. 2013년부터 0~5세 전 소득계층에 보육료를 전액 지원하기나 가정양육수당을 지급하기로 결정했는지에 대해서도 불분명하다. 이유가 있었다면 정치적인 이유였을 것이다.

2006년부터 2020년까지 노무현·이명박·박근혜·문재인 정부는 영유아 보육 정책을 실시했지만, 그 정책의 입안 집행 평가에 원인 이유 근거를 찾기 어렵다. 예산은 매년 수십조가 투입되고 있고, 정책 효과는 없거나 아예 나빠지고 있는 상황이다. 여기서 다시 문제를 정의하고 해결하려고 해도 어디서부터 다시 시작해야 할지 막연하다. 과학적이고 객관적 데이터도 없고 그에 대한 분석도 없으니 어느 지점에서 검토하고 다시 원점에서 시작해야 할지 의사결정을 하기 어렵다.

프랑스의 평론가 죠셉 쥬베르는 "논쟁 없이 문제를 해결하는 것보다는 해결 없이 문제를 논쟁하는 것이 낫다"고 했다. 문제 해결하는 데 집착하다 보니 논쟁도 생략하고 이견도 묵살하고 거침없이 추진해왔다. 정책의 입안도 과학적인 분석을 통해 이뤄져야 하고 시행에는 다양한 관점과 의견을 고려해야 하고 평가도 제대로 평가되어야 한다.

4) 저출산의 결과

저출산 쓰나미, 이미 대학·군에 상륙

저출산 현상이 사회에 주는 충격은 크게 두 가지로 요약할 수 있다. 하나는 연령별 인구가 감소하면서 사회시스템이 요구하는 연령별 적정 인구의 부족에 오는 단기적인 충격들이다. 다른 하나는 인구 규모의 감소 자체보다는 연령대별 인구구조의 불균형에서 오는 장기적인 부양 문제들이다.

2001년생이 대학에 들어간 2020년, 연령층 인구 감소라는 쓰나미가 우리 사회에 가시적으로 밀어 닥치기 시작했다. 처음 닥친 곳이 대학이다. 2020년 처음으로 대학에 진학할 수 있는 학생 규모(47만 명)가 대학의 입학 정원(49만 명) 아래로 내려갔다. 연령별 학생 인구가 계속 감소하는 추세여서 대학 정원

〈그림 9-1〉 2022년 역피라미드 인구구조

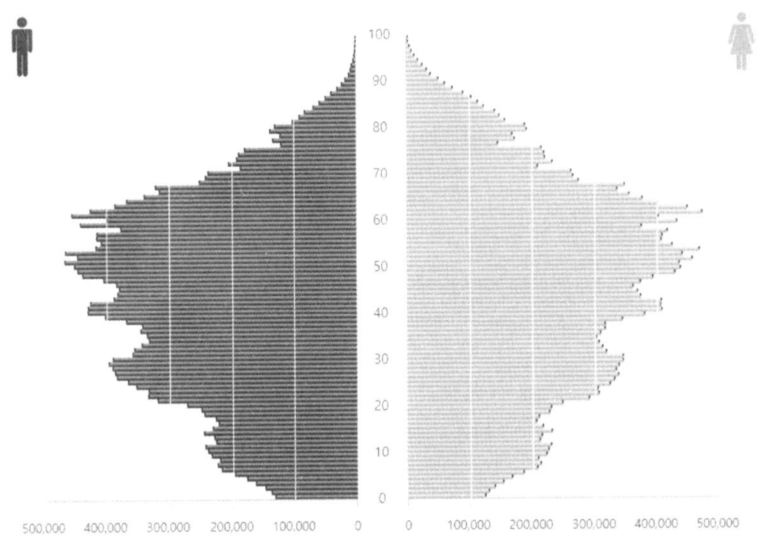

출처: KOSIS

의 감축은 불가피하다. 2024년 대입 가능 인원은 37만 명으로 추산, 현재의 입학 정원에 비해 12만 명이 부족할 것으로 보인다.

중고등학교 교육시장은 학령 아동 인구 감소라는 충격을 이미 받았다. 학용품, 교복 등의 수요 감소 사태를 겪고 있고, 학교 시설과 교사 수는 공급 과잉 상태에 처해 있다. 또 57만 9,000명에 달하는 상비 병력도 2022년 말까지 50만 명 수준으로 감축하는 등 상비 병력처럼 일정 규모를 유지하는 직업군은 저출산의 영향을 받게 되어 있다. 의무경찰, 의무소방, 해양경찰 등 전환복무가 단계적으로 폐지된다.

이제 생산노동인구의 부족으로 노동시장에도 충격이 예고되어 있고, 저출산 세대의 성장과 연령별 인구의 감소의 파장이 사회 전반으로 확산될 것이다. 2020년생 27만여 명이 성인이 되는 2039년에 인구학적 측면에서 한국 사회가 어떤 사회, 어떤 모양을 하고 있을지 대략 예상할 수 있다.

노년층 부양 부담, 2060년 4.2배 증가

실제 인구 규모의 감소 자체는 예상할 수 있는 사태이므로 개인적으로 대비할 수 있다. 그러나 연령대별 인구구조의 불균형이 주는 부양 부담은 개인이나 특정 사회조직이 대비할 수 있는 것이 아닌 사회구조적인 문제이다. 경제활동 인구의 감소로 인해 젊은 층의 부양 부담이 급증할 것이며, 세대간 부담 차이로 인해 사회적 통일성에 위기가 올 수 있다.

〈그림 9-2〉 연도별 부양별 추이

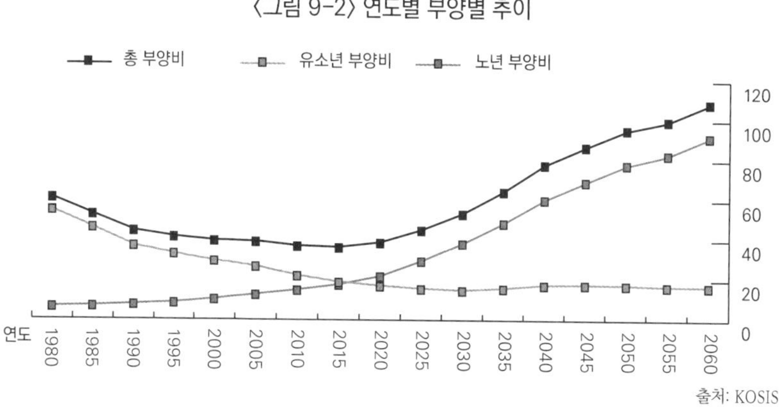

출처: KOSIS

생산가능 인구(15-64세) 100명당 부양할 인구를 총부양비라고 하며, 15세 미만의 유소년에 대한 부양비와 65세 이상의 고령인구에 대한 부양비의 합을 의미한다. 총부양비는 2020년 38.6명에서, 2030년에는 53.0명, 2040년에는 77.5명. 2050년에는 95명, 2060년에는 108.2명에 이를 전망이다. 유소년 부양비는 유소년인구와 생산연령인구가 동시에 감소함에 따라 2020년 16.9명에서 2060년에도 16.7명으로 유사할 것으로 예상되지만, 노년 부양비는 고령 인구의 빠른 증가로 인해 2020년 21.7명에서 2030년 38.2명을 넘고, 2060년에는 91.4명으로 2020년 대비 4.2배로 증가할 전망이다.

고령화로 인한 노인 부양은 사회보장체계를 심각한 위기 상황으로 내몰 수 있다.[156] 사회보장체계 유지를 위해 재정지출을 크게 증가시켜야 하고, 그에 따라 재정 불균형이 야기되고, 조세 부담이 가중될 수 있다. 대표적으로 연금체계와 건강보험이 위기를 맞을 수 있다.

국민연금은 2039년 1,430조 원으로 최고 수준에 도달한 뒤, 재정수지 적자가 발생하는 2040년부터 감소하여 2054년에 소진되는 것으로 전망된다.[157] 이후 공무원, 사학, 군인 연금 등에서도 적자에 이어 연금 고갈이 발생하게 되고, 그러면 더 많은 국가 재정의 투입을 요구하게 될 것이다. 또 노인인구의 증가에 따라 의료비가 증가하고, 특히 노인층 만성질환자의 증가는 의료비 증가를 더욱 가속화시킬 것이다. 건강보험 부담은 더욱 늘어나지만, 보험료를 납입하는 생산 가능 인구는 줄어들어 건강보험 체계 역시 큰 위기에 직면할 수 있다.

국민연금·건강보험 '위기'로 몰려

그 외에 주거, 여가, 치매 관리, 건강 증진 등 다양한 영역에서 노인복지에 대한 정책 수요는 점점 커지는 반면에 젊은 세대의 부담은 더욱 가중된다. 노인 비경제활동의 증가 및 생산가능 인구의 감소 등으로 인하여 사회적 역동성이 둔화되고 경기침체가 예견되며, 젊은 세대들은 경제적 어려움과 부양 부담 증가의 이중고를 겪게 될 것이다. 이에 따라 납세의 부담 및 정책 자원의 배분을 둘러싼 사회적 갈등을 야기할 수도 있다.

이와 같은 부양 부담 증가로 인하여 정책을 둘러싼 젊은 세대와 노인 세대 간 정치적 갈등으로 발전될 위험이 있다. 더구나 노인들은 교육 수준, 건강 상태, 자산 수준 등에서 예전과 다른 높은 수준을 가지고 있기 때문에 사회적으로 자신들의 목소리를 높이는 한편, 정치적으로 수적 우위를 바탕으로 자신들의 이해를 복지정책에 반영시키는 '실버민주주의'가 기승을 부릴 수 있다.

고령화로 인한 사회갈등은 인구변동, 경제상황, 정치구조 등과 맞물리면서 복잡한 양상으로 나타날 수 있고 그 영역 또한 경제, 산업, 정치, 재정, 교육, 문화, 여가 등으로 다양하게 확장될 수 있다. 앞으로 인구변화 속에서도 안정된 사회통합을 마련하기 위해서는 지속가능한 복지체계 수립, 사회보험 구조의 개편, 조세 체계의 개편 등 고령화에 대한 사회·경제·정책적 준비가 선제적으로 진행되어야 한다.

2. 사회경제적 발전과 출산율의 결정 요인

가족은 수직축과 수평축으로 구성

보통 '남편과 아내 그리고 이들 부부 사이의 두 자녀로 구성된 가족'을 가족의 기본형이라 할 때 확대 가족, 한 부모 가족 등 다양한 가족 형태들은 기본형이 확대 또는 축소되거나 변형된 형태이다. 가족은 남편과 아내 사이의 부부관계와, 부모와 자녀 즉 아버지와 아들 사이의 부자관계로 구성되어 있다.

가족 관계에서 수평축은 남편과 아내 사이의 부부관계를, 수직축은 부모

〈그림 9-3〉 가족관계의 수직축과 수평축

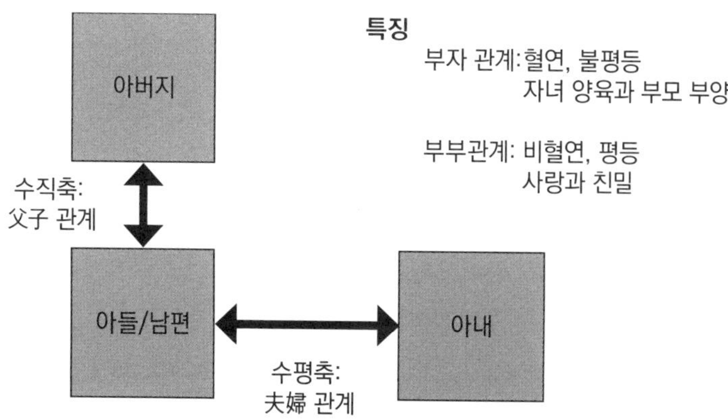

출처: 이제상·송유미, 2015, 『가족의 실패』, 형설출판사.

와 자녀 특히 아버지와 아들 사이의 부자관계를 정의한다. 가족은 시대와 장소, 민족을 불문하고 부부간 수평축과 부자 간 수직축이 유기적으로 결합되어 존속해 왔다. 〈그림 9-2〉는 가족 관계의 수직축과 수평축을 나타내고 있다.

수평축은 부부간의 평등한 결합을 의미하며, 부부 사이에는 애정과 소통을 통한 친밀함을 전제로 한다. 수평축은 비혈연적 관계로서 평등하며, 성적 기능을 포함한 정서적으로 친밀한 유대기능을 수행한다.

반면에 수직축은 부모와 자식 간의 불평등한 관계를 의미한다. 자식은 부모에서 출생했다는 출산자와 피출산자의 자연적 인과관계에 있으므로[158], 수직축은 원초적으로 불평등하다. 혈연관계인 수직축은 부모와 자식은 서로 양육과 부양이라는 기능을 수행한다. 가족의 형성과 유지 및 존속에 있어 가족의 수평축과 수직축 두 축은 필수불가결하다.

그러나 수평축과 수직축은 근원적인 원리가 상충하므로 서로 긴장하고 또한 충돌을 피할 수 없다. 수평축이 비혈연관계로서 평등한 관계를, 수직축은 혈연관계로서 불평등한 관계를 전제로 한다. 그래서 시대와 장소에 따라 어느 축에 더 무게중심을 두느냐에 따라 서로 다른 사회가 된다. 예를 들어 한 부부가 아들을 낳았다고 가정하면, 자식을 낳았으므로 부부의 금슬이 좋아 서로의 행복을 높일 수 있고, 또 아들을 낳았으므로 가족의 계승과 발전을 도모할 수 있다. 그런데 아들을 출산하지 못했다면 수직축을 중시하는 사회와 수평축을 중시하는 사회는 서로 상반된 가족 행동을 하게 된다. 조선시대에는 부부 사이가 친밀했다고 하더라도 아내를 칠거지악의 하나로 내칠 수 있었고, 현대사회에는 아들을 낳지 못했다고 하더라도 부부애만 좋다면 전혀 문제가 되지 않는다. 이처럼 가족과 관련해 수직축을 중심에 두느냐, 아니면 수평축을 중심에 두느냐에 따라 서로 다른 성격의 사회가 된다.

가족의 수평축과 수직축 가운데 시대와 장소에 따라 하나의 축이 중심적인 역할을 하면, 다른 하나의 축은 종속적인 역할을 한다. 가족의 형성과 유지에 있어, 수직축에 중심을 두는 가족질서를 수직적 가족질서라고, 수평축에 중심을 두는 가족질서를 수평적 가족질서라고 한다.

1950년대 가족은 중매혼, 아들 꼭 필요

사회마다 어떠한 가족질서를 유지하느냐는 그 사회의 지배적인 가치와 이념에 따라 다르다. 수직축과 수평축 가운데 그 사회의 지배가치에 부합하는 축이 새로운 중심축을 형성하고, 그 중심축을 중심으로 새로운 가족질서를 구축하기 때문이다. 1950년대는 가문과 효를 앞세운 수직적 가족질서가 개인의 가족생활을 지배하고 있었으나, 21세기 오늘날은 개인의 존엄과 양성의 평등에 기초한 수평적 가족질서가 지배하고 있다.

수평적 가족질서는 부부관계가 가족관계의 중심을 이루는 구조이다. 부부는 애정을 토대로 자유의사에 의해 결합된 것이므로, 자유연애혼이 혼인의 전형이다. 부부는 애정으로 결합되었기에 언제나 애정 표시를 하고 애정이 지속하는 한 평화롭다. 자녀의 출생이나 수가 문제가 아니고 애정이 식으면 이혼한다.

반면에 수직적 가족질서는 부자관계가 가족의 중심을 이룬다. 이런 곳에서는 결혼은 자녀를 출산하기 위한 수단이며, 여자는 자녀를 출산하기 위한 도구에 지나지 않는다. 부부간의 애정은 물론, 결혼 당사자가 서로 아는가, 모르는가도 중요하지 않다. 결혼에서 중매혼이 원칙이다. 중매혼은 자유연애혼보다 의례가 성대하고 절차가 복잡하다. 이는 신랑 신부의 개인대 개인의 결합이 아니라 가문대 가문의 결합이기 때문이다.

두 가족질서는 궁극적인 목적이나 장단점에 있어 서로 대립적인 모습을 보인다. 수직적 가족질서에서 부자관계에 초점을 두는 것은 가문의 번영과 발전에 그 목적이 있기 때문이다. 모든 가족관계는 부자관계에 종속된다. 가문의 발전이 최우선이므로, 결혼과 출산 등 가족 행위 자체가 가족 공동체의 목적으로 작용하고, 개인의 행복은 그 다음이다. 부부관계도 부자관계에 종속적이므로 특히 여성의 행복은 늘 후순위로 밀릴 수밖에 없었다. 그래서 수직적 가족질서가 가족의 안정성을 제공해주지만, 개인의 행복을 희생시키는 약점을 안고 있다.

오늘날 가족은 연애혼, 개인의 행복 우선

수평적 가족질서는 수직적 가족질서와 달리, 개인의 존엄과 양성평등에 기초한 질서이며 개인의 행복이 목적이다. 결혼과 출산 등 가족 행위 자체는 행복의 수단적 성격이 강하다. 다시 말하면 개인의 행복이 실현되지 않으면 가족이란 틀이 개인에게는 무의미하다. 수평적 가족질서는 기본적으로 개개인의 행복을 목적으로 개인이 자유롭게 선택하는 자율성을 전제로 한다. 그래서 개인의 행복 추구가 용이하지만, 가족보다는 자신의 행복을 앞세우므로 가족의 불안정성이 증가하는 약점을 갖고 있다. 결혼과 애정 관계를 지속하기 위해서는 당사자들이 상호관계에서 만족할 수 있도록 개인의 사적 생활에서 관계의 친밀성과 소통을 확인할 수 있어야 한다. 만약 스스로가 관계를 유지하려는 노력과 의지가 없다면 그 관계는 단절되기 쉽기 때문이다.[159]

두 가족질서는 서로 지닌 기본 덕목에서도 차이가 난다. 수직적 가족질서에서는 효孝를 근본으로 한다. 효란 자기의 원천에 보답한다는 인륜과 가족구조를 바탕으로 한 개념이다. 부자관계를 잇는 내적 접합체는 은혜와 효이며, 효는 부자관계의 구조적 원리이다. 효는 가족 내에서 상하의 질서를 유지하기 위한 행위규범이면서, 부계사회의 이데올로기로 승화하여 사회윤리로 뿌리를 내린다. 대신 수평적 가족질서에서 부부는 상호 평등성에 바탕을 둔 소통적 관계이면서 서로의 욕구를 실현하도록 지원해주는 관계이다. 그래서 평등 소통 친밀 등이 기본 덕목이다.

수직적 가족질서의 특징은 상속제도가 잘 발달되어 있다. 재산상속과 신분상속 그리고 이와 함께 제사상속도 중요하게 여긴다. 아들은 가家의 존속을 전제로 하기에 아들의 존재는 가의 필수조건이 된다. 남아선호사상이 뚜렷하고 출산율이 높다. 반면에 수평적 가족질서는 수직적 가족질서의 약화를 의미하며, 대신 부부의 성적 경제적 자율성 강할수록 수평적 가족질서를 형성하게 된다. 아들의 존재가 필수조건이 아니며 출산율이 낮고 이혼율이 높다.

〈표 9-1〉 수직적 가족질서와 수평적 가족질서의 비교

		수직적 가족질서	수평적 가족질서
목적		가문의 번영	개인의 행복
장단점	장점	가족의 안정성 높다	개인의 행복추구가 용이
	단점	개인의 행복 희생	가족의 불안정성 높다
결혼		중매혼	자유연애혼
부부 관계		성별분업	부부평등
아들의 필요성		필수조건	없어도 무방
기본덕목		효도	평등, 소통, 친밀
대표적인 특징		재산 및 신분 상속, 제사 중시, 남아 선호사상	성적 및 경제적 자율성 증대
		고출산율, 저이혼율	저출산율, 고이혼율

출처: 이재상·송유미, 『가족의 실패』, 형설출판사, 2015.

근대화로 인해 가족 수평축이 중심 위치로

자유와 평등이라는 근대 이념이 사회의 핵심 가치관으로 뿌리내리면서, 가족의 두 축 가운데 개인의 자유와 선택을 중요시하는 부부관계의 수평축이 중심 위치를 차지하고 전통적인 부자 관계의 수직축이 종속적 위치로 전락했다. 이에 따라 결혼과 이혼, 출산과 양육 등 가족 행위에 있어서 부부간의 자율성과 평등을 강조한 수평축이 강화되고, 여성의 희생을 바탕으로 집안의 발전을 도모하는 부자간 수직축이 약화되기에 이른다. 수평축이 강화됨으로써 개인의 존엄과 양성평등을 실현할 수 있는 사회적 배경이 마련된 반면에, 개인의 행복이 실현되지 않으면 가족이란 공동체가 개인에게는 무의미하므로 가족의 불안정성이 증가하게 되었다. 수직축이 약화됨으로써 부모의 자녀 양육과 자녀의 부모 부양이라는 상호작용 또한 약화되었고, 자녀의 출산과 양육, 노인의 부양을 둘러싼 저출산·고령화 문제가 시대적 과제로 등장했다.

사회경제적 발전의 관점에서 봤을 때 현대사회에서 출산율의 하락, 이혼율의 급증, 1인 가족의 확산, 효 의식의 약화 등 가족과 관련된 다양한 변화들은 가족 중심축의 변화와 밀접한 연관이 있다. 수직축이 중심 역할을 하던 시

대에는 가족 관계가 부자 관계를 중심으로 운영되었고 가족 구성원들은 많은 아들을 낳고 대를 이어 가문을 번성시키고자 했다. 그래서 전쟁이나 천재지변이 아니면 출산율이 떨어지는 시대가 거의 없었다. 그 대신 부부관계를 의미하는 수평축은 보조역할을 했기 때문에, 여성들은 부차적인 존재들이었고 가문의 번영을 위한 수단에 지나지 않았다.

사회경제적 발전으로 수평축이 중심 역할을 하는 시대에는 가족 관계가 부부 중심으로 운영되면서 가족 구성원 개개인의 행복 특히 여성의 행복이 더 중요해졌고, 여성의 자율성과 독립성이 높아지면서 발언권도 강화되었다. 부자 관계를 의미하는 수직축은 보조적인 역할로 부모와의 관계, 자식과의 관계가 약화되었다. 당연히 아들을 많이 낳아야 한다든가, 아니면 자식이 꼭 있어야 한다는 생각 자체가 상대적으로 희박해졌다. 경제가 발전한 나라일수록 출산율이 하락하는 것은 어느 국가든지 경험하고 있는 세계적인 현상이다.

사회경제적 발전은 산업화와 후기 산업화의 두 단계

사회경제적 발전에 따라 사회 변화를 살펴보자. 다니엘 벨은 『후기산업사회의 도래』에서 농업 중심의 전기 산업사회, 제조업 중심의 산업사회, 서비스업 중심의 후기 산업사회로 구분하여 사회변동을 설명했다. 정치학자 잉글하트는 사회경제적 발전이 사회적·문화적·정치적 변화를 가하는 효과가 두 단계로 작동한다면서 전기 산업사회에서 산업사회로 이동하는 '산업화 단계'와 산업사회에서 후기 산업사회로 이동하는 '후기산업화 단계'로 구분하고,[160] 두 단계의 특징을 〈표 9-2〉와 같이 정리했다.

한 사회가 발전과정에서 산업화 단계와 후기 산업화 단계를 거치면서 발전하는데, 두 단계는 서로 정치·경제·사회·문화 전 영역에 걸쳐 질적인 차이를 보인다.

〈표 9-2〉 산업화 단계와 후기 산업화 단계의 특징

	산업화 단계	후기산업화 단계
인적자본	초등학교 의무교육 확산 읽기, 셈 등 교육 수준 향상	중고등 및 대학 교육 수준 향상 인적 자본과 설득 기술 수준 상승
노동력	농업에서 제조업으로 이동	전문직, 관리직의 증가 직업적 전문화의 가속화
사회적 지위	노동계급 및 부르주아의 부상. 전통 귀족 및 지주 계급의 퇴조	(출생에 의한) 귀속지위에서 (교육·자격·경력에 의한) 성취지위로 이동.
사회보험	복지국가의 토대 구축 4대 사회보험 완성	시장 자유화, 복지국가 축소 사회보험의 비영리 및 민간 부문으로 이전
가족구조	확대가족에서 핵가족으로 분화 출산율의 하락	핵가족의 분화, 비전통적 가족의 증가 결혼과 이혼의 패턴 변화
성역할	여성의 유급노동 진입 증가	가족, 직장 내 역할분담에서 양성평등 증가. 결혼 여성의 유급 노동 증가
문화적 가치	물질적 안전, 전통적 권위 공동체 의무	삶의 질 문제, 자기표현, 개인주의, 탈물질주의

출처 : Inglehart, R. and Norris, P. 2003. 『Rising Tide: Gender Equality and Cultural Change around the World』. Cambridge University Press. pp.13-14

수직사회에서는 출산과 양육에 대해 큰 어려움이 없었으나, 경제가 발전해 수평사회로 도달하면 출산과 양육에 문제가 발생하게 된다. 사회경제적 발전이 여성의 지위와 행동을 변화시키기 때문이다.

먼저 농업사회였던 수직사회에서는 여성의 자율성과 독립성을 인정하지 않았다. 여성에게 삼종지덕三從之德을 강요했다. 삼종三從이란 '결혼하기 전에는 아버지를, 결혼해서는 남편을, 남편이 죽으면 자식을 따라야 한다'는 것으로 『예기禮記』에 나온다. 여자의 평생을 가족인 남성에게 종속되도록 규정한 것은 여성에게는 스스로 생각하고 실천할 능력이 없다고 여겼기 때문이다. 여성은 엄격한 가부장제 하에서 성별 분업에 따라 출산과 양육을 전담했다. 여성은 외부 경제활동을 할 수 없었고, 가정 내에서 자녀의 출산과 양육을 맡는 대신 보호를 받아야 하는 존재였다. 이때 확대 가족을 형성했고 높은 출산율을 보였다.

여성의 교육 수준 향상이 출산율 떨어뜨려

그러나 농업사회가 산업화 단계를 거치며 산업사회로 이행하면서, 여성도 재산을 소유하고 투표를 할 수 있으며 이혼할 수 있는 권리를 획득하게 된다. 의료기술의 발달로 기대수명이 늘어나고 유아사망률이 급격히 떨어진다. 확대가족이 대폭 감소하고 핵가족이 보편적인 가족 형태가 된다. 특히 여성도 근대 교육의 혜택을 받으며 스스로 자율성과 독립성을 갖기 시작한다. 피임 사용률도 늘어나고, 출산율도 하락한다. 이때 출산율 하락이 여성의 교육 기간 증가와 밀접하다는 연구는 연구자나 연구 영역, 연구 대상에 상관없이 일관되게 나타난다.[161] 여성의 교육 기간이 늘어날수록 출산율이 하락한다는 결론이다. 산업화 단계에서 여성의 교육 수준 상승이 출산율을 하락시키는 결정요인으로 본다. 하지만 조직 내, 가족 내 구성원들의 성별분업이 여전히 강고한 상태이다.

후기 산업화 단계에서는 여성 성역할의 변화가 뚜렷해진다. 여성의 교육 수준이 올라가고, 서비스업의 발전으로 여성 인력에 대한 수요가 늘어난다. 그래서 여성의 사회진출이 본격화되고 여성의 발언권도 강화된다. 노동시장에서 경제적 지위가 상승하고, 여성 국회의원이나 전문직 종사자 수도 급증한다. 고등교육을 받고 경제활동을 하는 여성들은 자녀 양육과 가사 노동 등에 있어 남편들에게 부부간 수평적 역할을 요구하기 시작하고, 노동시장 등에서도 사회적으로 남녀평등을 요구하는 목소리가 높아진다. 이런 경향은 선진국 상당수에서 일어나는 출산율 반등과 밀접한 관련이 있다. 고도로 발전된 후기 산업국가들에서는 가족 내, 직장 내에서 양성평등이 높아질수록 출산율이 높다. 그래서 후기 산업사회에서는 조직 내 양성평등 수준이 출산율의 결정요인으로 작용한다.

선진국에 양성평등 수준 높으면 출산율 높아

수직사회에서 수평사회로 나아가는 사회경제적 발전과정에서, 산업화 단계에서는 개인의 참정권 재산권 건강권 교육권 등 개인별 남녀 양성평등이 이뤄지지만 후기 산업화 단계에서는 남녀별 평등에 그치지 않고, 그동안 조직 내 역할분담성별분업에 영향을 미치게 된다. 조직은 가족과 기업을 포함한다. 따라서 산업화 단계의 양성평등은 '개인적 양성평등', 후기 산업화 단계의 양성평등은 가족 내에서 부부 평등, 기업 내 남녀평등을 의미하는 '사회적 양성평등'이라 명명할 수 있다.

사회경제적 발전과 출산율 관계 '역 J자형'

이제상·송유미가 2016년 발표한 논문 「사회경제적 발전, 양성평등 그리고 출산율의 결정요인」에서 산업화 단계에서는 여성의 교육 수준이 출산율 하락의 결정요인이고 후기산업화 단계에서는 양성평등 수준이 출산율 상승의 결정요인임을 밝혀내고, 이 연구 결과를 바탕으로 출산율과 사회경제적 발전과의 관계는 U자형이라고 주장했다. 추후 연구를 통해 U자형이 아니라 '역 J형(inversed J curve)' 관계라고 수정했다.

〈그림 9-4〉 산업화 단계와 후기 산업화 단계의 출산율 추이

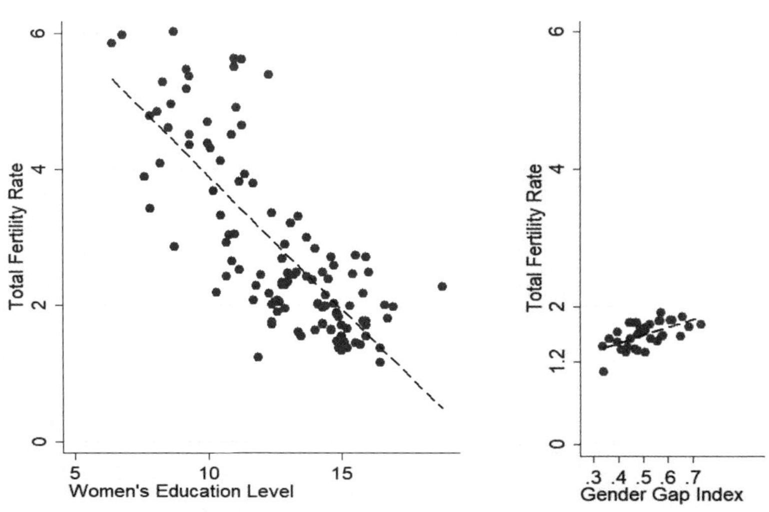

출처 : 이제상·송유미, 2020, 「사회경제적 발전과 양성평등-출산율의 역 J자형 관계」 미발표 논문.

〈그림 9-4〉는 산업화 단계와 후기 산업화 단계에 따른 출산율의 추이를 나타내며, 이를 바탕으로 양성평등 수준과 출산율과의 관계, 사회경제적 발전 단계와 출산율과의 관계를 파악할 수 있다. 첫째, 사회경제적 발전 단계와 출산율과의 관계이다. X축은 한 나라가 농업사회에서 산업사회로, 다시 후기 산업사회로 이행하는 과정을 나타내고 있으므로 한 나라의 사회경제적 발전 단계로 볼 수 있다. 출산율이 산업화 단계에서는 출산율이 하락했다가 후기 산업화 단계에서는 반등하는 형태를 보인다는 것이다. 다만 후기 산업화 단계에서 출산율의 상승 폭은 산업화 단계의 하락 폭에 1/4 수준이라는 점이다.

둘째, 양성평등 수준과 출산율과의 관계이다. X축은 한 나라의 사회경제적 발전 단계가 아니라, 한 나라의 양성평등 수준의 심화 또는 확산으로 대체할 수 있다. 산업화 단계에서는 개인적 양성평등 수준, 후기 산업화 단계에서 사회적 양성평등 수준을 의미한다. 산업화 단계가 진행되면 개인적 양성평등이 향상되는 대신 출산율이 하락하고, 일정한 임계점을 지나 후기 산업화 단계로 진입하면 사회적 양성평등이 향상되면 출산율이 반등한다는 것이다.

무엇보다 2001년 이후 출산율 1.3 이하의 저출산에서 헤어나지 못하고 있고 2018년 이후 출산율이 1.0 이하로 급락한 한국 상황을 고려할 때, 한국은 산업화 단계를 지나 후기 산업화 단계에 진입했지만, 정부는 비용 측면의 프레임에 갇혀 양성평등 수준을 제고하는 제도 개혁에는 관심이 없었다. 후기 산업사회에서 자녀 양육과 관련하여 여성들은 일과 가정의 양립 어려움, 노동시장에서의 경력단절 등을 경험하고 있다. 저출산 상황을 반전시키려면 자녀의 출산과 양육은 여성의 몫이라고 전제하는 가부장제 관점에서 여성의 부담을 경감하는 정책에서 벗어나, 사회적 양성평등 수준을 높이기 위한 제도 개혁에 집중해야 한다.

유럽 선진국들은 21세기 들어 출산율 반등

20세기 후반기에 선진국들은 출산율의 하락, 결혼의 감소, 이혼의 증가, 동거와 혼외출산의 증가라는 '가족 약화(less family)' 시나리오를 경험한다.[162] 게리 베커의 신가족경제학과 제2차 인구변천이론이란 두 지배적인 이론이 이 시나리오의 장기 추세를 예측하고, 교육을 많이 받은 계층이 선두에 서게 될 것이라고 전망했다. 그러나 1990년대 이후 가족 약화 시나리오가 멈추거나 역전되는 사회현상들이 여러 선진국에서 나타나기 시작했다. 출산율이 1960~1970년대 추락했다가 1990년대 후반, 2000년 들어서면서 반등하기 시작한 것이다. 미국 영국 프랑스 네덜란드 스웨덴 노르웨이 핀란드 등은 1.7~1.9로 회복한 반면에, 독일 이탈리아 일본 포르투갈 스페인 등은 1.3 아래의 초저출산 수준까지 하락했다가 1.3~1.5 수준으로 부분적으로 반등했지만, 명백한 회복을 하는 데는 실패했다.

출산율 회복에 '양성평등-출산율' 연구 활발

21세기 들어 선진국들의 출산율 회복과 관련된 연구들이 활발히 전개되었는데, 출산율을 회복한 원인이 무엇인가, 출산율을 회복한 국가와 회복하지 못한 국가는 어떤 정책 차이가 있는가 등이 주된 관심이었다. 출산율 회복의 원인이 양성평등 정책 또는 일과 가정의 양립 정책과 밀접하다는 연구 성과물들이 쏟아져 나왔다. 그 중에 하나의 분석 틀로 설명하려는 이론들도 나왔다. 스페인 사회학자 에스핑 앤더슨의 다중평형모형(Multiple Equilibrium Model)이 대표적이다.

〈그림 9-5〉 에스핑 앤더슨의 성 평등주의와 출산율 간의 관계

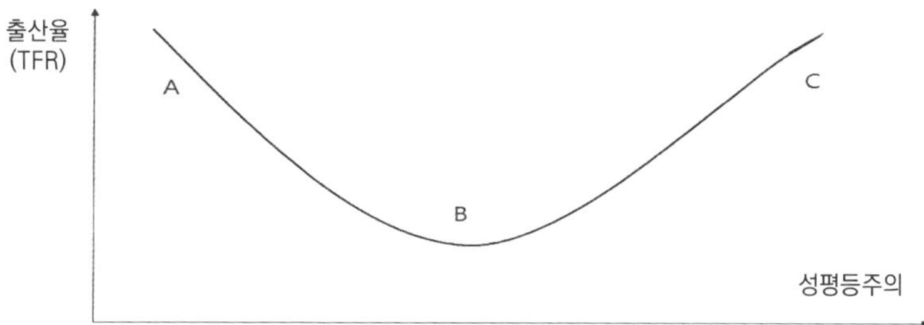

출처: Esping-Andersen, G. and Billari, F. C. 2015. "Re-theorizing Family Demographics." Population and Development Review 411 : 1-31.

다중평형모형은 20세기 후반의 출산율 하락의 단계와 21세기의 출산율 회복을 동시에 설명하는 이론적 분석 틀로써, 성평등주의와 출산율은 U자형 관계를 가진다는 것을 〈그림 9-5〉에서 볼 수 있다. 성별 분업적인 초기 평형 A에서 성평등주의가 확산될수록 출산율이 하락하지만, 임계점 B를 지나 성평등주의가 더욱 광범위하게 확산된다면 출산율이 다시 상승하여 C에 도달한다는 것을 의미한다.[163]

이제상·송유미 '역 J자' 모형 더 설득력 높아

이제상·송유미가 주장하는 양성평등-출산율 간의 '역 J자' 관계 모형은 에스핑 앤더슨의 다중평형모형과 유사한 측면이 있다. 다중평형모형이 성별분업의 수직사회에서 양성평등의 수평사회로 진화한다는 이제상·송유미 모형과 결론이 동일하다.

그러나 다중평형모형은 성평등이 확산될수록 출산율이 하락하고, 임계점을 지나면 출산율이 상승한다고 주장하지만, 왜 처음에 출산율이 하락하고 나중에 상승하는지, 임계점이 어떤 상태를 의미하는지 등을 설명하지 못한다. 반면에 이제상·송유미 모형은 처음에 개인적 양성평등이 확산될수록 출산율이 하락하지만, 임계점을 지나 사회적 양성평등이 확산됨에 따라 출산율이 상승한다고 설명한다. 또 임계점은 개인적 양성평등이 매우 높은 수준에 이르지만, 아직 사회적 양성평등으로의 질적 전환이 이루어지지 않는 상태임을 의미한다. 또 다중평형모형은 성평등과 출산율 간의 U자형 관계를 가지고, 성평등이 매우 높은 수준으로 상승하면 출산율이 초기 상태를 회복한다고 주장하지만, 이제상·송유미 모형은 역 J형 관계를 가진다고 설명한다. 성별분업의 초기 상태를 회복하지 못하고, 초기 상태의 1/4 수준으로 도달한다는 것이다.[164]

3. 저출산의 이면, '아동의 질' 문제

아동의 수 못지않게 심리 훼손 '심각'

출산율이 1.0 이하로 급락함에 따라 우리는 미래에 미칠 사회경제적 파장을 걱정한다. 그러나 저출산 때문에 아동의 수가 줄어드는 것에 급급한 나머지, 아동의 질質 문제가 악화되고 있다는 사실을 간과하기 쉽다. 부모들이 아이를 낳아 기르기 힘들기 때문에, 아이를 낳지 않거나 적게 낳는다. 부모 입장에서는 자녀를 낳아 기르기 힘들다는 뜻이지만, 자녀 입장에서는 부모의 돌봄을 충분히 받지 못해 제대로 자라기 힘들다는 뜻도 포함하고 있다. 그래서 출산율로 나타나는 저출산 현상의 이면에는 아동들의 질 문제가 잉태되고 있다는 것을 알아야 한다. 여기서 아동의 질質이란 경제학에서 말하는 '지적 능력', '부가가치 생산능력'의 의미를 넘어선다. 아이들이 생애 초기에 만들어지는 무의식의 영역, 즉 정서나 감정이나 정신적인 영역을 의미한다.

미국의 심리학자 아만드 니콜라이는 부모와 자녀가 함께 보내는 시간을 '산소'에 비유하며 "살아남기 위해서는 절대적으로 필요한 절대량이 있다. 그 양보다 적을 때에 뇌에 영구적인 손상이 생겨난다. 부모와의 친밀하고 따사로운 관계를 갖는 것이 정서적인 인간발달에 매우 중요하다"고 주장했다.[165] 그는 현대사회에 사람들의 정서 문제가 증가하고 있다면서 "만약 정서 장애(육체적인 원인에서 오지 않는 장애)를 가진 이들에게 공통점이 있다면, 부모의 이혼 때문이 아니면 부모들이 직장 일 때문에 바빠서, 아이들이 어린 시절에 부모와 함께 시간을 보낸 경험이 적다는 것"이라고 주장했다.

2000년 이후 '묻지마 범죄' '이별 범죄' '은둔형 외톨이' 등 새로운 용어가 언론을 통해 부각되기 시작했다. 이들은 모두 정서 장애와 관련되어 있는 사회병리현상들이다. 대상관계이론에 따르면, 이것들은 모두 어린 시절 주 양육자와의 관계 맺기의 실패에서 빚어진 문제들이다.[166] 사람이나 일, 상황에 따라 마음 깊숙한 곳에서 치밀어 오르는 부정적인 느낌을 파악하지 못하고, 부지불식간에 그 느낌들을 성인답지 않게 유아적으로 처리하기 때문에 예기치 않은 행동을 저지른다. 생후 36개월간 주 양육자특히 엄마와의 관계에서 형성된 원초적인 느낌이 평생 그의 감정과 정서를 지배한다. 다시 말하면 엄마와의 관계 속에서 만들어진 원초적인 느낌이 아이의 무의식 속에 저장되고, 그 느낌은 성인이 되어도 스스로 자각하는 느낌들의 원천이 되며, 영유아 때 형성된 그 느낌을 평생 확인하며 살아간다.

묻지마 범죄, 분노를 유아적으로 처리

묻지마 범죄는 자기 내면에서 치밀어 오르는 분노를 성숙한 어른의 방식이 아닌, 어린 유아의 방식으로 풀어가며 일으키는 범죄다.[167] 보통 화가 나면 '내가 이렇게 했을 때 어떻게 될 것'이라고 예측한다. 그러나 범죄자는 극도의 분노가 솟구칠 때 그 느낌을 아무 관계가 없는 사람들에게 표출한다. 분노가 컵내부에 가득 차 있으면 '작은 바람'에도 물(분노)은 쏟아질 수 있다. 작은 바람은 노란 원피스를 입은 여자일 수도 있고 맑게 갠 하늘일 수도 있으며 다정하게 산책하는 연인일 수도 있다. 평소 쌓인 부정적인 감정을 처리하기에 미숙한 처지에서 해고나 시험 탈락 등 좌절하는 경험을 계속하게 되면, 내면에 분노가 가득 차게 되고 작은 바람을 일으키는 그 대상에 분노를 표출함으로써 자신의 분노를 확인한다.

은둔형 외톨이, 영유아 때도 외로웠다

은둔형 외톨이는 자폐증세와 유사하다.[168] 자기 자신에 몰두하고 사람과의 관계를 두려워한다. 두문불출하고 대인관계를 기피한다. 자기 안에 부정적인 감정들을 쌓아두기만 하고 정제하거나 표출시키지 않는다. 생후 36개월 동안 엄마와의 관계에서 충분한 사랑을 받지 못했고, 이후 부모와의 관계에서도 충분히 감정적인 교류를 하지 못했기 때문이다. 오히려 과잉보호로 인해 아무것도 할 줄 모르고 자신감을 잃은 경우도 많다.

이들은 영유아기 때도 외로웠고 지금도 외롭기 때문에 외톨이가 되었다. 영유아기 때 외로웠다고 하더라도 이후 감정적으로 충분한 지지를 받는 등 부모와 상호작용을 했다면 성인이 되어서는 은둔형 외톨이가 되지 않는다. 나이가 들어도 감정을 교환하는 방법을 모르고, 외롭게 살았기 때문에 원래 삶이 그런 것이라고 생각한다. 부모와의 사랑을 제대로 교환한 경험이 적기 때문에, 자신의 감정을 주지도 다른 사람의 감정을 받지도 못한다. 그들은 스스로 성을 쌓고 자기만의 세계에만 살기도 하고, 사회적으로 취직을 못 하거나 돈을 벌지 못하거나 등등 여러 사유로 인해 문제가 증폭되기도 한다.

이별 범죄자, 버림의 상처가 깊어

이별 범죄는 서로 사귀다가 헤어질 때, 헤어지기를 원하지 않는 사람이 헤어지기를 원하는 사람에게 행하는 범죄로서 유형도 다양하고 정도도 천차만별이다.[169] 주로 남성이 범행을 저지르는 것을 보면, 여성의 독립성을 인정하지 않고 아직도 여성을 지배와 소유의 대상으로 보는 문화가 원인이란 해석도 가능하다. 여성을 사랑과 이별의 주체로 받아들이는 걸 인정하지 않는다. 먼저 사귀자고 대시하는 것도 남성이요, 헤어지자고 통보하는 것도 남성이라고 믿는다.

그러나 범죄를 저지른 남성의 내면으로 들어가 보면, 이별 범죄의 가해자는 어릴 때 버림의 상처가 깊은 사람일 가능성이 높다. 양육자로부터 실제 버림을 받았거나 버림을 받지 않았다고 하더라도, 양육 기간 중 충분한 욕구가 충족되지 않아 스스로 버림받았다고 느낄 수 있다. 버림의 상처가 깊은 사람이 성인이 되어 사랑하는 연인으로부터 이별 통보를 받으면, 예전에 버림받았던 상처에 소금이 뿌려진 것처럼 더욱 아프고 그래서 격분하게 된다. 그 분노를 연인에게 오롯이 투사해 버린다. 이런 경우는 나이와 관계없이 발생하고, 내면의 상처 정도와 구체적인 상황에 맞물려 증폭된다. 내면에 버림받은 상처가 깊은 사람은 그 상처에 대한 보상심리로 내 차, 내 집, 내 가족 등에 대한 소유욕이 지나치게 강하고 '내 여자를 위해 목숨까지 바칠 수 있다'고 지나치게 집착하며, 충동적이고 자제력이 낮아 순간적인 분노를 참지 못한다.

생후 36개월까지는 주 양육자와의 관계가 평생을 좌우

대상관계이론에 따르면, 생애 초기에 주 양육자와 형성된 관계에서 비롯된 경험은 개인이 전 생애 동안 타인을 지각하고 이해하며 관계를 형성하는 데 기본 틀로 작용한다. 생애 초기의 관계에 대한 경험이 일생 반복해서 재현되는 것이다. 비유하자면 생후 36개월 동안 주 양육자와의 관계에서 형성된 아동의 심리는 건축물의 뼈대와 같고, 이후 리모델링하더라도 초기에 형성된 골격에서 완전히 벗어나기 어렵다는 것이다.

미국의 정신분석학자 마가렛 말러는 '분리 개별화이론'을 통해 생후 36개월간 유아의 심리성장단계를 자폐기(생후~3개월), 공생기(4~18개월) 그리고 분리-개별화기(19~36개월)로 나누고 유아가 3단계를 순조롭게 완료하면 '대상항상성(object consistency)'을 획득하여 양육자로부터 심리적 독립을 이룬다고 했다. 대상항상성이란, 엄마가 잠깐 사라져도 자신이 버려진 것이 아니며 얼마 후 엄마가 다시 돌아올 것이므로 불안을 느끼지 않고 또래 친구들과 어울리거나 스스로 장난감을 가지고 놀 수 있는 안정된 심리상태를 말한다.[170)]

자폐기(normal autism)의 신생아는 아직 자궁 내부에 있듯이 현실로부터 어느 정도 차단된 폐쇄된 심리 체계를 형성하며, 이 시기를 잘못 보낸 아이들은 후천적 자폐증이란 정신질환을 가지게 된다. 공생기(normal symbiosis)에 아이에게 필요한 것은 양육자와 아이가 완벽하게 밀착된 관계, 즉 공생적 단일체를 형성하는 것이다. 유아는 자기와 대상을 거의 구별하지 못하고, 자신의 연장선상에서 엄마의 존재를 지각하게 된다. 이 시기를 원만하게 보내지 못한 아이가 청소년이 되었을 때 외부로부터 심한 스트레스를 받으면 '감정장애'라는 우울증을 갖게 되고, 나아가 정신분열증을 일으킬 수 있다.

분리-개별화기(separation-individuation)에서 분리란 유아가 엄마와의 공생적 단일체에서 서서히 벗어나는 심리적 과정을 말하고, 개별화는 유아가 자신의 개별적 특성을 구별하고 엄마와 분리되어 자기와 대상을 개별적인 존재로 인식해가는 과정을 말한다. 분리-개별화를 제대로 이루지 못한 아이는 정신질환이 잠복되어 있다가 12세 이후 사춘기가 진행되는 동안 어느 시기에 노출이 되며 이를 '경계선 증후군'이라고 한다. 경계선 증후군은 정신분열증과 신경증의 경계선상에 놓이며, 청소년기에 사회문제를 일으키는 중2병의 증상을 보인다. 청소년기에 도둑질을 하고, 거짓말을 하며, 가출하거나 무자비하게 싸우기도 하고, 공부 대신 게임·스마트폰·만화·TV 등에 정신을 빼앗긴다. 정서적으로 불안하고, 만성적 공허감과 부적절한 분노 그리고 스트레스에 피해의식을 느끼기 십상이다.

0~2세 영유아의 시설양육이 보편화

2010년대 초 무상보육정책이 실시되면서 한국 0~2세 영유아의 양육은 어린이집을 이용하는 시설양육이 보편적인 양육으로 자리잡고 있다. 부모와의 애착이 중요한 만 36개월 이하의 영아가 어린이집에 맡겨지는 비율이 급증하고 있는 것이다. 전체 영아 가운데 만 0세와 만 1세, 만 2세의 경우 어린이집 이용률이 2008년 각각 10.6%, 35.9%, 55.8%였다가 2018년에는 18.7%, 77.6%, 89.7%로 상승했다.[171] 2021년에는 0세 즉 12개월 미만 영아의 47.1%가, 1세 즉 24개월 미만 영아의 92.0%가, 3세 36개월 미만 영아의 98.6%가 어린이집을 이용하고 있다. 어린이집 이용률이 10년 만에 2배 가까이 급증했다. 게다가 어린이집을 이용하는 영유아들의 평균연령도 2015년 26.5개월에서 2018년 22.3개월로 점차 어려지고 있다.[172] 2018년 말 엄마의 취업률은 0세 경우 30.1%, 1세 31.8%, 2세 33.6%에 불과했다.[173] 가정양육이 충분히 가능함에도 젊은 엄마들의 육아 기피 또는 양육의 책임감 저하도 만만찮다. 아동의 질 문제가 사회문제로 나타날 우려가 높지만, 어떻게 전개될지 가늠하기 어렵다.

4. 미래세대를 위한 대안

지금까지 추진했던 저출산정책이 실패로 끝났다. 2000년 이후 출산율이 1.3 이하에서 오르내리다가 2018년 이후 1.0 이하로 떨어졌다. 저출산정책이 18년 가까이 비용 프레임에 집착한 데다 경제 성장률이 떨어지고 코로나 사태가 터지면서 출산율이 더욱 추락했다.

2010년대 모든 아동에게 보육료를 전액 지원하는 무상보육정책이 추진되면서 엄마들이 가정양육보다 시설양육을 받아들이는 추세가 되어 버렸다. 만 36개월 이하의 아동들에게는 주 양육자와의 상호작용이 매우 중요하다는 사실을 간과한 채, 아동들을 어린이집에 맡기는 우를 범하고 있는 것이다. 무상보육정책이 정치적으로 전격 추진되었기 때문에 원인에 대한 분석도 없었고, 정책 결과에 대한 평가도 이루어지지 않았다.

이제는 어떠한 정책을 추진해도 정책효과가 나타나기 어려운 정책함정에 빠졌고, 저출산 정책이 거대예산이 투입되는 대형 사업이어서 경로를 벗어난 새로운 정책을 마련하기도 쉽지 않다.

기존 저출산 정책들을 폐기해야

현재의 저출산 위기 상황을 어떻게 반전시킬 것인가? 기존의 '저출산·고령사회기본계획'을 폐기하고 새로운 저출산 기본계획을 새로 수립해야 한다. 1차 저출산·고령사회기본계획에서 저출산의 원인으로 본 세 가지로 설명하자면, '자녀양육비용 감소'를 위해 추진했던 무상보육은 폐기 내지 철저히 재검토되어야 하고, '고용-소득 불안정'을 해소하기 위해 추진했던 정책들은 효과가 미미했을 뿐만 아니라 앞으로도 산업정책, 노동정책과 관련되기 때문에 성과를 내기 어려울 것이기 때문에 폐기해야 한다. '일-가정 곤란' 부분을 해소하기 위해서는 사회적 제약을 일삼고 있는 제도들을 개혁해야 한다.

다시 이를 결혼과 출산 그리고 양육의 관점에서 설명하자면, 결혼과 출산을 장려하기 위한 정책들을 세우지 말고 양육에 초점을 맞춘 정책들을 마련해야 한다. 결혼이란 선택을 가로막는 장애물은 흔히 일자리와 아파트이고, 또 남녀 서로 간의 미스매칭이다. 일자리는 산업정책과 노동정책 그리고 교육정책과 아파트는 부동산 정책과 관련된다. 저출산 정책으로 결혼을 장려하는 것은 한계가 뚜렷하고 이미 증명되었다. 더구나 출산이란 선택도 청춘 남녀가 아이를 낳아 잘 기를 상황이 아니면, 출생아는 혼인이든 비혼이든 관계없이 부모의 앞길에 부담이 될 뿐이다.

그래서 출생한 아이를 건강하게 키울 수 있는 환경을 조성하는 쪽으로 새로운 저출산 기본계획을 수립해야 한다. 세 가지 원칙을 제시해본다. 첫째, 아이들이 정서적으로 건강하게 육성되어야 한다. 아이는 최소한 생후 36개월 동안 부모의 돌봄과 사랑을 충분히 받아야 일생을 정서적으로 건강하게 살아갈 수 있다. 만약 그렇지 않다면 가정적으로, 국가적으로 불행한 사태를 맞을 수 있다. 일하는 부모가 최소한 3년 이상 직접 자녀를 돌볼 수 있어야 한다. 이는 특정 개인에게만 적용되는 것이 아니라 모든 근로자에게 보편적으로 적용될 수 있어야 한다. 그러자면 부모들이 자녀를 양육하는 방식에 대해 잘 알고 있어야 하므로 '부모교육의 법제화'도 이루어져야 한다.

생후 36개월 동안 부모가 키워야

둘째, 자녀 양육은 양성평등 차원에서 접근해야 한다. 부부가 자녀를 함께 양육하고, 함께 가사노동을 분담해야 한다. 돌봄 노동은 남녀 구분 없이 공평하게 적용되고, 지역과 장소에 관계없이 보편적으로 적용되어야 한다. 자녀 양육은 부모가 직접 자녀를 키울 수 있는 제도와 환경을 조성하는데 초점을 두어야 한다. 할머니나 외할머니가 키우는 기형적 육아 방식을 보조적인 차원에 그쳐야 한다. 그러자면 '아이 키우는 것은 여자 몫'이라는 가부장적 틀을 깨야 하고 이런 문화를 없애야 한다.

셋째, 국가 및 사회적 차원에서 첫째와 둘째 원칙이 이뤄지도록 새로운 제도가 만들어야 하고 그 제도가 운영되도록 예산도 뒷받침되어야 한다. 현행 노동법은 산업사회의 성별분업을 전제로 제도화된 것이기 때문에, 새롭게 구성해야 한다. 예를 들어 20세기 초에 만든 8시간 근로시간제는 21세기에 맞게끔 4시간 또는 6시간 근로시간제 등으로 유연화할 필요가 있다. 현재 가족 돌봄을 이유로 근로시간을 단축할 수 있는 제도가 있으나, 모르는 이도 많고 아직 보편화되지 않았다. 부모 부양, 자녀 양육의 문제는 개인 또는 가족의 영역을 넘어 국가 및 사회가 떠맡아야 할 과제가 되고 있다. 정부뿐만 아니라 기업도 부담하고 모든 가족이 부담하는 보편적인 문제로 접근해야 한다. 여성의 문제도, 노동자의 문제도 아니다. 기업도 수혜자이므로, 그에 합당한 역할과 비용을 부담해야 한다.

자녀 양육에 엄마와 아빠가 분담해야

필자가 세 가지 원칙에 맞게끔 하나의 제도를 제안한다면, 영유아와 취학 전 아동을 대상으로 한 '의무보육義務保育'이다. 우리나라 의무교육은 초등학교에서 중학교까지인데, 이를 영유아(0~2세)와 취약 전 아동(3~5세)으로까지 확대하자는 것이다. 고등학교로 확대하는 것보다 급선무라고 본다. 의무보육은 단기적으로 영유아와 취학 전 아동에 대한 투자와 고용 확대를 통해 경제 활성화에 도움을 주고, 장기적으로는 저출산 문제를 해결할 수 있을 것이다.

2000년 노벨경제학상을 수상한 미국 시카고 대학의 제임스 헤크먼 교수는 영유아기 때의 과감한 교육과 돌봄이 다른 어떤 투자보다 경제적이고 바람직한 투자임을 주장하고, 영유아 교육에 대한 투자가 성인기에 대한 투자보다 16배나 효율적이라는 사실을 입증했다.

〈그림 9-6〉 연령대별 인적 자원에 대한 투자 대비 회수율

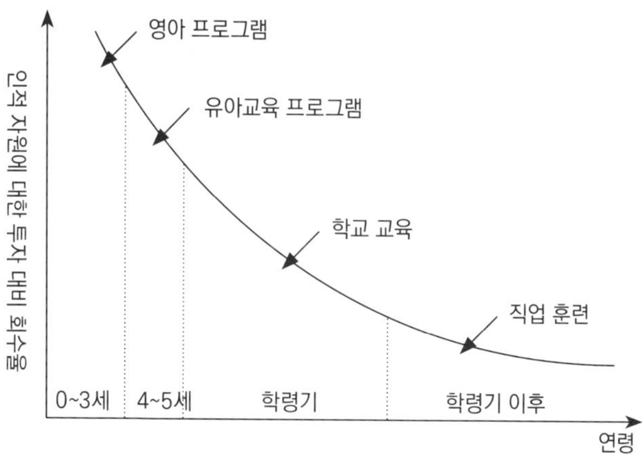

출처: James J. Heckman. 2008. 「Schools, skills and synapses」. NBER working paper series.

특히 영유아(0~2세)는 최소 생후 36개월 동안 일하는 아빠와 일하는 엄마로부터 충분한 돌봄을 받을 수 있도록 해야 한다. 부부가 아이 1명을 낳는다면 첫 18개월은 엄마가 키우고, 뒷 18개월은 아빠가 키우도록 제도를 마련해야 한다. 대신 이 기간 육아휴직으로 인해 보상받지 못하는 부모의 월급은 국가가 전액 부담하도록 해야 한다. 자기 자녀를 양육하는 것은 남녀노소 누구에게 보편적인 것이어야 하며, 그 비용은 공적으로 부담해야 하는 것이어야 한다. '양육의 남녀평등화'와 '양육비용의 공공화'를 시행하지 않으면 아이를 제대로 키울 수 없다.

국가가 '의무보육제도' 시행을

요즘 저출산 현상이 장기화하면서 결혼하지 않으려는 경향이 강해지고, 결혼하더라도 1명에 그치는 것이 현실이 되었다. 결혼은 배우자와 함께하는 '창업'이다. 상당한 리스크를 감수해야 한다. 눈에 콩깍지가 끼었을 때 확 저질러야 한다. 그런데 이것저것 따지면서 주판을 놓기 시작했을 때, 비즈니스 마인드를 장착했을 때 결혼이란 수지맞기 어려운 사업이다.

출산도 이해타산으로 생각했을 때 밑 빠진 독에 물 붓기에 가깝다. 일방적인 희생에 가깝기 때문이다. 개인이나 가족 내부 구성원으로 봤을 때, 엄마의 사랑은 당연한 것이다. 그러나 사회구성원으로 보면, '내가 왜 희생해야 하는가'라는 불만이 나온다. 아이는 엄마의 앞날에 짐만 될 뿐이다. 자녀의 양육은 부모에게 엄청난 부담이 되고, 특히 엄마의 희생이 요구되어 왔다.

결혼과 출산까지는 개인의 선택이라 차치하더라도 양육은 다르다. 그래서 출생한 아이를 양육하는 부모가 임금, 승진 등에서 손해를 본 부분에 대해서는 국가가 보전해 주어야 한다. 누구에게나 보편적으로 적용되어야 하고, 자녀를 둔 부모이면 남녀 모두에게 적용되어야 한다.

보육은 교육에 앞서 한 사람의 운명을 결정하고 국가의 미래를 결정한다. 인적 자본이 어린 시절부터 양질의 보육과 교육을 통해 형성된다면 그만큼 진흙에서 진주를 캘 기회가 높아질 것이고, 국가의 성장 잠재력과 국제 경쟁력을 높이는 계기가 될 것이다. 더불어 여성의 경력 단절을 막아 노동시장 참여율도 높아질 것이며 여성들의 행복감도 향상될 것이다.

제10장

교육과 숙련 형성

한국의 교육은 개인의 역량을 배양하려는 목적이 아니라 특정 지위를 획득하기 위한 수단으로서 존재했다. 국가는 그 지위를 두고 경쟁하는 다수의 개인을 공정하게 선발하는 시험 준비용 교육에 역점을 두었다. 현대판 과거제가 여전히 작동하고 있고, 국가주의 공교육 시스템이 뒷받침하고 있다. 학생들은 대학 입시에 적합한 수용성 학습에 치중한 결과, 비판적 창의적 사고력을 배양할 기회를 가지지 못한 채 4차 산업혁명시대를 맞이하고 있다. 한국의 교육은 개인의 창의성과 전문성을 높이는 방향으로 제고되어야 하고, 교육체제는 공급자 중심에서 수요자 중심으로, 국가주의에서 민간 중심으로 전환되어야 한다.

또한 고학력에도 '저숙련 균형'에 빠진 국가 주도의 숙련 형성 체제를 기업과 근로자 등 이해관계자들이 협의하는 숙련 형성 체제로 전환하고 이를 지방자치단체가 지원하도록 해야 한다. 동시에 지역의 대학이 지역의 중소·중견기업에 현장 인력을 공급하고, 이들 기업에 대한 기술협력, 기술지도 등을 수행할 수 있도록 해야 한다.

1. 교육

1) 교육개혁은 왜 안 될까

앨빈 토플러 '사고력 배양' 강조

앨빈 토플러가 2001년 김대중 대통령에게 제출한 보고서 『위기를 넘어서 - 21세기 한국의 비전』에 한국 교육의 문제점이 잘 소개되어 있다. 그는 "오늘날 한국 내의 교육체계는 반복 작업하의 굴뚝 경제체제에 기초한 형태로 학생들을 교육시켜 왔다. 하지만 제3의 물결에서의 교육 방식과 내용은 이와는 크게 다르다. 한국이 지식기반경제를 보다 진취적으로 이행하기 위해서는 기업이나 노조뿐만 아니라 교육기관들 역시 변화되지 않으면 안 된다"고 역설했다.

> 오늘날 자라나고 있는 아이들은 미래의 탈 공장제적인 직종에 적응하기 위해 매우 다른 능력들을 습득하도록 요구받게 될 것이다. 21세기 한국의 교육시스템은 어느 곳, 어느 장소에서나 혁신적이고 독립적으로 생각할 수 있는 능력을 배양함을 통해 그러한 환경에 적응하고 살아갈 수 있도록 학생들을 준비시킬 필요가 있다.
>
> 미래의 환경에 보다 잘 준비된 한국의 학생들은 프로그래밍, 수학 혹은 과학 분야에서 보다 많은 교육을 받을 필요가 있다. 이들은 미래에 대해 사고하는 법을 배우고, 미래의 변화에 대한 확률적 가정을 내리고 그러한 변화의 방향과 속도에 대해 예측할 수 있게 해야 한다. 물론 읽고 셈하는 능력은 기본적인 기술로 남아 있게 될 것이다. 하지만 이에 더하여 학생들이 배울 수 있는 가

장 중요한 덕목은 비판적 지성을 활용할 방법을 배우는 것, 상징적 모델을 구현하고 조작할 방법을 배우는 것, 그들의 아이디어를 소통할 방법을 배우는 것, 온라인과 오프라인을 통한 재학습 방법들을 익히는 것 등이다.

- 앨빈 토플러, 2001, 『위기를 넘어서 - 21세기 한국의 비전』 p.81.

교육개혁이 왜 안 될까

미래 교육의 방향에 대해 학자들은 물론 교육에 관심 있는 국민이면 누구나 잘 알고 있다. 그런데 왜 교육개혁이 이뤄지지 않을까? 필자는 양반 지대를 추구하는 현대판 과거제와 국가주의에 기반한 공교육 시스템에 원인이 있다고 본다.

현대판 과거제란 한국인들이 20대에 특정 직업군에 들어가야 성공가도에 진입했다고 생각하고 있고, 그 직업군이 조선시대 과거에 해당하는 시험에 합격해야만 진입이 가능하므로 이렇게 명명했다. 판사 검사 변호사, 의사 한의사 약사 등이 그렇고 공무원이나 공기업 또는 대기업 직원도 그러하며 교수 집단도 이 범주에 넣을 수 있다. 직업군에 진입하기 전에 우선 명문대학에 입학하려고 하고, 대학을 진학하면 좋은 직업을 가지려고 한다. 한국 사회에는 '우수한 대입 성적-명문대학-좋은 직업군'이라는 성공 도식이 우리의 의식과 행동을 지배하고 있다.

이러한 성공 도식을 완성하려면 시험이란 관문을 여러 번 통과해야 한다. 한국인 가운데 시험으로부터 자유로웠던 사람은 없다. 교육의 목적이 개인의 능력을 함양하는 것이라면 시험은 능력을 평가하는 수단인데, 수단이 목적을 압도한다. 이런 체제하에서는 시험을 위한 교육이 우선이라면, 창의력을 배양하는 교육은 그 다음이다. 개인에게 있어 시험 합격이 중요하지 창의력 개발은 시험 합격 이후의 문제일 뿐이다.

현대판 과거제, 국가주의 공교육 탓

국가주의에 기반한 공교육 시스템이란, 전국의 모든 학생은 국가가 허가한 학교에서, 국가가 임명한 교원에 의해, 국가가 허용한 교과서와 교과목 시수에 따라 획일화된 교육을 받는 체제를 말한다. 학부모는 자녀가 취학 연령이 되면 국가가 정한 학교에 보내야 하고, 국가가 정해 놓은 교육을 받도록 해야 한다. '교육의 의무'를 이행하도록 해야 한다.

교육을 상품으로 보자면 학부모와 학생들은 국가가 배급하는 상품을 의무적으로 소비해야만 하지, 상품을 선택할 자유가 별로 없다. 주는 대로 소비해야 한다. 학생이 자신에게 맞는 교육을 선택한다는 발상, '학습권'이라는 개념 자체가 금기시되고 있다. 한국 교육은 공급자 중심에서 수요자 중심으로, 교육의 의무에서 교육의 자유로 바뀌서 설계되어야 한다.

2) 현대판 과거제

좋은 학벌, 인생의 성공 보장

한국에서 대학 입시가 인생의 전부는 아닐지라도 절반 이상은 결정하는 것 같다. '우수한 대입 성적-좋은 대학-좋은 직업군'이라는 성공 도식이 한국인 DNA 속에 각인되어 있는데 가장 큰 관문이 대학 입시이다. 최종 목표가 좋은 직업군에 들어가는 것이라면, 중간 경유지인 명문대학에 진입하는 관문이 대학수학능력시험이다. 높은 수능 점수는 대학 학벌과 연결되고, 학벌은 좋은 직업군의 선택과 직업군의 임금에 직접적인 영향을 준다. 국가가 동일 연령대의 학생 대부분을 대상으로 수능시험을 평가하여 점수와 등급을 부여하기 때문에, 수능점수에 따른 대학 서열은 사람의 능력을 가늠하는 강력한 잣대가 된다. 명문대학 학벌은 취업에서 결혼에 이르기까지 모든 것을 획득하는데 유리한 고지를 제공해준다. 그래서 명문대학에 입학하기 위해 대학 입시에 필요 이상으로 집중하게 되고, 그 결과 선행학습, 주입식 교육, 사교육 시장 확대, 창의성 실종 등 한국 사회의 고질적인 문제들을 잉태한다.

대학 입시는 1945년 이후 언제나 우리 사회의 뜨거운 감자였다. 큰 틀에서 보면 대학 입시는 '대학별 본고사 → 학력고사 → 수능 → 학종'으로 흘러왔고, 공정성 시비와 사교육 기승 등 논란이 있을 때마다 선발 방식을 바꿨다. 하지만 고질적인 문제는 아직도 해결되지 않았고, 대학 입시의 위력은 여전히 강력하다.

20대에 인생이 결정된다

대학 입시와 함께 또 다른 성공의 잣대는 '고시'이다. 고시만 합격하면 조선시대 과거에 합격한 것처럼 국가 고위직에서 일을 시작하는 특권을 누리고, 신분 명예 권한 등을 차지하게 된다. 가난한 엘리트들은 좋은 대학에 입학하여 고시에 붙고자 한다. 사법시험이 2017년 폐지되고 법학전문대학원으로 바뀌었지만 법학전문대학원 합격자들은 23~28세가 70% 이상이고, 외무고시를 대체한 외교관 후보자 시험의 합격자들도 25~29세가 70%이며, 공무원 7, 9급 시험도 나이 제한이 폐지되었지만 여전히 20대 합격자가 70% 이상이다.

대기업들의 경우 대졸 신입 사원 채용에서 남성은 28세, 여성은 26세를 상한선으로 보고 있다. 최근 어학연수와 인턴 등으로 취업 시기가 늦어지는 것을 감안해 일부 기업들이 나이 제한을 완화하고 있지만, 대부분의 기업들 사이에서 남성은 32세, 여성은 30세가 절대 넘으면 안 되는 선으로 자리잡고 있다. 한국 사회는 20대에 인생이 결정된다.

시험용 영어가 영어교육 망쳐

대학 입시로 인해 한국 교육이 뒤틀리고 망가졌다. 영어교육을 살펴보면 영어교육에 투입되는 금전 비용은 천문학적이고 시간 비용도 엄청나다. 그러나 10년 이상 영어 공부를 했지만, 자유롭게 의사소통이 가능한 사람은 많지 않다. 그만큼 투자한 만큼 효과를 보지 못하는 것이 한국 영어교육이다. 원인은 시험에 있다.

영어교육의 목적이 듣기 말하기 읽기 쓰기 등 의사소통 능력의 향상이라면, 그 능력을 평가하는 것이 영어시험이다. 그런데 영어교육이 시험에 맞추어져 있으니, 의사소통이라는 목적이 훼손되어 버렸다. 수단이 목적을 압도해버린 것이다. 영어시험 성적이 우수하더라도, 의사소통을 제대로 하지 못한다. 영어시험은 문법과 독해 그리고 수동적인 듣기로 구성되어 있고, 학교 교육은 어휘와 문법을 숙지하고 긴 지문을 빠르게 독해하는 데 치중하고 있다. 영어가 시험과목으로 자리 잡은 탓에 자발적으로 학습하기보다는 반복적인 암기와 빠른 한국식 독해에 매달리게 된다. 또 시험에 나오는 내용만 공부하고, 시험으로 출제하기 힘든 부분은 등한시하게 된다. 이로 인해 시험에 나오는 것 위주로 영어를 배우고 익히는 잘못된 습관을 가지게 된다. 10년 이상 영어를 배워도 문법과 독해는 잘하지만 듣기와 말하기는 서툰 한국인의 범주를 벗어나지 못한다.

대학 입시에 망가진 중·고등 교육

한국의 대학 입시는 영어뿐만 아니라 학생의 사고력 향상과 덕성 함양이라는 교육의 목적을 훼손시키고 있다.[174] 학교 수업을 통해 인간적인 안목을 기르고 개인의 능력을 배양하는 것에 주목하지 않고, 입시에 좋은 성적을 내고 좋은 대학에 진학하는 데만 관심을 쏟는다. 먼저 교육 과정이 다양한 형태로 운영되고, 교과 내용이 학생부종합전형에다 대학수학능력시험까지 커버해야 하므로 학생이 소화해야 할 교과 내용이 과다해진다. 게다가 수능시험에 맞추기 위해 3학년 1학기까지 진도를 마쳐야 하므로 수업이 정상 속도보다 훨씬 빠르게 진행된다. 2011년부터는 수능시험이 EBS 방송교재와 연계됨에 따라 학생들은 교과서보다 EBS 교재를 더 선호하게 된다.

학생들은 다양한 교과에다 과다해진 학습량, 빠른 진도에 교과 내용을 소화하지 못한 채 암기해야 하는 고통을 경험한다. 수포자수학 포기자, 과포자

과학 포기자 등 다수의 학습 포기자가 속출한다. 학생들은 지식을 알아가는 기쁨을 잃어버리고 대입에 필요한 문제 풀이만 반복하는 기형적 공부를 하게 되며, 공부는 하고 있되 왜 공부하는지를 잃어버린다. 모든 수업이 학종과 수능시험에 맞춰져 있으니, 성적으로 줄을 세우거나 선행학습을 당연시하는 분위기가 조성된다. 진학률을 높이기 위해 소수 정예반을 편성하거나 야간 심야반을 운영하는 일이 다수의 교육 현장에서 빈번하게 벌어진다.

대학 입시로 인한 한국 교육의 가장 큰 문제는 학생들에게 삶과 연계된 고급 사고력을 배양할 기회를 상실하게 만드는 것이다. 학생들이 실제 어떤 현상을 보고 그 현상에 숨겨진 문제들을 찾아내고, 스스로 해결 방안을 탐색하고 실수도 해보고 실험도 해보면서 해결책을 직접 만들어보는 경험이 필요하다. 학생들은 수업시간에 많은 내용을 신속하게 배우고 암기하지만, 그 내용의 의미를 잘 알지 못할 뿐더러 학교에서 습득한 그 내용이 학생들의 졸업 이후의 삶과 크게 연계되지 못한다. 시험 자체가 정답을 찾아내는 능력을 평가하므로, 학생들이 비판적 사고력과 창의적 사고력을 기를 기회가 없고, 타당한 근거를 가지고 자신의 입장과 견해를 세우는 훈련을 경험하기 어렵다. 학생의 배움이 자신의 실제적인 삶과 연계되지 못하고 겉도는 공부를 하게 되고, 사회에서 야기되는 다양한 문제를 발견하고 해결하는 고급 능력을 키우는 데까지 이르지 못한다. 중·고등학교 교육이 대학 입시에 맞추어져 있고, 학생들은 기존 지식을 비판 없이 그대로 받아들여서 이해하고 암기하고 시험에서 정확히 기억해내는 '수용적 학습'에 그치고 있을 뿐이다. 앞서 언급한 지식 습득방식으로서 연역적 학습이다.

수용적 학습, 대학·대학원에까지 이어져

입시교육은 대학교와 대학원에도 그대로 이어지고 적용되고 있다. 대학 입시에 적합했던 학습 방식이 대학에서도 그대로 통용되고 공무원시험, 각종 자격시험에도 유용하다. 지식생산자로서 학위 논문을 작성하는 대학원에서 어려움을 겪지만, 국내에서는 비교적 그 강도는 크지 않다. 하지만 미국 독일 등 외국에 유학을 떠나 학업을 계속할 때 한국식 교육의 한계를 절감하거나 심지어 좌절하는 이들이 의외로 많다.

한국인들은 대학 입시를 준비하며 '수용적 학습'을 했기 때문에, 대학 교육만큼은 비판적 사고력이나 창의력 사고력에 집중할 것으로 기대한다. 비판적 사고력이란 상대방이 가르치는 내용을 자신만의 관점으로 다시 들여다보는 능력을 말하고, 창의적 사고력이란 주어진 내용에 대해서만 생각하기보다는 지금껏 존재하지 않았던 무엇을 새로이 생각해내는 능력이다. 특히 서울대학교에서는 수용적 학습에서 벗어나 비판적, 창의적 사고력을 키우는 공부를 하리라 기대한다.

그러나 이혜정 교육과혁신연구소 소장이 쓴 『서울대에서는 누가 A+를 받는가』라는 책은 그러한 기대감을 여지없이 무너뜨린다. 실제로 서울대 최우등생들은 대학에서의 공부가 중고등학교에서의 공부와 크게 다르지 않으며, 그렇게 공부해야만 높은 학점을 받을 수 있다고 고백한다. 이들의 경험에 따르면 비판적 창의적 사고력은 학점과 별 상관이 없고 오히려 A+ 획득에 방해가 된다. 교수의 말을 최대한 그대로 받아 적는 노트 정리법을 가장 중요한 공부법으로 여기고, 자신만의 의견을 가지기보다는 교수의 견해를 그대로 받아들여야 한다고 믿는다. 그들의 공부에서 중요한 것은 열정이 아니라 자기관리이다. 팀 프로젝트를 할 때도 다른 팀원들과 협동하기보다는 팀워크를 무시하고 혼자서 주도하는 편을 택한다. 서울대의 현실을 그대로 보여주는데, 다른 대학은 다르리라고 생각하기도 어렵다.

이혜정 소장은 이 책에서 기존의 교수학습법이란 관행을 바꾸지 못하는 책임을 교수들과 대학 당국에 묻고 있다. 서울대학교 교수들도 대부분 미국 독일 등 선진국에 유학을 다녀왔기 때문에, 비판적 창의적 사고력을 배양하는 교수법을 잘 알고 있지만 학생들에게 사용하지 않는다. 이유는 교수들도 익숙하지 않는데다 품이 많이 드는 작업이기 때문이다. 국가에서 창의적 인재를 양성해야 한다고 하지만, 서울대학교 교수부터 비판적 창의적 사고력을 키우는 교수법을 사용하지 않는다.

고급 사고력을 배양할 기회 못 얻어

이혜정 소장은 서울대 학생들과 미국 미시간대 학생들을 비교하며 한국 유학생들은 토론과 질의 응답에 참여하지 않고, 에세이나 논문을 잘 쓰지 못한다고 했다. 미국 대학은 학위논문을 쓰기 전에 수업시간에 보고서나 소논문을 쓰는 과제가 많고 고학년으로 갈수록 시험보다 토론과 소논문을 더 중요하게 생각한다. 한국 유학생들은 영어에 대한 부담에다 미국식 비판적 창의적 학습을 해본 경험이 거의 없기 때문에 힘들어한다.

논문을 쓰는 과정을 6단계로 나누면 연구 주제를 정하는 1단계, 연구방법론 및 절차를 설계하는 2단계, 선행 문헌들을 읽고 분석하는 3단계, 실험이나 조사 인터뷰 등 연구를 실행하는 4단계, 결과를 분석하는 5단계, 결과의 의미를 해석하고 결론을 도출하는 6단계로 구분할 수 있다. 여기서 1단계와 6단계가 비판적이고 창의적인 사고력을 바탕으로 하는 영역으로 연구자 자신만의 생각이 결정적으로 필요한 부분이다. 1단계는 문제를 발견하고 정의하는 처음으로 어떤 영역에 문을 열고 들어가는 단계이고, 6단계는 발견하고 정의했던 문제에 대한 결론을 제시하는, 문제 영역의 문을 닫고 나가는 단계이므로 1단계와 6단계는 시작과 끝이자 하나로 묶이는 세트이다. 그런데 이혜정 소장은 한국 유학생들이 가장 못 하고 약한 부분이라고 한다. 국내 대학에서는 학생들이 스스로 학위논문의 주제를 찾지 못해 지도교수로부터 논문의 주제를 받는 경우도 흔하다.

입시교육으로 인해 비판적 창의적 사고력을 배양하지 못했다는 것은 새로운 연구 영역을 개척하기 어렵다는 의미와 상통한다. 학위논문을 쓸 때 1단계가 힘들다는 것은 새로운 문제를 발견하고 정의하는 데 어려움을 겪는다는 것이고, 어떤 영역에 처음으로 문을 열고 들어가 개척하는 데 유능하지 못하다는 것을 의미한다.

대학 입시에 적합했던 학습 방식이 대학교와 대학원에도 지속된다. 우리 국민 모두 공부라고만 하면 '수용적 학습'을 떠올리는 경향이 있다. 미국을 위시한 선진국에서 유학을 하고 돌아온 대학교 교수들도 여전히 수용성 학습을 하도록 학생들을 방치하고 있다. 교육 현장에서 자신만의 지식을 생산하고 새로운 문제를 발견하는 비판적 창의적 교육이 실현되어야 한다.

3) 국가주의 공교육 시스템

중앙정부가 교육을 독점 공급

한국 학생들은 국가가 허가한 학교에서, 국가가 임명한 교원에 의해, 국가가 허용한 교과서와 교과목 시수에 따라 다양성 없이 획일화된 교육을 받는다. 학부모들은 자녀가 일정 나이가 되면 국가가 정한 학교에 보내고, 국가가 정해놓은 학교에서 자녀가 교육의 의무를 이행하도록 해야 한다.

국가는 학교에서 무엇을 어떻게 가르쳐야 하는지 세세하게 정해놓고 교사는 이를 따르도록 강제하고 있다. 국가가 짜놓은 일치된 교육 과정에 의해 수업이 진행되고, 전국 어느 학교에서도 학생들은 같은 내용을 같은 방법으로 같은 진도에 맞추어 배운다. 교사는 재량으로 할 수 있는 활동 과제나 그룹 수업도 비슷하다. 준비물로 똑같으니 학교 앞 문방구에서는 항상 맞춤형으로 구비되어 있다.

국가가 정한 교육 과정에는 '진도'라는 게 있다. 통일된 진도는 가르치는 내용과 방법이 일치해야만 가능하다. 그 진도를 맞추어 나가야 하므로, 진도에 방해될 것 같은 학생들의 수많은 창의적 질문들이 '진도 나가야 하니, 쓸데없는 질문은 하지 마라'라는 말로 일축해 버린다. 우리나라는 교사가 아무리 능력이 뛰어나도 가르치는 내용과 방법을 선택할 수 있는 권한이 없다.

그러나 우리가 지극히 당연하게 여기는 진도는 그리 당연한 것이 아니다. 선진국에서는 대부분 국가적으로 통일된 진도가 없다. 미국이나 캐나다도 마찬가지이다. 국가는 학생들을 길러야 할 역량에 대한 거시적인 가이드라인을 제공할 뿐이다. 필자 아이들이 경험했던 미국 공립 중고등학교에는 교과서가 아예 없고, 교사가 나눠주는 프린트물로 수업을 하고 교사가 자기 재량으로 교육 과정을 설계하고 교육한다.

미국의 교육은 연방정부가 아닌 주정부 및 지방정부(시 또는 카운티)의 책임이므로 학교 설립, 교육 과정 개발, 등록·졸업 등에 관한 사항을 주정부 또는 지방정부에서 관장하도록 한다. 주정부가 교육에 대한 최종 책임을 가지기 때문에 주별로 매우 다양한 지방교육행정제도가 형성·운영되어 주마다 교육위원이나 교육감의 지위와 권한도 일정하지 않고 그 선출 제도 또한 임명제, 주민직선제 등 매우 다양한 형태를 띠고 있다. 교육 문제에 관한 한 주마다 상이한 역사와 전통 그리고 교육의식을 갖고 있고, 그에 따라 교육제도 또한 상이하다.[175)]

교육자치 30년, 현장은 '아직'

한국의 교육자치는 1991년 노태우 정부에서부터 시작됐지만, 현재에 이르기까지 그 본질이 상당히 훼손되어 왔다. 독립적인 심의·의결기구로 시작한 시도교육위원회는 종국에서 폐지되고 비전문적인 일반 지방의회가 그 기능을 행사하고 있다. 교육감 직선제가 정착되어 주민 대표성을 확보하고, 학부모의 교육적 요구를 적극 반영하는 등 그 나름의 성과를 얻었음에도 선거비용 부정, 보수와 진보 후보의 난립, 지방자치단체장과의 정책 불일치 등의 문제를 노출하고 있다. 교육감 자격 기준도 교육경력 하향(20년→15년→5년→폐지→3년)으로 전문성은 계속 약화되었으며, 정당 가입 제한(비정당원→과거 2년→과거 1년)은 오히려 완화되어 정치적 중립 유지도 더욱 어렵게 됐다.

현재의 교육자치는 광역자치단체만을 대상으로 하기 때문에 광역자치단체 아래로의 권한 이양이 없고 교육 현장의 자치로 이어지지 않고 있다. 교육자치가 시행되었다고 하지만 중앙교육행정의 획일적인 지배가 여전히 작동한다. 교육을 상품으로 보자면 학생들은 국가가 배급하는 상품을 소비해야만 하고, 상품을 선택할 자유가 없다. 주는 대로만 소비해야 한다. 학생이 자신에게 맞는 교육을 선택한다는 발상, '학습권'이라는 개념 자체가 금기시되고 있다. 대한민국의 교육은 공급자 중심에서 수요자 중심으로, 교육의 의무에서 교육의 자유로, 국가 독점적인 교육에서 민간 중심의 교육으로, 중앙집권적 교육에서 지방분권적 교육으로 바꿔야 한다.

교육은 공공재가 아니다

한국은 국가 특히 중앙정부가 교육을 독점하고 있다. 교육의 국가 독점이 정부 실패와 비효율을 낳아 공교육을 무너뜨리고 있고, 중앙정부의 교육에 대한 평등주의, 간섭주의가 중고교와 대학 등 현장의 다양성과 자율성을 훼손하고 있다고 경제학자들이 주장한다.

매번 교육개혁을 이야기할 때 '공교육을 바로 세워야 한다'는 주장을 반복해 왔다. 그러나 근본적인 해법이 되지 못했다. '교육은 공공재'라고 전제하고 교육 문제를 바라보기 때문이다.

교육은 공공재가 아니다. 공공재란 국방, 치안, 소방도로 등과 같이 시장을 통해 공급할 수 없으므로 정부가 공급하는 재화와 서비스를 말한다. 보통 어떤 상품이 비배제적이며 동시에 비경합적이면 그 상품은 공공재로 분류되지만, 교육은 적용되지 않는다. 우수한 교육 서비스에 대해 대가를 지불할 소비자도 존재하고, 그런 서비스를 제공할 공급자도 존재하므로, 교육 서비스는 배제적이다. 동시에 교사, 교실, 교육자재 등이 추가 비용 없이 무한정 공급되지 않는다는 점에서 비경합적이지도 않다. 소규모 그룹에서는 비경합성이 나타나기 때문에 회원재(club goods)에 가까운 사유재라고도 한다.

그런데 교육이 공공재가 아닌데, 왜 정부가 공급을 독점하고 있는가? 여기에 세 가지 근거가 존재한다. 교육의 사회적 파급효과가 크고 국민에게 균등한 교육기회를 제공하는 것이 국가의 의무이며 평등한 소득분배를 실현하기 위한 훌륭한 수단이다.

그래서 교육에 '공공성'이 있다. 국민에게 균등한 교육기회를 제공하는 것이 국가의 의무라고 할 때, 공교육의 공급이 국가가 국민에게 기초생활을 보장하는 것과 유사하다. 하지만 기초생활 보장이 소비시장의 국가 독점을 정당화할 수 없듯이 공교육 역시 교육의 국가 독점을 정당화할 수 없다. 교육의 공공성이 교육에 대한 정부 개입을 정당화하는 측면은 있으나, 교육의 국가 독점을 정당화할 수는 없다.

교육은 공공재가 아니다. 공공성이 있다고 하더라도 사유재를 공공재로 국가가 공급하면 일단 그 시장은 정부의 규제로 점철되고, 정부는 간섭과 통제를 일삼는다. 정부는 공공성을 내세우고 '평등주의'라는 얄팍한 대중심리에 편승한다. 특히 우리 사회는 '우리 아이가 남보다 뛰어나야 하지만, 절대로 남보다 뒤떨어져서는 안 된다'는 평등주의가 팽배해 있기 때문에 잘못된 공공재 개념과 합쳐서 정부의 교육 독점을 부채질하고 있다.

정부 간섭이 대학 자율성·경쟁력 망쳐

평등주의가 실현된 정책들을 나열하면 국공립학교의 설립과 운영(초·중·고·대), 교과과정에 대한 통제(초·중·고·대), 교사 순환근무제(초·중·고), 무상교육(초·중·고), 저소득층 학비 지원(고·대), 학생 강제 배정(중·고), 고교등급제/기여입학/본고사 3불정책(대), 사립학교 지배구조 통제(초·중·고·대) 등이다.[176] 평등주의 정책 가운데 고교평준화정책은 1974년 서울과 부산을 시작으로 꾸준히 확대되어 왔고 40년 이상 핵심 정책으로 추진되어 왔다. 최근에는 수월성 정책에 의거해 자율형 사립고 등이 도입되었지만, 고교평준화정책은 유지되고 있다.

더욱이 정부에 대한 간섭과 통제도 심해지고 있다. 대표적인 것이 대학등록금 규제이다. 대학등록금은 사립대학은 1989년, 국공립대학은 2003년에 명시적으로는 자유화되었지만, 실질적으로는 자유화되지 않고 정부에 의해 통제되어 왔다.

4차 산업혁명에 발맞춰 대학의 수준을 끌어올리기 위해 역량을 쏟아도 모자랄 판에 정부는 등록금 동결, 입학금 폐지 등만 고집하고 있다. 최저임금 파격 인상과 강사법 개정까지 겹치면서 대학의 재정난은 가속화되고 있다. 이런 상태에서 등록금 동결정책은 대학 교육의 부실화를 초래하고 대학 경쟁력을 약화시키는 규제이다.

한국 교육의 정상화는 국가가 교육을 독점하는 것이 아니라 개방하는 것에서 출발해야 한다. 시장 경쟁에서 다양성과 품질이 나온다. 학생이 학교를 선택하게 하고 학교는 학생을 선택하게 해야 한다. 이제 정부는 교육 독점의 관성으로부터 벗어나서 학교의 선택권 및 학생의 선발권을 직접적인 이해당사자인 학생, 학부모 및 학교에 돌려주어야 한다.

4) 교육개혁 방안

우수함의 기준을 바꿔야

한국 교육은 20대에 좋은 대학, 좋은 직업이란 안정적 성공을 거두려는 국민의 욕망을 충족시켜 왔다. 중·고등학교에서 대학 입시에 적합한 정답 맞히기와 문제풀이 교육을 했고, 기존에 알고 있던 지식을 많이 외우고 있느냐 문제를 빨리 풀 수 있느냐를 우수함의 기준으로 평가했다. 그러다 보니 주어진 내용을 최대한 빨리 최대한 정확히 흡수하도록 자기 자신을 잘 조절하고 잘 견디는 능력을 최고의 인재가 갖추어야 할 능력으로 보았다.

실제 정부 관료나 교육 행정가들은 비판적 사고력, 창의적 사고력, 리더십이 뛰어난 사람을 우수한 인재로 평가하기보다는 실제로는 철저한 자기조절을 통해 주어진 지식을 잘 암기하고, 그것도 많은 분량을 제한된 시간 내에 최대한 완벽하게 흡수하며, 주어진 시간 내에 문제를 최대한 많이 정확히 풀어내는 사람을 최고급 인재로 평가하고 있다. 대학수학능력시험이나 법학적성시험(LEET), 공직적성평가시험(PSAT) 등이 그렇다.

그러나 4차 산업혁명 시대에는 비판적이고 창의적인 사고력을 가진 사람을 우수한 인재로 평가해야 한다. 로봇이 하지 못하는 일, 반복적이지 않는 일, 문제를 발견하는 능력, 새로운 지식을 만드는 능력에 중점을 둬야 한다. 주어진 지식의 습득을 기반으로 하는 일은 로봇이 하는 일이 될 것이다. 앞으로 국민이 갖춰야 할 역량은 개인의 생산성과 전문성이며, 이는 비판적 창의적 사고를 바탕으로 한 문제를 발견하는 능력과 문제를 해결하는 능력에 달려 있다. 동시에 사회적으로 국가적으로 새로운 부가가치를 생산하는 기반이 된다.

생성적 지식의 생산에 역량 집중해야

이혜정 소장의 『서울대에서는 누가 A+를 받는가』에서 제시된 지식의 네 가지, 생성적 지식(generating knowledge), 응용적 지식(applied knowledge), 제조적 지식(manufacturing knowledge), 매뉴얼 지식(manual knowledge)을 살펴보자. 먼저 생성적 지식은 이전에 아무도 생각하지 못했던 세상을 새롭게 이해하고 설명해내는 지식으로, 예를 들면 뉴턴의 고전역학법칙을 들 수 있다. 이 지식은 가장 깊고 본질적인 창의력이 요구되며, 노벨상을 타는 학자들은 생성적 지식을 만든 사람들이다.

둘째, 응용적 지식은 생성적 지식을 활용하여 무언가를 만들어내는 지식으로 뉴턴의 고전역학법칙을 적용하여 롤러코스터를 만드는 경우를 들 수 있다. 이 지식도 비판적 창의적 사고력이 필요한데, 어디까지나 생성적 지식이 없으면 불가능한 지식이다.

셋째, 제조적 지식은 앞의 두 지식을 통해 개발된 롤러코스터를 똑같이 여러 개 만들 수 있도록 제작 방법을 익히는 것이라 할 수 있다. 공장에서 똑같은 제품을 반복 생산하는 데 필요한 지식이 여기에 속한다. 이 지식은 생성적 지식과 응용적 지식에서 이미 만들어진 기술을 숙달하는 것이기 때문에 수용적 사고력이 더 효과적이다.

넷째, 매뉴얼 지식은 대량 생산된 롤러코스터를 사다가 놀이동산에 설치해서 가동하고 유지·보수하는 데 필요하다. 제품 설명서와 같은 지식이고, 비판적 창의적 사고력도 필요없고 수용적 사고력도 그다지 필요하지 않다.

네 종류의 지식을 국가의 발전 정도와 연관 지어 생각해보면, 생성적 지식은 주로 최강 선진국에서 비중을 둔다. 추상적인 이론이기에 생성되기도 오래

걸리고 생성된다고 하더라도 바로 경제적 산출로 이어지지 않는 것처럼 보이지만 지식재산권이나 특허 등을 통해 무한히 응용되고, 문명의 최첨단에 서서 향후 인류가 어디로 갈지에 대한 방향을 제시한다. 응용적 지식이나 제조적 지식, 매뉴얼 지식 등 모든 종류의 지식의 근간이 된다. 그래서 선진국들은 생성적 지식을 생산하는 데 매년 어마어마한 예산을 쏟아붓고 있다. 이들 국가들에서는 이미 생성된 지식을 정확히, 재빨리 이해하고 따라할 줄 아는 사람보다 자신만의 독창적인 무엇을 창조해낼 수 있는 사람을 우수한 인재로 평가한다. 스승을 그대로 따르는 것보다 스승과 다른 무엇을 만들어내는 것을 훨씬 더 높게 인정한다.

응용적 지식은 주로 중진국에서 선진국으로 도약하고 있는 나라에서 생산되고 있다. 이 나라들은 바로 성과가 나오기 어려운 생성적 지식에 투자하기보다는 단기간에 가시적 성과를 낼 수 있는 응용적 지식에 투자를 한다. 따라서 노벨상 수상자가 나오기는 어렵지만, 대신 빠른 경제 성장을 이룩할 수 있다. 자체적으로 생성적 지식을 생산할 수 없기 때문에 기초학문의 종주국인 선진국으로 유학 가는 것을 이상적으로 생각한다. 제조적 지식은 중진국들의 경제를 지탱하고 있는 지식이고, 매뉴얼 지식은 후진국의 경제를 유지하는 기반이 된다.

한국은 1960~70년대 제조적 지식 또는 매뉴얼 지식에 의존해 있다가 1990년대 이후 응용적 지식에 비중을 두기 시작하면서 선진국의 대열에 진입했다. 이제는 생성적 지식을 생산하는 데 역량을 집중해야 하고, 그 지식을 생산해낼 수 있는 교육을 실시하고, 생성적 지식을 잘 생산해내는 인재를 최고급 인재로 대우해야 한다.

지식생산자를 최고급 인재로 대우해야

그러자면 어릴 때부터 아이들이 자기만의 생각을 가진 아이로 자랄 수 있도록 육성해야 하고, 자기만의 생각을 가진 아이가 남의 지식을 많이 암기하는 아이보다 더 우수한 인재라는 사실을 널리 공유해야 한다. 책을 많이 읽어서 많은 지식을 머리에 가지고 있는 게 중요한 게 아니라 그 지식을 가지고 자기만의 의견을 갖도록 하는 것이 중요하다. 물론 특정 분야에 대한 기존 지식의 습득이 없이 그 분야에 자기만의 생각을 갖는다는 것은 불가능하다.

학생들이 비판적 창의적 사고력을 길러 생성적 지식을 생산하도록 장려하고, 새로운 지식생산능력을 갖춘 이들을 높이 평가하며, 그들에게 사회적 지위와 명예가 부여되도록 해야 한다. 사회적으로 스스로 생각해내는 능력, 아이디어를 발굴해내는 능력, 이미 짜인 판에 들어가기보다는 새로운 판을 짜는 능력을 가진 이들을 최고급 인재로 대우해야 한다.

교육시장을 민간에 개방해야

정부의 교육 독점을 깨야 한다. 교육개혁을 정부 독점의 틀에서 이뤄진다면 문제의 본질에 접근하지 못하고 문제를 회피하는 결과를 초래할 것이다. 국가주의 공교육 시스템이 작동하는 교육시장을 민간에 개방해야 한다. 다시 말하면 학생과 학부모가 학교 선택권을 행사하고, 학교는 학생 선택권을 행사하도록 해야 한다.

첫째, 최소 중고등학교에 한하여 최소 요건만 충족시키면 내국인이든 외국인이든 자립형 사립학교, 특수목적학교 등 다양한 대안학교를 설립할 수 있도록 민간의 공교육 진입을 허용해야 한다. 학생은 제도권 교육을 거부하고 대안학교에 대한 선택권을 보장하는 방식으로 교육시장을 개방하면 경쟁 압력이 높아지고 학교가 경쟁력 향상을 도모할 수 있다.

동시에 현재의 교사자격증 규제를 완화하여 고등교육을 받은 자라면 누구든지 교사자격시험에 응시할 수 있게 한다. 개방형 교사자격제도는 석·박사 등의 고급인력을 중등교육의 장으로 흡수시켜 교육의 질 상승을 꾀할 수 있다. 학교 경영자에게는 교과 편성과 시수를 자유롭게 결정할 수 있도록 독자적인 교육의 자유를 허용하고, 교육비는 학교와 학부모가 자율적인 계약의 원칙에 따라 정하도록 해야 한다.

공교육 차원에서는 고교 학점제를 도입하고 고교의 담임교사제를 폐지하는 방안도 학생의 선택권을 높이는 좋은 방안이다. 문재인 대통령의 공약으로 2025년부터 본격 도입되는 고교학점제는 고등학생들도 대학생처럼 교과를 선택하고 강의실을 다니며 수업을 듣는 방식이다. 미국 유럽 등 선진국에서는 학생들의 소질과 능력을 최대한 발휘하기 위해 오래전부터 시행해오고 있다. 고교 학점제 도입과 함께 고교의 담임교사제를 폐지해야 교사들의 부담을 더는 대신에 학생들의 자율성을 높일 수 있다.

고교의 학점제 도입, 담임교사 폐지해야

둘째, 대학 차원에서는 사립대학에 대한 통제와 간섭에서 벗어나야 한다. 정부는 대입 본고사, 고교등급제 그리고 대학 기여입학제에 대해 불가라는 삼불정책을 고수해 왔다. 이것은 사립대학에 전형적인 규제이고, 고교등급제와 본고사 불가의 경우 개인 간 학교 간에 엄연히 존재하는 격차를 인정하지 않는 평등주의에 입각한 것이다. 이는 교육 기회의 평등을 위배하는 것이 아니라 오히려 그것을 금지하는 것이 교육 기회의 불평등을 초래하는 것이다. 이는 실력 있는 학생과 고등학교에 대한 역차별이다. 대학 기여입학제에 대해서도 무조건 금지만 할 게 아니라, 소득재분배와 교육기회 확대라는 장점도 있으니 신중히 검토해 볼 만하다.

교육현장에 교육자치 실현해야

셋째, 교육자치가 광역자치단체 수준까지 이뤄졌다고 하더라도 중앙교육행정의 틀에서 탈피하지 못하고 있다. 교육자치는 교육현장인 단위 학교와 그 구성원들이 교육부와 지방 교육청의 획일적인 간섭으로부터 벗어나 자율적인 학교생활과 수업이 이루어지도록 하는데 본질이 있다. 지방교육청이 처리하는 단위 학교에 대한 사무는 대부분 단위 학교의 자율적인 기능으로 전환되어야 한다. 교원에 대한 인사, 단위 학교의 재정운용, 교육과정의 편성, 학교교육의 목표와 과제, 교육의 방법과 내용, 학생의 입학, 학교생활의 운영, 수업시간과 학교생활의 시간운용, 주 5일 학교 등등을 단위 학교에서 결정할 수 있도록 해야 한다. 교육활동 전반에 걸쳐 단위 학교별로 자율성이 보장되어야, 그 자율성은 자연스럽게 개별 학교의 책무성과 연계되고 교육 수요자들은 그런 책무성을 바탕으로 학교 선택권을 보장받을 수 있다.

2. 숙련 형성

1) 숙련의 개념

'고학력' 사회이지만 고숙련 아니다

한국 사회는 '우수한 대입 성적-명문대학-좋은 직업군'의 성공 도식이 지배하는 사회이다. 그래서 교육은 개인의 역량을 배양하기보다 특정 지위를 획득하기 위한 수단으로서 존재했다. 시험 준비용 교육이 사실상 전부이다. 그러다 보니 교육과 산업인력 양성은 서로 괴리가 심하다. 교육은 '양반사대부'가 되기 위한 시험공부였으니 상공업, 즉 제조업과 서비스산업에 필요한 인재를 양성하는 공부가 아니었다. 기업들은 숙련 능력을 갖춘 근로자들을 구하기 어렵다. 직업교육·훈련이 제대로 자리를 잡지 못했고, 인적자원을 육성하는 교육과 이를 활용하는 산업과의 연계성 또한 부족했다.

세계경제포럼(WEF)의 2017년 인적자본보고서에 따르면, 130개국 가운데 한국의 대학교육을 받은 사람의 비율이 1위와 2위를 다투지만, 직업교육·훈련 참가율이 72위, 고숙련 근로자의 비율이 65위, 중숙련 근로자의 비율이 79위로 대단히 낮다. 이 지표들은 고등교육을 받은 사람이 많은 '고학력화'가 산업혁신 역량에 영향을 미치는 '고숙련화'로 이어지지 않는다는 것을 보여주고 있다. 고등교육을 받는 사람이 많아도 산업현장에 필요한 고숙련 노동자는 별로 없다는 의미이다. 대학교육이 산업현장의 숙련 근로자를 양성하는 데 기여하지 못한다는 의미도 된다. 그래서 한국 사회는 '고학력' 사회이지만 '고숙련' 사회가 아니라고 본다.

한국 사회에서 '숙련'이란 용어는 산업현장에서 주로 쓰인다. 교육이라는 용어는 익숙해도 숙련(skill)이란 용어는 생소하다. 숙련은 보통 근로자가 작업 현장에서 반복적 경험과 훈련을 통해 체화한 능력을 말한다. 학교에서 체계적인 정규 교과과정을 통해 학습하는 교육과는 상당한 차이가 있다. 숙련이란 개념이 일반인에게는 잘 알려져 있지 않지만, 노동경제학이나 노동사회학 등에서는 중요한 주제로 다루어져 왔다. 근대 자본주의 경제체제를 이룩한 영국 미국 독일 일본 등 선진국들은 일찍이 숙련 형성 문제를 중요한 사회 이슈로 삼아왔다. 미숙련 근로자들을 어떻게 고숙련 근로자로 숙련시킬 것인가와 근로자들이 고임금을 받는 고부가가치 경제를 어떻게 형성하고 유지할 것인가는 사회 전체적으로 중요한 문제였다. 이들 국가들은 선진국이 되는 과정에서 인적자본에 대한 투자가 경제 성장의 엔진임을 이미 체득했다.

인적자본 투자가 경제 성장의 엔진

숙련은 일반적 숙련(general skills)과 특수적 숙련(specific skills)으로 나뉘는데, 특수적 훈련은 특정 산업 분야에 통용되는 산업 특수적 숙련(industry-specific skills)과 특정 기업에만 적용되는 기업 특수적 숙련(firm-specific skills)으로 나눈다. 경제학적으로 숙련에는 과소투자를 발생시키는 시장의 실패가 존재한다.[177] 일반적 숙련의 경우 많은 산업과 기업에 통용 가능하므로 기업이 투자하지 않더라도 근로자가 투자를 하면 보상을 받기 때문에 과소투자 가능성이 낮지만, 특수적 숙련은 그렇지 않다. 특정 산업이나 특정 기업에만 통용되는 숙련은 기업과 근로자가 훈련비용을 부담해야 하므로 과소투자가 발생하기 쉽다. 기업은 훈련에 투자하기보다는 다른 기업의 숙련된 근로자를 스카우트하는 전략을 사용하고, 훈련생들은 훈련을 받기보다 재빨리 정규 노동시장에 진입하려는 유혹을 받게 되므로, 신뢰할 수 있는 안정적인 숙련 형성 체제를 제도화해야만 시장의 실패를 극복할 수 있다.

독일은 일찍이 직업교육 시스템을 체계화한 나라이다.[178] 부존 자원이 적었던 독일은 고학력 관리자와 고도로 숙련된 기술자를 양성하는 데 교육의 초점을 두었다. 1870년대 전기·기계·화학 산업에 두각을 나타냈는데, 대학이 연구를 맡고 중등교육기관이 기술자를 양성했다. 그 직업교육 시스템이 오늘날 독일 제조업 경쟁력의 원천이 되었다.

한국은 '저숙련 균형'에 빠져

국가 주도의 경제 개발전략을 펼쳐온 한국은 숙련 개발 역시 국가 주도로 추진해왔다. 1960~80년대 산업화 시기에 각 단계별 산업화에 필요한 숙련인력을 조달하는 데 성공했다. 하지만 1990년대 중반 이후 산업구조가 고도화되고 세계화를 통해 국제적 경쟁이 격화되면서 종래의 숙련개발체제로는 더 이상 변화하는 산업인력 수요를 제대로 충족시키지 못하는 사태가 빚어졌다. 이에 따라 정부는 고용보험 능력개발제도의 도입1995년, 근로자직업훈련촉진법의 시행1999년 등을 통해 민간의 자율적인 직업훈련을 촉진하는 방향으로 정책 전환을 시도해 왔고, 2000년 들어 기업의 교육훈련 투자 촉진 및 민간훈련시장의 경쟁력 제고를 위한 정책들을 전개해 왔다.

그러나 한국의 산업인력 수준은 선진국에 걸맞는 숙련 형성체제를 갖추지 못하고 '저숙련 균형(low skill equilibrium)' 상태에 빠져 있다. 저숙련 균형이란 영국 경제학자 파인골드(Finegold, D.)와 서스키스(Soskice, D.)가 처음 사용한 개념으로 근로자에 대한 낮은 교육훈련의 투자는 근로자 숙련 형성에 부정적 영향을 미치기 때문에 근로자의 낮은 생산성과 낮은 임금으로 이어지고 결국은 생산물의 낮은 품질, 그로 인한 저가격으로 귀결되는 고리가 장기간 지속되는 현상을 말한다. 선진국으로 도약하기 위해서는 저숙련 균형 상태에서 탈피하여 고숙련 균형의 선순환 구조로 새로운 숙련 형성체제를 마련해야 한다.

2) 저숙련 균형의 근본적 원인

대학생들은 4년 이상 학교를 다니면서 1차 노동시장에 해당되는 공무원이 되거나 공기업과 대기업에만 취업하려고 한다. 개인의 전문성을 높이는 노력보다 토익 고득점이나 해외연수 등 일반적인 스펙 쌓기에만 몰두한다. 대학을 다니더라도 그들의 지적 능력이 향상된다고 기대하기 어렵고, 명문대를 졸업한 청년 백수가 늘어난다. 수십 회 입사 시험을 보고 1차 노동시장에 진입했다면 그는 집단 생산성에 따른 연공서열 시스템에 안주하여 살기를 희망한다. 만약 1차 노동시장에 진입하지 못했다면, 30대 초반에 중소기업 정규직이나 대기업 비정규직 등으로 자신과 맞지 않는 직업을 택해 살아가야 한다. 이 과정에서 20대 젊은이들에게 개인의 생산성 또는 자신의 인적자본에 대한 투자 개념이 약하다.

한국 사회가 저숙련 균형에 빠진 첫 번째 이유는 1차 노동시장에 진입해 양반지대를 추구하는 것이 젊은이들의 꿈으로 만든 한국 사회에 있다. 청년들 대다수가 중견기업, 중소기업을 우선순위로 두지 않는다. 청년들은 어릴 적부터 '열심히 공부해서 전문직을 갖거나 대기업에 취직해야 성공한 인생'이라고 배우며 자란다. 중고등학교 때는 좋은 대학을 목표로, 대학에서는 좋은 직장을 목표로 공부를 해왔다. 부모들도 '좋은 대학-좋은 직장'을 성공의 길로 보고 자녀들을 양육해왔다. 하지만 이렇게 성공한 청년들 즉 공무원 그리고 공공부문과 대기업의 정규직이 된 임금근로자 가운데 전체 10%에 불과하다. 나머지 90%는 중소기업 정규직을 비롯, 대기업이나 중소기업 그리고 공공부문의 비정규직에 머물고 있다.

숙련 형성 측면에서 봤을 때, 대부분 인력들은 국·영·수 또는 토익·상식 수준의 일반적인 능력을 갖춘 인재들이지, 특정 산업에 필요한 숙련 능력을 갖추거나 특정 기업에 필요한 숙련 능력을 갖춘 인재들이 아니다. 산업현장에서 써먹을 수 있는 직업훈련을 받지 못했다. 그래서 대졸 인력이 넘쳐나도, 특정 산업에 필요한 숙련 능력을 갖춘 이들은 부족하다.

자본주의 시장경제체제에서 농업사회의 양반이 아니라 상공업 사회의 공장장이나 상인 등 비즈니스맨으로 길러져야 한다. 학생들이 자신의 적성대로 하고 싶은 일을 선택하고, 자기만의 생산성을 갖추도록 해야 한다. 무턱대고 대학에 진학할 것이 아니라 취업을 먼저하고 그 다음에 대학에 진학하는 것도 좋은 방법이다. 중고등학교 때부터 자신의 적성을 찾고 어떤 인생을 살면 좋을까를 고민하는 과정이 있어야 한다. 미래의 직업을 잘 선택하기 위한 '진로 찾기'야말로 진정한 공부이다. 이것은 중고등학생뿐만 아니라 대학생들에게도 해당된다.

한국 사회가 저숙련 균형에 빠진 두 번째 이유는 국가 주도의 숙련개발 체제를 유지하면서도 사실상 방치에 가깝게 운영하기 때문이다. 정부는 1976년 「직업훈련기본법」을 제정하면서 인력 양성 의무를 기업에서 국가로 이전시켰고, 한국의 직업훈련제도는 사업장 내 훈련을 형해화形骸化하는 결과를 초래했다.[179] 사업 내 훈련을 하지 않을 경우 분담금으로 의무를 대체할 수 있는 직업훈련분담금제도가 기업의 숙련에 대한 의무를 방기하게 만들었다. 1997년 「근로자직업훈련촉진법」 제정으로 직업훈련제도가 민간으로 이양되었지만, 공공재에 가까운 직업훈련이 훈련 공급기관의 수익사업으로 바뀌었다. 훈련 공급기관은 수익 증대와 비용 절감에 치중하게 되고, 그 결과 변화하는 산업환경에 적합한 숙련을 기르는 훈련을 하기보다는 기존 훈련을 답습하는 데 그쳤다. 훈련 공급기관은 정부의 영향권 아래 관료적 통제에서 벗어나지 못하고 있다. 직업훈련의 수요자인 기업과 근로자는 여전히 훈련정책의 입안, 집행, 평가 및 피드백 과정에서 주체적 파트너가 아니라 객체로서 주변화된 상태에 머물고 있을 뿐이다. 2000년대 이후 산업구조가 고도화됨에 따라 요청되는 고숙련 산업인력 수요를 적절히 충족시키지 못하는 결과를 초래했다. 이것이 기업의 낮은 스킬 활용과 수요를 가져오는 원인이다.

기업의 위계적인 문화도 저숙련 균형을 가져오는 또 다른 요인이다. 한국은 가족, 학교, 회사 전반에 걸쳐 위계가 형성되어 있다. 부모님, 선생님, 기업 내 상사로 이어지는 위계는 한국 특유의 조직문화와 연결된다. 한국의 조직문화는 조직을 위해 개인을 희생시키는 것을 당연시한다. 개인의 재능과 능력, 역량 등 개인에게 체화된 숙련을 중요하게 생각하지 않는다. 구성원들은 상사가 세운 목표를 달성하기 위해 상명하복 방식으로 업무를 처리한다. 개인의 숙련보다는 집단의 목표 달성이 우선한다. 그래서 숙련 개발에 대해 투자가 아닌 비용으로 인식하고, 숙련보다는 대인관계능력이 중요하며, 숙련이 높다고 그에 따른 보상이 높지 않다. 임금체계도 연공서열이 한국 사회를 지배하고 있다.

노사관계에서 숙련이 핵심 의제가 되지 못하는 것도 이유가 된다. 노동조합은 숙련 영역에 대한 관심도 낮고, 단기적인 임금인상 투쟁에 매몰되어 있다. 게다가 기업별 교섭을 하는 상태에서 산업별 숙련개발이란 의제를 올리기에 적합하지 않다.

3) 숙련 형성 방식의 새로운 대안

우리가 가야 할 길은 자본주의 시장경제체제에서 살아가는 인재들을 제대로 육성하는 일이다. 농업사회에서 일반적 숙련 능력을 갖춘 성 안의 엘리트만을 양성하는 것이 아니라 자본주의 사회에 적합한 능력을 갖춘 인재들을 양성하는 것이다. 다양한 분야의 전문가들과 비즈니스맨들이 필요하다. 특정 집단에 소속되기 위해 선별기능에 집중된 교육에서 벗어나 개개인의 능력을 배양하는 교육으로 진화해야 한다. 그것이 저숙련 균형에 빠진 한국 노동시장을 고숙련 균형으로 업그레이드하는 길이다.

현재 국가 차원에서 중앙정부가 주도하는 숙련 형성 체제를 기업과 근로자 중심으로 이해관계자들이 협의하는 숙련 형성 체제로 전환하고 이를 지원하고 조정하는 역할은 지방자치단체가 맡는 것이 적절하다.[180] 사용자 대표, 근로자 대표, 직업교육훈련기관 대표 등 직업교육훈련의 핵심 이해관계자들이 참여하는 가운데, 정책의 방향을 결정하고 정책의 집행을 점검하며 최종적인 평가와 피드백까지 해야 한다. 이런 협의체는 지역별 및 산업별 단위로 구성하는 것이 바람직하다. 훈련의 수요자이자 궁극적인 훈련비용 부담자인 근로자와 사용자 및 그 단체가 훈련의 실질적인 주체로 설 수 있도록 하고, 지방정부 등은 직업훈련 인프라와 제도를 마련하고 그것이 활용될 수 있도록 지원하는 데 그쳐야 한다.

특히 기업이 숙련 형성에 중추적인 역할을 수행해야 한다. 기업은 훈련을 통해 숙련이 향상되더라도 임금이나 인센티브로 보상해주지 않고 있고, 근로자들은 숙련 고도화를 위해 노력하더라도 근로자 개인에게 성과로 돌아오지 않는다. 이대로 두면 생산성에 기초한 임금체계를 확립하기에는 요원하고, 선진국 제조업체에서 흔히 발견되는 아래로부터의 제품 혁신이나 공정 혁신은 기대하기 어렵다. 근로자의 채용 이직 과정에서 기업 내부의 숙련 수요에 조응할 수 있도록 내부 인력구조를 재구성하고 기업에서 일하는 방식과 성과를 배분하는 방식을 개선해야 한다. 덧붙여 새롭게 구성되는 숙련 형성 체제에 기업 현장의 수요가 공급 메커니즘에 반영될 수 있도록 해야 하고, 현장 근로자와 노동조합을 파트너로 받아들여야 한다.

대학은 그동안 숙련 형성에 긍정적인 역할을 하지 못했다. 대학 진학은 숙련 향상보다 학력 취득에 그 목적이 있었다. 대학원을 중심으로 지식 창출을 목표로 하는 연구중심대학이 아니라면, 지역의 대학은 현장 밀착형 대학으로서의 역할을 수행해야 한다. 지역의 중소기업, 중견기업에 현장 인력을 공급하고 이들 기업에 대한 기술협력, 기술지도 등을 수행할 수 있도록 해야 한다. 그래야 대졸 일반숙련 인력의 과잉과 산업숙련 인력의 부족 현상을 해소할 수 있다. 또 한국의 기술이 최첨단에 접근하면서 발생하는 차세대 성장동력 산업의 핵심 인력 부족 현상도 지역 대학의 산학협력을 통해 극복할 수 있다.

제11장

노동과 노동시장

글로벌화와 기술혁신으로 노동환경이 급변하고 있는 가운데 한국의 노동현장은 산업사회에 적합했던 노동법 체계와 연공서열 시스템이 버티고 있고, 평생직장 정규노동시간 등 산업사회에 익숙했던 기업노동제도가 바람직하고 이상적인 것으로 받아들여지고 있다. 노동계는 대기업 정규직 중심의 노동운동으로 자신들의 기득권을 강화하고 있는 반면에 90%를 차지하는 미조직 근로자들은 방치된 결과, 노동시장의 이중구조는 심화 내지 악화되고 있다.

이제는 1987년 노동체제를 종식시키고 새로운 노동체제로 전환해야 한다. 집단적이고 획일적인 근로조건을 결정하는 현행 노동법 체계에서 벗어나기 위해 근로기준법을 근로계약법으로 대체하고, 집단의 성과에 기초한 연공급 임금체계를 근로자 개인의 성과에 기반한 직무형 임금체계로 전환해야 하며, 노동시장의 이중구조를 직무형 단일시장으로 재편해야 한다. 동시에 동일노동 동일임금을 법제화하고 양대노동지침을 되살려 기업 경쟁력을 제고하고 청년고용절벽도 해소해야 한다.

1. 급변하는 기업 현장과 한국의 노동환경

1950~60년대 기업노동제도 완성

20세기 후반부터 기업 현장이 크게 바뀌기 시작했다. '신경영전략'이라는 이름으로 신자유주의 구조조정이 진행되었다. 기업들은 사내 하청, 사외 하청, 해외 하청, 소사장제, 프랜차이즈, 위탁 경영, 도급 계약 같은 방식으로 조직 변신을 거듭했다. 고용 관계는 더 이상 단일 고용주와 노동자 사이에 맺어지는 명확한 관계가 아니다. 채용, 평가, 급여, 관리감독, 교육훈련 등 고용의 기본 조건들은 여러 조직들의 산물이 되었고 노동조건에 대한 책임소재도 모호해졌다. 1950~60년대에 자리를 잡았던 기업 중심의 노동제도가 불과 한 세대가 지나기도 전에 허물어지기 시작했던 것이다. 우리는 평생직장, 기업복지, 정규노동시간을 특징으로 하는 기업노동제도를 바람직하고 보편적이며 이상적인 것으로 간주하는 경향이 있다.

하지만 19세기만 하더라도 시간당 임금만을 노동의 보수로 지급하는 임금노동만 존재했을 뿐이었고, 20세기 들어서 기업노동제도가 도입되기 시작해 1950~60년대에 자리를 잡았다.[181] 미국 포드자동차가 1914년에 하루 2.34달러의 임금을 5달러로 인상하고, 일련의 노동자보호제도를 도입하면서 기존의 임금노동만으로서의 노동제도를 시간당 임금 외에 제반 복지와 결합하여 기업은 노동자의 삶에 대한 보호를, 노동자는 기업에 대한 성실노동을 서로 교환하는 기업 중심의 노동제도를 뿌리내리게 하였다. 포드는 또한 1922년 주 5일 근무를 처음으로 제도화하였고, 미국철강(U.S. Steel)은 하루 노동시간을 이전의 12시간에서 8시간으로 단축하는 등 기업 중심 노동제도가 미국의 여타 선진 기업들에게 확산되었다.

미국 루스벨트 대통령 시기인 1938년에 공정노동기준법(The Fair Labor Standards Act)이 법제화된다. 이 법은 하루 8시간 노동, 주당 40시간 기준, 추가 노동시간에 대한 할증 임금, 최저임금, 청소년 노동보호 및 금지와 같은 오늘날의 상식과 같은 노동제도를 법으로 공고히 했다. 이후 영국을 비롯한 유럽 여러 선진국에 기업 중심 노동제도가 도입되면서 산업사회의 표준으로 보편화되었다.

20세기 후반 기업노동제도 해체

그러나 1970년대 말부터 글로벌화와 기술혁신이 가속화되고 미국 산업이 제조업 중심에서 서비스업 중심으로 이행하면서, 종래 제조업에 맞춰진 노동제도 역시 해체되기 시작했다. 기업노동제도의 해체는 노동시간의 감축, 급여 인상의 제한, 시간제 노동과 같은 비정규 노동의 증가, 기업의 연금복지의 해체, 계약노동의 증가, 파견·외주 노동의 증가 등과 같은 다양한 방식의 노동의 확대로 이어지고 있다. 이는 개별 기업 입장에서 그 효율성을 높이는 자본 측의 이득이 있고 근로자의 입장에서 불공정한 노동으로 귀결이기도 하지만, 노동자의 선택권의 확대와 노동복지의 확장으로서 새로운 기회로도 작용한다.

미국 경제학자 데이비드 와일은 저서 『균열 일터』에서 이런 고용의 변화를 세 가지 전략적 요인의 조합에서 비롯되었다고 설명한다. 첫째 핵심 역량에 집중함으로써 수익을 극대화하는 것, 둘째 핵심 역량을 제외한 여타 활동에 대한 고용관계와 제반 사항을 외부화함으로써 비용을 절감하는 것, 셋째 하위 업체가 따라야 할 청사진과 같은 분명하고 명시적이며 상세한 기준을 마련하는 것이다.

1970년대 후반부터 기업들이 비즈니스 핵심 역량에 초점을 맞추도록 촉구하는 대대적인 움직임이 있었다. 금융기관들이 기업 경영진을 점점 압박하는 양상을 띠자 기업들은 최대 부가가치를 내는 활동에 집중하는 반면에 그 외 활동은 다른 조직으로 이전시키기 시작했다. 이를테면 상품 디자인, 제품혁신, 비용 및 품질 효율성 등에 초점을 맞추는 대신 고객상담은 제3의 콜센터로, 부품 조립은 하청업체에 맡겨 버리는 것이다. 이렇게 민간조직, 공공조직, 비영리조직 할 것 없이 청소부터 경비, 경리, 인사까지 모든 기능을 외부 계약업체로 넘겨 버리고 있다.

핵심 역량 외는 손쉽게 털어 버려

기업들이 핵심 역량을 제외한 여타 활동에 대한 고용관계와 제반 사항을 손쉽게 털어 버림으로써 적지 않은 비용을 절감할 수 있게 된다. 이러한 문제들을 외부로 돌린다는 것은 더 이상 회사 소속이 아닌 노동자들에게 대기업이 통상 제공해오던 높은 임금과 복지 혜택을 지급할 필요성도, 일관성 있는 인사정책을 준수할 의무도 사라졌음을 의미한다. 또한 각종 근로규정을 엄수할 의무를 다른 업체들에게 넘겨 버리는 결과를 유발한다.

그러나 수익을 극대화하고 비용을 최소화하는 것에는 내적인 긴장감을 야기한다. 예를 들어 대기업이 서비스 제공을 다른 업체로 넘긴 후 품질 기준이 제대로 지켜지지 않으면, 브랜드 명성에 심각한 금이 간다. 대기업이 믿고 맡긴 하청업체가 물건을 제때 공급하지 않는 경우도 마찬가지이다. 그래서 하청업체들이 따라야 할 명확한 기준을 마련한다. 대기업은 지속적으로 기준을 점검하고, 하청업체가 기준을 위반할 시에는 실질적인 비용 부과가 가능하도록 계약 내용을 구체적으로 상세하게 제시한다. 바코드, 전자문서교환(EDI) 프로토콜, 제품 식별, 적하 및 인도 기준, 위성위치확인시스템 등은 디지털 기술의 발전에 힘입은 바가 크다.

△ 핵심 역량에 집중 하기, △ 고용 털어버리기, △ 기준 강화하기라는 세 가지 요인들이 합쳐져 하청, 프랜차이징, 아웃소싱 등 다양한 조직 형태들이 전 산업 영역으로, 전 세계적으로 퍼져나갔다.

고용의 임시·외주·파편화로 불안정성 증가

고용 방식의 변화는 노동의 불안정화로 귀결되었다. 평생직장 개념이 사라졌다. 기업의 경계선이 불명확해지면서 노동자의 소속감도 약화되었다. 임시직, 기간제, 파견직, 촉탁직, 시간제, 일용직, 호출직 등 다양한 이름이 붙은 노동자들이 정규직 노동자들보다 많아진 세상이 되었다. 이를 '노동시장의 유연화'라고 부른다.

노동시장의 유연화 형태를 구분해보면, 크게 세 가지로 분류할 수 있다.[182] 1차적인 형태는 고용의 임시화로 정년이 보장되는 정규직 고용을 계약기간을 설정한 기간제나 임시직으로 사용하는 것이다. 2차적인 형태는 고용의 외주화로 사용하는 노동력의 일부를 기업 외부를 통해 조달하는 간접고용 형태이다. 3차적인 형태는 고용의 파편화로 노동자성을 배제한 채 개인도급 형식으로 사용하는 특수고용 형태이다. 고용의 임시화가 비용절감, 고용 조정의 용이함을 위해서라면, 고용의 외주화는 고용을 외부로 이전시킴으로써 실업보험이나 산재보험, 세금 등 사회적 지불 의무를 회피할 수 있다. 고용의 파편화는 노동자들을 독립 계약자로 분류함으로써 산업재해 책임을 덜 수 있다.

그러나 이 같은 행태를 사용주들의 악의적인 동기에 의한 것이라고만 할 수 없다. 4차 산업혁명을 야기한 기술 진보 덕택에 기업은 핵심 역량에 집중하고, 다른 부차적인 활동들을 외부화할 수 있게 한 결과이다. 이 같은 고용의 변화는 전 산업 영역으로 파급되었고, 노동자들은 더욱 불안으로 내몰리게 되었다.

독일·프랑스 노동시장 개혁 추진

제4차 산업혁명 시대를 맞아 대외적으로 세계화와 기술혁신이 가속화되고 대내적으로 저성장과 고령화로 인해 고용시장의 환경이 급변하고 있다. 시대 상황에 맞는 새로운 노동관계의 정립과 노동시장의 유연화를 요구하고 있다. 산업별 노동조합이 발달한 유럽의 선진국 특히 독일 프랑스 등 선진국들은 이미 노동시장 개혁에 적극 나서고 있다.

먼저 독일의 게르하르트 슈뢰더 총리는 2003년 "분배 중심의 사회주의 정책을 버리고 성장 중심의 시장경제 정책을 실시하겠다"고 선언하고, '어젠다

2010(Agenda 2010)'을 발표했다. 슈뢰더는 이 정책으로 정권을 내줬지만, 뒤를 이은 메르켈 총리가 어젠다 2010을 지속적으로 추진하여 독일 경제를 살려냈다. 어젠다 2010은 지나친 고용보호의 완화, 실업급여 수급기간의 단축, 실업급여와 사회보장 혜택의 통합, 임금교섭을 산업별 단체협약 외에 기업별 협약도 가능케 함 등을 담은 노동개혁을 중심으로 경제 활성화, 교육 및 훈련 등을 담고 있다. 어젠다 2010은 '독일경제 회생의 주역'으로 평가받고 있다.

이전에는 독일 노동시장은 산업별 노조가 막강한 힘을 행사하고, 임금교섭은 기업 단위가 아닌 산업별 단체교섭 방식으로 이루어져 매우 경직된 구조였다. 이러한 경직된 구조는 기업들, 특히 중소기업들에는 경영상 큰 부담이었고, 중소기업이 실적이 악화되어 구조조정을 실시하려 해도 고용보호가 지나쳐 해고가 쉽지 않았다. 노동자경영참여제도 역시 기업이 경쟁력 제고를 위해 사업을 다각화하거나 경영구조를 개선하려 해도 걸림돌이 되었고, 정부가 노동 관련 법안을 도입하거나 개정하려 해도 노조와의 합의 없이는 이루어질 수 없었다.

프랑스의 마크롱 대통령은 2017년 5월 취임 이후 대통령 선거 공약이었던 노동법제의 개정을 단행했다. 해고 요건 간소화, 노조의 협상 권한 축소, 중소기업 고용 촉진 등을 통해 노동시장 경직성을 완화하기 위한 조치였다. 마크롱 대통령이 노동시장의 유연화에 초점을 맞춘 노동시장 개혁 결과, 2019년 2분기 프랑스의 실업률이 10년 만에 최저치를 기록할 만큼 성과를 얻고 있다.

'87체제' 노조 권한 강화, 기득권 근로자 보호

우리는 어떠한가? 한국은 시대 변화에 호응하기는커녕 오히려 역행하고 있다. 한국의 노동환경은 산업사회에 유효했던 기업노동제도의 틀을 유지하고 있다. 우리는 평생직장, 주 40시간 노동 같은 제도를 바람직하고 이상적인 것으로 생각하는 경향이 있다. 근로계약은 직접고용을 원칙으로 하고 간접고용은 제한적으로 인정해 주고 있으며, 근로계약은 채권 계약의 형태를 띠고 있으나 본질적인 내용에서는 신분세약의 성격이 강하다. 또한 연공서열 시스템이 여전히 견고하게 유지되고 있고, 그에 따라 노동시장이 이중노동시장으로 고착화되어 비정규직 문제를 심화시키고 청년실업을 악화시키고 있다. 1987년 이후 30년간 근로자와 노조의 권한이 강화된 '87체제'가 더욱 강고해짐에 따라 노동조합은 강력해지고 고용보호는 법제화되었지만, 노동시장의 이중구조는 악화되어 기득권을 가진 10% 근로자의 특권은 보호되고 90% 근로자들에 대한 보호는 방치되고 있다. 노동 분야의 경쟁력이 세계 최하위 수준으로 떨어졌으며, 국가경쟁력이 하락 추세에 놓여 있다.

국가경쟁력 13위, 노동유연성 최하위

우리의 노동시장의 현실을 객관적으로 보여주는 수치를 찾아보자. 2019년 세계경제포럼WEF 국가경쟁력 평가에서 141개국 가운데 종합 13위를 차지했지만 한국 노동시장의 경쟁력은 작년에 비해 세 계단 떨어져 51위를 차지했고, 노동시장의 유연성은 97위를 차지했다. 특히 정리해고 비용 116위, 고용·해고 관행 102위, 임금 결정 유연성 84위로 나타났고, 노사협력은 130위로 바닥 수준이다. 경직된 노동시장과 대립적 노사관계가 국가경쟁력의 순위를 경쟁력을 갉아먹고 있는 것이다.

〈표 11-1〉 국가경쟁력과 노동시장의 경쟁력 비교

항목	한국
국가 경쟁력	13위/141국
노동시장 경쟁력	51위
노동시장의 유연성	97위
• 정리해고비용	116위
• 고용 및 해고 관행	102위
• 노사관계에 있어서의 협력	130위
• 임금결정의 유연성	84위
• 적극적 노동정책	20위
• 노동자의 권리	93위
• 외국인 노동자 고용의 용이성	100위
• 국내 노동력의 이동성	70위

출처 : World Economic Forum. 2019. 『The Global Competitiveness Report 2019』.

다른 지표인 프레이저연구원(Fraser Institute)의 경제적 자유 지수를 살펴보자. 이 연구원은 정부 크기, 법 제도와 소유권, 건전한 화폐, 무역의 자유 등을 포함한 경제적 자유 지수를 발표하며, 그 지수에는 노동의 자유를 표시하는 '노동의 규제 지수'라는 하위 지수도 별도로 발표하고 있다. 이 지수는 고용 규제와 최저임금 규정, 채용 및 해고 규제 규정, 중앙 단체교섭 규정, 노동시간 규정, 해고비용 강행규정 등의 하위변수를 담고 있다.

경제적 자유 33위, 노동시장 '경직' 최하위

2019년 보고서에 따르면, 2017년 한국의 경제적 자유 지수는 162개국 가운데 33위이지만, 노동의 규제 지수는 144위로 최저 수준이다. 경제적 자유 지수는 2004년 35위로 매년 크게 변동이 없이 들쭉날쭉하지만, 노동의 자유와 관련해서는 2004년 70위에서 2007년 113위, 2010년 126위, 2013년 143위, 2017년 144위로 매년 추락하고 있다. 2017년 세계 144위로 최저수준이고 OECD 국가 36개국 가운데 35위로 바닥이다. 매년 노동 관련 자유도가 떨어져 노동시장이 경직되어 왔으며, 현재는 OECD 국가는 물론이고 전 세계에서도 노동시장이 경직되어 있음을 보여준다.

〈표 11-2〉 경제적 자유지수와 노동시장 규제의 순위 변화

연도	2004년	2007년	2010년	2013년	2017년
경제적 자유 지수	35위	32위	37위	39위	33위
노동의 규제 지수	70위	113위	126위	143위	144위
	120개국	141개국	144개국	157개국	162개국

출처: 프레이저 연구소의 각 년 '경제적 자유' 보고서 발췌

2. 한국 노동시장의 특성

1) 직접고용과 근로계약

직접고용이 원칙, 간접고용 제한적

현행 노동법 체계에서 고용관계는 직접고용의 상시근로자를 상정하고 있고, 근로계약은 형식상 채권 계약이지만 본질적 내용으로 보면 신분계약이므로 노동시장의 유연화라는 시대 흐름에 반영하지 못하는 한계를 지니고 있다.

노동법 체계는 직접고용을 원칙으로 하고, 노동자들의 불이익을 전제한 간접고용은 제한적으로 인정해주고 있다.[183] 근로기준법 제9조[6]에서는 중간착취를 배제하고 있고, 직업안정법에서는 간접고용을 발생시키는 근로자 공급사업에 대해 노조법상의 노동조합만이 가능하도록[7] 했다. 다만, 파견법에 따른 근로자 파견 사업은 제외해줌으로써 노동조합 이외의 합법적인 근로자 공급 사업을 제한적으로 가능하도록 했다. 결과적으로 간접고용을 인정해주긴 했지만, 기본적인 근로계약관계는 직접고용을 전제로 하고 있다.

그러다 보니 근로자 입장에서 중요한 노동조건인 고용안정과 적정임금 가운데 고용안정은 간접고용 노동자에게는 원천적으로 배제되어 혜택을 받지

---

6. 근로기준법 제9조(중간착취의 배제) 누구든지 법률에 따르지 아니하고는 영리로 다른 사람의 취업에 개입하거나 중간인으로서 이익을 취하지 못한다.

7. 직업안정법 제33조(근로자공급사업) ③근로자공급사업은 공급대상이 되는 근로자가 취업하려는 장소를 기준으로 국내 근로자공급사업과 국외 근로자공급사업으로 구분하며, 각각의 사업의 허가를 받을 수 있는 자의 범위는 다음 각 호와 같다. 1. 국내 근로자공급사업의 경우는 「노동조합 및 노동관계조정법」에 따른 노동조합

못하고 있다. 근로기준법 제23조(해고 등의 제한)[8]는 직접고용의 상시근로자를 상정하여 제정된 것이기 때문에 비정규직 노동자의 양적, 질적 증가에 대한 규제 수단으로써 기능할 수 없다. 간접고용 노동자의 고용은 도급, 위탁, 용역계약 기간과 연동되어 있으므로 도급, 위탁, 용역계약이 해지될 경우 법적으로는 처음부터 해고의 문제로 취급되지 않는다.

근로계약은 채권 계약이 아닌 신분계약

또 근로계약은 '근로의 제공'과 '임금의 지급'을 목적으로 한 계약이므로 사용자와 근로자 간에 성립된 채권 계약이다. 근로자 개인은 사용자에게 근로를 제공하고 사용자로부터 임금을 받는다고 보면 된다. 하지만 본질적 내용을 들여다보면 채권 계약과는 전혀 다르다. 근로계약이 특정 집단의 소속 여부를 결정하는 계약이므로 신분계약이라고 볼 수 있다. 근로자가 기업에 소속된 종업원의 신분과 지위를 취득할 목적으로 사용자와 체결한 계약이라는 것이다. 근로자는 종업원의 신분과 지위를 취득한 결과, 그에 수반되는 채권·채무관계를 간접적으로 부담하게 된다. 근로자가 채용되기만 하면 근로의 본질적인 내용인 임금이나 근로시간 등 주요한 근로조건이나 노사의 권리나 의무는 사용자와 근로자 간의 계약이 아니라 취업규칙, 단체협약 등 집단규범에 의해 결정되는 노동환경이 주된 원인이다.

한국 노동법은 지금까지 장기 고용관행과 연공적 처우 체계를 중심으로 한 균질의 근로자를 전제로 획일적이고 집단적인 최저 근로조건을 법으로 정한 뒤, 이를 행정감독이나 형벌로 담보하는 한편, 취업규칙이나 단체협약을 통해 유지해왔다. 개별 관계에서 문제가 발생하면, 취업규칙이나 단체협약 등 집단규범을 적용하거나 근로기준법 등을 통해 해결해왔다.

그러나 20세기 후반부터 발생한 노동환경의 변화를 담아내지 못하고 있

8. 근로기준법 제23조(해고 등의 제한) ①사용자는 근로자에게 정당한 이유 없이 해고, 휴직, 정직, 전직, 감봉, 그밖의 징벌(이하 "부당해고 등"이라 한다)을 하지 못한다.

다. 기업의 고용 시스템과 인사관리제도가 바뀌었고, 취업 형태도 균질적인 정규직 중심에서 다양한 형태의 비정규직으로 변화했으며, 근로자와 사용자 간의 임금 해고 등 개별적 근로조건을 둘러싼 분쟁에서 집단적 획일적 해결방식은 한계에 봉착했다.

2) 연공급 임금체계

임금은 개인의 성과가 아닌 집단의 성과

한국에서 개인이 받는 임금은 개인의 생산성에 기초한 임금이 아니라 개인이 소속된 집단의 생산성에 기초한 임금이다. 자신의 능력에 따라 받는 것이라기보다는 개인이 소속된 집단의 능력에 따라 받은 것이라는 의미이다. 개인이 소속된 집단은 내부와 외부를 분리시키고, 내부 구성원들에게 연공서열에 따라 그 몫을 분배하기 때문이다. 그래서 개인별 소득 격차가 발생하는 것은 개인의 능력 차이라기보다는 개인의 소속 집단의 차이라고 보면 된다.

한국은 개인이 자신의 생산성을 높이기 위해서 노력하는 사회가 아니라 고임금의 회사나 집단에 진입하기 위해 노력하는 사회이다. 고임금의 회사 또는 집단에 속하는 기간이 오래 지속되면 개인들의 무임승차가 용인되므로 노력이나 경쟁 없이 집단의 생산성을 향유하는 일종의 경제적 '지대' 요소를 가질 수 있다.

보통 어느 나라나 산업, 기업, 지역에 따라 임금의 격차가 존재한다. 하지만 개인의 능력과 소속 집단의 능력이 한국처럼 따로 노는 국가는 별로 없다. 개인의 생산성과 집단의 생산성은 차이가 난다. 한국은 정규직이라는 채용 관문을 통과하면 특별히 사고를 치거나 문제를 일으키지 않는 한 공무원이든 공기업이든 민간기업이든 정년까지 경직되게 보장된다.

그러나 미국이나 유럽은 기업가이든 노동자든 일단 정직원으로 채용되었다고 해서 그 생산성이 뒤떨어지더라도 그 사람의 정년을 보장해야 한다든지,

보장받아야 한다든지 그런 생각을 하지 않는다. 그들은 개인의 임금은 개인의 생산성과 일치해야 한다고 생각한다. 반면에 우리는 그런 생각들이 희박하고 집단의 생산성이 자신의 생산성으로 치환해서 사고한다.

그래서 한국 청년들은 어떤 일직무을 해야 할지를 고민하기보다 어떤 직장에 취업할 것인가를 고민한다. 유럽이나 미국 등에서는 어떤 사람에게 직업을 물어볼 때 '무슨 일을 하는지'를 묻는다면, 한국은 '어디를 다니는지'를 묻는다. 그것은 근본적인 차이는 한국의 인사제도가 '연공서열'에 근거하고 있고 임금체계가 연공급 임금체계호봉제를 유지하고 있기 때문이다.

임금체계 종류; 연공급, 직무급이 대표적

임금은 근로자에게는 주된 생계 원천이지만, 기업에게는 주된 생산비용이다. 그래서 근로자들은 더 많은 임금을 요구하고 기업은 더 적은 임금을 지급하려고 하므로 서로 대립하지만, 결국에는 당사자간 합의에 따라 결정된다. 하지만 현실에서는, 특히 규모가 큰 기업에 있어서는 기업이 개별 근로자와 일일이 합의를 통해 임금을 정하는 경우보다는 기업 내 근로자들에게 통일적으로 적용되는 임금 규정을 두고 근로자가 채용되면 그 규정에 따라 임금이 정해지도록 하고 있다. 임금 규정은 보통 단체협약이나 취업규칙 형태로 되어 있고 임금이 어떻게 결정되고 어떻게 인상되는지를 체계적으로 규율한다.

임금체계는 구성원의 능력을 기준으로 책정할 것인가, 조직의 직무를 기준으로 책정할 것인가에 따라 연공급 임금체계와 직무급 임금체계로 나눌 수 있다. 숙련급, 역할급 임금체계는 연공급 임금체계의 대안으로 등장했고, 성과급은 하나의 독자적인 임금체계로 보기 어렵다.

먼저 연공급 체계와 직무급 체계를 비교해보자. 연공급 체계는 업무의 내용과 관계없이 그 사람이 보유한 속인적 특징연령, 성별, 학력, 고용 형태, 근속연수 등에 따라 기본급이 결정되는 체계이다. 예를 들어 대졸 초년생의 기본급이 월 100만 원으로 책정되어 있다면, 그 사람이 입사하여 어떤 직무를 수행하든 월 기본급 100만 원을 받는 것을 의미한다. 기획부서에서 근무하든 영업부서에서 근무하든 직무에 관계없이 급여를 받기 때문에 평등을 실현한 제도이다. 대신, 정규직에만 해당되고 비정규직은 해당되지 않는다.

연공급, 근속연수에 따라 임금인상

직무급 체계는 업무를 수행하는 사람의 특징에 관계없이 직무의 특성난이도, 업무강도, 책임의 정도, 요구되는 기술 등에 따라 기본급이 결정되는 체계이다. 예를 들어 어떤 직무가 월 기본급 100만 원으로 책정되어 있다면, 연령과 무관하게20세든 60세든, 성별과 무관하게남성이든 여성이든, 고용 형태와 무관하게정규직이든 비정규직이든, 학력과 무관하게고졸이든 대졸이든, 국적과 무관하게한국인이든 외국인이든, 근속연수와 무관하게(1년차 직원이든 30년차 직원이든) 그리고 심지어는 능력과 무관하게(비숙련자이든 고숙련자이든) 누구나 월 기본급 100만 원을 받는 것을 의미한다. 직무급은 동일노동 동일임금에 가장 근접하게 실현하는 제도이다.

연공급 체계는 실제 임금의 주된 부분이 근속연수에 의해 결정되고, 흔히 호봉급이라고 한다. 연공급은 한국의 지배적인 임금체계이고 과거 일본의 주된 임금체계였다. 유교의 장유유서長幼有序를 중시하는 사회관습에 기인한다. 미국, 유럽 등 서구에서는 찾아보기 어렵고 공공부문의 일부 직종에 제한적으로만 존재한다. 임금인상은 기본적으로 근속연수의 증가에 따라 이루어진다. 한국의 연공성[9]이 다른 선진국들에 대해 훨씬 높은 이유는 승진에 따른 임금 조정 외에는 근속연수에 따라 자동적으로 임금인상이 이루어지기 때문이다.

연공급·고용보장 결합되어 비정규직 채용 늘어

연공급 체계의 장점으로는 장기근속을 유도하고 그에 따라 숙련된 인력을 유지할 수 있다는 점이다. 그러나 근속연수가 증가함에 따라 생산성이 비례해

---

9. 연공성年功性; 나이 또는 근속연수가 높아질수록 임금도 자연스럽게 높아지는 성향

서 높아지지 않을 경우, 일정 연령 이후에는 임금 수준과 생산성의 괴리가 커져 기업 입장에서는 고비용을 초래하여 조기 퇴직의 압박 요인으로 작용하게 된다. 특히 연공급 체계가 강력한 고용보장과 결합할 경우, 기업은 정규직 신규 채용을 기피하고 비정규직 채용을 늘리는 요인으로 작용한다.

연공급 체계는 급속히 시장이 확대되고 양질의 일자리가 계속 창출되던 산업화 초기 또는 고도 성장기에, 이직을 방지하고 장기근속을 유도하는 데 적합할 수 있었으나 산업화가 진전되고 경제 성장이 정체된 시기에는 오히려 기업 경쟁력을 떨어뜨리고 정규직과 비정규직, 대기업과 중소기업 간 임금 격차는 확대되고, 비정규직화·하도급화 등 고용구조를 악화시키는 역할을 한다.

직무급, 직무 변화 없으면 임금 조정 없어

직무급 체계는 미국을 포함한 서구의 가장 대표적인 임금체계이다. 직무에 따라 임금이 결정되기 때문에 원칙적으로 누가 그 직무를 수행하든 동일한 임금을 받는다. 직무의 변화가 없는 한 원칙적으로 임금 조정이 없고, 전체 근로자에게 적용되는 일률적 임금인상을 제외하면 상위 직무로의 이동이 있어야만 임금이 인상되는 것이 원칙이다.

직무급 체계는 과거 산업화 초기 소품종 대량생산 체제에서 분업과 전문화에 따른 효율성을 중시하던 테일러-포드주의의 영향을 받으면서 생산의 양과 질에 따라 임금이 결정되는 개수급(piece-rate)을 대체하면서 형성되었다. 근로자들이 수행하는 직무에 대한 분석과 평가를 거쳐 그에 상응하는 임금을 매칭시키는 것이 전형적이다.

근로자 개개인에 대한 자의적인 임금결정이 아닌 객관화된 직무의 특성에 따라 임금이 결정되기 때문에 임금차별의 소지가 적고 미숙련 근로자, 여성 근로자 등 취약계층에 대한 공정한 대우도 가능하다는 점에서 노동계에서 선호해 왔다. 사용자 입장에서도 직무 가치에 따라 보상할 수 있는 장점이 있고, 차별 관련 입법이 강화되면서 활용도가 증가해왔다. 직무와 보상이 연계되므로 업적주의와 공정성을 확보하는 데 적합하기 때문에, 기업 경쟁력 측면에서도 바람직한 임금체계로 인식되어 왔다.

하지만 소품종 대량생산에서 다품종 소량생산으로의 시장수요 변화, 작업장 혁신에 따른 유연한 작업체계, 직무 능력과 성과 등 근로자의 속인적인 특성의 중요성이 대두됨에 따라 순수한 직무급보다는 직무 능력이나 성과 등을 가미한 변형된 직무급이 늘어나는 추세이다.

숙련급·역할급은 일본 연공급의 대안으로 등장

그러나 현실에서는 연공급이라 하더라도 수행하는 직무를 어느 정도 반영하게 되고, 직무급이라 하더라도 어느 정도 속인적인 특징을 반영한다. 또한 기업 환경의 변화에 따라 임금체계를 바꾸기도 한다.

숙련급 임금체계는 근로자의 직무능력또는 숙련 정도에 따라 임금이 결정되는 체계로 직능급이라고도 한다. 1960년대 일본이 연공급 체계를 개선하는 대안으로 도입했으나, 직무능력평가가 연공서열 위주로 운영되면서 1990년대 이후에는 '역할급'이라는 또 다른 대안이 등장했다.

역할급 임금체계는 직무와 성과를 강화한 일본식 직무급 임금체계라 할 수 있다. 우선 근로자의 역할직무와 그에 대한 책임 등에 대한 등급을 정하고 역할등급별 임금구간을 설정한 뒤, 역할에 대한 이행정도성과에 따라 임금을 최종 결정한다. 역할등급 하에서 임금조정은 역할의 이행정도 성과와 관련되며, 근속연수에 따른 자동 임금인상은 없다.

한국, 100인 이상 사업체 60% 호봉제 운영

고용노동부의 임금직무정보시스템에 따르면, 100인 이상 사업체 가운데 호봉제를 운영하는 사업체의 비중이 2010년 76.2%에서 2021년 55.5%로 감소한 것으로 나타나고 있지만, 여전히 지배적인 임금체계는 호봉제가 차지하고 있다. 직능급과 직무급을 운영하는 사업체의 비중도 30%대로 나타나고 있지만, 이들 사업체를 모두 엄밀한 의미의 직무급이나 직능급으로 운영하고 있다고 보기는 어렵다.

한국 30년 근속 월급, 신입의 3배 이상

한국 기업들의 임금체계는 연공급 임금체계로 호봉제이다. 그러나 호봉제가 그 자체가 연공성을 의미하는 것은 아니다. 호봉 승급이 어떤 기제를 통해 이루어지는가 여부가 더 중요하다. 만약 호봉 승급이 평가에 의해서만 이루어지는 경우, 성과주의 임금체계의 성격을 띠게 된다. 2015년 노동부의 임금제도 실태조사에 따르면 고과 승급은 28.1%에 그치고, 대부분 자동승급을 기본으로 운영되고 있다.184) 2015년 경총의 조사에서도 응답 기업 중 74.7%가 정기승급제도를 운영하는 것으로 나타났다. 그래서 한국 기업의 지배적인 임금체계는 호봉제이고, 호봉제 하에서의 승급은 자동 승급이 지배적이라는 것이다.

한국 기업의 경우, 1년 미만 근속자 대비 30년 이상 근속자의 임금 수준을 의미하는 연공성은 3.0를 초과한다. 한국 경제연구원의 조사185)에 따르면, 우리나라의 30년 이상 근속자 임금은 1년 미만 근속자 임금의 3.11배로, 일본 2.37배보다 높다. 근로자가 입사 초반 임금의 2배를 받으려면 일본에서는 20년 이상 근속해야 하는 반면, 한국에서는 10년 이상만 근속하면 되는 것으로 나타났다.

〈그림 11-1〉 한국과 일본의 근속연수 1년 미만 대비 임금 배율

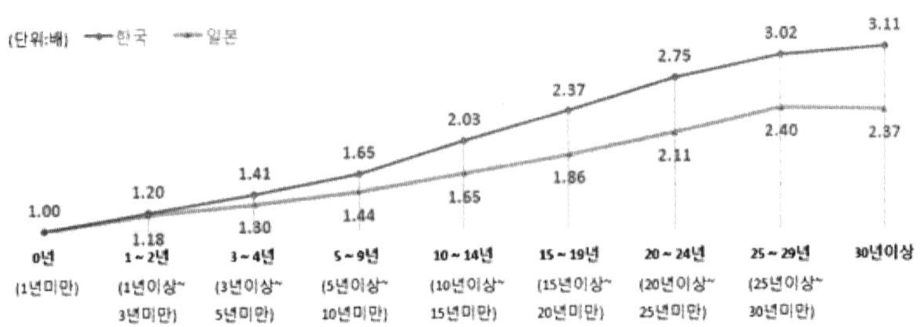

출처: 한국 경제연구원. 2018. 12. 26. 보도자료 〈한국이 일본에 비해 임금연공성 높아〉

한국 임금의 연공성을 외국과 비교해보자. 한국노동연구원의 「2015년 임금 및 생산성 국제 비교 연구」에 따르면, 한국 임금의 연공성이 국제적으로 가장 높은 수준이고, EU 15개국 평균인 1.69이나 일본의 2.26보다 높은 3.29로 나타났다. 한국의 임금 연공성이 높게 나타나는 이유는 근속연수가 한해 늘어나면 임금도 자동적으로 오르는 자동승급 호봉제 때문으로 보인다.

〈그림 11-2〉 국가별 연공성 지수 비교

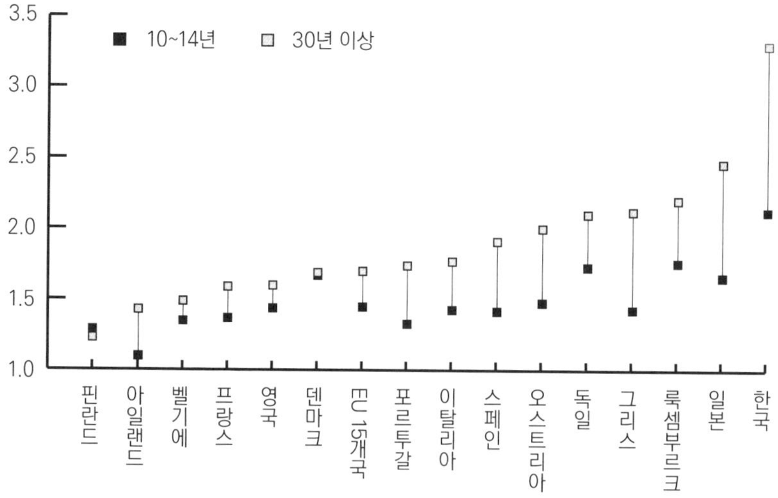

출처: 한국노동연구원, 「임금 및 생산성 국제비교연구」, 2015년.

연공급 체계 지속가능성 낮아

연공급 임금체계는 매우 효과적인 임금체계였다. 인건비 부담은 크게 없으면서 구성원들의 장기근속을 촉진했고 유연한 인력관리가 가능했다. 근로자들은 누구나 안정을 누리며 오랜 기간 일함으로써 기술력을 쌓았고, 기업들은 세계와 경쟁하며 성장했다. 오늘의 한국을 만든 것은 연공급 임금체계였다.

그러나 대내외 경영환경이 바뀌면서 우수했던 임금체계가 오히려 조직의 발전을 가로막는 걸림돌이 되었다. 저성장, 고령화 상황에서 제4차 산업혁명의 불확실성까지 추가되었다. 연공급 체계는 개인의 생산성을 바탕으로 하는 임금체계가 아니다. 기업의 생산성을 바탕으로 한 체계이므로, 이제 지속가능성이 위협을 받게 되었다.

먼저 기업 내 근로자들이 고령화됨에 따라 기업 입장에서는 생산성을 초과하는 인건비가 발생하게 되었다. 연공급 체계는 낮은 수준의 임금을 통해 기업이 성장하고, 근로자는 개인의 근속이 올라간 후에 보상을 받는 구조를 취하고 있다. 기업의 성장이 더 이상 어렵다면, 연공급 체계는 지속되기 어렵다.

또한 연공급 체계는 기업이 장기적으로 생존할 것이라는 믿음이 전제되어야 한다. 젊은 층이 임금을 덜 받지만, 장기근속을 하면 임금을 더 받을 것으로 기대한다. 동시에 자신이 특정 기술을 익히면 그 기술이 오랫동안 유효할 것으로 생각한다. 그런데 4차 산업혁명 시대에 자신이 몸담고 있는 기업의 장기 존속성이 의심받고, 자신이 보유한 기술 또한 지속가능성이 약화된다면, 연공급 체계는 젊은층에 매력 있는 임금체계가 아니다. 특히 젊은층 입장에서 동일한 직무를 수행하는 데 임금이 두세 배 차이를 보인다면 임금차별로 인식하여 반발할 수밖에 없다.

그래서 연공급 체계는 지속가능하지 않다. 새로운 노동시장의 변화를 가로막는 구체제일 뿐이다. 인구의 고령화 때문에 생산현장에 인력 부족 현상이 나타남에 따라 정년 연장 방안이 논의되기 시작했다. 하지만 그 필요성에도 불구하고 반대 목소리가 만만치 않다. 현행 연공급 체계가 지속되는 상황에서 정년 연장은 기업들의 부담만을 가중시키기 때문이다. 임금체계의 강한 연공성을 해소하지 않으면 어떠한 새로운 정책이라도 결과적으로는 기업과 사회에 부담만을 가중시킬 것이다.

3) 한국 노동시장의 이중구조

연공급 체계 노동시장 이중구조 악화시켜

한국 노동시장은 높은 임금과 높은 기업복지에다 고용까지 안정된 1차 노동시장과 낮은 임금, 낮은 복지 혜택, 고용 불안 그리고 사회보험 사각지대에 있는 2차 노동시장으로 분절되어 있다. 1차 노동시장을 정규직 중심의 기업내부노동시장, 2차 노동시장을 비정규직 중심의 외부노동시장으로 불린다.

기업내부노동시장은 성 연령 학력을 기준으로 신규로 직원들을 채용하고, 호봉제를 근간으로 하는 연공급 임금체계를 가지고 있으며, 내부 승진을 통해 인력관리를 하는 게 특징이다. 1987년 이후 노동운동이 고양되면서 대기업을 중심으로 기업내부노동시장이 공고화되었다. 1997년 외환위기 이후 신자유주의화가 상당히 진전되었으나, 노동조합을 중심으로 신자유주의화를 어느 정도 저지하고 기업내부노동시장을 지켜냈다. 노동조합이 전체 노동시장의 신자유주의 경향을 저지하지는 못했지만, 기업의 내부자와 외부자의 근로조건에 현저한 격차를 만들어낼 정도로 기업의 내부자들을 보호하는 힘은 가지고 있었다.

반면에 외부노동시장은 비정규직 노동자와 중소기업 영세기업 노동자로 이루어져 있다. 이 시장은 진입과 퇴출이 빈번하고 기업 간 이동을 통해 경력이 축적되며 연공급이 아닌 직무급적 보상체계를 가지고 있다. 근로자가 장기근속을 한다고 하더라도 지속적인 임금상승이 제도적으로 보장되지 않는다. 고용안정성의 관점에서 보면 1차 노동시장이 명예퇴직이나 권고사직의 형태로 구조조정을 한다면, 2차 노동시장은 시장의 원리에 따라 자연스럽게 진입과 퇴출이 진행된다. 그래서 중견기업 또는 대기업의 정규직 노동자들은 중소기업 노동자나 비정규직 노동자에 견주어 대단히 고용안정성이 높다.

1997년 외환위기 이전에 존재했던 한국 노동시장의 이중구조가 두 가지

방향에서 질적으로 변화를 겪는다. 하나는 평생고용이 보장되었던 기업내부 노동시장이 정리해고나 명예퇴직 등 강제적 감원이 늘었다는 사실이다. 다른 하나는 외부노동시장의 팽창 즉 비정규직 근로자들이 크게 증가했다는 점이다. 모두 노동시장의 격차를 심화·확대시키는 방향으로 전개되었다.

〈그림 11-3〉 노동시장 이중구조의 규모

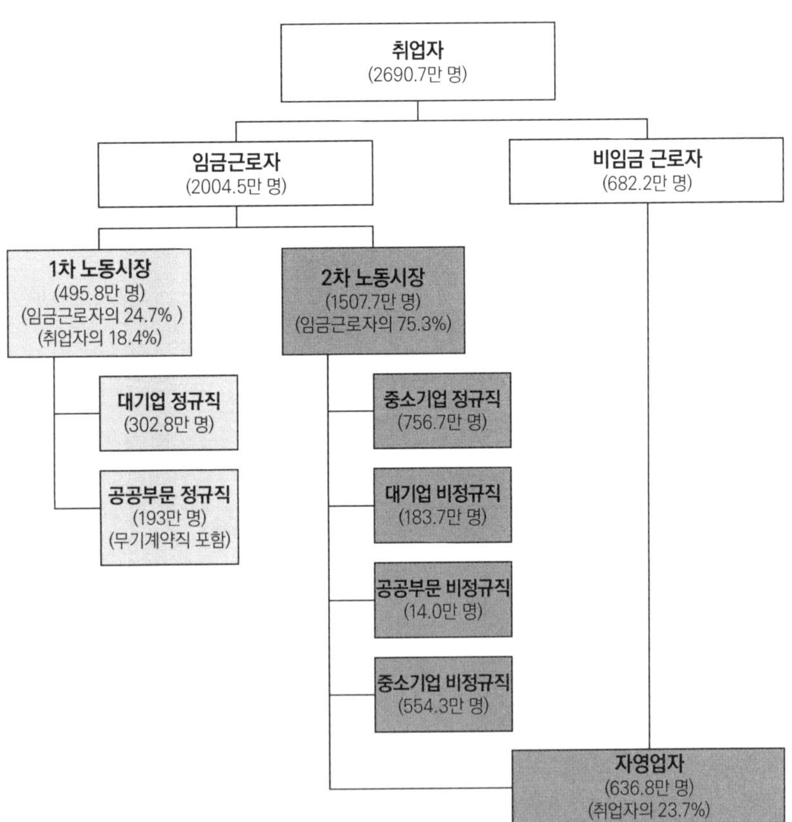

출처: 「고용노동정책 평가와 노동개혁 과제」 p.20, 최영기, 2019.

노동시장 이중구조 20:80에서 10:90으로

한국 사회의 노동개혁은 노동시장의 이중구조를 해소하는 것이 핵심이다. 연구자에 따라 조사 방식에 따라 1차 노동시장과 2차 노동시장의 규모가 다르지만, 보통 1차 노동시장과 2차 노동시장의 규모 차이는 20:80으로 본다. 이를 10:90로 가고 있다고도 한다. 그 이유는 세상의 흐름이 노동시장의 이중구조를 심화·확대시키는 방향으로 전개되고 있기 때문이다. 앞서 언급했듯이 △ 핵심 역량에 집중하고 △ 고용을 외부에 털어 버리며, △ 아웃소싱 기준을 강화하는 세 가지 요인들에 의해 노동시장의 변화가 전 산업으로, 전 세계적으로 전개되고 있다.

대기업 정규직과 공공부문의 정규직을 포괄하는 기업내부노동시장은 고용보호 법제와 강력한 노동조합을 기반으로 한 견고한 울타리가 보호하고 있다. 30년간 기업내부노동시장이 각 기업을 중심으로 형성되면서 기업 규모의 차이가 클수록 임금 격차가 더욱 커지고 있는 것으로 확인할 수 있다.

〈그림 11-4〉 사업체 규모별 상대임금의 격차 추이(500인 이상 사업체=100)

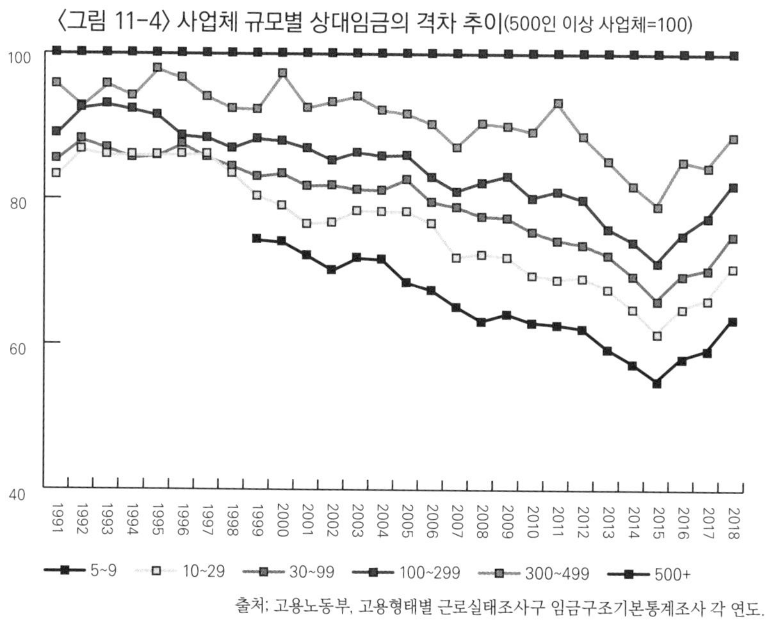

출처: 고용노동부, 고용형태별 근로실태조사구 임금구조기본통계조사 각 연도.

오늘날 대-중소기업간 임금 격차가 심각한 수준이라는 것을 부정하는 사람은 없을 것이다. 비정규직의 90% 이상이 중소기업에 몰려 있고, 여성의 비정규직 비율이 남성보다 높기 때문에 현실에서는 규모, 고용형태, 성별 임금 격차가 중첩되어 있다. 특히 대기업 중심으로 발전해온 우리나라의 산업구조를 고려하면 기업 규모 간 격차가 가장 중심적인 문제임을 쉽게 알 수 있다.[186]

1987, 1997, 2010 임금 격차 확대

〈그림 11-4〉는 약 30년간 한국의 사업체 규모별 상대임금이 어떻게 변화해 왔는가를 보여주고 있다. 1987년 노동자대투쟁 이후 노동운동이 활성화되었고 조직화가 용이한 대공장들을 중심으로 임금인상이 이루어졌으며, 대기업과 중소기업과의 임금 격차가 확대되었다. 대기업들은 연공급 임금체계와 내부 승진을 갖춤으로써 우수한 인력을 안정적으로 확보했다. 1997년 외환위기 이후 고용조정이 일상화되면서 대-중소기업 간 임금 격차는 다시 크게 확대되었다. 고용조정 후 남은 소수의 인력에게는 높은 보상을 통해 충성도를 확보하고, 하청 혹은 아웃소싱의 외부 인력에게는 낮은 임금을 강제하는 구조적 변화가 진행되었다. 대기업들은 단기 수익을 극대화하는 데 주력하였고, 그를 위하여 하도급 기업들에게 단가인하를 강제하는 등 불공정거래도 서슴지 않았다. 2000년대까지 중소기업의 2/3 정도가 원·하청 거래에 종사했는데, 수출 대기업 위주의 성장전략에 포섭된 중소기업들은 원청의 물량 증가의 혜택을 입으면서도 수익성 측면에서는 끝없는 압박에 시달려야 했다. 결국 중소기업들은 임금을 충분히 인상할 수 없었기 때문에 2000년대 초반에 임금 격차가 한 계단 더 내려앉은 것으로 나타났다.

〈그림 11-4〉에 의하면 2010년대 들어서 다시 한 계단 임금 격차가 확대되는 것으로 보인다. 2000년대 이후 만성화된 아웃소싱 와중에서 대기업과 공기업 등 1차 노동시장에는 소수의 인원만 남았고 이들은 근속연수, 학력, 숙련 수준 등이 높아졌다. 그래서 중소기업이나 비정규직 노동자들과의 임금 격차가 더욱 확대되었다.

지난 30년간의 임금 격차의 흐름을 보면, 기술수준 또는 불공정한 원·하청 거래 등으로 인해 대-중소기업 간 지불능력의 격차가 확대되고, 그로 인해 임금 격차 또한 확대되었다. 외부노동시장에 광범한 저임금 노동자 계층이 존재하므로 아웃소싱을 통해 이를 활용하면서 단가를 추가적으로 인하하는 나선형 격차 확대 과정이 작동해온 것으로 보인다. 결국 수출 대기업 중심의 경제 성장 패턴이 지속되는 과정에서 임금 격차의 확대로 인해 이른바 낙수효과(trickle down effect)가 고장난 것으로 판단된다.

반면에 노조 조직률이 다른 OECD 국가들보다 낮은 10% 수준에 불과하고, 그나마 기업별로 분산되어 활동하기 때문에 응집성과 사회경제에 대한 영향력이 약한 것으로 판단된다. 산업구조와 노동시장의 이중화가 악순환을 그리는 가운데 이를 제어할 것으로 기대되었던 노사관계는 기업별로 파편화되어 별다른 작용을 하지 못했다. 그래서 기업별로 강력한 고용보호 법제와 강력한 노동조합을 가지며 기업의 생존 가능성이 높은 기업내부노동시장은 강화되는 반면에, 외부노동시장은 열악해지고 확대되는 등 노동시장의 이중구조는 심화 내지 확대되고 있다.

취업 준비생, 1차 노동시장 진입 희망

한국의 노동시장 이중구조와 교육체계를 들여다보면 한국 사회가 봉착한 또 다른 구조적 문제가 똬리처럼 잠복해 있음을 볼 수 있다. 한국의 노동시장은 대기업과 공공부문 정규직이 중심이 된 제1차 노동시장이 있고 대기업 비정규직, 중소기업 정·비정규직, 공공부문 비정규직 그리고 자영업자들을 포함된 제2차 노동시장이 구조적으로 분절되어 있다. 1차 노동시장은 기업별로 내부와 외부를 분리시키고 내부 구성원들에게 연공급 임금체계와 내부 승진 시스템에 따라 운영한다. 이때 기업별 임금들은 개인 생산성에 의한 임금이라기보다는 개인이 속해 있는 기업의 생산성에 기인하는 임금이다. 반면에 제2차 노동시장은 철저한 직무급으로 개인의 생산성에 기반한 임금이다.

노동시장이 이중구조로 고착화되어 있다면, 노동시장에 편입될 학생들은 어떤 준비를 하는가? 직업능력개발원의 「청년층의 취업 관련 시험 준비 실태」에 따르면, 취업 관련 시험을 준비하는 청년이 2018년 105만 명을 넘었고, 그 중 41만 명(38.8%)이 공무원시험을, 9만 3,000명(8.8%)이 공기업 시험을 준비했다. 민간기업 시험 준비생이 29만 7,000명(28.1%), 자격증 및 기타 시험 준비생이 25만 7,000명(24.3%)을 차지했다. 취업을 준비하는 청년들 100명 중 76명이 제1차 노동시장에 진입하기 위한 준비를 하고, 나머지 24명은 자격시험이나 다른 시험을 준비했다. 취업 준비생들은 자신의 소질과 적성에 기반해 준비하기보다는 괜찮은 직장의 일반 관리직에 필요한 스펙을 준비했다.

3. 경직되는 노동환경과 정부 대응

노동계 기득권 강화, 미조직 근로자 방치

1997년 외환위기 이후 한국 노동시장의 변화는 1차 노동시장의 축소, 2차 노동시장의 확대로 요약할 수 있다. 안정적인 일자리, 괜찮은 임금 그리고 제도적 보호 장치를 지닌 1차 노동시장이 줄어들고, 불안정 고용과 저임금에다 제도적 보호 장치가 미흡한 2차 노동시장이 늘어나고, 그 양자 간 격차가 심화되고 있다. 1차 노동시장은 성과에 기반한 경쟁적 임금 도입이 강조되어왔으나 연공급 임금체계가 여전히 지배적이고, 2차 노동시장은 정립된 임금체계가 없다. 1987년 노동자대투쟁 이후 1차 노동시장의 임금체계는 노사간 타협의 산물이라면, 2차 노동시장은 사용자의 일방성이 관철되면서 진행되었다. 기업이 2차 노동시장을 통해 비용절감과 고용유연성을 추구하는 한편, 때에 따라 1차 노동시장의 상대적 고비용과 고용유지 부담을 2차 노동시장에 떠넘기는 방식으로 정책을 사용해 왔다.

그런데 최근 디지털 전환, 인구구조의 변화, 서비스 수요의 증가 등 산업구조가 급격히 바뀌고 있다. 노동계는 그러한 변화를 무시하고 1970년대와 1980년대의 직접고용의 정규직화를 고수하고 있다. 노동시장의 자유, 노동시장의 유연성 등을 '쉬운 해고' '재벌 비호'라는 구호로 내세우며 고용안정 내지 고용 경직의 길로 가고 있다. 이런 주장들은 대기업과 공공부문의 정규직이 가지고 있는 특권을 강화시키고 제2차 노동시장에 근로자들을 외면하는 것으로 연결되고 있다. 다수를 차지하는 2차 노동시장의 근로자들의 삶을 더욱 어렵게 하고 있다.

양대 지침 폐기, 노동시장은 더욱 경직

문재인 정부는 저성장과 저생산성의 위기 상황에서 노동시장의 낡은 제도와 관행을 개혁하는 대신, 급격한 최저임금 인상과 근로시간 단축 등 친 노동 정책으로 일관했다. 게다가 박근혜 정부가 저성과자 해고를 허용하고 취업규칙 변경 요건을 완화하는 내용을 담고 있는 양대 노동지침을 폐기했다. 문재인 정부는 노동시장 이중구조를 해소하기는커녕, 대기업 중심의 노동조합을 옹호하는 바람에 노동시장 이중구조를 심화시키고 있다는 비판을 받았다.

양대 노동지침은 '공정인사 지침'과 '취업규칙 지침'을 말한다. 공정인사 지침은 인력 운영을 직무능력과 성과 중심으로 운영하고, 기업들이 긴박한 경영상의 이유 없이도 저성과자라는 이유로 직원을 해고할 수 있도록 하는 지침이다. 취업규칙 지침은 사회통념상 합리성이 있으면 사용자의 취업규칙 변경이 가능하게 한 것으로, 사업주가 노동자에 불리한 근로조건을 도입할 때 노조나 노동자 과반 동의를 받도록 한 법규를 완화하는 내용을 담고 있다. 문재인 정부가 양대 지침을 폐기함으로써 노동시장의 유연화가 아닌 경직화의 길을 걸었다.

양대 지침은 박근혜 정부가 노동개혁 법안들이 국회의 문턱을 넘지 못하자 고육지책으로 도입한 일종의 가이드라인이다. 법적 구속력이나 분쟁 여지 등 문제점을 안고 있지만, 문재인 정부가 이를 적폐로 몰아붙이며 없애 버린 것은 노동개혁을 하지 않겠다고 대내외에 천명하는 것과 다를 바 없다.

한국은 지나친 연공급 임금체계, 근로시간과 근로계약 관계의 불확실성이라는 문제점으로 인해 정규직 고용과 직접고용을 최소화하고 비정규직 채용,

용역, 하도급을 주는 경향이 강화되고 있다. 그로 인해 중간 일자리가 사라지고 청년 고용의 문턱은 갈수록 높아지고 있다. 현재 일하고 있는 근로자들은 장기 근속자의 경우 명예퇴직, 희망퇴직 등의 불안감이 커지는 상황이다.

서민 위한 최저임금제, 되려 서민에 독

문재인 정부는 소득주도성장의 핵심인 최저임금 인상과 근로시간 단축으로 자영업과 영세 중소기업들을 존폐 위기로 몰았다. 최저임금 인상으로 인건비 부담이 커진 도소매업과 음식·숙박업 등의 사업주가 고용을 줄이는 방식으로 대응한 것이다. 최저임금 인상은 시급 인상으로 이어졌고, 다수 기업들에서 고용 감소가 발생했다. 특히 저임금 노동자 비중이 높은 도·소매업의 경우 고용 감소의 폭이 컸다. 손님이 적은 시간대의 영업을 단축하는 등 영업시간 단축이나 사업주 본인 및 가족의 노동 확대 경향을 보였다. 주로 음식·숙박업에서 확인되었다. 공단 내 중소제조업의 경우 고용 감소보다는 근로시간 감축이 더 많이 발견됐다. 대부분의 경우 원청 기업, 프랜차이즈 본사가 최저임금의 인상 부담을 공유하지 않는 가운데 원자재 비용이 증가하는 기업들이 많아 영세기업들이 최저임금의 영향을 더 많이 받았다.

자영업자들이 고용과 노동시간을 줄이는 방식으로 최저임금 인상에 대응하고 있다는 것은 이미 알려진 사실이지만, 정부가 2019년 5월 21일 최저임금 현장 실태조사에서 최저임금 인상이 일부 업종에서 고용 감축과 근로시간 단축 등의 부작용을 일으킨다고 정부 차원에서 처음으로 인정했다. 최저임금 인상이 우리 경제, 특히 서민 경제에 미치는 악영향이 정부의 실태 파악으로 드러난 만큼 그에 대한 수습책이 필요하다. 그런데 코로나로 인해 자영업과 소상공인의 상황은 바닥으로 떨어졌다.

근로시간제 단축, 중소기업에 가혹해

대한민국의 노동시계가 52시간에 멈췄다. 정부가 근로시간을 단축하기로 한 것은 우리나라의 근로시간이 너무 길기 때문이다. 실제 한국인의 연간 근로시간은 2,071시간(2015년 기준)으로 선진국 국가 모임인 경제협력개발기구 OECD 가운데 멕시코(연간 2,348시간) 다음으로 오래 일한다. 독일(1,301시간)에 비하면 1년에 770시간을 더 일하는 것이다.

지금까지 근로자의 법정근로시간은 주 40시간이고, 주당 최대 근로시간은 68시간이었다. 근로기준법 제50조 1항에 '1주간의 근로시간은 휴게시간을 제외하고 40시간을 초과할 수 없다'라고, 제53조 1항에 '당사자 간에 합의하면 1주간에 12시간을 한도로 근로시간을 연장할 수 있다'고 규정하고 있다. 법정 근로시간이 주 40시간이지만 근로자와 사업주가 합의하면 12시간을 연장할 수 있으며, 휴일 근로가 16시간까지 가능하므로, 토요일과 일요일 이틀간 하루 8시간씩 더 일할 수 있다. 그러면 최대 근로시간이 주 68시간으로 늘어난다.

그런데 문재인 정부는 2018년 7월1일부터 근로기준법을 개정하고, 행정해석도 바꾸었다. 그동안 1주일은 7일이 아니라 평일 5일이라고 해석해 왔던 것을 7일이라고 바로 잡았다.

하지만 이같은 근로시간 단축으로 인한 부작용은 중소기업의 고용주와 근로자에게 집중된다. 자본이 여유롭지 못한 중소기업 입장에서는 임금을 삭감하거나 채용을 줄여 비용 증가를 최소화하는 것이 대응책이다.

52시간제는 누가 '일할 자유'를 결정하느냐는 근본적인 논쟁의 소지를 안고 있다. 주 52시간 상한선을 정한 새로운 근로기준법은 근로자의 의사와 상관없이 더 일할 자유를 차단하고 있다. 돈 벌 기회를 빼앗음으로써 중간소득 근로자가 저소득층으로 전락하는 하향화가 나타날 수 있다. 가난한 근로자를 더 가난하게 만드는 것이다. 생계유지를 위한 노동은 '권리'에 해당한다.

노동할 자유에 있어 한국의 국민은 대등하고 독립된 시민이라고 보기도 어렵다. 대기업 노동자는 대기업의 횡포로부터 보호받아야 하지만, 영세 자영업자와 그에 고용된 노동자는 어느 한쪽이 우월한 위치에 있지 못하다. 그래서 바로 계약에 의해 이뤄져야 하고, 노동계약도 당사자 간 자유로운 의사에 의해 이루어져야 한다. 국가는 힘의 균형을 유지하기 위해 약자인 노동자의 권익을 강화해야 하지만, 대등하고 독립적인 두 인간 사이의 계약에는 당사자간 자유가 보장되어야 한다.

4. 1987 노동체제의 종식과 새로운 노동체제로의 전환

미조직 노동자를 위한 제도 정비 시급

1987년 노동자대투쟁 이후 30여 년이 지난 지금, 1987 노동체제의 한계를 지적하는 평가가 나오고 있다. 현재의 노동시장, 노동운동, 노사관계, 노동법제도 등을 규율하는 데 있어서 1987 노동체제는 그 역할을 다했으며 새로운 노동체제로의 전환이 시대적 과제로 등장했다.

1987 노동체제에서의 노동운동은 정규직 중심의 노동조합운동으로 미조직 노동자의 이해를 대변하지 못하고 있다. 정규직 중심의 노동조합이 1998년 외환위기 이후 정규직과 비정규직으로 양극화된 노동시장을 바로 잡지 못하고 정규직 조합원의 고용안정과 임금인상에만 매몰된 활동을 해온 결과 임금노동자의 90%나 되는 미조직 노동자를 대변할 수 있는 구심점 역할을 하지 못했다. 나아가 노동조합은 리더십 부재 현상과 정책역량의 빈곤함을 겪고 있다. 새로운 노동체제에서는 노동조합 내 비주류이자 소외받아 온 청년과 여성, 그리고 비정규직 노동자들의 이해를 대변할 수 있을 방안들이 필요하다.

또한 신산업 등장과 시장 다변화에 따라 정부의 노동정책도 제4차 산업혁명의 노동시장에 부응해야 하고 관련 법률과 제도도 바뀌어야 한다. 국민에게는 일할 자유를, 산업에는 유연한 노동시장을 보장해야 한다. 동일노동 동일임금을 법제화하고 노동시장 내 다양한 고용형태별 차별을 없애며 자기 개인의 생산성에 기반한 임금체계로 나아가는 한편, 국가가 일방적으로 정해주는 '기준'의 시대에서 경제주체가 자율적으로 맺는 '계약'의 시대로 진화해야 한다. 지난 30년간 노사간의 불균형을 바로잡기 위해 집단 노동관계법도 손볼 필요가 있다.

근로기준법을 근로계약법으로 대체해야

종신 고용과 공장제 근로를 기준으로 한 현행 근로기준법은 새로운 시대 변화를 담아내지 못하기 때문에 새로운 근로계약법으로 바꾸어야 한다. 국가가 개입해서 일방적으로 근로자를 보호하고 사용자를 형벌로 처벌하는 국가 개입주의에서 벗어나, 경제 주체가 자율적으로 맺는 근로계약의 시대로 나아가야 한다. 근로기준법이 여성의 사회 진출, 제4차 산업혁명의 기술혁신 그리고 고령사회로의 이행 등 새로운 시대의 변화를 담아내지 못하고 있기 때문이다.

첫째, 파견근로자, 용역근로자, 보험모집원 등의 특수고용 종사자, 가정 내 근로자, 일일호출근로자 등 근로방식이나 근로시간, 고용의 지속성 등 여러 면에서 표준적인 정규 근로자에서 벗어난 비전형 근로자가 양산되고 있다. 이들 근로자의 '노동자성' '사용자성'을 따지는 것은 현행 법체계의 해석 방법으로도 풀기 어려운 수준에 이르렀다. 사업주도 사업주라고 부르기 힘들 정도로 오로지 스스로 노동력에 의존해 살아가는 사람들이 많다. 하지만 이들 영세 사업주에 대한 보호 기준법이 없다. 그래서 국가가 개입하기보다는 오히려 자유계약에 기반한 공정한 거래라는 틀에서 이 문제를 다루는 것이 합리적이다.

둘째, 기술혁신이 지시와 통제에 의한 노동을 자율과 자치의 노동으로 바꾸고 있고, 노동력 제공의 시간과 공간에 대한 개념까지 바꾸고 있다. 하지만 현실에는 근로기준법이 방해하고 있다. 주부가 아이를 기르면서 일을 하고 싶어 하고, 학생이 노동시장에 진출하기 전에 경험을 쌓는 일을 원하며, 은퇴한 고령층도 일자리를 원하고 있다. 근로기준법이 여성은 가정주부만, 학생은 공부만, 고령층은 쉬어야만 한다고 전제하고 있어 자신의 처지에 맞는 고용 형태와 근로시간을 원하는 이들을 가로막고 있다.

셋째, 노동의 수요와 공급을 중개해주는 새로운 개념이 필요하다. 하지만 다른 사람의 취업을 알선하고 영리를 얻는 행위를 금지하고 있다. 근로기준법 제9조는 '누구든지 법률에 따르지 아니하고는 영리로 다른 사람의 취업에 개입하거나 중간인으로서 이익을 취득하지 못한다'고 규정하고 있다. 정보가 부족한 사람의 취업을 도와주는 사업을 '중간착취'라고 금지하고 있는 것이다. 1953년 5월 공포 당시, 다른 사람의 취업에서 소개비, 중개료 또는 수고비, 구전 등의 명목으로 이익을 얻거나 취업 후에 중개인, 작업반장, 감독자 등의 지위를 이용하여 임금의 일부를 갈취하는 전근대적인 폐습을 저지하려는 목적으로 신설되었다.

박기성 성신여대 교수는 노동을 자본과 유사하게 취급하여 '노융勞融시장'으로 발전시키는 것이 매우 필요하다고 주장한다.[187]

금융기관을 중심으로 자본의 공급자와 수요자를 총칭하여 금융시장이라고 하듯이, 알선 파견 용역 등 노동중개기관을 중심으로 노융시장을 적극 육성하여 일자리를 창출하고 경제 성장을 이끌어야 한다고 주장한다.

넷째, 2019년 시행된 주 52시간 근로제는 공장 근로자의 처지와 연구개발직 근로자의 처지가 다름에도 불구하고 똑같이 적용된다. 기술혁신의 속도가 빨라 연구개발을 집중적으로 하지 않으면 성공하기도 어렵고, 성공하더라도 시간을 놓쳐 효과를 거두기 어렵다. 이를 어기면 사업주는 형사처벌의 위험에 놓인다.

미국의 경우 사용자와 근로자의 권리 의무를 규정하는 기본법은 관습법이다. 사용자와 근로자가 근로계약에 어긋나는 조항이 없는 한 근로자가 자유롭게 사직할 수 있듯이, 사용자도 언제라도 어떤 이유로든 자유로이 근로자를 해고할 수 있다. 일본은 2008년에 노동계약법을 제정해 근로보호법적 성격의 근로기준법과 더불어 개별적 근로관계를 규율하고 있다. 한국도 최소한의 기준을 남기고 근로기준법을 근로계약법으로 개정할 필요가 있다.

물론 근로기준법 탄생 이전의 시절로 돌아가자는 의미는 아니다. 통제되지 않는 자본이 노동을 착취함에 따라 노동법이 등장했던 역사를 외면할 수 없다. 다만 적어도 일자리의 형태, 계약의 형태 및 사업구조의 형태 등 현행 근로기준법의 근간인 관계성을 변화시켜 놓았기 때문에 그에 대한 정비와 변화가 불가피하다.

연공급 → 직무급으로 임금체계 재편해야

이제 우리나라 기업들의 임금 연공성을 완화할 임금체계를 새롭게 편성하는 일은 더 이상 선택이 아니라 필수다. 연공성의 완화가 반드시 임금 수준을 낮추자는 것은 아니다. 임금을 개인의 생산성에 비례하도록 맞추자는 것이다. 개인이 담당하는 일의 가치나 역할, 숙련 정도에 따라 개인별 임금 수준이 달라져야 한다는 것이고, 집단적으로는 부서나 회사의 성과에 따라 변동되어야 한다는 것이다. 그것이 가능하도록 임금체계와 제도를 바꾸어야 한다는 것이다.

방법적으로 기본급의 결정 체계를 연공급에서 직무급으로 개편하는 것이다. 직무급은 기본으로 직무에 따라 기본급이 결정되기 때문에 연공성을 통제하는 데 매우 효과적이다. 직무급의 경우, 담당하는 직무의 내용이 바뀌어야 의미 있는 임금인상이 가능하다. 매년 이루어지는 평가 결과에 따라 성과를 반영해서 임금인상을 개인별로 차등화해서 적용한다.

만약 기존의 연공적 호봉제에서 직무형 임금 체계로의 전환이 노조의 반발로 인해 실현하기 어려운 경우에 이중임금제(two-tier pay system)를 활용할 수 있다. 기존 직원들에게는 현행 임금체계를 유지하되 신입 근로자들에게는 직무형 임금체계를 적용하는 것이다.

일본의 경우 연공급 임금체계를 개선하기 위해 직무급을 도입하는 차원에서 숙련급을 도입했으나 실패했다. 그래서 역할급이 도입되었는데, 일본의 스미토모 상사는 개인의 역할의 크기에 따라 처우를 결정하는 새로운 자격제도를 도입했다. 연령에 관계없이 종업원이 스스로의 능력을 최대한 발휘하게 하고, 담당하고 있는 역할에 상응하는 공정한 처우를 실시하는 것이다. 입사 후

10년간은 승격의 속도에 차이를 두지 않으며 매년 정기 승급이 이루어지지만, 이 기간이 끝나면 연공급이 사라지고 담당하는 역할에 따라 처우가 결정된다. 역할은 고정된 것이 아니라 매년 새롭게 평가된다.[188]

동일노동 동일임금 법제화해야

미국과 영국 등 임금체계가 직무급으로 자리 잡은 배경에는 임금의 불평등을 줄이기 위한 방편으로 직무분석과 직무평가 제도가 도입된 것이 큰 역할을 했다. 19세기 후반 과학적 관리법을 창안한 프레드릭 테일러는 작업 과정에의 시간과 동작 과정을 세밀히 분석, 연구하여 작업 과정과 그 실적을 표준화하고 차별능률급제를 확립했다. 차별능률급제란 표준화된 하루 작업량을 설정해두고 그것을 달성한 사람에게는 달성하지 못한 사람보다 많은 보수를 지급하는 것이다. 모든 근로자에게 일관된 성과를 요구하는 과학적 관리론은 노동조합의 극심한 반대를 겪게 되면서 40년간 발전하지 못하고, 직무급 임금체계도 확산되지 못하였다.

그러나 2차 세계대전 당시 미국 전시노동위원회는 임금의 불평등을 줄이기 위한 방편으로 직무분석과 직무평가 제도를 도입했고, 이후 직무분석과 직무평가의 방법들이 개발·보급되고 직무급에 대한 인식이 달라지면서 직무급이 급속히 확산된다.

기업들은 직무급을 합리적이고 평등한 임금체계로 인식하게 되었다. 처음에는 직무분석을 실시하는 데 많은 비용과 시간이 소요되지만, 일단 직무분석과 직무평가를 통해 기본 직무기술서와 직무등급이 마련되면 임금체계가 더 예측하기 쉽고 효율적이라고 판단했다. 직무분석 및 직무평가를 통해 임금이 결정되었고, 협상에 따른 비용을 줄이고 주관적 요소의 개입을 배제할 수 있었다.

또한 미국에서 직무급이 전형적인 임금체계가 된 것에는 임금차별을 금지하는 법제화가 상당한 역할을 했다. 1963년 동일임금법(The Equal Pay Act), 1964년 민권법(Civil Rights Act)은 임금 책정과 관련하여 차별을 금지하였고 임금 차이가 반드시 직무와 관련된 것들이어야 한다고 규정했다. 기업들은 임금 설정에 관한 충분한 자료를 제시해야 했으며 그 결과 상세한 직무분석에 근거한 자료를 통해 근로자 간 임금 격차를 객관적으로 정당화하려고 노력했다.

우리도 직무형 노동시장이 확립되기 위해서는 동일노동 동일임금의 법제화가 필요하다. 미국의 동일임금법처럼 유사한 작업 조건에서 동등한 기술·노력·책임이 필요한 노동에 대해 차별적 임금을 금지하고, 대신 임금차별을 허용하는 자유를 구체적으로 규정해야 한다.

양대노동지침 되살려 청년고용절벽 해소

문재인 정부가 친노동정책을 추진하면서 박근혜정부의 노동개혁의 일환으로 추진했던 양대 노동지침을 폐기했다. 현재의 노동시장 이중구조를 해소하기는커녕, 심화시키는 정책을 폈다.

한국은 지나친 연공급 임금체계, 근로시간과 근로계약 관계의 불확실성이라는 문제점으로 인해 정규직 고용과 직접고용을 최소화하고 비정규직 채용, 간접고용을 하는 추세가 강화되고 있다. 중간 일자리가 사라지고 청년 고용이 날이 갈수록 어려워지고 있으며, 현재 일하고 있는 근로자들도 장기 근속자의 경우 명예퇴직, 희망퇴직 등의 불안감이 커지고 있다. 더욱이 앞으로 이러한 현상이 더 심화될 것으로 보인다.

이제는 양대 노동지침의 취지를 되살려 법제화를 통해 노동개혁을 실행에 옮겨야 한다. 청년 고용절벽을 해소하고 기업 경쟁력도 개선할 수 있는 길이다. 기업의 인사 운영을 능력과 성과 중심으로 바꾸고 1년에 1만 3,000건 이상의 해고를 둘러싼 갈등을 줄이기 위해 근로계약 관계를 법과 판례에 따라 명확히 해야 하고, 정년 60세 시대에 과도한 연공제 중심 임금체계를 직무와 성과 중심으로 개편해야 한다. 각 사업장에 업무능력이 현저히 낮거나 근무성적이 부진하여 주변 동료 근로자에게 부담되는 경우, 엄격한 기준과 절차에 갖추어 해고가 가능하도록 입법화해야 한다.

참고문헌

제1장 정당

박상운(2019), 「유권자의 재화 요구와 정당 지도부의 선택」, 고려대학교 대학원 박사학위논문.

박상훈(2017), 『정당의 발견』, 후마니타스.

최장집(2009), 『민주화 이후의 민주주의』, 후마니타스.

알렉시스 토크빌(2002), 『미국의 민주주의』, 임효선 옮김, 한길그레이트북스.

로버트 퍼트남(2006), 『사회적 자본과 민주주의』, 안청시 외 옮김, 박영사.

제2장 대통령과 행정

국회예산정책처(2021), 『2021년 대한민국 공공기관』.

김대호(2021), 『왜 7공화국인가』, 타임라인.

김대호(2021), 『엔지니어의 서울 & 지방 디자인』, 타임라인.

산업통상자원부·한국산업기술진흥원(2013), 『지역산업정책백서 제1권』.

안병영·정무권·한상일(2007), 『한국의 공공부문: 이론, 규모와 성격, 개혁방향』, 한림대학교 출판부.

그레고리 핸더슨(2021), 『소용돌이의 한국 정치』(원제; 『 Korea : The Politics of the Vortex』, 이종삼·박행웅 옮김, 한울아카데미.

제3장 경제

안현호(2017), 『한·중·일 경제 삼국지 2: 새로운 길을 가야 하는 한국 경제』, 나남.

이영훈(2014), 『한국형 시장경제 체제』, 서울대학교 출판문화원.

에드먼드 펠프스(2016), 『대번영의 조건』(원제; 『Mass Flourishing』), 이창근·홍대운 옮김, 열린책들.

제4장 강소국 연방제

김근영(2019), 『지방분권국가로 가는 길 : 뭉쳐야 산다』, 한국학술정보㈜.

김형기(2002), '지방분권과 지역혁신 : 지역발전의 새로운 비전' 『지방분권 정책대안』, 한울아카데미.

김형기(2018), 『새로운 한국 모델 : 박정희 모델을 넘어』, 한울아카데미.

마경래(2018), 『지방분권이 지방을 망친다: 지방분권의 함정, 균형발전의 역설』, 개마고원.

안성호(2018), 『왜 분권 국가인가 : 리바이어던에서 자치공동체로』, ㈜박영사.

제5장 한국인의 세계관

한국사상사연구회(2002), 『조선 유학의 개념들』, 예문서원.

제6장 과학과 지식생산방식

김경만(2015), 『글로벌 지식장과 상징폭력』, 문학동네.

김은성(2017), 『인류 최고의 설득술 PREP』, 쌤앤파커스.

김종영(2015), 『지배받는 지배자 : 미국 유학과 한국 엘리트의 탄생』, 돌베개.

송숙희(2018), 『150년 하버드 글쓰기 비법』, 유노북스.

이정동(2015), 『축적의 시간』, ㈜지식노마드.

이정동(2017), 『축적의 길』, ㈜지식노마드.

리처드 파인만(2008), 『파인만의 과학이란 무엇인가』, 정무광·정재승 옮김, 도서출판 승산.

오구라 기조(2017), 『한국은 하나의 철학이다』, 조성환 옮김, 모시는사람들.

프란시스 베이컨(2016), 『신기관』, 진석용 옮김, 한길사.

제7장 지대

김대호(2018), "문제는 권력과 지대의 과잉이다." 바른사회시민회의 '대한민국 체인지업' 연속토론회 2차 〈지대추구집단 개혁에 일자리 운명이 달려 있다!〉.

김대호(2021), 『엔지니어의 서울 & 지방 디자인』〈 타임라인.

김종영(2015), 『지배받는 지배자 : 미국 유학과 한국 엘리트의 탄생』, 돌베게.

박해육·윤영근(2016), 「지방공무원 직위 분류제 확대 방안」, 한국지방행정연구원.

이진수(2018), '주요 국가별 토지가격 장기 추이 비교', 김윤상 외 『헨리 조지와 지대개혁』, 경북대학교 출판부.

전강수(2019), 『부동산공화국 경제사』, 여문책.

정대영·장광수(2021), 『성장과 일자리, 해법은 있다』, 백산서당.

황수연(1999), '지대추구와 관료제' 『사회과학연구』, 경성대학교 사회과학연구소.

제8장 기업과 기업가 정신

김일중(2013), 『과잉 범죄화의 법경제학적 분석-공정거래분야를 중심으로』, 한국경제연구원.

이민화(2016), 『기업가정신 2.0』, 도서출판 창조경제연구회.

존 미클스웨이트·에이드리언 울드리지(2011), 『기업, 인류 최고의 발명품』, 유경찬 옮김, 을유문화사.

중국 CCTV 다큐멘터리 제작팀(2014), 『기업의 시대』, 허유영 옮김, 다산북스.

제9장 출산과 양육

이제상·송유미(2015), 『가족의 실패』, 형설출판사.

이제상·송유미(2016), '사회경제적 발전과 양성평등 그리고 출산율의 결정요인 : 가족 중심축의 수평화 2단계 모형을 중심으로' 『한국산학기술학회논문지』 17(11): 256~270쪽.

이제상(2017), 「사회경제적 발전에 따른 양성평등과 출산율의 결정요인」, 경북대학교 경제학과 박사학위논문.

이제상·송유미(2020), 「사회경제적 발전과 양성평등-출산율의 역 J자형 관계」, 미발표 논문.

이철희(2011), 「혼인·출산 형태 및 인구·가구 구성 변화 분석」, 보건복지부 용역보고서.

이철희(2012), '한국의 합계출산율 변화요인 분해 : 혼인과 유배우 출산율 변화의 효과' 『한국인구학』 35(3):117~144쪽.

Esping-Andersen, G. and Billari, F. C.(2015), 'Re-theorizing Family Demographics.' 『Population and Development Review』 41(1):1-31.

Inglehart, R. and Norris, P.(2003), 『Rising Tide: Gender Equality and Cultural Change around the World』, Cambridge University Press.

제10장 교육과 숙련 형성

최승노(2014), 『작은 정부가 답이다』, 프리이코노미스쿨.

앨빈 토플러(2001), 『위기를 넘어서-21세기 한국의 버전』, 정보통신정책연구원.

제11장 노동과 노동시장

변양균(2017), 『경제철학의 전환』, 바다출판사.

정이환(2013), 『한국고용체제론』, 후마니타스.

정흥준(2019), '간접고용의 쟁점과 노동실태' 『간접고용노동자 노동인권 실태조사 결과 발표 및 정책토론회 자료집』, 국가인권위원회.

황선웅(2019), '간접고용 노동의 국내외 실태' 『간접고용노동자 노동인권 실태조사 결과 발표 및 정책토론회 자료집』, 국가인권위원회.

데이비드 와일(2015), 『균열 일터 – 당신을 위한 회사는 없다』, 송연수 옮김, 황소자리.

미주

1) 박상훈(2017), 『정당의 발견』, 후마니타스, 332쪽.

2) 바로 앞의 책, 232쪽.

3) 바로 앞의 책, 234쪽.

4) 바로 앞의 책, 366쪽.

5) SBS 뉴스(2016.4.14.), [마부작침] 〈300명 신상털기③ 10명 중 3명 전과자…법조인 출신 강세〉.

6) 뉴스웨이(2020. 5. 4.), [21대 국회의원 대해부] 〈관료 출신 가장 많아…변호사·기자·검사 다수〉.

7) 최장집(2009), 『민주화 이후의 민주주의』, 후마니타스, 279쪽.

8) 전용주(2010), '한국 정당후보 공천제도 개혁의 쟁점과 대안' 『현대정치연구』 3(1):37~69.

9) 이재열(2006.6.16.), '자발적 결사체로 새로운 공동체 복원해야' [살기좋은 지역 만들기③] 〈서울시민 대부분 연고주의에 사로잡혀〉, 청와대 브리핑.

10) 바로 앞의 자료.

11) 최장집(2009), 『민주화 이후의 민주주의』, 후마니타스, 216쪽.

12) 김경희(2012), '국가와 공공선/공동선-절대선과 개별선 사이의 마키아벨리' 『정치사상연구』 18(1):33~52.

13) 박상훈(2017), 『정당의 발견』, 후마니타스, 133~160쪽.

14) 최장집(2009), 『민주화 이후의 민주주의』, 후마니타스, 283쪽.

15) 강정인(2017), '박정희 시대의 국가주의-국가주의의 세 차원' 『개념과 소통』 20:119~155, 한림대학교 한림과학원.

16) 바로 앞의 책, 150쪽.

17) 강원택(2020.1.20.), [朝鮮칼럼] 〈대통령制 권력에 취했다〉.

18) 이금옥(2018), '현행 헌법의 제왕적 대통령제와 권력구조 개편방안' 『헌법

학 연구』 24(3):197-228, 한국헌법학회.

19) 바로 앞의 책, 204쪽.

20) 유명철(2014), "고등학교 '법과 정치' 교과서의 '제왕적 대통령제의 요인'에 대한 내용 지도" 『사회과교육』 53(2):61-82.

21) 함성득(2009), '한국 대통령제의 발전과 권력구조 개편' 『서울대학교 법학』 50(3) :203-234.

22) 윤견수·박종민(2017), '제2장 한국 관료제 : 실적제의 전통과 도전' 『동아시아 국가관료제』, 박영사.

23) 국회예산정책처(2021), 『2021년 대한민국 공공기관』.

24) 김대호(2021), 『왜 7공화국인가』, 타임라인, 169쪽.

25) 바로 앞의 책, 172쪽.

26) 산업통상자원부·한국산업기술진흥원(2013), 『지역산업정책백서 제1권』.

27) 이철우(2020), 『산업집적의 경제지리학』, 푸른길, 379쪽.

28) 이영훈(2014), 『한국형 시장경제체제』, 서울대학교 출판문화원.

29) 이건범(2014), '제3장 한국의 대규모 기업집단의 특징과 전망' 『한국형 시장경제체제』, 이영훈 엮음, 서울대학교 출판문화원.

30) 김주훈(2014), '제4장 경제발전의 전개 형태와 중소기업' 『한국형 시장경제체제』, 이영훈 엮음, 서울대학교 출판문화원, 107쪽.

31) 바로 앞의 책, 108쪽.

32) 한국경제신문(2020.7.20.), 〈중소기업 직원, 대기업 직원 임금의 60%도 못 받는다〉.

33) 한국은행 경기본부(2018), '최근의 기업 규모별 부가가치 배분 현황 및 시사점'.

34) 김창욱·김정근(2014), '제5장 한국자영업부문의 현황과 구조적 특성 : 경쟁의 성격을 중심으로' 『한국형 시장경제체제』, 이영훈 엮음, 서울대학교 출판문화원.

35) 안현호(2017), 『한·중·일 경제 삼국지2 : 새로운 길을 가야 하는 한국경

제』, 260~261쪽.

36) 바로 앞의 책, 280~281쪽.

37) 바로 앞의 책, 387~390쪽.

38) 국가통계포털(www.kosis.kr).

39) 부산상공회의소(2021), 『2020년 매출액 기준 전국 1000대 기업 중 부산 기업 현황분석』.

40) 이상호(2018), 『한국의 지방 소멸 2018』, 한국고용정보원.

41) 김형기(2018), 『새로운 한국 모델 : 박정희 모델을 넘어』, 한울아카데미, 230~238쪽.

42) 바로 앞의 책, 247~248쪽.

43) 강윤호(2011), '집합적 행동이론의 관점에서 본 지방분권운동의 문제점과 전략적 방안' 『지방정부연구』 15(1):29~50.

44) 맨슈어 올슨(2013), 『집단행동의 논리 : 공공재와 집단이론』, 한국연구재단 학술명저번역총서, 최광·이성규 옮김, 한국문화사.

45) 변창흠(2018.3.30.), 〈국가균형발전의 당위성과 정책 과제〉, 정책브리핑.

46) 안성호(2018), 『왜 분권국가인가 : 리바이어던에서 자치공동체로』, 박영사, 21쪽.

47) 안성호(2009), 「정치권의 지방자치체제 개편논의의 문제점과 대안 구상」, 대전참여자치시민연대.

48) 임혁백(2009), '한국민주주의의 성찰과 미래의 대안' 『새로운 진보의 길』, 김형기·김윤태 엮음, 한울.

49) 김근영(2019), 『지방분권국가로 가는 길 :뭉쳐야 산다』, 한국학술정보㈜.

50) 우리역사넷(http://contents.history.go.kr) 6) 『大學或問』 권1, '天下之物, 則必各有所以然之故, 與所當然之則, 所謂理也'.

51) 김형찬(2002), '리기, 존재와 규범의 기본개념' 『조선 유학의 개념들』, 예문서원, 62쪽.

52) 『退溪全書』 권25, '鄭子中與奇明彦論學~ 論所當然所以然是事是理'.

53) 김낙진(2002), '의리, 공존과 공익을 위한 모색' 『조선 유학의 개념들』, 예문서원, 487~491쪽.

54) 바로 앞의 책, 495쪽.

55) 『退溪先生文集』 권19 「答黃仲擧論白鹿洞規集解」.

56) 남지만(2002), '붕당, 성리학 시대의 정치 주체' 『조선 유학의 개념들』, 예문서원.

57) 이태진(1990), '조선왕조의 유교정치와 왕권' 『한국사론』 23쪽.

58) 『중종실록』, 13년 2월 2일 신미일.

59) 『중종실록』, 13년 4월 28일 정유일.

60) 『선조수정실록』, 5년 7월 1일 갑신일.

61) 『송자대전』. 권152 『祭淸陰金先生文』.

62) 네이버 지식백과의 『교육용어평가사전』.

63) 네이버 지식백과의 『철학사전』.

64) 박성규(2002), '주자의 대학 격물설과 유학의 부흥' 『철학』 70:25~49, 한국철학회.

65) 김형찬(2002), '리기(理氣) 존재와 규범의 기본개념' 『조선 유학의 개념들』, 예문서원, 66쪽.

66) 김필수·고대혁·장승구·신창호(2016), 『관자』, 소나무.

67) 김낙진(2002), '의리(義理), 공존과 공익을 위한 모색' 『조선 유학의 개념들』, 예문서원, 508쪽.

68) 박종인(2019.8.28.), [박종인의 땅의 歷史] 〈우리 편이니, 역적이라도 처벌은 불가하다〉.

69) 남지만(2002), '붕당, 성리학 시대의 정치 주체' 『조선 유학의 개념들』, 예문서원.

70) 아시아경제(2019.8.31.), [정치, 그날엔…]〈'내로남불' 국회 청문회, 與野 공수 바뀔 때 생긴 일〉.

71) 중앙일보(2020.1.14.), 〈"靑의 검찰 인사는 악습" 말했던 文대통령, 결국

공수표됐다〉.

72) 최장집(2014), '마키아벨리의 정치철학적 도전과 성취' 『니콜로 마키아벨리 군주론』, 박상훈 옮김, 89쪽.

73) 홍성주·송위진(2017), 『현대 한국의 과학기술정책. 추격의 성공과 탈추격 실험』, 들녘, 24쪽.

74) 김근배(2016), 『한국과학기술혁명의 구조』, 들녘.

75) 홍성주·송위진(2017), 『현대 한국의 과학기술정책. 추격의 성공과 탈추격 실험』, 들녘, 184쪽.

76) 바로 앞의 책, 155쪽.

77) 바로 앞의 책, 238쪽.

78) 이정동(2017), 『축적의 길』, ㈜지식노마드, 205쪽.

79) 오구라 기조(2017), 『한국은 하나의 철학이다』, 모시는 사람들, 23쪽.

80) 변재규(2017), 『과학의 지평-인류는 과학을 어떻게 발전시켰는가』, MID(엠아디), 17쪽.

81) 프란시스 베이컨(2001), 『신기관』, 진석용 옮김, 한국학술진흥재단 학술명저번역총서, 한길사.

82) 파터 왓슨(2015), 『저먼 지니어스』, ㈜글항아리.

83) 홍성주·송위진(2017), 『현대 한국의 과학기술정책. 추격의 성공과 탈추격 실험』, 들녘, 271쪽.

84) 이정동(2017), 『축적의 길』, ㈜지식노마드, 46쪽.

85) 바로 앞의 책, 80쪽.

86) 바로 앞의 책, 51쪽.

87) 나무위키(https://namu.wiki/w/과학)

88) 김영삼(2012), '헌법 내 과학기술의 지위 검토' 『2012년 대선과학기술 정책제안 자료집』.

89) 홍성주·송위진(2017), 『현대 한국의 과학기술정책. 추격의 성공과 탈추격 실험』, 들녘, 173쪽.

90) 호원경(2016.8.5.), 「국가 R&D의 내용분석을 통해서 본 기초연구 위기의 실태와 개선 방향」(http://www.ibric.org/).

91) 바네바 부시(1945), 『과학, 끝없는 프런티어(Science, the Endless Frontier)』.

92) 김종영(2015), 『지배받는 지배자-미국 유학과 한국 엘리트의 탄생』, 돌베게, 134~169쪽.

93) 바로 앞의 책, 174쪽.

94) 김경만(2015), 『글로벌 지식장과 상징폭력』, 문학동네.

95) 고든 털럭(1995), '렌트 추구의 사회적 비용' 『렌트추구행위의 사회적 비용』, 세종연구소.

96) 홍익희(2013), 『유대인 이야기 : 그들은 어떻게 부의 역사를 만들었는가』, ㈜행성비.

97) 김대호(2020), 『제7공화국이 온다』, 타임라인.

98) 오호영·이은혜(2018), '청년층의 취업 관련 시험 준비 실태' 『KRIVET Issue Brief』 제155호, 한국직업능력개발원.

99) 중앙일보(2015.11.17.), 〈'쌀값 50배, 기름값 77배 뛰는 동안 땅값은 3,000배 올랐다'〉.

100) 서울경제(2021.7.22.), 〈부동산값 폭등이 끌어올린 國富… 토지자산, GDP 5배 '역대 최대'〉.

101) 남기업·전강수·강남훈·이진수(2017), '부동산과 불평등 그리고 국토보유세' 『사회경제평론』 30(3):107~140, 한국사회경제학회.

102) 뉴스타워(2016.8.30.), 〈대한민국은 재벌 부동산 공화국…1% 기업 부동산 보유액 966조원, 상위 10개 기업 부동산 보유액 6년새 147% 폭증〉.

103) 이정우(2015), '한국은 왜 살기 어려운 나라인가?' 『불평등 한국, 복지국가를 꿈꾸다』, 돌베개.

104) 주대환(2008), 『대한민국을 사색하다』, 산책자.

105) 전강수(2019), 『부동산 공화국 경제사』, 여문책.

106) 김윤상(2018), '시장친화적 토지공개념과 도입전략' 『헨리조지와 지대개혁』, 256~269쪽.

107) 김석현(2019), https://www.facebook.com/KIM.Seokhyeon.ik

108) 김대호(2021), 『엔지니어의 서울 & 지방 디자인』, 타임라인.

109) 윤상호(2017), '공무원 시험이 퇴직 전 누계 소득에 미치는 영향', 한국경제연구원.

110) 배득종(1997), 『공무원 재임용제』, 자유기업센터.

111) 박해육·윤영근(2016), 「지방공무원 직위 분류제 확대 방안」, 한국지방행정연구원.

112) 연합뉴스(2015.8.2.), 〈여전히 '무늬만 개방형'…민간인 임용률 18.5% 불과〉.

113) 배동산(2017.9.15.), '학교 비정규직은 정규직화 대책에서 왜 소외되는가', 한국노동사회연구소 홈페이지(www.klsi.org/content/8811).

114) UPI뉴스(2019.4.23.), 〈정규직 물 건너갔지만…기간제 교사 해법은?〉.

115) 김교흥(2007), '교원 양성과 임용제도의 개선방안 : 교육전문대학원 중심으로', 국회입법조사처.

116) 서울신문(2012.10.22.), 〈국공립대 교수 철밥통 여전 41곳 중 30곳이 탈락자 '0'〉.

117) 임성균·서수현·박지현(2017), 『정년보장심사제도 개선 연구』, 광주교육대학교.

118) 한국경제신문(2013.10.14.), 〈김&장 148명·삼성 116명…의사는 450명〉

119) 장연국(2013), 「무면허 의료행위 -현황과 문제점 및 개선방안-」, 대진대학교 법학과 석사학위논문.

120) 동아일보(2015.8.19.) [황호택 칼럼] 〈'베테랑'의 공식 "재벌은 惡, 민노총은 善"〉.

121) 연합뉴스(2018.9.13.), 〈재벌 갑질, 드라마가 과한 게 아니었네〉.

122) 타일러 코웬(2019), 『기업을 위한 변론』, 문직섭 옮김, 한국경제신문.

123) 최승노(2017.9.6.), [브릿지 칼럼] 〈기업의 존재 이유〉.

124) 미클스웨이트·울드리지(2011), 『기업, 인류 최고의 발명품』, 유경찬 옮김, 을유문화사. / 중국 CCTV 다큐멘터리 제작팀(2014), 『기업의 시대』, 허유영 옮김, 다산북스

.125) 상앙(2013), 『상군서』, 신동준 옮김, 인간사랑.

126) 팀 박스(2005), 『메디치머니』, 황소연 옮김, 청림출판.

127) 강만길(2018), '왕조 전기의 관장제(官匠制)와 사장(私匠)' 『조선시대 상공업사 연구』(강만길 저작집).

128) 나카오 히로시(仲尾 宏, 2005), 『조선통신사 이야기』, 유종현 옮김, 한울, 70쪽.

129) 조선일보(2019.12.18.), [박종인의 땅의 歷史(192)] 〈집단 아사한 사기장 39명과 첨단 요업국가 조선의 몰락〉.

130) 한국과학기술한림원, 〈세계과학사의 암흑기에 조선 초 과학기술이 빛날 수 있었던 비결은 무엇?〉[출처; https://kast.tistory.com/94(Science and Academy Today)]

131) 김용언(2002), '격물치지, 사물의 이치를 따져보는 공부' 『조선 유학의 개념들』, 예문서원, 372쪽.

132) 이민화(2016), 『기업가정신2.0』, 창조경제연구회.

133) 피터 드러커(2004), 『미래사회를 이끌어가는 기업가정신』, 이재규 옮김, 한국경제신문.

134) 『한국민족문화대백과사전』

135) 김양식(2013), 『선비정신의 충북정신화 방안 연구』, 충북발전연구원.

136) [네이버 지식백과] '우리가 정말 알아야 할 우리 선비'./정옥자(2006), 『우리가 정말 알아야 할 우리 선비』, 현암사.

137) 박현순(2014.3.11.), [조선의 과거제도 속으로 #5] 〈과거 공부법과 수험서〉, 한국역사연구회.

138) 우리역사넷, 국사편찬위원회(http://contents.history.go.kr/) 재인용 :

송준호(1975), 〈조선시대 문과에 관한 연구〉.

139) 김정호(2015.2.6.), [전문가 칼럼] 〈배임죄, 내 생각은 좀 다르다〉. https://news.samsung.com/kr

140) 한국경제연구원(2019.11.14.), 보도자료 〈285개 경제법률 2,657개 처벌항목 중 83%가 CEO 처벌 가능〉.

141) 김일중(2015), '과잉범죄화의 법경제학적 분석 : 공정거래분야를 중심으로', 한국경제연구원 연구보고서.

142) 김일중(2015.12), 〈규제입법 과잉범죄화의 폐해 : 흉악범죄는 왜 늘어나는가?〉, '자유경제원 과잉범죄화 토론회', 19쪽.

143) 최준선(2016), '기술 주도의 혁신과 융합의 시대 : Negative System이 답이다', 자유경제원 세미나.

144) 한국경제신문(2017.2.23.), [대한민국 반기업정서 보고서⑥] 〈'악순환 고리' 끊지 못한 기업…등 돌린 민심〉.

145) 한국경제신문(2017.2.24.), [대한민국 반기업정서 보고서] 〈표 노린 정치권이 '반기업' 조장…국민 50% "기업이익 사회환원해야"〉.

146) 조선일보(2020.1.6.), [금융교육 10살부터①] 〈금융위기 때마다 극단적 선택 증가…교육이 생명 살린다〉.

147) 이제상·송유미(2011), '저출산의 원인에 관한 연구 : 산업사회의 변호와 여성의 사회진출을 중심으로' 『보건사회연구』 31(1):27~61.

148) 대한민국 정부(2010), 『제2차 저출산고령사회 기본계획』.

149) 대한민국 정부(2016), 『제3차 저출산고령사회기본계획』.

150) 이제상(2017), '단계별 결혼 모형에 의한 저출산 정책의 검토', 한국가족학회 2017년 춘계학술대회 발표자료집.

151) 이철희(2012), '한국의 합계출산율 변화요인 분해 : 혼인과 유배우 출산율 변화의 효과'. 『한국인구학』 35(3):117~144.

152) Bernard M.S. Van Praag.(1997), 'The Cost of Children and the Use of Demographic Variables in Consumer Demand' in Mark Rosenzweig and

Oded Stark(eds), 『Handbook of Population and Family Economics』, Vol. 1A, Chapter 6.

153) 영남일보(2017.12.28.), [송유미의 가족 INSIDE] 〈저출산 핵심은 엄마의 삶 문제〉.

154) 에드워드 지글러·길리암·바넷(2014), 『공립유아교육의 쟁점-미국 Pre-K로부터의 교훈』(원제; 『The Pre-K Debates』), 이진희·윤은주·이병호·한희경 옮김, 아카데미프레스.

155) 이채정(2018), 「보육정책 확대의 과정과 효과 연구 : 자녀양육부담의 탈가족화에 미친 영향을 중심으로」, 서울대학교 행정대학원 박사학위논문.

156) 이상림, 〈인구구조의 고령화와 사회갈등〉 [인구로 보는 대한민국](http://kosis.kr)

157) 국회예산정책처(2019.8), 『2019~2060 국민연금 재정전망』.

158) 이광규(1996), 『한국가족의 구조분석』, 일지사.

159) 김혜영(2006), '한국가족문화의 재고-친밀성의 부재와 허약한 가족관계' 『보건복지포럼』 115:20~34, 한국보건사회연구원.

160) 로널드 잉글하트·크리스찬 웰젤(2005), 『민주주의는 어떻게 오는가』(원제; 『Modernization, Cultural Change, and Democracy』), 지은주 옮김(2011), 김영사.

161) Hotz, V. J., Klerman, J. A., and Wilis, R. J.(1997), 'The economics of fertility in developed countries.' Handbook of Population and Family economics Vol. 1. p.381, p.416.

162) 에스핑 앤더슨(2009), 『끝나지 않은 혁명』(원제; 『The Incomplete Revolution』), 주은선·김영미 옮김(2014), 나눔의 집.

163) 바로 앞의 책.

164) 이제상(2017), 「사회경제적 발전에 따른 양성평등과 출산율의 결정요인」 경북대학교 경제학과 박사학위논문.

165) 조지 레커스(2002), 『가정상담(기독교 상담시리즈 14)』(26쪽 니콜라이

의 'Commitment to Family' 53쪽을 재인용함), 오성춘 옮김, 두란노.

166) 이제상·송유미(2015), 『가족의 실패』, 형설출판사, 152쪽.

167) 바로 앞의 책, 153쪽.

168) 바로 앞의 책, 154쪽.

169) 영남일보(2018.7.19.), [송유미의 가족 INSIDE] 〈이별 범죄에 얽힌 문화와 내면〉.

170) 송유미(2018), 『똑똑한 엄마들의 착각』, 공동체, 50쪽.

171) 육아정책연구소, 『2018년 유아교육·보육통계』.

172) 보건복지부 보도자료(2019.6.20.), 〈국공립·직장어린이집 등 공공보육 이용 아동 증가 추세〉.

173) 육아정책연구소, 『2018년 유아교육·보육통계』.

174) 강현석(2017), '입시로 뒤틀린 한국교육, 무엇이 문제인가?' 『제4차 산업혁명 시대 대한민국 미래교육보고서』, 국제미래학회·한국교육학술정보원.

175) 한국지방발전연구원(2011), 『지방자치-교육자치 일원화 연구』, 전국시도지사협의회.

176) 전용덕(2019), 『한국의 교육시장 : 문제, 원인 그리고 해법』, 자유기업원, 18쪽.

177) Gary Becker.(1993), 『Human Capital』.

178) 유진영(2015), 『독일의 직업교육과 마이스터제도』, 학이시습.

179) 반가운·김봄이·박동진(2017), 「한국의 스킬과 노동시장 성과-국제비교 분석을 중심으로」, 한국직업능력개발원, 239~243쪽.

180) 장홍근·정승국·오학수(2007), 『숙련개발체제와 노사관계』, 131~133쪽.

181) 김석현(2017), 〈20세기 기업노동의 제도화와 해체〉 http://www.intelligencekor.kr/kimseokhyeon/article.html?bno=2

182) 황선웅(2019), '간접고용 노동의 국내외 실태' 『간접고용노동자 노동인권 실태조사와 결과발표 및 정책토론회자료집』, 국가인권위원회.

183) 정흥준(2019), '간접고용의 쟁점과 노동실태' 『간접고용노동자 노동인권

실태조사 결과발표 및 정책토론회 자료집』, 국가인권위원회.

184) 박우성(2019), '고령시대의 지속가능한 임금시스템' 『월간 노동리뷰』, 2019년 10월호.

185) 한국경제연구원(2018.12.26.) 보도자료, 〈한국이 일본에 비해 임금 연공성 높아〉.

186) 조성재(2018), '격차 축소를 위한 연대 임금과 일터 혁신' 『월간 노동리뷰』, 2018년 10월호.

187) 박기성(2019), '노동개혁 없이 경제미래 없다' 『바보야, 문제는 경제야』, 전희경 국회의원 주최 토론회.

188) 박우성(2019), '고령시대의 지속가능한 임금시스템' 『월간 노동리뷰』, 2019년 10월호.